让历史感同身受

让历史感同身受

我一生的故事

埃莉诺·罗斯福自传

〔美〕埃莉诺·罗斯福 著
章和言 何玲 译

Eleanor Roosevelt

AUTOBIOGRAPHY OF ELEANOR ROOSEVELT

上海译文出版社

凡是读过我的三卷自传的人，应该都会发现这本书相当轻松易读。

在我看来，它可以让您，对我和我丈夫生活的那个时代有更深入的了解，如果能够对您思考未来有所帮助，就是我希望的价值所在了。

埃莉诺·罗斯福

目 录

致　谢

在此特别感谢埃莉诺·丹尼斯顿小姐。要将三卷书稿精简编辑成册，为更好地理解全书，还补充了一卷新的内容，一直叙述到眼下的时光。这是一件漫长而枯燥的工作，我一个人根本不可能完成。

丹尼斯顿小姐是一位极为耐心、干练、乐于助人的伙伴。没有她，这本书可能永远不会出来。在这里，我真诚地表达对她的感激之情，和她一起工作，一直都是件开心的事。

埃莉诺·罗斯福

前　言

这是一本先精简、再扩写的自传。称其为“精简”，是因为对没有价值的素材已经做了最大限度的删减；称其为“扩写”，是因为补充了新的叙事，使其一直延续到当下。在我最初着手记述我一生的故事的时候，最大的问题是到底要讲些什么。现在要准备一个更加简短的版本，问题就变成了到底要剔除些什么。但不管是哪样，两者都有一个同样的困难，就是如何把自己和亲身经历放在一个更大的视角下去考量。要达到这样的视角是不容易的，因为对我来说，包括大多数人也一样，自己认为很了不得的事情，在别人看来就是小事一桩。

在我看来，似乎没有什么人能真正达到自知之明，真正看明白自己的人生是怎么回事，不过他的朋友或是敌人却往往能够做到。无论是精神上，还是肉体上，都一样。一个人能够做到的，也就是尽力保持诚实。

这就是我在“我的故事”一卷结尾交代的写作目的。

我有时候会想，可能有很多人认为，写自传的人不是出于无畏，就是出于虚荣。

想想自己的理由，主要有两条：其一，如果有可能做到，描绘一下我成长的那个世界，以及到现如今诸多的变化。其二，尽可能真实地写好一个“人”。无论什么人，只要是真实的，一定很有趣，尤其是我们能看到这个人一步步的成长，或是看到一群人，以及他们生活的那个时代对他们的影响。还有1880年代的世界与现如今相比的巨大差异，我们身边物质世界的变化也似乎更加日新月异。

环境造就和改变了一个人，很多年来我一直深以为然。在我小时候，谈不上有什么真正的个性，一直到后来，才慢慢培养出独立思考的能力。这对今天的年轻人来说可能不算什么；他们很早就独立了，因为现在的很多条件在日常生活中随手可得。我祖母那个年代可是一个循规蹈矩的世界，好像什么都不会变。现在一夜之间冒出来的新生事物，两年一过就变成陈年旧事了，好像它从来就不曾新生过。

小说之所以比其他文学形式更吸引人，是因为我们都喜欢小说中的人物，作者可以想怎么写就怎么写，不用担心伤害到别人或是令自己蒙羞。他可以揭示他所观察到的内幕，也可以刻画人物内心深处的活动。在自传里这么做就难了，只能尽量吧。不过，你越是诚恳地对待自己和他人，你写的东西就越有价值，自传里讲述的人和事就越能够为将来的人提供借鉴。

每个人的一生都会遇到不同的问题，即便身处同一个环境，映照亦有所不同。不同的人，对待同一个事物，观察和感受的角度可能都不一样，让这个世界和个人生活色彩纷呈。每个人都各有他的经验，还有他的教训。

至于我，小时候有很多梦想，想象自己就是那个理想国中有着无数传奇故事的女英雄，感觉周围人也和自己一样生活在故事书中。我学到了一些对自己很有益的东西　　无论在什么关系当中，最重要的是你付出了多少，而不是你得到了多少。

我们的豪尔家族，我觉得是20世纪初的那种最典型的家庭。祖上都是靠着自己的头脑和双手辛苦劳作，慢慢地物质条件殷实起来，不再那么劳苦。

我的祖父豪尔就是这类人，在他这一代，已经实现了这个目标。他是个有闲的绅士，喜欢动脑筋。他以思考为乐，但却觉得自己不需要工作。到了他的孩子这一代，祖先那精明强干的品质进一步消退，但他们的经济基础可没有想象中那么雄厚，财富开始像流水一样从他们的指缝中流走。时至今日，两代人之后，世事变迁，这个家族中的很多年轻人又不得不从头开始。你会发现很有意思，他们中的很多人又找回了勤劳祖先身上曾有的那些能力和品质。

这样的轮回，我在我的家庭以及我们的国家里也都能看到。真是有趣，总会有那么一群人，把自己一两代人享有的荣光视为天经地义，无论如何也要和那些勉强糊口的人划清界限。幸运总是不太持久，命运之轮也可能反转，真正靠得住的，还是一个人最基本的素质。

这样的想法，我的祖母是肯定不会有的，因为对她来说，这世界似乎永远是一成不变的。但对今日的我们来说，恐怕已是陈词滥调，对我们的儿孙辈而言更是欣欣然习以为常了。

从另一个角度来说，对于我书中提到的家族成员，其他人对他们的记述总是有些过誉、太满，除了我英年早逝的父亲。我对他一直都很好奇，他总是那么温和、亲切，就像神话故事《青鸟》里面的人一样，我感觉他好像一直还活着，继续发挥着他的影响。

这个世界的发展越快，越感觉有必要把过去的美好事物记录下来。其中一条就是寻求内心的安宁，现在的人们可能不太考虑这个问题了。

或许一个人只有在安静的环境中生活过一段时间，才可能养成这种特殊的气质。前不久我读了大卫·格雷森写的《乡村人的一年》，书中有这么一句："只有征服了不幸，方可重获安宁"。或许真的是这样，不过我们的祖辈们可能会发现征服不幸并没有那么难，因为他们生活的年代还没有如此连续高强度的压力。我们每个人的一生中，相信都会去征服一些这样那样的不幸。

自传的价值就在于，当你读过后，可能会对你今后的人生旅程带来一些启示。我当然不会期望大家能找到一模一样的经验和教训，或者能获得和我一样的满足感，反倒可能是我干过的那些蠢事会更有帮助！我在孩子还小的时候犯的那些错误，或许可以给正在摸索育儿经的母亲们一些帮助和安慰。因为当你和孩子在一起的时候，会变得愈加谨小慎微，更容易为小事而烦恼，并且同一些子虚乌有的事情较劲。

我觉得，我们每一个人，对于我们的家人和朋友而言，都比我们想象的还要重要。我在自己的经历中就切身体会到，我的朋友们对我是多么负责，没有他们，就不会有我的今天。

从我结婚以后，所过的生活就和今天大家都熟悉的样子差不多。色彩缤纷，充满了活力和乐趣。逐步学会适应，学会调整，最终实现自立，实现自我，其实每个人都是这样成长的。

我曾简要记述过一战后我去欧洲的短暂旅行，我觉得这趟旅程对自己产生了深远的影响。我了解了欧洲，特别是法国，那干净、齐整的乡村，感觉尤其好。战后的凄凉景象促使我形成了对战争的无尽憎恨，在那之前从没有这么清晰过。伴随着和人们的交谈，我越来越确信，号称最终解决手段的战争，对于解决国际争端没有任何用处。当时我并没有多说什么，但留下的印象却是如此刻骨铭心，不仅没有从记忆中淡去，反而一年年更加深刻。

在“我的故事”中，我讲述了早年的生活，那个伴随我成长的、眼下正在消失的世界，曾经左右那个时代的风潮和观念。

在“我的回忆”中，我讲述了一个更加宏大和关键的时期，包括我丈夫的大部分政治生涯，这也是历史上一个风云变幻的多事之秋。我自己的政治活动也在逐步打开。

在“独自一人”中，我想按照自己近些年的观察，描绘这个变化中的世界，还讲述了一些我倾力而为的工作，希望通过促进国际上的共识与合作，建设一个手足兄弟和平相处的时代，不再有丑恶、愚蠢的战争，尽管这可能很难很漫长，需要付出艰辛的努力。

在“寻求大同”这最后一卷中，我补充了一些新的素材，是最近几年的。这是一段繁忙的岁月，每一天的每一个时辰都排得满满的，我经常从早上 8 点钟一直工作到凌晨。这些忙碌的时光是有意义的、积极上进的。我希望没有虚度。至少我尽力了。

一本自传的价值在于至少能达到以下其中一个目的，两者兼备当然更好。其一，通过个体的眼睛，可能有助于记录一种已经消失的生活方式，作者是他那个时代的重要历史人物，哪怕只是个无名之辈，但他记录的东西有助于我们理解当时的背景。其二，以一种更加个人的方式，能够帮助其他人解决一些他们的问题。当一个人边读边自言自语：“为什么？这竟然和我的遭遇一模一样。说不定真能找到一条解决之道。”

没有什么能比这更有意思的了。

这里我需要澄清，我并不是建议自己的作为足以成为其他人的指引。我用一生的故事，只是想来说明，一个人就算没有什么特殊的禀赋，这世界上也没有什么迈不过去的坎，有志者事竟成。尽管有的时候，我们难免会有害怕和恐惧，也没有什么特殊的才能，但我们的人生之路依然可以走得宽广、充实。

回顾自己的一生，最重要的就是莫过于明白，只要你的每一步都走得踏实，不管眼下的境遇如何，哪怕是不如人意，只要机会出现，你一定能够抓住，走出更宽广的人生。机会，总是留给有准备的人。最要命的是，你自己抛弃了人生。人生，不仅仅是活着，还必须有自己的远方。无论什么原因，都不能成为你放弃前行的理由。

埃莉诺·罗斯福

海德公园

1960 年 12 月

第一卷　我的故事

第一章　童年记忆

我的母亲[1]是我见过最美的女人。她的父亲、我的外祖父豪尔一生从未涉足生意，他的父母为他提供了生活所需要的一切。

他在纽约市西37街11号有栋房子，又在哈德孙河上游距离蒂沃里5英里的地方建了一栋，那里是人称“老法官”的利文斯顿[2]的地产。我外祖母的母亲是利文斯顿家的小姐，所以我们家和利文斯顿家族、克拉克森家族以及德佩斯特家族都沾亲带故，哈德孙河路上上下下各式各样的宅邸都是他们的房产。

我的外祖父豪尔最大的兴趣是研究神学，他的藏书大多与宗教有关。我还是个孩子，所以这些书都无法吸引我，但我却花了很多时间读多雷写的那本《多雷圣经画廊》，让我晚上可没少做噩梦！

我的外祖母豪尔夫人本姓拉德洛，她长得非常漂亮，大家都当她是家里的掌上明珠，还像小孩一样宠着她。她嫁给我的外祖父就是为了生儿育女，她一共生了七个孩子，但是她不用操心如何将他们抚养长大。外祖父从不对她说生意上的事，甚至连怎么写支票也没教给她。因此，当外祖父连遗言都没留就离世之后，抚养六个未满十七岁孩子的重任都落到了她的肩上，这是她完全始料未及的。

年龄最大的两个孩子，我的母亲和蒂茜身上已经展现出她们父亲的教育理念。蒂茜的原名是伊丽莎白，她后来嫁给了斯坦利·莫蒂默。她们非常虔诚地信仰宗教，把心思全都放在外祖父认为适合女孩子做的事情上。他对她们要求严格。在乡下，她们每天都要在背上背根棍子，弯曲双肘夹住棍子的两端，在家和大路之间来回走路，以纠正她们的仪态举止。她们读什么、写什么、怎么样表达自己的想法，这些外祖父全都严格把关，他让她们始终坚持最高的行为准则。这样教育的结果就是塑造了她们坚强的性格，对事情有着明确的是非判断，让她们符合传统的审美模式，这也是摆在她们面前唯一适合淑女的教育模式。

忽然间，那只强壮的手不在了，家里的两个男孩和两个年龄小一些的女孩还都懵懂无知。一个平日里只被当作孩子宠着的女人，怎么可能突然间就担起管教孩子的重担呢？

听人说，在外祖父去世后的前几年，我母亲成了全家的精神支柱，但是她在十九岁的时候就嫁给了我的父亲。

纽约这个社会自视甚高，我的母亲属于这里。彼得·马里那老头经常举办单身派对，他的赞赏对很多年轻姑娘和小姐来说，代表着成功。他称我母亲为王后，拜倒在她的美貌和魅力之下，这对她来说很重要。

在那个社会中，你要对穷人友善，要有博爱之心，要协助医院，为需要帮助的人献出爱心。你只能接受特定的人发出的聚餐、跳舞一类的邀请，你就属于那个圈子。你认真考虑孩子的教育问题，你和大家读着同样的书，你对好的文学作品了如指掌。总而言之，你符合传统的审美标准。

---

① 安娜·豪尔·罗斯福（Anna Rebecca Hall Roosevelt，1863—1892），1883 年 12 月 1 日与埃利奥特·布洛克·罗斯福（Elliott Bulloch Roosevelt，1860—1894）结婚，埃利奥特是后来的总统西奥多·罗斯福的弟弟。婚后育有一女安娜·埃莉诺·罗斯福（Anna Eleanor Roosevelt，1884—1962），即本书作者；两个儿子：小埃利奥特·罗斯福（Elliott Bulloch Roosevelt，Jr.，1889—1893）、格雷西·豪尔·罗斯福（Gracie Hall Roosevelt，1891—1941）。——译者

② 罗伯特·R. 利文斯顿（Robert Robert Livingston，1746—1813），是《独立宣言》五人起草委员会成员之一，同托马斯·杰斐逊、约翰·亚当斯和本杰明·富兰克林等一同起草和签署了《独立宣言》，见证了美利坚合众国的诞生。——译者

我的父亲埃利奥特·罗斯福英俊迷人，凡是和他接触过的人都很喜欢他。父亲的家世背景和成长经历与我母亲的全然不同。他天生身体羸弱，这一点可能他自己也一直很难接受。十五岁那年，因为生病，他从圣保罗中学休学，一年后去了得克萨斯。他和那里的边境要塞麦卡维特堡的军官们交朋友，和他们一起玩狩猎、侦察游戏，寻找印第安人。他喜欢这种生活，他其实是个天生的运动员、优秀的射手和骑手。我觉得这段经历一定给他留下了难以磨灭的影响。虽然疾病也在他身上留下了印记，但生活中很多时候我们都要依靠那些内心力量的支撑。当他回到纽约的家时，明显变得健康、强壮多了。

我父亲还未满二十一岁，祖父就去世了。那个时候，他的哥哥西奥多[1]战胜了纠缠童年的哮喘，去哈佛大学读书，后来成为美国总统。而他得到宽容的母亲和两个疼爱他的姐姐的许可，在继承了自己那份遗产后就去环游世界了。他在印度逗留了很久，当时可没几个美国人会干这种事。

为了参加他妹妹科琳娜的婚礼，父亲结束了旅行。科琳娜嫁给了他的朋友道格拉斯·罗宾逊。随后他也娶了我的母亲安娜·豪尔，但婚后的日子却是有悲有喜。

他和我的母亲彼此爱慕，但总是爱得含蓄矜持。我觉得这可能是他们各自的家庭背景大相径庭。我父亲的家庭很少关注社会，也很少关注诸如纽约街头的报童以及谢菲尔医生努力救治的跛子这类小人物。谢菲尔医生是当时最有名的骨科医生。

我父亲的母亲和他哥哥年轻的妻子爱丽丝·李相继去世了。爱丽丝只留下了年幼的小爱丽丝安慰悲伤的父亲，他还很年轻。我父亲也深受

---

① 西奥多·罗斯福（Theodore Roosevelt，1858—1919），人称“老罗斯福”，昵称“泰迪”（Teddy），美国第26任总统。西奥多·罗斯福的堂侄富兰克林·罗斯福日后也当选为美国总统，人们常称其为“小罗斯福”。——译者

丧母之痛。不过很快，就在 1884 年的 10 月，我出生了。根据大家的描述，我当时一定浑身皱巴巴的，比所有小孩都要难看，但是对我的父亲来说，我是上天赐给他的礼物。

我两岁时依然是个严肃、腼腆的小孩，我敢说，即使是跳舞的时候我也从来不笑。我现在能记得的最早的事情，就是在一番盛装打扮之后，去给一群绅士们跳舞。当我在他们面前跳起芭蕾时，他们会鼓掌大笑。最后，我的父亲会把我抱起来高举在空中。他活着的时候影响着我的生活，即使去世多年以后，依然是我生命中爱的源泉。

和父亲在一起我真的开心极了。家里还留着那幅木版画，画上一个留着齐刘海的小女孩一脸严肃，抬着一根手指，满脸告诫的神情。父亲很喜欢这幅画，还取名为《小内尔在训诫埃利奥特》。我们在长岛的亨普斯特德镇上有一幢乡间别墅，父亲可以在那里打猎、玩马球。他很喜欢小狗和马，所以我们总是两种都养。在那段日子里，除了工作和运动，他还打理着自己的生意，一家人过着忙碌而快乐的生活。他不仅是我的全部世界，周围的人也都很喜欢他。

或许是因为他早些年生活压力太大导致身体虚弱，现在进一步加重了，也或许是因为他摔断腿以后反复接骨所带来的伤痛，我真的不知道什么缘故。父亲开始酗酒，而我的母亲、伯伯西奥多和姑姑们也开始替他感到忧心，直到 1894 年父亲去世。

1890 年的冬天，为了父亲的健康、为了能够戒酒，父母带着我和弟弟去了意大利。我记得父亲扮成船夫的模样，带着我去了威尼斯的运河，还和其他船夫一起唱歌，我真的非常开心。我喜欢他的嗓音，更喜欢他宠着我。狄更斯的《老古玩店》里有个小女孩叫小内尔，父亲看过以后，就一直叫我“小内尔”。我在父亲心中是最重要的，这一点我从未怀疑。

然而，他也会被我惹恼，尤其是当我缺少勇气的时候，他会大失所望。但是很不幸，我常常让他失望。我们去索伦托的时候，有人给了我一头驴，让我可以骑着走过那些美丽的道路。一天，大家邀请我一起出去，但是在过第一个陡坡的时候他们就摔倒了，吓得我脸色苍白，宁可在大路上待着。我依然记得父亲那失望的语调，那些话语在我心中回荡了很久。

我记得和父亲一起去过维苏威火山，我们还往里面扔了硬币，最后拿回到手上的时候，硬币都裹上了熔岩，在那之后还有着漫漫的旅途。我猜想途中应该遇到了很多问题，我现在唯一能记得的就是感觉非常疲惫，还要强忍着不能掉眼泪，不然父亲会生气。

我母亲在临近巴黎郊区的纳伊找了所房子安顿下来，我们在那儿住了好几个月，因为6月底母亲就要生产了。父亲去了疗养院，他的姐姐安娜，也就是我们叫“拜伊”的姑妈陪着母亲。他们决定把我送去女修道院学习法语，防止孩子出生时，我在一旁添乱。

女修道院的经历可不怎么愉快。我当时还未满六岁，我一定非常敏感，因为我总是想得到别人的喜爱和表扬，这可能是因为我觉得自己长相平平又缺乏教养。我知道母亲因为我长得不好看而感到困扰，小孩子总是可以觉察到这些事。虽然她努力想把我抚养好，希望我很有家教，以此来弥补我相貌的不足，但是她的努力却让我更清醒地认识到自己的缺点。

修道院里和我同龄的孩子们，都对我这个既不会讲她们的语言，也不信仰她们宗教的女生没多大兴趣。她们每个人都有一个神龛，总是花心思把它装扮的非常好看。我很想加入她们，但总是被排除在外，我只能一个人在四周都是围墙的花园里闲逛。

最终，我成了诱惑的牺牲品。有个女孩吞了硬币，所有人都对她格外关注，她成了大家的兴趣中心。我也想像她一样吸引每个人的注意。一天我跑到一个姐妹那里，跟她说我吞了一枚硬币。显然我的伎俩一眼就被看穿了，她们把这件事告诉了我的母亲。母亲很丢脸地把我带了回来。我现在能够理解母亲当时的感受了，因为我也成了母亲，有一个会撒谎的孩子对一个母亲来说是一件多么可怕的事情。

我记得坐车回家的途中真是苦不堪言，比起无休止的责备，我更愿意被揍一顿。只要能不挨骂，我就会撒谎，但如果知道惩罚也不过是上床睡觉或者打屁股这种，我可能也会说出真相。

撒谎的习惯陪了我很多年。母亲不理解为什么一个小孩会因为害怕而说谎。我也是到了没什么可以感到害怕的年纪才改掉这个习惯。孩子出生后，父亲回家了，虽然我很遗憾他让大家都替他操心，但他是唯一没把我当罪犯看的人！

我弟弟豪尔才几周大的时候我们就乘船回家了，留父亲一个人在法国的疗养院。西奥多伯伯后来不得不去法国把他接回来。

那个冬天，没有父亲的陪伴。我在母亲的房间里睡觉，母亲晚上出门前都会打扮自己，我还记得我看到以后那种满心激动的感觉。她是那么好看，不管裙子还是珠宝，任何属于她的东西，只要能让我摸一下，我都开心得不得了。

那些年的夏天，父亲都在其他地方调养身体，所以我们大多数时候都和外祖母一起待在她在蒂沃里的房子里。这里后来成了我和弟弟豪尔的家。

父亲把他的马送给了我们一匹，是母亲过去经常骑的那匹“老猎人”，我记得我也和母亲一起骑过。还有一件事我记得更清楚，就是经常去拜访姨奶奶拉德洛夫人，她的房子就在我们的旁边，但是更靠近哈德孙河。因为那一片的房子都离得很远，相互之间几乎看不到。

拉德洛夫人非常干练自信，是操持家务的一把好手。我记得有一次，她开始检查我的功课。可是我什么都不会读！从第二天开始，一整个夏天，她都让她的女伴玛德琳给我上阅读课。接着她又发现还有针线活、做饭，凡是女孩儿该会的我都不会。我觉得自己才只有六岁啊。

我猜母亲被狠狠地批评了一通，因为从那以后，玛德琳就常常出现在我的生活中，开始教我做针线活。

我还和母亲一起睡，每天早上我都要向她背诵之前学过的《圣经·旧约》或是《圣经·新约》里的诗篇。真希望我现在还能记得那个夏天用心学过的所有东西。

有时我醒来，看到母亲和她的姐妹们还没睡，还在聊天。虽然很多都和我无关，但我还是怀着极大的兴趣一直在听。我有一种很奇怪的懵懵懂懂的感觉，自己身边好像都是些麻烦事。父亲好像做错了什么，但在我心中，父亲是不会犯错的。

如果大人们意识到自己说的话在孩子内心掀起了怎样的波澜，我想他们应该会把事情解释清楚，但是没有人再对我说过什么。

在我七岁那年的秋天，我们搬回了纽约，房子是母亲之前买的，已经装修好了。我们住在东 61 街，和拜伊姑妈家只隔了两个街区。她住在麦德逊大道和东 62 街那里。泰迪伯父的女儿小爱丽丝大部分时间都是她在抚养，那个冬天我们第一次真正熟悉起来。

她看起来长大了不少，还比以前聪明了，我很喜欢她，但是又有点儿怕她，即便是在我们都长大了，她成为白宫的“爱丽丝公主”之后依然如此。

那个冬天，我们和罗伯特·芒罗-弗格森成了朋友，这个年轻人被他哥哥从英格兰送到这个新世界闯荡。我父母认识他的哥哥罗纳德（后来被封为诺瓦尔勋爵），拜伊姑妈也认识。他被带进拜伊姑妈家，安排在道格拉斯·罗宾逊[①]的办公室做事，后来他成了全家人的挚友。

---

① 小道格拉斯·罗宾逊（Douglas Robinson Jr.，1855—1918），美国企业家，纽约市著名的房地产经纪人，娶了科琳娜·罗斯福（Corinne Roosevelt），即西奥多·罗斯福总统的妹妹，也就是本书作者埃莉诺·罗斯福的姑妈。——译者

母亲总会在午后找点时间和我们三个待在一起。二弟埃利很喜欢母亲，真羡慕他从来不会挨骂。小弟弟豪尔总是被叫做“乔西”，他太小了，除了安心坐在母亲腿上，什么都不会。很奇怪，我感觉自己和他们三个之间被什么东西隔开了。母亲带孩子很努力，她会先读一遍，再让我读给她听；她会让我背诗；她会先哄弟弟们睡觉后再哄我上床。我现在依然记得，自己站在弟弟们的房间门口，把手指放进嘴里。我能看到她眼中的神情，听到她的声音，她说：“奶奶，进来吧。”如果有客人在，她会朝客人解释：“她是个有趣的孩子，很老派，所以我们经常叫她‘奶奶’”。我觉得很丢人，恨不得找个地缝钻进去。

忽然间，一切都变了！母亲得了白喉，那时还没有抗生素，我们三个被送到了其他地方。我去了教母亨利·帕里什夫人家，弟弟们送去了姨奶奶拉德洛夫人家，外祖母也离开家人前去照顾我的母亲。虽然立刻派人去通知了父亲，可是他远在弗吉尼亚，回来得太晚了。那段时间白喉非常猖獗。

我记得当时站在窗户旁边，苏茜表姐（帕里什夫人的女儿）突然告诉我说，母亲去世了。那天是 1892 年 12 月 7 日。我完全不懂得死亡意味着什么，有一件事扫除了一切阴霾。父亲回来了，我很快就能见到他了。

后来我才知道，母亲去世对他的打击到底有多大。他那些年带给母亲的悲伤如今全然被希望破灭代替。母亲把孩子留给了外祖母照顾。现在的父亲，没有妻子，没有孩子，没有希望。

最终我们被安排和外祖母豪尔夫人一起生活。我现在才意识到，外祖母家一定被我们搞得乱七八糟。两个舅舅和两个阿姨还在家里住，他们的温柔体贴让我无比惊讶，因为他们的言行举止让我们觉得自己不是外人。

我们被安顿好以后，父亲来看我了，我记得我走进西 37 街一处房子一楼的书房。那里天花板很高，光线很暗，父亲坐在一张很大的椅子上。他穿着一身黑，看起来非常伤心。他伸出双臂把我抱到跟前。过了一会儿，父亲开始说话，他向我解释说母亲走了，她曾是他的全世界，如今他只有我和两个弟弟了，弟弟们还小，所以我和他必须相依为命。总有一天，我会再给他一个家，我们会一起旅游，一起做很多事，很多父亲觉得开心有趣的事，这些将来一定都会实现。

很奇怪，在我心里总是只有我和父亲两个人。我不知道是不是要把弟弟们当成我们的孩子，或是他觉得他们会去上学，然后变得独立。

从那天起，我就一直有种感觉，父亲会和我紧紧相依，总有一天，我们会有属于自己的生活。他告诉我要经常给他写信，要做一个乖孩子，不要闯祸，要好好学习，长大以后要成为他的骄傲，他一有时间就会回来看我。

父亲走后，我独自一人守着我们的秘密，努力适应新的生活。

两个弟弟和玛德琳睡在一起，我在他们房间外的走廊上支了张小床。我已经到了可以照顾自己的年纪，只是我的头发得在晚上梳好。当然，必须得有人接送我上下课，而且不管我下午做什么，都得有人跟着。我有家庭女教师、法国女仆和德国女仆。我会走得很快，把她们都甩掉，她们总想和我说话，我只希望自己一个人沉浸在梦里，在梦中我是女主角，父亲是男主角。只要我一上床或者早晨一睁眼，我就会回到梦里，我走路或者有人烦我的时候也是如此。

虽然我身体很好，但是一到冬天就时不时喉咙痛、扁桃体发炎，所以规定我每天早上都要洗冷水澡，我该如何逃过这些冷水澡！玛德琳不会总跟着我，所以没人监督的时候，我就往洗澡水里加更多的热水。

外祖母非常重视教育，所以我必须要学法语，父亲又希望我能懂音乐。我到十八岁才开始学习音乐，但是之前根本没有人训练过我的耳朵！一直到听了普茜阿姨弹琴，我才懂得体会音乐所传达的情感。普茜阿姨是那么可爱迷人，听她弹琴是我童年又一件难忘的开心事。

我或许有当歌手的潜质。我发现歌手总能给大家带来快乐，当然更重要的是，会博得关注和喜爱！这是我童年梦寐以求的，因为我很清楚，在我身上没有什么可以吸引大家关注或喜爱的东西。

现在回过头来看 37 街那栋房子里的生活，我才发现那段在纽约的日子是多么与众不同，连房子和街道也是。那里有很多很气派很漂亮的房子，大多都在第五大道上。麦迪逊广场依然都是住宅区，第 14 街到第 23 街是商业区。

街上没有汽车，取而代之的是漂亮的马匹和灵便的马车。第五大道上主要是马拉的大车，马拉的小车则在其他大道以及横穿的街道上。出租马车和双轮双座马车就是当时的出租车。

我们那座老式的褐砂石房子和街上其他房子一样，非常气派舒适，有高高的天花板，阴暗的地下室，还有拥挤的仆人宿舍，那里既是他们的住处也是工作的地方，今天任何一个有尊严的人恐怕都无法忍受这样的条件。洗衣房有一扇小窗开向后院，当然我们没有电灯，只有瓦斯，那个年代有瓦斯就已经很先进了。

仆人们住的房间通风不畅，没有像样的家具。他们的厕所在地下室，所以在那间狭小的卧室里，每个人都有一个洗脸盆和一个储水的陶罐。

我们家有厨师、男管家、女仆和洗衣女工各一名，女仆还要同时侍奉我的小阿姨们。家里还有外祖母、普茜阿姨、莫德阿姨、瓦利舅舅和埃迪舅舅。莫德阿姨在我们来之前一直是家里最小的孩子，瓦利是大舅舅，还有不经常在家的埃迪舅舅，应该比瓦利舅舅小两三岁。埃迪舅舅一直在到处旅游，在我的记忆中，他去过遥远的非洲。

我和两个弟弟以及他们的保姆住进了这栋房子。

虽然我现在觉得外祖母当年依然非常年轻，但是当时她在我眼中非常苍老。她几乎一直待在自己的卧室里，有客人拜访时，她才会下楼会客。用蓝色绸缎罩着镀金家具的客厅成了外祖母见客人的地方，因为书房被她的女儿们占用了。书房是一间很大的前厅，那里放着一架钢琴，临街一侧开有一扇大圆肚窗，这让房间的采光非常好。

房子后面新建了餐厅，侧面有三扇窗户，所以餐厅很亮堂。再后面是男管家维克托的储藏室，他对我很好，教我怎样洗盘子、擦盘子，虽然盘子摔碎时他会很不高兴，我在那块地方度过了很多时光。有时候我很不讨人喜欢，没吃晚饭就被送去睡觉，维克托或是女仆凯蒂就会偷偷给我带些吃的。

外祖母这些年改变了很多。她对自己的儿女倾注了满满的爱，但是管教孩子一直是外祖父的责任。外祖父去世后，外祖母依然扮演着慈母的角色，但是不久她便发现，四个孩子她一个都管不了。现在孙子也由她照顾着，所以她决定一定要严加管教，不能像自己的孩子一样溺爱。拒绝要比答应更容易说出口，我们就是在这样的家教下长大的。

回想起小时候，我总是害怕很多事：怕黑、怕惹别人生气、怕失败。我总要先克服内心的恐惧才能做成某件事。十三岁时发生的一件事，让我至今记忆犹新。普茜阿姨生病了，喉咙痛，非常严重，她喜欢指使我替她做事，这让我觉得非常荣幸。有天晚上她叫我，四周漆黑一片，我只能摸索着去她房间。她问我能不能帮她去地下室从冰箱里取些冰块。这意味着我要走下三层台阶，而且在最后一层台阶那儿还要关上门，独自一个人待在地下室，在黑暗中找到放在后院的冰箱！

虽然我的双腿不停地打战，但是在不敢去和因为害怕而不能照顾生病的普茜之间，我别无选择。我拿回了冰块，这再一次证明，对小孩子来说，没有什么比向身边人证明自己有用更重要的了。

很小的时候我就意识到，周围的人总在经受这样那样的苦难。在我五六岁时，父亲曾带我去一家报童之家准备感恩节晚餐。伯父西奥多·

罗斯福创办了很多报童之家，他还在“儿童援助协会”当了很多年董事。父亲跟我解释说，这些衣衫褴褛的小男孩们大都无家可归，只能住在空地上搭建的木棚里、别人家门前的走廊、公共建筑或其他能够栖身的地方，但是他们都很独立，能够自己赚钱养活自己。每年圣诞节，外祖母都会带我去帮研究生医院的儿童病房装扮圣诞树。她非常热衷这类慈善活动。

格雷西姨祖母则会带我们去整形医院。这家医院是由祖父提供医疗器材，帮助牛顿·谢弗医生创办的，祖父一家都对这家医院投入了很大精力。我在那里看到很多幼小的孩子身上都打着石膏或夹板，有些保持奇怪的姿势躺了好几个月。我对他们尤其感兴趣，因为我自己就有脊柱侧弯，有时候会穿钢制的支架，真的非常难受，还不能弯腰。

瓦利舅舅是一名网球冠军，在纽约很受欢迎，哪怕是过圣诞节他也要忙着比赛。不过即便如此，他也会带我去纽约城一个叫“地狱厨房”的地方，帮那里的孩子装扮圣诞树。这里多年来一直是纽约最贫穷困苦的地方。我还和莫德阿姨、普茜阿姨一起在包厘街救济所唱赞美诗。这些经历让我不得不承认，我们富足的生活和那些地方形成了鲜明的对比。

虽然父亲很少和我们待在一起，但是他却成了我这段时期生活的全部。我总是下意识地期盼着他的到来。虽然他来期不定，也很少事先捎口信，但是只要父亲一进门，即便我在房间里也能立马听出他的声音，我的房间和大门可是隔着两层长长的楼梯。走下楼实在是太慢了，我便顺着楼梯的护栏滑下去，通常父亲才刚摘掉帽子，我就已经扑到他怀里了。

父亲每次都会给我们带礼物，更别说圣诞节这样的大日子了。有一年的圣诞节至今仍历历在目，因为我收到了两只袜子，一只是外祖母送的，另一只是当时还在纽约的父亲在圣诞节那天早上带给我的。

母亲去世后的那个冬季，又发生了一件事让父亲心力交瘁。二弟埃利自从母亲走后一直病怏怏的，他和小弟弟乔西都得了猩红热，于是我被送到苏茜表姐家，当然，我也被隔离了。

乔西的病情稳定，身体逐渐好转，但是埃利却恶化成白喉，最终离世。父亲有时会过来带我出去，但是弟弟们的事情对他来说打击太大，以致他和我在一起时也总是忧心忡忡。

1894 年 8 月 14 日，就在我十岁生日前夕，有消息传来说父亲去世了。虽然我的阿姨们也是这么告诉我的，但是我绝不相信，我哭了很久，睡觉的时候还在哭，最后哭着睡着了。然而第二天醒来又像往常一样活在我的幻想中。

外祖母决定不让我们这些孩子参加葬礼，因此死亡对我来说依然是虚无缥缈的。从那时开始，我心里明白，父亲死了，但是我心里和他更亲近了，可能比他在世时还要亲近。

我的父母都很喜欢让我们多去拜访格雷西姨祖母，她深受侄孙侄孙女们的喜爱。我现在仍记得，格雷西姨祖母虽然身高中等，身形纤瘦，但是看起来总是那么美丽优雅。当时女士们都穿那种上有束胸、下有圆摆的拖地连衣裙，但我依稀记得，格雷西姨祖母经常穿一件紧身胸衣，胸衣的背部是正常高度，胸前是方形领口，脖子周围还有白色的蕾丝或亚麻的褶边做装饰。

她给我们讲故事时，双手常常叠放在大腿上。虽然还是个小孩，但是我很喜欢观察人们的手，我记得看着格雷西姨祖母的手时，真是赏心悦目。我的周六经常和这位和善可亲的姨祖母一起度过。爱丽丝·罗斯福、泰迪·罗宾逊和我三个人最享受那段时光。

父亲去世后，我就不允许出门和格雷西姨祖母一起过周六了。外祖母觉得我们应该尽可能待在家里。罗斯福家的亲戚都很有活力，她可能担心我们和他们走得太近，会管不住我们。

接下来的几年对我来说平淡无奇。纽约进入冬季，我要去学校，还要去补习班，偶尔在周六下午，和一两个小伙伴一起吃晚饭、玩一会儿，就当是娱乐了。外祖母想要把我打扮成小孩子的模样，阿姨们却觉得我应该穿符合我年纪的衣服，但是又不合身。我高高瘦瘦，又很害羞。我去上舞蹈课或参加聚会的时候，她们给我穿长度在膝盖上面的小短裙，可是跟我同龄的女生大多穿长度到小腿肚的裙子。现在看来，当时我所有的衣服只会让我觉得尴尬局促。

从 11 月 1 日到次年 4 月 1 日，不论气温高低，我一直穿着法兰绒的衣服，从头盖到脚。当然，里面还穿了法兰绒衬裙和黑色长筒袜。这得多热啊！而且我还穿了系扣子或绑带子的长靴，因为这样可以让脚踝变瘦。

夏天的时候，我们这些孩子都待在蒂沃里的房子里，只有一个保姆兼家庭教师陪着，其他人都不在。蒂沃里的夏天闷热难耐，我弹钢琴的时候手指都黏在了琴键上，即便如此，我也没有脱掉一件衣服。即使在夏天，我们这些孩子都会穿很多。我有时会把长筒袜往下褪，但是会被提醒说淑女绝不会露出她们的双腿，于是立马又把袜子穿好！

我们在蒂沃里的房子很大，有高高的天花板，还有很多大房间。外祖父把楼下装修的相当正统，放了很多好看的大理石壁炉和枝形吊灯。我们没有瓦斯和电，所以枝形吊灯是用来点蜡烛的。虽然我们有油灯，但还是经常借着烛光去睡觉。楼下还有玻璃橱窗，陈列着从世界各地收藏的珍宝，有不少精致的象牙微雕工艺品，一套微型桌椅，还有银饰品、小瓷瓶以及珐琅釉的物件，我很喜欢那套微型桌椅。

书房除了外祖父的宗教类书籍外，摆满了各类名著。很多小说是年轻的舅舅、阿姨们放进去的。让我感到奇怪的是，那么多狄更斯、司各特和萨克雷的书，被大家读了一遍又一遍，尤其是埃迪读得多。

二三层有九间主人卧室，四间仆人住的双人房和一间单间。仆人在这儿住的房间可比在市区的好多了，但是仆人没有浴室，而且没人会觉得这很奇怪。虽然在这座大房子里只有两个浴室，但是对我们来说并没有觉得使用不方便，或是在我们自己的房间用盆和陶罐洗会很麻烦。

小孩子每周必须洗两次热水澡，虽然我觉得外祖母可能仍然记得那只有每周六晚才能洗澡的年代。我每天早上还要用海绵沾冷水擦身体。

外祖母每天早早起来做家务的时候会让我跟着，我就把她从储藏室里仔细称好的面粉、糖和咖啡拿去给厨师。厨房是那种大大的老式厨房，外面有一圈大石头围成的天井，再上面就是院子，只有一小块地方可以让太阳照进来，如今已经很少有人愿意在这种光线半暗的厨房里做饭了。仆人们吃饭的地方有扇门通向天井。洗衣房稍微好点儿，因为有两扇门通往露天平台，我经常在那里玩。

我们那么多人的衣服都是欧沃豪斯太太一个人洗，既没有洗衣机，也没有电熨斗可以帮她。她有一根洗衣棒、三个桶、一台拧干机和一个烧煤或柴火的炉子，炉子上面是各种大小不一的铁块。

欧沃豪斯太太身体不错，是个乐天派，她生了很多孩子。显然她会先把自己家的家务安排妥当，然后来我们家洗洗涮涮一整天，晚上再回去接着干农场的活。她教我洗衣服、熨衣服，虽然她只允许我做一些简单的事，但是手帕、餐巾和毛巾经常交给我来洗。我很喜欢和欧沃豪斯太太待在一起，她总是很开心。

普茜阿姨的性情很像艺术家，有时候我会去找莫德阿姨一起玩，因为普茜阿姨不和任何人说话。渐渐地，我开始试着把它当作她性格的一部分，对她做出的所有可爱举动都心存感激，耐心等待暴风雨过去。

有一年夏天，她带我和我的女家庭教师一起去楠塔基特岛旅游，我们在那儿待了很多天，对一个只在哈德孙河附近玩耍、没有去过其他地方的小孩来说，这趟旅程真是令人无比激动。几天后，我感觉普茜阿姨应该是和我们在一起待腻了，总之她先离开了。虽说她还会回来，但是我觉得她已经把我们忘到了脑后。家庭教师身上的钱又不够我们俩回家的路费，最后还是求助外祖母寄钱帮我们付了账单才回的家。

当年轻的舅舅、阿姨们离家以后，我感到更加孤单了，但是这种孤独感也让我养成了习惯，我会带着书去田野里、树林里，或坐在树下、或躺在地上，全然忘记了时间的流逝。除了有时候遇到书中不懂的地方向其他人请教过后，那本书就会消失之外，没人会监视我在读什么书。我记得狄更斯的《荒凉山庄》就是这样消失的，我还找了好久。

外祖母在有些事情上有她自己的坚持。比如周日的时候我不能温习功课，我得去主日学校给马车夫的小女儿上课，教她读诗，听她背诵，看她学习赞美诗、短祷文和教义问答。这些我也都要学习，然后背给外祖母听。

每周日年龄大一点儿的维多利亚都会来家里找我，我们一起去教堂，我经常坐在外祖母对面那个小座位上。烦人的是，这 4 英里对我来说太长了，几乎每次还没走到教堂，我就觉得恶心想吐，回家的时候也是如此，还没到家就想吐。

我周日不能玩游戏，我们虽然中午还没做到不吃热食，但是晚上是不能吃的，这是外祖父的规矩。

玛德琳终于成功教会了我针线活。我开始给擦碗巾缝边，织补穿破的长袜。玛德琳可让我流了不少眼泪，因为我真的非常怕她。我曾经很喜欢在冰窖长满苔藓的屋顶上往下滑，结果我的白短裤被蹭成了绿色。我会在见玛德琳之前先去找外祖母，因为我知道外祖母不会过分责骂我。

虽然我不应该在早饭前躺在床上看书，但是夏天每天早上我几乎一到 5 点就醒了，我想我当时可能有点儿任性，我会在床垫下面偷藏一本书。可要是被玛德琳抓到我在看书那可就惨了！

我已经不记得为什么会那么怕她。虽然现在回头想想确实非常可笑，但是我好像直到十四岁，有一天和外祖母在树林里散步时，才告诉她我有多怕玛德琳，接着就是在抽泣声中向她一五一十地诉苦。现在想想真的好傻啊。

那段时间我有几件事就觉得非做不可。我记得十二岁的时候，亨利·斯隆先生叫我和他的女儿杰西一起去西部。我以前都没想到我此生会那么渴望去做某件事，因为我很喜欢杰西，又很想去旅游。但是外祖母态度很坚决，也没有跟我解释什么原因，就是不允许我去。她觉得自己的决定很明智，这很没有道理。外祖母经常把“不”挂在嘴边，于是为了提前防止她拒绝，也为了降低我的期待值，我会先说我不想做这些事。

外祖母觉得我应该学跳舞，所以我就去上了多兹沃斯老师的舞蹈班。这个机构成立了很多年，推出了各种不同的课程，很多小男孩小女孩在这里学习波尔卡和华尔兹，他们站在一块块擦得锃亮的菱形实木地板铺成的教室里，非常认真。

由于我日渐长高，可能看着还有点儿笨手笨脚，所以外祖母还让我去学芭蕾。因此我每周都要去百老汇大街上一节芭蕾课，和其他四五个女孩一起学习用脚尖跳舞。她们在一起谈论说都想当舞蹈演员，现在正在找机会进舞蹈队云云，这让我非常嫉妒。

我喜欢芭蕾，也刻苦练习，我明白什么叫“台上一分钟，台下十年功”，即便是舞台上看起来非常简单的动作，演员在台下也付出了不知多少努力。

第二章　我的青春

随着年龄的增长，我渐渐喜欢上了戏剧，于是当意大利著名女演员杜丝第一次来国内演出时，普茜阿姨带我去看了她的演出。后来她还带我去见了杜丝本人，我永远不会忘记见到她时我有多震撼，她的美丽迷人和魅力四射跟我想象中简直一模一样！虽然我也获准可以看一些莎士比亚的戏剧，偶尔也会去剧院，但是我那些年轻的阿姨和她们的朋友们谈论的那些剧目，我却从未看过。结果，有一年冬天我干了件坏事，我因此内疚了很久。

外祖母让我和一个朋友一起去参加慈善义卖，为了摆脱我的女仆，我骗她说我那个朋友会带女仆，活动结束后她会送我回家。结果我们俩没去参加义卖，我们去剧院看了《德伯家的苔丝》，大人们曾经讨论过这部剧，但是我完全没看懂。我们坐在剧场最便宜的顶层楼座，惴惴不安，担心碰到熟人。演出还没结束我们就离开了，因为回家已经晚了。我不得不向家里撒谎，因为如果只有我一个人的话，我会很想坦白，不然会感觉内疚，但现在的情况是还会牵扯到另一个女生，所以我永远不能说出实情。

父亲去世后，外祖母很少让我和住在牡蛎湾镇①的父亲一家联系，所以我基本没见过那边的亲戚。但是我夏天的时候会去伊迪丝伯母和泰迪伯父家小住一段时间。

爱丽丝·罗斯福和我差不多大，可是她看着一副成熟老练的样子，这让我非常敬畏。她擅长运动，我却完全没有运动细胞，再加上又没有和我年纪相仿的同伴，这让我和其他孩子在一起时很吃亏。

我还记得我们第一次在牡蛎湾游泳时的场景。我不会游泳，泰迪伯父鼓励我跳进水里试试看。虽然我很害怕，但还是照做了，结果我一直在水里扑腾，溅的到处都是水，我真的怕极了。我再也不会挑战自己的极限了。

一个天气晴朗的周日下午，我们去库珀布拉夫游玩，那是一个很高的峭壁，是用沙子堆成的，下面就是沙滩，海水满潮时海浪都能打到峭壁底部。泰迪伯父让我们站成一列，他在最前面带头，我们就这样前后互相搀扶着，顺着沙丘往下走，除非有人摔倒或速度太快，队伍散掉了才停下来。我们滚着、跑着，总算是到了沙滩上。

第一次这么做的时候我真是怕得要命，但是下来之后发现并没有我想的那么可怕，于是我们又开始往上爬。大家都是爬两步退一步，所以我们花了很长时间才重新登顶。

就某些方面来说，我觉得每次我都玩得很开心，因为我喜欢绕着谷仓的干草堆一直跑，让泰迪伯父在后面追我们，我也喜欢去萨加莫尔别墅②顶楼的藏枪房，听泰迪伯父大声朗读诗歌。

他偶尔也会带我们去野餐或露营，还会给我们讲很多珍贵的道理，最重要的就是通过露营可以判断一个人的品性。自私的人很快就会露出马脚，因为他们只想享受最好的床铺和食物，却不愿意承担自己分内的工作。

---

① 牡蛎湾（Oyster Bay），位于美国纽约州拿骚县三个镇的最东部，是纽约大都会区的一部分，镇内建有西奥多·罗斯福总统夏天居住的房子，现已成为总统博物馆。——译者

② 萨加莫尔别墅（Sagamore House），是美国总统西奥多·罗斯福从 1885 年到 1919 年去世的故居，纽约州长岛拿骚县北岸的 Cove Neck 村，靠近牡蛎湾，在曼哈顿以东 25 英里。现为萨加莫尔山国家历史遗址，建有西奥多·罗斯福博物馆。——译者

弟弟比我常去伊迪丝伯母家，因为他和昆汀·罗斯福一样大，在我出国后，外祖母允许他常去她们家玩。我和罗斯福家的另一个联系就是每年圣诞节假期的时候，外祖母会让我去科琳娜姑妈家过节。

一年中只有这个时候，我才能见到和我年纪差不多大的男孩子。但是对我来说，这些聚会总是难过胜过开心。因为他们互相认识，还经常见面，而且都很擅长冬季的各项运动。我却很少滑雪，更别说溜冰了，因为我的脚踝不好，而溜冰主要依靠脚踝的力量支撑。

我不太会跳舞，可是派对的高潮却总是跳舞。我的裙子又那么不合时宜，最糟糕的是，它们还特别短，在我膝盖上面。当然，我心里明白，我和其他女孩都不一样，即便我不知道，她们也会直言不讳让我知道。我依然清晰地记得，在某次派对上，当表哥富兰克林·罗斯福走过来邀请我跳舞时，我有多感激。

对科琳娜姑妈来说，我一定是个大麻烦。她那么努力地想要让我们每个人都玩的开心，但是我只有圣诞聚会时才能见到男生，明明已经长很高了却还穿着小女孩的衣服，像我这样的侄女，她也无计可施。

我的生活突然之间就发生了变化。外祖母觉得对一个十五岁的女孩来说，目前的家庭氛围太过宽松。她记得我的母亲曾经想要送我去欧洲求学，于是我人生中的第二个阶段开始了。

1899年秋，十五岁的我跟随斯坦利·莫蒂默夫人，也就是蒂茜阿姨一家乘船前往欧洲。她让我和她住一间船舱，她说她会晕船，所以经常是一上船就上床睡觉。我觉得大家可能都这样，就照做了。结果因为大部分时间都闷在船舱里，到了英格兰以后我整个人晃晃悠悠的，我以前从没有在室内待过这么长时间，一点儿也不享受这趟旅程。

我不怎么了解漂亮的蒂茜阿姨，也不了解另外两个年轻的阿姨，但是我很喜欢她，她一直都对我很好。那个时候我就觉得她在欧洲、在英格兰要比在美国更自在。她在伦敦那个很有名的“灵魂”① 社交圈子里有很多朋友，“优雅”这个词就是她的最好写照。

家里决定送我去南菲尔德的苏维德女士②的学校上学，名字叫“艾伦伍德学院”，那里离温布尔登公园不远，离伦敦也很近。选择这个学校是因为，我父亲的大姐考尔斯夫人，也就是拜伊姑妈曾经在这所学校读书，当时普法战争还未爆发，学校还在巴黎郊区的养蜂场。后来战争爆发，巴黎被包围，局势异常严峻，苏维德女士就离开法国去了英格兰，学校也随之搬到了英格兰。

外祖母她们觉得我很快就要自己一个人留在这里了，如果女校长可以关照我的话，那就再好不过了，所以让蒂茜阿姨带我去见校长苏维德女士。蒂茜阿姨答应我，让我和她一起在伦敦过圣诞节，之后就把我一个人留在那里。当她开车离开的那一刻，我感到前所未有的失落和孤独。

学校有很多规矩，第一条就是所有人必须说法语，如果说了英语，每天放学后要自行报告。因为我的第一个保姆就是法国人，我在说英语之前就已经会说法语了，所以这对我来说不是什么难事，但是对很多之前没怎么接触过法语、母语是英语的女孩来说，可真要下一番苦功。

每间浴室门背后都贴有《浴室守则》。我们每周要洗三次澡，而且必须在十分钟内洗完，除非正好赶上最后一波，或许还能在听到熄灯命令之前再拖延五分钟！

我们早上离开房间之前要把自己的床铺整理好。学校会在早饭后检查我们的房间，还要根据房间的整洁度和床铺的整理方式打分，所以我

① 灵魂（The Souls），英国1885年到20世纪初的一个规模很小、关系松散但与众不同的社会群体。如果把他们的孩了包括在内，这个团体的成员持续到1920年左右，包括许多最杰出的英国政治人物和知识分子。——译者

② 玛丽·苏维德（Marie Souvestre，1830—1905），英国女性教育家，致力于发展年轻女性的独立思想，1870年创建伦敦艾伦伍德学院。1902年埃莉诺·罗斯福回国后，仍然和苏维德保持通信往来，一直到1905年3月苏维德去世。——译者

们一下床就得把床上的东西都放到椅子上，然后按照要求重新整理。抽屉和衣橱也经常要接受检查，谁的抽屉摆放不整齐，回到房间后就会发现自己抽屉里的东西全被倒在了床上，我还见过床铺整个被掀掉要求重新铺好的。

这里的早饭吃得很早，新的一天也就随之开始了。早饭有牛奶咖啡、巧克力饮料或牛奶、面包卷和黄油。鸡蛋可能只有那些有需要的同学才会吃到。

校长苏维德女士年事已高，头发全白，她得花更多的时间照顾自己的身体，所以从来不和我们一起吃早饭，但是会由萨玛娅小姐监督我们。萨玛娅小姐虽然个头不高，但却充满活力，她很敬佩校长苏维德女士，对她的照顾无微不至。萨玛娅小姐负责学校的大小事情，同时还教授意大利语课程。

要得到萨玛娅小姐的青睐可得拿出点儿真本事。那些被她挑选出来担任重要职位的女孩们都很厉害，动手能力很强，她们有能力管理、领导其他同学。

我花了很长时间才获得她的喜爱，因为我是个理想主义者，还是个美国人，这对她来说是完全未知的。

校长苏维德女士则相反，她对美国人的态度比较温和，对她们一视同仁。她的很多学生最后都成为很了不起的女性，拜伊姑妈就是如此。

祖父罗斯福曾经为了他的大女儿，也就是我的拜伊姑妈咨询过很多名医，他也因此开始对跛子产生兴趣。拜伊姑妈其实不算驼背，但她的样子看着有点儿奇怪，因为脊椎不正常的向后弯曲，导致她的肩膀隆起。她的头发软软、卷卷的，很可爱。她的眼睛深邃迷人，真的非常漂亮，让你沉迷其中，忘却其他。

拜伊姑妈虽然身体不好，但却很有才华。她永远活力四射，不管和谁在一起，她总是最亮眼的那个，总能侃侃而谈。当她步入中年的时候，她的双耳已经听不到了，最终导致她跛掉的关节炎也给她带来了很大的痛苦。然而身体的苦痛从未击垮她的精神。病痛加剧，她却更加坚定地去克服。她是如此灵动鲜活、富有魅力，所以不论她住在哪里，人们都会从天南地北去她家里参加聚会。

她镇定沉着，有很强的执行力和判断力，这些优点不仅影响了她的弟弟妹妹们，还影响了她所有的朋友。对那些和她交流过的年轻人来说，她就像是心灵导师，她是我见过最有智慧的心理咨询师。虽然她更多的时间是在倾听，但是她但凡开口，字字珠玑！

校长苏维德女士一见到我就对我颇有兴趣，因为她喜欢我母亲安娜，爱屋及乌。日子一天天过去，我发现自己越来越喜欢她了，这种情感一直持续到她去世。

苏维德校长个头不高，体型有些丰满，早已满头白发。她的头型很好看，轮廓清晰，棱角分明。她把额前的头发向后梳起，耸竖在头顶上，其余的卷发自然盘在脑后，露出宽阔饱满的额头。她的脸上带有英气，一双眼睛仿佛能把你看穿，她平时的真知灼见只是她渊博学识的冰山一角。

吃完早饭后，我们一般都会被带去散步，除非你有很完美的借口，不然不可能逃掉！从 11 月开始，天气逐渐变冷，早起晨雾也很厚。大雾裹着刺骨的寒气从地面上升起来，即便如此，我们仍然要散步！

这个季节要是在家的话，我就得脱掉几件贴身穿的衣服，这是外祖母在我还小的时候就立下的规矩，不能穿太厚，可现在是在英格兰，于是我又能穿上暖和的法兰绒了。虽然我们会集中供暖，但是不怎么热，必须坐在暖气片上才能感受到一点点暖意。宿舍里只有不多的几个人有小火炉，我们不知道有多么嫉妒那些有明火可以取暖的同学。

我还记得，吃饭前大家一窝蜂挤到餐厅里，都想在落座之前找个离暖气片近点的位置。几乎所有的英国女孩手脚上都生了冻疮，要到来年开春才能好。

我们一散步回来就立马开始上课，每个人都有自己的课表，一整天排的满满当当，有课程安排，有运动时间，有准备时间，没有一分钟的空隙。午饭后马上又是两个小时的运动时间，冬天那几个月里，我们基本上都会选择玩曲棍球。

每次提到运动，我会觉得非常尴尬，我之前都没见过曲棍球。但是我必须得玩点儿什么，于是我组建了第一支网球队，这是我人生中最自豪的时刻了。现在想想，当时要是把练习曲棍球的时间都拿来学网球就好了，会打网球对我之后的人生会更有帮助。

4 点钟我们回到教室时，课桌上会放着大片大片的面包，足足有半英寸厚，有时候上面还会涂着覆盆子果酱，当然更多时候吃到的是黄油。那些身体虚弱的同学还会额外得到一杯牛奶。

之后我们就自习，直到铃声响起，又要急急忙忙赶着去换衣服吃晚饭，只有十五分钟时间，鞋子、袜子和衣服全要换。

每周都有一天，我们会在下午 4 点以后待在教室里做针线活，当然会有人看着我们。

晚上又要开始学习了，但有时候也会允许我们去体育馆跳舞。斯特雷奇小姐出身当地颇有名望的书香门第，虽然我们的大多数课程都是法语，但是她会给我们讲莎士比亚，当然我们还有德语、拉丁语和音乐课。

苏维德校长在她的图书馆给我们上历史课。图书馆里整齐地摆放着各类书籍，还摆满了鲜花。从图书馆向外望去是一大片草地，夏天的时候那些葱郁的树木会给人们带来阴凉，到了冬天，就是乌鸦的栖身地，这一切都让图书馆成了舒适迷人的所在。

我们散坐在壁炉两旁的小凳子上，墙上通常会挂面地图，苏维德校长习惯手里拿着长长的教鞭，来回走着给我们上课。我们虽然会做笔记，但是苏维德校长更鼓励我们独立阅读大量书籍，自己做研究。我们要根据给定的主题写论文，这可不是件容易事，要花费大量苦工才行。即便如此，这仍是我们最爱的一门课。

有些同学晚上偶尔会被邀请去苏维德校长的学习小组，那些日子可真让人怀念啊。她非常擅长大声朗诵，她会读诗、剧本和故事给我们听，通常用法语读。如果读的诗恰好是她喜欢的，有时她会多读几遍，然后让我们轮流背给她听。我在家训练的记忆力没想到在这儿派上了用场，而且我发现，晚上能这样度过真让人开心。

我并不知道我的外祖母和阿姨们早在我来之前就已经给苏维德校长写信介绍过我了，所以我觉得自己很快就能从以前的种种错误中解脱出来，开始人生新的篇章。第一次，我觉得担忧恐惧离我远去了。只要我遵守规则、不撒谎，就没什么好害怕的。

我有咬指甲的坏习惯，没多久就被萨玛娅老师发现了，于是她开始帮我改正这个坏习惯，这听着似乎是个不可能完成的任务。我总是随身带着父亲的信，那天我偶然拿出一封重温时，看到父亲在信中写道，一定要注重自己的个人形象，从那以后，我就再也不咬指甲了。

第一个圣诞节假期，我在家里很平静地度过了，在学校倒是过得很开心。平安夜和圣诞节那天，我是和莫蒂默一家在伦敦的克拉瑞芝酒店过的。每年圣诞节我们都会在家里放一棵大圣诞树，蒂茜阿姨可能看穿了我的心思，她在酒店的桌子上放了一棵小圣诞树，还给我准备了圣诞袜和很多礼物。虽然在酒店放圣诞树看着有点儿奇怪，但是总的来说，那天过得还不错。

我被邀请去和伍尔里奇-惠特莫尔女士和她在英格兰北部的家人一起过了几天，来回都是我一个人。她的丈夫是什罗普郡布里奇诺斯一家教堂的牧师，他们有五个女儿，年龄都很小，有一两个可能和我差不多大。她是道格拉斯·罗宾逊的姐姐，她和美国的亲戚关系很近，因此，即便我只是她的姻亲，他们依然当我是近亲一样邀请我去家里，还把我当自己的孩子一样看待。这次旅行的每一分钟我都很享受，这也是我第一次接触到英国人的家庭生活。

他们把早饭装在盘子里放到一个橱柜上，用盖子盖好，下面用灯管给食物保温，每个人可以根据自己的口味拿喜欢的食物。下午茶4点半开始，在书房里，伍尔里奇-惠特莫尔女士的丈夫有时候会和我们一起，还会分面包、火腿、茶和蛋糕给我们吃。要是有人太饿的话，可以先吃个鸡蛋。走长路、开车、永远也玩不完的游戏、手边随时放本书，一有空就可以拿起来读，我在那儿呆的这些天过得非常充实。

蒂茜阿姨要去比亚里茨了，我想在她出发之前去巴黎见她一面，我们讨论了很多次我要怎么去的问题，最终决定效仿英国人的惯例，找个可靠的女仆陪我从伦敦去巴黎。我之前从未见过她，但是在车站一眼就认了出来，之后她便陪我一起去了巴黎。

对于自己当时的自信和独立，我现在都感到很诧异，因为我对于人生即将开启的新篇章没有丝毫担心。跨越英吉利海峡的旅途很短，我成功找到一个通风的角落防止自己生病。比起蜷缩在火车上，喝着从站台上拿上拿下的大罐子里倒的牛奶咖啡，还是坐船更加舒服些，只要过了海关就算踏上了法国的领土。

我们是在凌晨到巴黎的，女仆一直陪我到蒂茜阿姨住的酒店门口。和蒂茜阿姨在一起待了没几个小时，我就被交给了贝托小姐。为了学习法语，圣诞节剩下的假期我都要和这家法国人住在一起。实际上有两个贝托小姐，还有一个是他们的母亲。他们住在巴黎一个不那么繁华的地段，家里的装修虽然简单，但是却很舒适，这也是我第一次了解法国人的家庭生活。

我记得家具把家里塞得满满当当，完全看不出来是什么年代的作品。当然，家里没有浴室，但如果幸运的话，早晚都会有热水，还有个不大的锡制浴盆可以使用。

他们的食物看起来真的很不错，但是我从来都没见过。汤很好喝，里面放的肉怎么可以做得那么好吃，比那些价格昂贵的肉吃起来还要香。蔬菜本身就可以是一道菜，每道菜旁都放有刀叉，桌子上随处放着玻璃做的刀叉架，方便取完菜以后把刀叉放回原位。他们家过得非常节俭，但是目前看着过得还不错。

宽阔的林荫大道、别致的公共建筑和教堂，所有的一切都让巴黎成为我去过的最感兴趣的城市。两位贝托小姐都是非常出色的向导，很有魅力和修养。第一次出去玩她们就带我去了很多地方，但我们主要还是做游客都会做的事。之后发生的一些事才让我真正领略到巴黎的魅力。

苏维德校长安排萨玛娅小姐陪我一起回英格兰。度过了愉快的假期后，我回到学校，希望还能有机会去贝托家里玩。

在学校的日子总是平淡无奇，但外面的世界却动荡不安。虽然我之前听过很多关于“缅因号”沉没、泰迪伯父组建“莽骑兵”之类的消息，但我还是没有觉察到 1898 年美西战争的爆发。外祖母一家的生活完全不涉及政治，他们对公共事务也不感兴趣。我现在都还记得，当泰迪伯父凯旋归来去奥尔巴尼当纽约州州长的时候，我有多么高兴和激动。

即便读报纸，关于战争和丑闻的报道也篇幅不多。我们挑起的这场战争对我的生活几乎没有影响。但是在英国，1899 年到 1902 年的布尔战争就残酷多了。战争带来的伤痛席卷了全国，很快就蔓延到学校。一开始，大家都坚信很快就会传来英国获胜的消息，但是没想到布尔人出乎意料的顽强，一连几个月，他们都成功抵抗了英国人的进攻。

很多英国人和外国人都认为英国是在打着正义的幌子挑起战争，苏维德校长也这样觉得。但是她一向秉持公正，她觉得不应该让自己的想法影响到学校的女孩子们，这不公平。所以，在学生面前，她从来不讨论战争的对错。战争胜利的消息传来，大家都在体育馆庆祝，我们还因此放了假，但是苏维德校长从不参加这种公开集会。她留在自己的书房里，把那些美国和其他国家的孩子都叫了去。她向她们解释自己关于布尔人权利，或者更宽泛一些，小国家人权的理论。那些高谈阔论非常有意思，至今仍留在我记忆深处。

我打算给自己在食堂重新找个位置，之前苏维德校长都让我坐在她对面。每一餐结束时，苏维德校长都会点头示意坐在这个位子的女孩先站起来，然后其他女孩才能跟着起身离开食堂。这个位置时刻都在苏维德校长的严格监管下，我也因此养成了很多习惯，终身难以摆脱。

苏维德校长经常教导我们，吃多少拿多少，拿到盘子里的食物都要吃完，所以坐在她对面久了，我逐渐养成了不剩饭的习惯。有几道英国菜我真的很不喜欢，比如那道叫“牛油布丁”的甜品。这绝对是世界上我最讨厌的一道菜，因为它看着就像没经过任何加工、直接放在盘子里，湿哒哒、黏糊糊的。我们会把糖浆淋在上面一起吃，因为这样会让布丁看着没那么影响胃口，这种办法我在小说《尼古拉斯·尼克贝》里看到过。苏维德校长觉得我们应该克服这种恶心的感觉，所有东西都要能吃的下去，所以她在的时候，我只能囫囵吞下去，要是她不在，我是绝对不会吃的。

但是从某些方面来说，坐在苏维德校长对面还是有好处的。她的菜品有时候会和我们的不一样，她会把自己的菜分给坐得近的三四个同学。如果有客人，她会安排他们坐在她的两侧，我们很容易就能听到他们的谈话内容，通常都很有趣。

可能就是从这时候起，我养成了一个陪伴我一生的坏习惯。和苏维德校长说话时，我经常会把我听到的聊天内容在大脑中快速转一下，然后提出一些新的想法说给她听，但是如果有人继续问我问题，那很快我就会露馅，她会发现我对自己谈论的东西一无所知。苏维德总是很开心，我能对她谈论的话题感兴趣，而我也从来不需要显露我的无知。

随着年龄的增长，这种情况愈演愈烈。我利用自己的小脑筋吸取别人的想法，把他们的观点当成我自己的。一起吃晚饭的朋友、偶然碰到的熟人，都能给我提供聊天的素材。虽然我表面谈笑自如，但谁都不知道我对自己谈论的东西的认识到底有多浅薄。

这是个很不好的习惯，虽然很取巧，但我希望孩子们不要养成这样的习惯。不过这么做确实有一个很大的好处，它能让你在繁杂的主题中迅速提取自己需要的信息，在你的人生旅程中，不断帮你拓展你的兴趣范围。

当然，我后来发现，如果真的想要了解什么东西，必须要深入研究才行。

离暑假越近我就越兴奋，因为这个暑假我要和莫蒂默一家去瑞士的圣莫里兹旅游啦！

我对这些美丽群山的第一印象，就是美到令人窒息，我还从没见过高山呢。夏天的时候我住在卡茨基尔山对面，虽然我也很喜欢它，但还是圣莫里兹的高山更让我流连忘返。当我们的车开进恩加丁山谷时，放眼望去，群山被皑皑白雪覆盖，多么壮观，多么神奇。瑞士的度假小屋都建在两侧的山林里，小屋下面还有一层用来养家禽，不用担心，它们可不会溜进厨房。这里风景如画，但是小屋的浮雕装饰对我来说却很陌生。

不过圣莫里兹这座城市却让我感到变化太快。原来街道上的豪华大饭店越来越少，取而代之的是更加现代化的平价小旅馆，周围还建有小房子供病人在这里疗养。

这里的旅馆全都依湖而建。这次旅行中最让我印象深刻的，就是我和蒂茜阿姨每天都会早早起来散步，去湖一侧岸边的咖啡馆。我们会喝咖啡或可可，配着蜂蜜黄油卷一起吃。然后看着远处的太阳刚刚从山后露出头来，温暖的阳光抚摸着我们，那种满足感我至今记忆犹新！

夏末的时候，蒂茜阿姨告诉我，她打算乘马车旅游。先从圣莫里兹途径奥地利的蒂罗尔，最后到上阿默高，那儿在演《耶稣受难记》。她和一个朋友一起去，要是我愿意和马车夫一起坐在箱子上，或者坐在两位女士对面的小座位上的话，她们愿意带着我一起去。我同意坐在行李箱上，一想到能看到经典的《耶稣受难记》，还能感受这个全新的国家①，我就激动不已。

我们只有一辆一匹马拉的马车，而且所到之处大部分都是山岭重丘，上山的时候我还会从马车上下来走路前进，所以速度不是很快，但这样我们就有很多时间来欣赏沿途的美景。

直到现在我都认为，奥地利的蒂罗尔是世界上风景最好看的地方。我们在一个小旅馆里过了一夜。据说巴伐利亚的疯王路德维希去我们脚下那条湍急的小溪钓鱼时曾在这里住过，我们还去参观了他的城堡。最后我们终于到了上阿默高。

剧目开演的前夜我们就到了，但因为人太多，所以我们就分开住在不同的农舍里。这些农村的房子不大，装修也简单。我们沿着村子散步，发现第二天演出的演员们都坐在自己的小商店里售卖他们冬天做好的雕像。

演出一旦开始，就只有到了吃饭的时间才会暂停，所以我们一天要连着坐上好几个小时。虽然我很喜欢这部剧，但我当时一定疲惫不堪。我有午睡的习惯，而演出的时候又不允许走动或发出声音，所以我只能等到第二部分演出结束后才能回来。

后来我们又去了慕尼黑，回到巴黎后，我就回学校了。

1899 年的圣诞节，我和一个同学一起去贝托小姐家过节，我们整个假期都待在巴黎，我的愿望实现啦！

我们每天不光要上法语课，还要出去玩，贝托小姐暂时是我们的监

① 此处是指 1871 年成立的德意志第二帝国，它是普鲁士通过三次王朝战争统一起来的。——译者

护人，她要陪着我们，因此我们的每一天都计划得非常仔细。我逐渐开始了解巴黎这座城市，也开始摸索，如果我可以自己安排假期，要如何制定计划。

假期快结束的时候，苏维德女士回巴黎了，我们约好见一面，见面后她还考了我们的功课。这次她很坦诚地和我分享了她对我衣着的看法，其实我的裙子很多都是拿小阿姨们的改的。她还建议让萨玛娅小姐陪我去逛街，至少做一条属于自己的裙子。

我总是担心自己的钱不够用，因为外祖母说我们现在还小，不用知道自己到底有多少财产，等长大了，她自然会给我们，她还要我们省着点儿花，长大以后她可不会再寄钱给我们了。但是如果苏维德女士觉得我应该有一条自己的裙子，那我就得有一条。于是我们在巴黎找了个小裁缝做裙子。我到现在都记得，当看到那条酒红色的裙子时，我有多激动。我真的觉得这条裙子做的非常值得，这可是我的第一条裙子，上面还留有法国的浪漫味道呢。

我每个周日、在学校时的每天晚上都会穿着它，它带给我的满足感前所未有。

1901 年的冬天发生了件大事，维多利亚女王去世了。有几个罗宾逊家那边的亲戚安排我去他们就近的房子里，从窗户观看送葬队伍。一开始街上就挤满了人，我都看不到队伍一会儿要经过的地方，接着就是漫长的等待，等着送葬队伍出现。队伍里有多少马车我记不清了，让我至今印象深刻的是，所有来送行的人脸上流露出的真挚的情感，以及女王的灵柩经过时街道上的鸦雀无声，虽然我被挡着，没看到它过去。队伍缓缓向前，人群中一片啜泣声，维多利亚女王凭她小小的身躯，为了她的子民鞠躬尽瘁，但是现在她就要从大家的生活中永远消失了，这种巨大的悲伤深深地笼罩着每一个人。

很快到了复活节，苏维德女士决定带我一起去旅行。这是我求学生涯中最值得纪念的时刻。我们计划先去马赛，之后沿着地中海海岸去比萨，接着再去佛罗伦萨待些日子。我们在佛罗伦萨的时候不会在市里住酒店，而是要和苏维德女士的一位艺术家朋友一起住。他在菲耶索莱的小山上有一栋别墅，那里可以俯瞰整个佛罗伦萨。

和苏维德女士一起旅游真的是意外之喜，她做的所有事都是随性而为，多少人都希望自己可以这样啊。在马赛的时候，我们会沿着码头散步，看着从外国驶来的船只入港，欣赏小渔船上挂着的五颜六色的帆，我们还去了一个小教堂，里面供着很多祭品，祈祷圣母玛利亚能保佑出海的人平安归来。教堂里还有个神龛，人们可以在那里许愿，供些金银珠宝之类的祭品，有些腿脚不方便的人还可以在那里放拐杖。

我们在一家咖啡馆吃晚饭，那里可以欣赏地中海的夜景。我们点了马赛最有名的浓味鱼肉汤，是把附近海里所有能捞到的鱼类全都放在一起炖制。我们还要了红葡萄酒，因为苏维德女士认为，喝水，不确定水干不干净，相比之下还是喝酒更安全，即便酒里掺了水，酒精也能把水里的细菌都杀死。

第二天，我们沿着地中海海岸开启了新的旅程。虽然我很想去那些对我来说耳熟能详的景点，但我们的目的地是比萨，一个我从来都没有听过的地方。从小我只知道在纽约和蒂沃里之间来回跑，不知道原来还可以在途中改变计划。

突然夜幕降临了，列车员大喊着报站，到阿拉西奥了。苏维德女士仿佛受到了激励，她靠着窗户激动地说道："我要下车。"她让我把放在头顶行李架上的行李拿了下来，我们几乎是在火车发车前连人带行李翻滚到站台上的。我惊呆了。火车已经开走，我们也没地方去，就因为苏维德女士一时心血来潮，我们就要在一个对我来说完全陌生的地方下车。

等我们都缓过神来，苏维德女士说："我有个朋友汉弗莱·沃德夫人住在这里，我决定去看看她，而且夜色中的地中海蓝得可爱，再等夜空中挂满了繁星，躺在沙滩上观赏，岂不快哉。”

遗憾的是沃德夫人不在家，但是我们躺在沙滩上看星星听海，度过了非常美妙的一个小时。虽然苏维德女士第二天感冒了，但是她一点儿也不后悔自己的决定，我也学到了珍贵的一课。打那以后我学会了如何做一个有主见的人。

现在回想和苏维德女士的旅行，我才意识到，是她教会了我要如何享受一段旅程。她觉得旅游一定要让自己感觉舒服，也要懂得享受美食，但是她却从不去那些有名的景点，那里都是同胞，相反，她总能找到那些小众的地方，感受当地人真实的生活状态。

她总是会选择尝试当地的食物和酒，在她眼里，享受意大利的特色美食和欣赏意大利艺术一样重要，所有这些都会帮你成为世界公民，这样不论你去哪里，都好像是在自己的国家，你能清楚地知道赏心乐事在哪里可以找到。她还让我意识到，掌握多种语言有多重要。因为去到一个新的国家，如果语言不通，会错过很多乐趣。

苏维德女士一路上还教会了我一个道理，要想让年轻人变得有责任感，那就要放手，真正把事情交给他们负责。她年龄大了，我才十六岁，因此这一路两个人的行李全都交给了我。我还要负责查火车、买票，总之安排一切细节，让我们的旅途更加完美。虽然我在刚结婚的那段时间里没有太大的信心和能力把家庭照顾好，但是很快我就适应了新的生活，这完全得益于这次旅行。

我们在佛罗伦萨待了很久。春天的佛罗伦萨最可爱，它比我去过的任何一座城市都更有古韵。我正费劲地啃但丁的书，这样当我在这座城市游走时，就会有很多关于它的想象。再一次，苏维德女士那美国人是值得信任的理念，让我的旅途变得独一无二。我们到这儿之后的第二天早晨，她掏出一本《旅游指南》，翻到介绍乔托钟楼的那一页，然后对我说：“孩子，我要是陪你一起去的话，肯定会体力不支，但是了解一个城市唯一的方法就是穿街走巷，佛罗伦萨值得你为它这么做。拿着这本《旅游指南》去吧，回来我们再聊你的见闻。”

所以，十六岁的我带着热切和对美的渴望，一个人出发去游览佛罗伦萨了。天真无邪本身就是护身符，苏维德女士所言不虚。可能她觉得我的外貌不足以吸引外国男性，所以即便他们招惹我，我也可以全身而退。这里的每个人都非常热心。即使是我迷失在狭窄的小巷子里需要问路时，他们也总是很热情地告诉我，给我最大的尊重。

离开佛罗伦萨后，我们去了米兰，之后去了巴黎，我又一次自己一个人游览了这座城市。有一天我在卢森堡碰到了托马斯·纽博尔德一家，他们给外祖母写信说我一个人在巴黎闲逛，没有大人陪着!

回学校没多久，就到了初夏，普茜阿姨和莫蒂默一家来欧洲了，普茜阿姨和我打算一起坐船回家，真是太开心了。

我们出发前在伦敦租了寓所待了两个晚上，我第一次感受到她的情感危机，我当时并不知道，同样的事，我会在后来的很多年里反复见证。普茜阿姨好像一直处在恋爱的状态，她和每一位恋人都爱得热烈。

她现在觉得要和快乐永别了，因为她马上就要和恋人分开了。几乎每晚我都彻夜失眠，感到很焦虑，因为普茜阿姨一直在哭，还声称自己要跳船，不回家了。她这么年轻浪漫，我很怕她真的会这么做，所以在回家的船上，我一直紧紧看着她，生怕她突然想不开。我们坐的是大西洋轮船运输公司的慢船，两个住在一间客舱里。一路上她的情绪很不稳定，不过等我们到家后，她变得平静些了。

第三章　重返家乡

那年夏天时常有暴风雨。一天，我把普茜给惹恼了。她很直接地对我说，我可能永远不会有家中其他女性那样的追求者，因为我是个丑小鸭。而且，她还说了一些我父亲生命中最后几年的痛苦往事。这样的双重打击令我的情绪极度低落，和我一起在东北港度夏的小亨利·帕里什夫人，想尽办法来安慰我。她竭力想让我快活一点儿，但是在东北港我一个人也不认识，而且和那里的年轻人格格不入，他们的生活方式和我那时习惯的英国学校生活完全不同。

我想要回到英国的学校，更多地游历欧洲。在许多次恳求和坚持之下，最后我被告知，如果我能找到人陪我一起去就可以。

我去了纽约，在普茜和莫德的帮助下，得到了我第一套手工定制长裙。这是一件深灰色的拖地长裙，我十分喜欢。

我找了一位教堂女执事作为我伦敦之行以及返程的陪伴。回想起来，这是我经历的最可笑和最疯狂的事情之一，因为我的家人直到为我送行时，才第一次见到她。她看上去相当正派，我对此也深信不疑，结果却是还不如我一个人旅行，因为一路上航程十分颠簸，而我在船靠岸的那天才再次看到她。

对于那个年代丘纳德的小型轮船来说，航程颠簸意味着船上的椅子，如果它们都在外面的话，会被绑在栏杆上。桌上放着行李架，假如你试图在船上行走，会感到自己仿佛正在上山或下山。

自从首次旅行之后，我已经积累了一些经验，尽管一直感觉不舒服，我总是待在甲板上，在那儿一坐数个小时，看着地平线起起落落，大多数时候也在那儿用餐。

我和我的女执事住在伦敦一家酒店旗下的大型旅馆里。第二天我去了学校，十分仔细地将返程船票和足够支付酒店账单的钱给了女执事——这位还要我小心照顾却很少看见的同伴。可是，本来应该是她给我悉心陪伴，令我的家人满意，才是她此行的目的。

学校生活一如既往地充满乐趣。看到我回来，苏维德女士很高兴，那一年，学校里又多了一个小表妹，也令我格外开心。道格拉斯·罗宾逊夫妇带来了他们的女儿，名字也叫科琳娜，也把她交给了苏维德女士。她比我年纪小，非常聪颖，很快就赢得了苏维德女士的喜爱与关注。在体育方面她比我厉害许多，在女孩们中树立自己的地位也比我快得多。

科琳娜姑妈和道格拉斯姑父住在伦敦，对我来说是件开心的事，因为如果附近有亲戚能带我们出去的话，我们是可以被允许偶尔在周末外出的，通常是周六下午。我知道我至少可以去伦敦一到两次，看望科琳娜姑妈；包括后来拜伊姑妈来到伦敦，也是这样。

我唯一的遗憾是，在国王爱德华七世的加冕礼举行之前，却不得不回国，那个时候他们所有人都在伦敦，泰迪伯父也将作为政府的特使参加国王的加冕礼。

1902 年的圣诞假期，苏维德女士带我去了罗马。我们住在一间由旧时宫殿改建的私人旅馆里，这里的房间有着高高的天花板，十分高大宽敞。尽管我们欣喜于房间的美貌，却差点儿被冻死，因为用来取暖的就是一个小小的便携炉，炉子中间只有零星的几块煤炭在燃烧，发出微弱的红色火光。

古罗马广场我们去了很多次。在冬日的阳光里，苏维德女士坐在一块石头上，将那段历史娓娓道来，身着托加袍穿梭游走在这里的古罗马男人们，尤利乌斯·凯撒被暗杀的地方，恍惚间我们仿佛置身于那段古老的历史之中。我们看到人们双膝跪地，用膝盖爬上“圣阶[①]教堂”，那时的我还是个愚蠢的小盎格鲁-撒克逊人，为他们感到羞愧呢！

有一天，我们来到蒂沃利，那里有许多美丽的花园，透过花园围篱的小孔，你可以远远地看到罗马城的全貌。

圣彼得大教堂令我感到极为失望，因为我记得当我还是小女孩的时候，曾经亲吻过一座巨大雕像的脚趾。实际上，当时是保姆把我举上去，我才得以完成这个虔诚的动作；但是当我再度回来，看到这尊雕像是如此之小，我甚至不得不深深地弯下腰才能吻到它的脚趾。

复活节到来的时候，苏维德女士再次邀请我与她同游。这一次我们穿越海峡，去她朋友里博的家，在离加来不远的地方。他们住的房子要通过围墙中的一扇门进去，拉一个长柄铁铃铛，就会响起欢快的叮当声传到屋里。几分钟后，我们走进一座开阔舒适的花园，四周绕着一人多高的围墙，给人一种完全私密的感觉，这是法国人十分看重的，即便在城市里的住宅也是如此。

我已经记不起这个小镇的名字了，但是我还记得曾经独自一人远足，想要看看那些教堂以及还能发现些什么。对两位气质高贵而又十分和蔼的主人，我心怀几分敬畏。后来，我在一位法国总理那里又遇到了这次访问的主人。

从那儿我们去了比利时，拜访了苏维德女士的几位朋友，搭乘他们的车做了一次长途旅行。然后我们沿着莱茵河去了法兰克福。

随着夏季的来临，我知道我必须回家，不再回来了。苏维德女士已经成为这个世界上我最在乎的人之一，一想到要和她长久分离，就令人

---

① 圣阶（Holy Stairs），根据罗马天主教传说，圣阶是通往耶路撒冷彼特多斯彼拉多大礼堂的台阶，耶稣基督受难时沿此台阶踏上了审判之路。——译者

难以忍受。如果能够再接受一年时间的教育，我愿意不惜代价，然而对于我的外祖母来说，十八岁是女孩子“走出去”踏入社交圈的时间，“不出去”是难以想象的。

当我离开的时候，我笃定地以为我很快就会回来，但是如今我才意识到，苏维德女士心里明白，由于她的体弱多病，与我再次相见的机会已是渺茫。她写给我的那些情真意切的信件，我仍然珍存着。我们之间日渐深厚的友谊都体现在其中，也可以看出在我父亲故去后的这段时间里，这位品质高尚的人对我产生的巨大影响。

我回到蒂沃里，我外祖母的乡下庄园，在那儿度过了整个夏天。这个夏天并不快乐，因为就在我离开的这段时间，在我小时候十分疼爱我的舅舅瓦利，迅速染上了酗酒的习惯。每次放纵自我后，他总会发誓痛改前非，而我的外祖母也总是深信不疑，但是家里年轻一些的成员都意识到情况的严重性。他让他们的日子变得十分难过。

普西经常外出。莫德嫁给了拉里·沃特伯里，埃迪成为乔西·扎布里斯基家族的女婿，他逐渐显现出和他哥哥瓦利一样的懦弱。这是我第一次真正接触到完全失去自制力的人，由此我开始产生出一种近乎夸张的想法，认为有必要完全压制一个人的所有欲望。

我曾经是个不苟言笑的小姑娘，在英国的生活让我第一次体会到不需要承担责任、无忧无虑的感觉，但是当我回到美国的家，生活几乎立刻就凸显出严肃的另一面。而且，在刚回来的第一个夏天，我并没有做好充分的准备成为一个满心欢喜初入社交圈的女孩。

我的外祖母几乎完全切断了与邻居们的联系，而瓦利随便遇到什么人，都会表现出夸夸其谈、自吹自擂的样子，我们真的过着与世隔绝的生活。除非是知根知底的熟人，否则不会有人被邀请来吃饭或是住上一段时间。

那年秋天，我的小弟弟去上寄宿学校。外祖母和我一起带他去格罗顿。她看起来十分苍老，因此真正照顾这个小弟弟的责任，迅速就从她的手中转交给我。她再也没去学校看过他，而我要每个周末都去探望，就像所有尽职尽责的父母那样。他在那里的六年当中一直如此，就像我后来对自己的儿子们一样。

那年秋天，我搬到了位于西37街的老房子。理论上，外祖母也住在那儿，但实际上她仍然住在蒂沃里，徒劳地想要让瓦利留在那里，尽可能地不让他喝醉。

普茜，我唯一还没有结婚的小姨，和我住在一起。和我孩童时期比起来，她的美貌丝毫未减。她的追求者众多，如同众星捧月，而几次恋爱却总是令她精神崩溃。她像那些初入社交圈的少女一样，周旋于各种社交晚宴和舞会。

当然，对于我的"走出去"，外祖母爱莫能助，但是我的名字还是自然而然地出现在所有人的宾客名单上。我被邀请参加各种各样的聚会，我参加的第一场是一个大型舞会，是我的表亲小亨利·帕里什夫妇带我去的。

我的姨妈，莫蒂默夫人，从巴黎为我买来了衣服，我想象着自己衣着考究的样子，但是却吸引不了任何人的注意。我很高，而且舞跳得也不好。出国以前我熟悉的那些女孩都与我失去了联系，尽管后来我与一些老朋友重拾友谊。走进舞厅，我一个人也不认识，除了鲍勃·弗格森，自从我出国之后几乎没怎么见过他，还有福布斯·摩根，普茜最热情的仰慕者之一。

我想，我事先并没有充分意识到这将会是怎样的一种尴尬和痛苦，否则绝对不会有勇气去的。鲍勃·弗格森介绍了一些他的朋友给我，但我实在无法自欺欺人地以为自己是位受欢迎的社交名媛！

我早早地回了家，从那里脱身令我长舒一口气，也知道了在参加任何聚会或舞会之前，我应该有两名同伴，一位陪同晚餐，一位陪同参加沙龙舞会。那些受欢迎的女孩会受到许多男人的邀请，但她只会接受当时比较喜欢的那个。这些舞伴是先决条件，而你也必须在沙龙舞会上跳好每一种舞姿，你受欢迎的程度是由你带回家的礼物数量来判断的。普茜总是比我多得多！我知道，自己是母亲家族里第一个不是美女的女孩，虽然那时我从未向任何人承认过这一点，但我为此深感羞愧。

后来，莫蒂默夫妇为我在雪莉餐厅，当时最时髦的餐馆，举办了一场大型歌剧晚会和晚宴，之后还有舞会。这场聚会帮我找到了一些感觉，一整晚我都站着，和姨妈一起招待客人，不再有那种焦虑不安的情绪。那年冬天，普茜和我在 37 街的房子里又举办了几次午宴和晚宴。

我逐渐结识了几个朋友，到后来外出社交也变得没那么可怕；但是在这个冬天，当社交成为我生活中唯一的目标时，几乎令我的精神濒于崩溃。不过，我脑子里还有其他事。在其他人接手之前一直是我在照管房子，因为普茜比她年轻时更加喜怒无常，而她的恋情也变得愈来愈麻烦。她会把自己关在房间里好几天，哭上数个小时，也不吃东西。

瓦利偶尔会一个人来家里，只为一个目的：彻底地放纵一下。普茜应付这种麻烦的能力并不比我强。实际上，我没什么其他重要的事，因此有更多时间来应对这种情况，同时有某种力量和决心支撑着我直面自己的胆怯，对于这个特别的冬天里出现的许多问题，我认为我能够比普茜，这位比我大了差不多十四岁的长辈处理得更好。

不过，那年冬天也有许多令人开心的事。普茜在音乐上颇具天赋，因此认识不少艺术界人士，听她演奏，和她一起去剧院、音乐会和歌剧院都是我喜欢做的事。在纽约过着快乐单身汉生活的鲍勃·弗格森有很多朋友，他介绍我认识了画家贝·埃米特，还有他的其他一些朋友，和鲍勃重拾友谊令我感到很高兴。他认为在我们一起参加完聚会之后，送我回家是他的权利，而这对于我来说则是莫大的解脱，否则我就得让一名女仆等着我——这是外祖母立下的规矩。当我想起独自一人游历欧洲的自由自在时，这个规矩就令我觉得好笑。不过，她对鲍勃护送我是接受的，尽管她不曾听到还有其他人也享有同样的“特权”。

鲍勃带我参加过几次在贝·埃米特画室举办的聚会，使我第一次有机会在非正式的场合中，结识那些在艺术和文学领域有所成就的人。比起每天晚上在正式的社交晚宴和舞会上备受煎熬，这种聚会让我感到舒服多了，但是在那个年纪，由于教育所限，我仍然认为所谓的纽约社交圈是非常重要的，我还不愿意自己被人忽视和冷落。

在这段时间，我开始偶尔见到正在上大学的堂兄富兰克林·罗斯福，还有他的表弟莱曼·德拉诺，以及他家族里的其他成员和他大学里的一些朋友。我想，他的母亲，詹姆斯·罗斯福夫人①一定很同情我。

罗斯福夫人和她1900年去世的丈夫，都很喜欢我的父母，尤其是我父亲，他在开始环游世界时曾经和他们一同乘船。他们是如此喜爱他，以至于他们的孩子富兰克林出生时，请我父亲来做他的教父。

我两岁的时候，曾随父母去过他们在海德公园②的家。我婆婆后来告诉我，她还记得那时候我被母亲叫做“奶奶”，嘴里含着手指站在门口，以及富兰克林背着我在婴儿室里转圈的样子。我对富兰克林的第一次记忆，是在一次橘色圣诞聚会上。后来，我从学校回家的那个夏天，在纽约中央车站准备乘火车返回蒂沃里时，在车厢里瞥见了他。他看到我之后，带我去见他母亲，她坐在一辆普尔曼轿车里。此后我再没见过他，直到那年冬天，在我初入社交圈的舞会上，他偶尔会出现，还有我被邀请参加过一次海德公园举行的家庭聚会，其他客人大部分都是他的表亲。

---

① 萨拉·安·德拉诺·罗斯福（Sara Ann Delano Roosevelt，1854—1941），美国第32任总统富兰克林·德拉诺·罗斯福（Franklin Delano Roosevelt，1882—1945）的母亲。1880年，萨拉嫁给了罗斯福总统的父亲老詹姆斯·罗斯福（James Roosevelt I，1828—1900），成为他的第二任妻子。——译者

② 海德公园（Hyde Park），是罗斯福总统的故居，坐落在纽约州哈德孙河岸边。——译者

我踏入社交圈的那个夏天，没怎么在蒂沃里待过，在那儿的时候大部分时间也是四处游玩，因为到那时我已经交了许多朋友，而且帕里什夫人对我也是一如既往地关爱有加。到了秋天，当我年满十九岁，外祖母决定不再供养纽约的房子，随之而来的问题就是普茜和我要住在哪里。拉德洛夫人邀请普茜和她同住，帕里什夫人则为我提供了住处。

在过去的一年里，我成熟了许多，决定不能再把又一年时间花在社交上，特别是当我发现，在休闲娱乐方面，在我表亲的家中并不会比住在37街更轻松。她仍然活在一大堆繁文缛节当中，而守规矩现在可不是我的强项。

苏茜表姐（帕里什夫人的女儿）告诉我，我可以偶尔在一楼的一间小会客室里请客人喝茶，但不能随便请人吃饭。我有自己的女仆，不过所有的事都被安排妥当，以便我能够随时随地外出，而且在为我安排的正式午宴和晚宴上，她也十分周到。

有一件事我依然记忆犹新。我花光了自己的零用钱，而且还有一大堆逾期账单，最后帕里什先生煞费苦心地手把手教我怎样记账。他不让我找外祖母帮我付这些账单，而是教我在一段时间里自己逐步付清。这可能是我上过的唯一一堂理财课，我对此永远心怀感激。

帕里什先生身材高大瘦削，留着胡须，气质高贵，虽然有些墨守成规，但他是我见过最善良的人。

那年冬天，我开始在“少年联盟”① 工作。这个组织当时还处于刚刚起步的阶段。玛丽·哈里曼，后来的查尔斯·加里·拉姆齐夫人，是发起人。我们并不是什么俱乐部组织，只是一群渴望为我们居住的这个城市做些有益贡献的女孩们。我们加入组织时，都同意承担做一些工

① 国际少年联盟协会（The Association of Junior Leagues International），是加拿大、墨西哥、英国和美国的少年团体的非营利性教育和慈善组织，旨在通过志愿服务来改善社区，并通过培训来提高其成员的公民领导能力。——译者

作，怀特洛·里德夫妇的女儿琼·里德，和我负责为利文斯顿街收容所的孩子们上课。琼弹钢琴，我则教孩子们跳健身操和花样舞蹈。

我记得，我们在下午学校放学时到那儿，等离开时天已黑了。琼经常乘马车往返，而我则搭乘高架列车或第四大道的有轨电车，然后走到对面的包厘街。肮脏不堪的街道上，挤满了异域样貌的人，我的心中满是恐惧，通常都是躲在一个街角等车，胆战心惊地看着从附近小旅馆或破旧宾馆中走出来的人，但孩子们还是令我满心欢喜的。我还记得，当一个小女孩对我说，因为她非常喜欢上课，所以她爸爸邀请我和她一起去她家里，想要送我一些礼物时，从心中油然升腾起的自豪感。后来在我管教自己孩子遇到困难时，这件事始终激励着我！

记得有一次，我的堂兄富兰克林·罗斯福，当时是哈佛大学的毕业班学生，过来看我，小姑娘们一个个都表现得十分兴奋。

我想应该就是在这个冬天，我开始对莫德·内森夫人担任主席的消费者联盟产生了兴趣。我很幸运，被安排跟随一位经验丰富的老太太去制衣厂和百货公司做一些调研工作。我从来没有想到，那些姑娘们要在柜台后辛苦地站上一整天，即使她们有时间坐下来休息，也没有给她们提供可以坐的地方。我不知道制衣工厂应该有什么样的卫生标准，无论是空气质量还是厕所设施。这是我对于此类公益事业的初次接触，当时还只顾着想象自己能在春天之前了结这些工作，回到乡下度过一个轻松悠闲的夏天！

当我试图总结自己在1903年秋天的成长与收获时，我发现自己是个奇特的混合体，在领略了许多生活中不那么愉快的一面之后，仍然极度天真，不谙世事——这些事似乎并没有让我变得更成熟或少一些天真。

在我还是少女的那个年代，女孩子们所受的礼仪培训，现在的人是很难理解的。尽管我认为，我在遵守礼仪方面比我的大多数朋友更为严格，但我相信按照这种方式被教导长大的人可不止我一个。

那个时候，除非某个男孩子主动来追求，否则没有哪个女孩子会对男孩子表现出兴趣或任何好感。在你和一个男孩子有信件往来之前，你一定已经非常了解他了。如今，当我看到这些通信时，不由得哑然失笑。几乎没有人敢直呼我的名字，落款也全都是“您真诚的”，坦白表露感情的行为不仅违反礼仪，并且是完全不能被接受的。

除了鲜花、糖果或书籍之外，你不能接受男性的其他礼物。如果接受了一名男性的珠宝，而并没有和他订婚的话，你就会被视作放荡的女人，在我脑海中，甚至从来没有出现过和一个男人订婚之前可以允许他吻你的念头。

尽管我也知道人性有弱点，而且有时候也需要一些幽默感，但这都没有让我严苛的理想主义和循规蹈矩有丝毫放松。事情对我来说不是对就是错，那时候我还没什么经验，不知道人类的判断是多么容易出错。

我对生活抱有强烈的好奇心，希望体验作为一名女性各种可能的经历。我觉得必须抓紧时间；不知道为什么，我有一种冲动，渴望投入生活的洪流之中，因此在 1903 年的秋天，当富兰克林·罗斯福，我的第五代远房堂兄①向我求婚时，尽管我当时只有十九岁，却认为这完全是自然而然的事，从来没有想过我们两个都太年轻，还缺乏经验。从格罗顿过完周末回来之后，我问苏茜表姐是否认为我足够认真，当我把这件事告诉外祖母时，她问我是否确定自己真的在恋爱。我庄重地回答“是的”，然而我现在知道，直到多年以后，我才会明白什么是爱，什么才是真正的爱。

我对作为妻子和母亲有着很高的标准，却对成为妻子或母亲意味着

① 第五代远房堂兄（fifth cousin once removed），在英文中用“X cousins Y removed”来表达旁系亲属的远近关系，其中 X 代表两个隔代旁系亲属中辈分最高的一个离共同的祖先（从祖父开始算）的辈数；Y 代表两个旁系亲属之间本身相差的辈数。——译者

什么一点儿概念都没有，我的长辈中也没有人教导过我。现在我很惊讶于丈夫当年的耐心，因为直到现在我才意识到，以前我在许多方面的表现都很勉强。现在回想起来，我们早年婚姻生活中的一些糗事是多么可笑。

我婆婆充分认识到我们两个都太年轻和不成熟，她决定劝说她的儿子慎重考虑这件事情——当然，那时候我对此很生气。那年冬天，当他在学业上取得骄人成绩之后，她带着他和他的朋友兼室友，拉斯罗普·布朗，坐游轮去西印度群岛游玩，而我当时还住在纽约的帕里什夫人家里。

不过，富兰克林并未改变心意。

我第一次体验到有总统这样的大人物出席某种家庭聚会，比如婚礼或葬礼时的纷杂场面，是在我的姨祖父詹姆斯·金·格雷西的葬礼上，他于 1903 年 11 月 22 日去世，他的妻子是我们亲爱的格雷西姨祖母，泰迪伯父来纽约参加了他的葬礼。

街上到处都是警察，泰迪伯父所住的道格拉斯·罗宾逊夫人宅邸，只有那些有身份证件的人才能够出入。我们所有人都是开车去教堂，而泰迪伯父则是从牧师的房子，经过一个连接通道从一扇特殊的门进入教堂，也是用同样的方式离开。

不料后来我们却听到一件可怕的事，尽管采取了各种防范措施，还是有一个不知名的男子在通道里拦住了泰迪伯父，并交给他一份请愿书。没人知道他是怎么进去的，或者为什么警察没有发现他。幸运的是，他没有什么恶意，但是他令所有人都感到后怕，因为如果他想要袭击泰迪伯父的话，是能够轻而易举做到的。

1903 年到 1904 年的冬季，我已经搬去康涅狄格州法明顿和她同住的拜伊姑妈，要我和她一起去华盛顿住些日子。这时候我已经有一点点自信了，因此当我遇到那些年轻的外交官，和几位即将在华盛顿社交圈里崭露头角的年轻人时，也是十分的开心。我受邀去白宫住了一晚，但一直以来我都对白宫心怀敬畏，所以还是更喜欢和拜伊姑妈待在一起，感觉更放松一些。她为我把所有事都安排地如此妥帖，以至于我自己什么心都不用操。

我跟随拜伊姑妈一起参加她的各种聚会，虽然这令我紧张地手足无措，但同时也体会到其中的乐趣。在这些晚宴、午宴和下午茶中，那些风趣睿智、处事机敏的大人物们令聚会妙趣横生，让我感受到生活中不同寻常的精彩体验。

1904 年到 1905 年那个冬季，最令人激动的事莫过于普茜和小威廉·福布斯·摩根的婚礼。2 月 16 日，婚礼在普茜借住的拉德洛夫人宅邸举行。普茜看上去很美，但是没有一个人感到开心。福布斯比普茜小了好几岁，而且我们都深知普茜喜怒无常的性子，禁不住好奇他们两人要如何各自调整，来面对婚姻生活中的琐碎繁杂。

泰迪伯父的总统竞选与连任，并没有引起我特别的关注，因为我重新回到了那个与政治绝缘的世界。不过，在华盛顿的日子里，我对政治逐渐有了一点儿概念，这是一个与我在纽约的生活完全不同的世界。同时，在社交方面我也渐渐地找到了那种轻松的感觉，这是我迫切需要的。

泰迪伯父偶尔会私下来拜伊姑妈的住所，他的到访是令人开心的事情。拜伊姑妈时常会和伊迪丝伯母一起散步，泰迪伯父有时也会派人请她去讨论些事儿，以显示对她意见的重视。他对自己的两个姐妹都很关心，科琳娜姑妈（道格拉斯·罗宾逊夫人）会来看他，他也会去纽约或乡下看望她。他们会在一起讨论政治问题，以及文学或艺术，他的妻子和姐妹们，都会各抒己见，谈话总是热烈有趣，兴致盎然。

拜伊姑妈在家居料理方面很有天赋。即便是一些丑陋不堪的家具，她也能营造出一种舒适温馨的氛围来。她的谈吐生动有趣，而她的热情好客总是令人如沐春风。不速之客也能受到热情款待，无论老幼，你都能真切地感受到拜伊姑妈对你的关心。

那时的我仍然十分腼腆羞涩，而她一直给我以安慰和信心，这可能就是为什么我喜欢和她在一起的原因。她曾经给过我一个建议，一定是出自她自己的生活哲学。我问她如果被别人批评质疑时，怎样才能确定自己所做的是正确的。她的回答是："不管你做什么，都会有人质疑你，如果对于那些你爱的和爱你的人来说，你确定自己问心无愧，并且认为自己在做正确的事，那么你就不需要担心那些批评质疑，也不需要做出解释。"

她自己多年来就在践行这一原则。J. R. "罗西" · 罗斯福[①]在伦敦担任使馆第一秘书的时候，妻子去世了，她承担起女主人的职责，照顾他的孩子们。在那儿她遇到并嫁给了使馆的海军武官，威廉·谢菲尔德·考尔斯上校，并在回国后生下了小威廉·谢菲尔德·考尔斯。由于她的残疾和年龄，所有人都为她担心，但是勇气帮她度过了难关，一个健康完美的孩子诞生了，并且母子平安。

拜伊姑妈的丈夫威廉，现在是海军的一名将军，我因此也逐渐开始对军队中的情况有所了解，并且发现我们的这些陆海军军官们，虽然拿着微薄的俸禄，却以能为国效力而深感自豪。他们和家人所拥有的地位，是基于他们的付出而获得的权利，与出身和收入无关。这些对于一个来自纽约的乡下小姑娘来说，是此前从来不曾知晓的！

1904 年 6 月，我和富兰克林的母亲，以及他的众多表亲，去参加他在哈佛大学的毕业典礼，这是我第一次参加毕业典礼。那年夏天，我去缅因州的艾尔伯勒看望姑妈道格拉斯·罗宾逊夫人，她在那里有一栋乡

① 詹姆斯·R. 罗斯福（James Roosevelt Roosevelt，1854—1927），昵称"罗西"（Rosy），美国外交官，曾在维也纳和伦敦的外交使领馆任职，是富兰克林·罗斯福总统的同父异母哥哥，是罗斯福总统的父亲老詹姆斯·罗斯福与第一任妻子丽贝卡·布里恩·霍兰德（Rebecca Brien Howland，1831—1876）的儿子。——译者

间别墅，我在那里待了很长时间，然后去加拿大新不伦瑞克省的坎波贝洛岛，同富兰克林还有他母亲会合。富兰克林来接我，我们乘坐火车，至少换乘了两次，直到傍晚才抵达。当然，我必须带着我的女仆，因为我不能单独和他一起去！

不过，一到了那里，我们就一起散步，驾车环游全岛，和他母亲以及其他朋友乘坐一艘小船出海航行，彼此间比以前有了更多的了解。对于并不习惯奢华生活的我来说，这艘游艇就是奢侈品。

1904 年秋季，我们宣布订婚。富兰克林的舅舅和舅妈，沃伦·德拉诺夫妇，邀请我去马萨诸塞州的费尔黑文和整个德拉诺家族一起过感恩节。这对我无疑是一次严峻考验，不过我已经和他们当中的很多人都熟悉了，而且他们是如此的热情亲切，令我开始感觉到自己是这个家族中的一员——它确实是个大家族。

我婆婆的祖父，老沃伦·德拉诺，曾经是马萨诸塞州新贝德福德的一位船长。1814 年，从瑞典返回的途中，他的船被英国人俘获，他则被带到了哈利法克斯。最后人虽然回了家，船却被夺走。我婆婆的父亲，小沃伦·德拉诺还记得，也是在英美之间的那场"1812 年战争"① 中，费尔黑文被英国人攻占，那时他还是个小孩子，他和他年幼的兄弟们被匆忙带到阿库什内河的安全地带。

退休时，德拉诺船长为自己建造了一栋房子，用石块砌墙，有花园和草地，房子的外形不太规则但颇有气势。后面还有个马厩。当他的儿子，我婆婆的父亲小沃伦·德拉诺十七岁时，德拉诺船长把他带到波士顿，让他在朋友福布斯的账房里工作。一个大家庭的长子必须早点学会自食其力，在他还不满十九岁的时候，就成为一艘船上的押运员，远赴

① 1812 年战争（War of 1812），又称第二次独立战争，是美国与英国之间发生于 1812 至 1815 年的战争，是美国独立后第一次对外战争，英国人将其视为对法国拿破仑战争的次要战场。——译者

南美和中国了。后来他不仅帮助自己的兄弟找到了谋生之路，而且还给予自己的姐妹和其他亲戚许多照顾。

当他和凯瑟琳·莱曼结婚时，生活已经十分富裕，他的岳父母莱曼法官和夫人，是马萨诸塞州北安普顿举足轻重的人物。他在纽约的拉斐特街区有一栋房子，后来又在纽约哈德孙河边上的纽堡，建造了一栋名为“阿尔戈纳克”的宅子。他在中国住过许多年，是旗昌洋行①的创建人之一。

在沃伦·德拉诺船长去世之后，费尔黑文的房子由当时所有居住在里面的兄弟姐妹继承。家族的后人全都是小沃伦·德拉诺的孩子，因为其他的兄弟姐妹都没有子嗣。

第三代的沃伦·德拉诺，是我婆婆的长兄，也是我和富兰克林订婚时这个家族的族长。他管理着费尔黑文的财产以及相关的信托基金。家族成员只要愿意可以随时去那儿。

我渐渐喜欢上了丈夫家族中的一些长辈。沃伦·德拉诺夫妇一直对我很好，还有福布斯夫人、希契夫人、普莱斯·科利尔夫人和弗雷迪里克·德拉诺②夫妇。

希契夫人是我丈夫家族中最热心公益慈善的。她住在家族在纽堡的老宅子里，她不仅是纽堡公益活动的策划人，还将活动拓展到纽约市，并参加了早期诸多致力于改善民众生活条件的州和全国性的活动。在我丈夫进入政界后，她对他极为关注，还给他写了数封关于地方政治形势

---

① 旗昌洋行（Russell & Company），是19世纪远东最著名的美资公司，1818年由美国康涅狄格州商人塞缪尔·罗素（Samul Russell，1789—1862）创办于广州，从事广州至波士顿之间的跨国贸易。富兰克林·罗斯福总统的外祖父小沃伦·德拉诺，1830年起成为旗昌洋行的高级合伙人，带领自己的妻儿包括罗斯福总统的母亲萨拉在香港生活多年。——译者

② 弗雷迪里克·德拉诺（Frederic Adrian Delano，1863—1953），曾任美国莫农铁路公司总裁、美国一神教协会副主席和首都公园规划委员会主席，是罗斯福总统母亲萨拉的弟弟。——译者

的长信。

弗雷迪里克·德拉诺先生早年还在经商，不过后来当他移居华盛顿后，就全力投入公共事务，成为不只是社团甚至是全国性的领导人物之一，他将过去叱咤商界的能力投入公众事务当中，虽然这些工作没有任何报酬，但是他的努力程度，与之前赚取大量财富的时候并无区别。

我丈夫家族里的所有成员都颇具经商才能，在商业方面有着敏锐的判断力和眼光。这并不是说他们从来不曾犯过错，而是他们整个家族齐心协力，通常能够弥补错误，然后整个家族都会受益。

费尔黑文宽敞的大宅进行过数次扩建，里面有不少新鲜有趣的玩意儿。大门上挂着金羊毛骑士约翰·德·兰诺伊的彩绘勋章盾牌，他是1621年11月家族最早登陆美国的菲利普·德·兰诺伊的祖先。古色古香的家具上放置着陈列架，摆满了各种各样新奇的小装饰品，还有一些精美的中式花瓶。

在阁楼里，摆放着一些象牙雕刻，那是海员们在漫长的捕鲸航程中的作品。现在，这些物件大部分都收藏在新贝德福德博物馆，不过那些装在箱子里的旧时航海日志和家族日记，才是富兰克林尤为钟爱的。

豪尔家族已经许多年没有举行过大型的家族聚会了，可能是由于外祖母和瓦利在蒂沃里的生活并不那么愉快，也可能是因为我们都分散在各地，并且也没有想要共聚的兴趣，我们只是因为彼此之间的个人感情而联系在一起。

因此，第一次参加在费尔黑文举行的这场家族大聚会，令我感触颇深，我感受到一种此前从未有过的安全感，不知不觉间如释重负，因为在过去的那些年，我在豪尔家族的大部分人际关系中都会有某种不安全感。比如，莫德和她那颇有风度的丈夫彼此相爱，但是财政困难却始终如影随形。看上去，他们是最快乐最无忧无虑的青春佳偶，我还在上学的时候，他们曾经来过英格兰，因为拉里·沃特伯里（莫德的丈夫）是美国国际锦标赛马球队的队员。莫德的衣着打扮和始终洋溢的快乐令我满怀崇敬与艳羡。他们的世界里充满了欢乐，不过，在这种兴奋和快乐之下，始终潜伏着一种不安全感。

1902 年的时候，我对人们债务缠身的感觉已经开始有所体会，埃迪和瓦利两个人将继承的财产大肆挥霍，普茜怀着美好的愿望将自己的大部分财产交给别人打理，然而缺乏商业眼光使她亏的比赚的多，因此到那个时候，她的收入也大幅减少了。

我的外祖母，随着孩子们年龄的增长，钱也越来越少了，因为没有遗嘱，她只享有亡夫遗产中配偶的份额。她勉强能够支付自己的开销，还要帮助那几个大手大脚的孩子。

蒂茜的丈夫很富有，这些年来蒂茜几乎把自己所有的钱都花在了家人身上。他们之所以都觉得自己经济拮据，主要是因为每一个人都多少有些喜欢与人攀比。

德拉诺家族是我第一次遇到的想干嘛就干嘛，从来不用为钱发愁的人，而不久我就明白了其中的道理。是我婆婆教会了我，不过我相信她家族中的任何人都有资格教我。在我眼中曾经认为他们挥霍浪费，但实际上他们把每一分钱都花在了刀刃上。他们慷慨大方，能够负担得起大笔开销，是因为他们几乎不会把钱浪费在无关紧要的事情上。

如果他们中的一个遭遇了不幸，其他人会立刻伸出援手。我们豪尔家族的人也想要团结，但他们却没什么东西能够拿得出手。当然德拉诺家族的人互相之间也会有不同意见，如果是这样，他们会毫不迟疑地表达出来。但如果是某个外人，即便只是含沙射影地批评，整个家族也会把他撕成碎片！

富兰克林在进入哈佛之前，就想过要加入海军。他父亲认为，作为家中独子，不应该选择这样一个会让他远离家人的职业。他希望富兰克林学习法律，为日后进入商界或其他行业做准备。

从哈佛毕业后，富兰克林进入哥伦比亚大学法学院。他母亲在麦迪逊大道200号有一栋房子，1905年的冬天，我们在那里度过了许多欢乐时光。为我们举办的各种聚会，开始陆续收到的结婚礼物，苏茜表姐帮我置办嫁妆和衣服，一切都令人兴奋激动，而婚礼安排由于泰迪伯父——当时的美国总统，将要来纽约为我送嫁而变得复杂起来，我们的婚礼日期必须配合他的行程安排。最后，我们的婚礼确定在1905年3月17日，圣帕特里克节当天，因为泰迪伯父将会参加那天的节日游行。

当富兰克林和我受邀与拜伊姑妈一起参加1905年3月4日举行的泰迪伯父的总统就职典礼时，都激动万分。在国会大厦，只有直系亲属才能入内。我和富兰克林的座位就在泰迪伯父和他家人的后面。我十分地兴奋好奇，不过那时候我对于政治仍然一窍不通，因此虽然能记得泰迪伯父发表演讲时那铿锵有力的气势，却一点儿想不起来他都说了些什么！我们回到白宫吃午餐，然后观看游行，之后就返回纽约。我在心里对自己说，我经历了一个历史时刻——我从来不曾料想，能够再参加家族里另一位总统的就职典礼！

第四章　婚姻之初

在我们婚礼举行前的两周里，每个人都忙疯了。我的几位伴娘来帮我写信，向赠送结婚礼物的人表示感谢，当然签的是我的名字。然而有一天，我们惊恐地发现，伊莎贝拉·塞尔姆斯在写完“富兰克林和我非常高兴收到您的礼物”之类的话后，居然签上了她自己的名字，而不是我的！

伴娘们的服装是奶油色塔夫绸的连衣裙，头上带有三根装饰羽毛，身后披着薄纱。富兰克林有众多男傧相，拉斯罗普·布朗是主伴郎。我自己的礼服则是长袖的，厚重的硬质缎面，领口饰有绢丝薄纱。豪尔外祖母的连衣裙上镶着一层布鲁塞尔玫瑰蕾丝，我的头纱也是同款蕾丝材质，从头上一直飘落到长长的裙裾之上。

伴娘们佩带的三根羽毛令人联想起罗斯福家族的纹章，而富兰克林为伴郎们设计的领带饰针上，也有三根用钻石制作的小羽毛。他还为我设计了一款金表，用钻石镶嵌着我名字的首字母，用来佩戴的别针上也有三根羽毛，这块表我至今还戴着，虽然款式如今已经过时了。

婆婆送给我一根像“狗项圈”那样的短款珍珠项链，带着它的感觉有些难以形容。我手里还捧着一大束山谷里采摘的百合花。

婚礼的日期对于我们豪尔家族的人来说，还有另外一层意义，因为那一天是我母亲的生日。3 月 17 日到来了。泰迪伯父从华盛顿抵达纽约，他检阅游行队伍之后就来到苏茜表姐的宅邸，富兰克林和我的婚礼就在这里举行。

由于游行队伍堵塞了街道，许多参加婚礼的宾客被堵在路上。第五大道不能走，警察又小心翼翼地守护着泰迪伯父，也很难有人从麦迪逊大街通过。有几位客人直到仪式结束之后才抵达，气恼不已！

婚礼仪式由格罗顿公学校长恩迪科特·皮博迪牧师主持。苏茜表姐的客厅和她母亲的房子是相通的，因此我们有两间宽敞的大厅。我们实际上是在拉德洛夫人的房子里举行了婚礼，和去年普茜结婚时一样，房子里的壁炉前也放置着一个圣坛。

仪式结束后，我们转过身接受来自家族成员和朋友们的祝福。与此同时，泰迪伯父去了书房，那里有茶歇供应。我们的至亲们真心诚意地祝我们幸福，不过绝大多数宾客都对能够亲眼见到总统本人，亲耳听到总统讲话更感兴趣——有一小会儿，我们这对年轻的新人竟然被丢在一旁无人理会！总统所在的那间屋子里挤满了人，随着他的谈笑风生不时爆发出阵阵笑声。我记得，当时我对此并不感到惊讶，而且富兰克林似乎也不介意。我们只是跟随人群，和其他人一起听总统讲话。后来，我们召集了伴郎伴娘们一起切婚礼蛋糕，我觉得泰迪伯父应该也参加了这个仪式。之后我们便上楼更衣。到了下午“大人物”就回去了。

我们在传统的大米浴①中离开。我的一位老朋友鲍勃·弗格森，由于发烧卧床不起，没能参加婚礼。他曾经是泰迪伯父“莽骑兵”的成员，经历了美西战争后，就不时地发作，因此我们在乘火车回海德公园之前，先去看望了他。我们在海德公园度过了第一个蜜月。其实并没有两个蜜月的习俗，之所以如此，是因为我的丈夫必须完成他在法学院的学业。

婚礼后的那个春天，富兰克林继续习修他的法律，我们则在纽约西

---

① 大米浴（a shower of rice），是西方婚礼的一种习俗。在婚礼中客人们要向新郎和新娘身上抛洒大米，旨在祝福新婚夫妇子孙满堂、人丁兴旺。——译者

福蒂斯一家酒店的一间小套房里，安顿好了我们的第一个家。

十分幸运的是，我的第一份家务非常简单。我给弟弟豪尔也准备了一个小房间，这样他就可以过来和我们一起过复活节假期，而他的到来似乎令整个公寓都变得满满当当。在最初的几周里，我作为家庭主妇的职责实际上主要是修修补补，这个我还是能做的。但是我对于如何安排一日三餐却知之甚少，出国留学前曾经在蒂沃里学到的一点儿东西也全都忘光了。

当我婆婆去海德公园度夏的时候，我们搬进了她的房子，因此，我在作为家庭主妇方面的无知得以继续隐藏。

法学院一放暑假，我们就出国了——我是怀着怎样忐忑的心情登上了船啊！当你晕船晕得东倒西歪的时候，新婚燕尔的丈夫在一旁关切地注视着你，偏偏他又是个将航海视为乐趣的人，想想都觉得可怕！还好，航行途中风平浪静，我唯一记得的就是，我们玩了很多次皮克牌游戏，而我总是输。当时的我还不够明智，不知道如果想要和富兰克林打牌的话，必须做好很少赢的准备。我说他是牌运好，他说这完全是靠技巧！

蜜月里，我们做了我一直以来都渴望做的事。我们首先去了伦敦，然而却惊讶地发现在某种程度上，我们已经被贴上了泰迪伯父的标签，布朗酒店为我们安排了皇家套房，客厅太大了，我连东西放哪儿了都找不着。我们只好解释说，没有足够的钱支付这样的奢侈消费，但也无济于事。在伦敦的前几天我们就住在这间皇家套房里。

我的丈夫热爱这座城市，而我也比以前更加喜欢它了，因为在他四处寻找书籍和画作的过程中，我们探寻到这座城市许多不为人知却新奇有趣的角落，顺带还买了不少衣服。不过，最令我感到兴奋的还是横渡英吉利海峡。

在巴黎，我们在充满异国情调的餐厅用餐，尝试每家餐馆的特色菜品，不管口味如何。我们在塞纳河畔漫步，逛遍了所有的旧货摊位。我买了些衣服和画册，而富兰克林每到一处都在买书，买书。

他精通法语，所以在巴黎他负责讨价还价，不过等到了意大利就换成了我，我的意大利语说得比他好。但是，仅仅过了几天之后，他再准备讨价还价的时候，就不再带着我了，因为他说我不在旁边他能做得更好，这个男人无论说什么我都会接受并且深信不疑。他凭借自己那点儿可怜的意大利语，大部分来自他在学校里学习的拉丁语，居然也能怡然自得。

我们去了米兰，然后在7月份的时候去了威尼斯，并在那里度过了美国国庆日。为我们划船的船夫很讨人喜欢，看上去像是个绿林好汉，我们晚上的大部分时间都在运河上徜徉。船夫和我的沟通很顺畅，有时候，我们的行程较长时，会有一个朋友来帮他，这时候威尼斯方言就会满天飞，他不得不给他的朋友充当翻译。

我们在那些教堂里流连忘返，直到我丈夫不想再看为止。我们沐浴在阳光里，坐在广场周围的小桌旁，回忆着威尼斯的历史，他始终兴致勃勃。

我们乘坐贡多拉去了穆拉诺，参观了玻璃吹制的过程，并订购了一套印有罗斯福家族羽毛标志的玻璃器皿，还有几个威尼斯彩色玻璃制成的海豚装饰品，这些东西我现在仍然保留着。

我们从威尼斯向北穿越多洛米蒂山，乘坐的是一辆由两匹马拉着的笨重马车。科尔蒂纳一带的风景十分优美，我们在那里待了好几天。我丈夫和一位迷人的凯蒂·甘迪小姐一起爬的山。她比他年长几岁，并且他和她也不是很熟悉，但是她能爬山，而我不能，虽然我没说过一个字，但是嫉妒的心情无以言表。当我们重新出发，从山中离开时，我内心里暗自欢呼雀跃。不过我似乎应该补充一句，后来甘迪小姐成了我的挚友。

我们还去了奥格斯堡和乌尔姆，两座古老的德国城市，在那儿我们设法探访了更多蕴含历史价值的画作。然后我们驱车穿越阿尔卑斯山，到达圣莫里兹，蒂茜阿姨和她的家人就住在这里。

事实上，开车就意味着我们没法带那么多行李，我只带了一件简单的晚礼服，还是以前穿过的。当我们抵达皇宫酒店时，发现为我们预留了一间套房，价格却令人咂舌。因为只住几天，荷包尚能承受，所以我们决定住下来。但是我们忘了在这样的酒店中要准备多少套衣服，很快就发现，我们的衣服只适合在一个地方用餐，一个观看湖景的阳台，而这里的食物似乎比其他地方要贵许多。当我们再度启程，驶离瑞士，取道斯特拉斯堡和南锡返回时，简直如释重负。

一路上，富兰克林拍了许多照片，有一些是在山顶公路上拍下的，我们四周别无他物，只有白雪皑皑的群峰。我们一回到家，他立刻就去查找这些照片拍摄的准确地点。他具有照相机式的非凡记忆力，能够做到过目不忘。

回到巴黎，我收拾整理衣物，因为富兰克林的一些表亲也在那里，还有他的朵拉阿姨（福布斯夫人），我们度过了一段快乐时光。她带我们去了许多地方，她的寓所是我们最温暖的家，也是整个家族的人在巴黎的活动中心。

在英国，我们拜访了福尔贾姆夫妇，于我而言是一次可怕的经历。他们有一处美丽的庄园，位于英格兰一个叫做“杜克雷斯”的地方，许多名门望族都在那里拥有大片庄园。

我这辈子见过的最蔚为壮观的橡树就在这附近，我们参观了一座城堡，城堡里有一条小铁轨，从厨房要穿过无数个走廊才通到管家的储藏室。有一间专门放置盘子的房间，更像是银匠的仓库，而不是私人宅邸的储藏室。藏书室才真的令人着迷。穿过一段走廊，然后踏上几节楼梯，便进入一个长长的房间。房间尽头的壁炉里，几根木头燃烧着。房间的两边堆满了书，中间摆放着桌子、椅子和地图，所有的一切都让阅读或学习变得轻松愉快。

在这个庞大的家庭中，却只有一间浴室。我们住在有壁炉的舒适房间里，早晨锡制的浴盆放在炉火前，旁边是盛满热水的罐子。食物非常丰盛，但都是典型的英国菜。晚餐很正式，却没有宾主介绍，这令我感到很是意外。我们是这栋房子里的客人，他们认为这就足够了。

晚饭后要打我一点儿都不擅长的桥牌，令我备受煎熬，而且还要赌钱，又令我的恐惧增加了几分。我信奉的原则不允许我这样做，所以虽然被丈夫带着，但并不能减轻我良心上的折磨。我觉得自己就像一只陷阱里的困兽，既出不去也不知道该怎么做。

就在我们离开美国之后不久，伊莎贝拉·塞尔姆斯的妈妈发来电报，伊莎贝拉准备嫁给鲍勃·弗格森。他们在苏格兰度蜜月，看望他的家人。他们邀请我们去他母亲家，以便我们能够见上一面。他们的老宅子在苏格兰北部，一个离诺瓦尔不远的小型温泉疗养胜地。在那里，人们把家族的首领称为“诺瓦尔”，现任的诺瓦尔爵士多年来没有接受过任何其他头衔，因为他认为“诺瓦尔”比王室加封给他的任何名号都要高贵。

老弗格森夫人所住的寡居别屋，对我来说是个惊喜，那里风景优美，山坡上有一个美丽的花园。我和弗格森一家非常熟悉，他们和我们家长久以来一直保持着友谊。

富兰克林总是“和赫克托耳在荒野上游荡”，一天晚上，在参观了许多佃农小屋，忙活了一整天之后，沉睡中的我被邻床传来的犀利叫声惊醒。弗格森夫人睡眠很浅，我不想影响到她，连忙“嘘”了一声。我发现我的丈夫总是做噩梦。在轮船上的时候，他会梦游，从船舱走出去，所幸他在睡眠状态下很是温顺，会在我的劝说下乖乖回到床上。

这一次，他直直地指着天花板，怒气冲冲地问我：“你没看到房梁在旋转吗?”我向他保证没有这回事，费了九牛二虎之力才劝服他没有下床叫醒其他人。

第二天早晨，当配有薄片面包和黄油的早茶送进来的时候，我问他是否还记得他的梦。他说是的，而且记得当时对我很恼火，因为我坚持留在横梁可能会掉下来的地方。

在那里的时候，有人要我召集一场义卖活动。这对于任何年轻的英国女孩来说都是轻而易举的事，但我十分确定，在公众场合我是一个字儿也喊不出来的。最后，富兰克林被撺掇着给佃农们做了一场演讲，结果被我们嘲笑了许多年，因为他告诉那些苏格兰农夫们，蔬菜应该在牛奶里煮——这可不是他们力所能及的奢侈!

从那儿我们又去了弗格森夫人的哥哥家里，罗纳德·弗格森爵士，他是家族的掌门人，和妻子赫克伦住在他们的另一所房子里，位于福斯湾的雷斯，就在爱丁堡对面。这是一个美丽的地方，遍布着苍翠茂盛的森林和风姿秀美的杜鹃花。我丈夫对此非常感兴趣，因为科学的林业管理使这些森林变得富有经济价值，年年都能带来收入。

房子里四处悬挂着的油画令我深深着迷，就连通向我们房间的那一小段后楼梯的墙上也有。最令我激动的是，我们去吃晚饭的时候，在墙上发现了雷伯恩画的诸多弗格森家族祖先肖像。我看到的第一幅画《穿开襟衬衫的男孩》，是我自孩提时代就熟知的，只不过那时看到的是复制品，从来不曾想过能在朋友家里看到原作。

这也是我第一次在晚宴上看到身着短裙的苏格兰男子。荒野上的赫克托耳就穿着这样的短裙，但是直到这次之前，我还没有机会一睹它们的真容。

有一天下午喝茶的时候，我和海伦夫人单独在一起，她突然问了一个令我崩溃的问题："请告诉我，亲爱的，你如何解释你们国家和州政府之间的差别？对于我们来说，这很令人费解。"

我从来没有意识到这里面有什么不同需要解释。我知道我们有州政府，是因为泰迪伯父曾经做过纽约州的州长。幸运的是，罗纳德爵士和我的丈夫在那一刻出现了，我可以让富兰克林回答她的问题。他圆满完成了任务，我暗自发誓，一旦安全返回美国，就要去更多地了解自己的政府。

我们必须回去参加哥伦比亚大学法学院的开学典礼，所以我们的假期，或者说蜜月，已经结束了。我婆婆在离她家不到三个街区的地方为我们租了一套房子，在东 36 街 125 号。她已经将房间布置好，并且也为我们找好了仆人。在回来的最初几天里，我们会和她住在一起，直到我们的房子装修完成。

我开始成为一个完全依赖他人的人——不需要买票，不需要做计划，一切都有人替我做好决定。与我以前的生活相比，这无疑是令人愉悦的，我对此欣然接受。

被迫与许多人接触，我那种害羞的感觉正在逐渐消失。虽然对我来说仍然是一种折磨，但已经没有那么强烈了。

莫德或是普西曾经告诉我，如果我在谈话中卡住了，应该从字母表开始找话题。“A-Apple，你喜欢苹果吗，史密斯先生？B-Bears，你怕熊吗，琼斯先生？C-Cats，你对猫有同样的感觉吗？杰里费什太太，即使你看不到它们，它们也会让你毛骨悚然吗？”诸如此类，为了打发时间而没话找话真是令人绝望。作为年轻女性，我认为我更适合传统的、安静的年轻人社交模式。

第五章　一个女人

回家的旅途一点儿也不开心，到纽约上岸的时候，我感觉糟透了。不过很快我就找到了一个完美的理由帮自己释怀，我一直非常担心如果我不能生育，丈夫会非常失望，我可真是个大傻瓜，我的身体一直非常健康啊。我有六个孩子，每一次怀孕的前三个月妊娠反应都很强烈，那感觉真的很难受。我反倒觉得这是件好事，这让我能更加理解和同情人们遭受的疾病。不然，我可能远比现在的自己要脆弱多了，因为我总觉得我们可以做点儿什么来克服身体的病痛。

我一点点学会了忍受孕期的不适。无论如何，我绝不会让身体的痛苦阻止我做自己该做的事，这是条铁律。我并不推荐有人拿这个去锻炼周围的人或是当作培养自己品格的手段。这么做最实在的成效就是失去了很多娱乐时间，虽然这会让人变成禁欲主义者，学会坚忍克己，但是物极必反，它会让你疏远周围的人，将注意力投向自己。

我婚后的第一年完全处于被照顾的状态，我的婆婆事事都会为我做好。像其他很多等待第一个孩子降临的年轻妈妈一样，我有时候也会很紧张。我少女时期的一位朋友跟我说："每当我对未来感到害怕时，我就会看看周围，看到周围那么多人，他们以后也都要生孩子，所以肯定不会有什么怪事落到我头上的。"

这期间有不少紧急情况，我记得都非常真切。有一次我们邀请了一些朋友来家里吃晚饭，结果厨师前一天离职了，临时再找一位看起来似乎不太可能。我真的非常惶恐，因为我对准备膳食一无所知，我一整天都在各个职业介绍所奔走，最后总算找到一位救场的，一路上我都在担心，要是找不到那可就尴尬了。

有人可能会说，通过这件事，我应该自己学会做饭。虽然我有一年冬天参加了哥伦比亚大学的一些烹饪课程，但是收获微微，因为学校用的是煤气灶，我也只学会了几道外形美观的特色菜，可我真正要学的，是如何使用家里那种老式的煤炉灶，如何做整桌饭菜。

那年冬天，表姐爱丽丝·罗斯福嫁给了尼古拉斯·朗沃斯，富兰克林不得不只身前往出席婚礼，因为我当时怀着我们的第一个孩子。1906年5月3日，小安娜出生了，我们给她取名安娜·埃莉诺，用了我和母亲的名字。我对洋娃娃和小孩子从来都毫无兴趣，更别说照顾孩子和喂奶了，于是我从妇幼医院找了一个很年轻但还没什么经验的婴儿保姆。我们的保姆布兰奇·斯普林非常专业，也很可爱，这么多年，她对我一直很重要。她对小孩的疾病种类了如指掌，但是她经验不足，这让她的理论知识差点变成了大麻烦。她一直在不停地寻找孩子身上有没有哪些没发现的疾病，她从不会想到一个按时吃饭、精心养育的孩子会以正常的方式健康成长。

之后几年的夏天，我们基本上都是一样度过的。我婆婆住在海德公园，我们会先去看望她，之后再和她一起去坎波贝洛岛，在那里待一段时间。1906年的夏天，婆婆有一阵子出国了，我们就住在她在坎波贝洛的房子里。我丈夫一般会驶着那艘叫“半月”的双桅纵帆船沿着海岸顺流而下或是溯游而上。他会和三两好友一起，趁着夏天来一两次短途航行，他们会去新斯科舍省或沿岸的其他地方。富兰克林是个很好的水手和领航员，他几乎每一次航行时间计算的都很准确，我记得基本没有因为延期未归而让我们担心过，他通常都会比计划中更早到港。

如果他们是从坎波贝洛出发，那我就要往船上放够前几天的食材。

他们每次回来之后都跟我说，船上的食物实在是太好吃了。很显然，他们口中的好吃不过是些香肠、糖浆和煎饼，每餐都是如此，偶尔会换换花样，做点儿龙虾或是炒鸡蛋。我丈夫不仅是厨师，还是船长，他总是为自己的高超技艺感到自豪。

那年冬天的一个晚上，有客人来家里吃饭，保姆也正好出去了。大约6点半左右，我喂安娜喝完奶后把她放到了床上，可是她并没有像往常一样乖乖睡觉，而是开始嚎啕大哭，我换衣服的时候她也一直在哭，客人们也都闻声过来看她。我打电话给医生，他问我孩子是不是胀气？我有没有在她喝完奶后拍她的背让她打嗝，把刚才吸进去的空气都排出来？我不敢告诉他我完全忘记要抱着她拍拍背，也不知道空气到底有没有排出来。他建议我把孩子转过来，肚子朝下，拍拍她的背。在客人们都下楼后，我让富兰克林先下去陪他们吃饭。我抱起还在哭个不停的安娜，让她趴在我的腿上，没多久她就重新喜笑颜开，咯咯笑了。在我拍了会她的背以后，她完全好了，我把她重新放回床上的时候，她像只小羊一样，很快就睡着了。虽然我下楼去吃晚饭，但一直在担心安娜，所以整个晚上我上上下下跑了好多次去看她，终于在保姆回家前成功把她弄醒了。我不得不再次丢下客人去照顾安娜。这次之后，我暗自发誓，以后绝不会在保姆不在家的时候邀请客人来家里吃饭了。

我现在觉得，刚结婚那几年家里就不应该请佣人，只有这样我才能搞清楚到底要如何管家，其他人也不会在干家务或是照顾孩子这些事上糊弄我。但是，我就是这么长大的，别说这种事会发生在我身上，就连那些和我关系好的长辈们也没有过这样的尝试。要是当时真这么做了，那我后面就不会遇到那么多麻烦，孩子们可能也会拥有更快乐的童年。结果，很多年里我都很怕那些英国保姆，她们经常对我呼来唤去，就像吆喝小孩子一样。

在她们的照顾下，孩子们身体都非常健康，我真的很感激他们，但是我有个很傻的理论，就是要信任照顾孩子的人，还要支持她们，让孩子们遵守她们定下的规矩。结果我的孩子们经常遭到不公正的体罚，这一切都是因为我还没有做好准备当一名合格的家庭主妇、妻子和母亲。

1907 年冬天，我做了一场手术，很严重，斯普林小姐也终于因此来照顾我了。艾伯特·H. 伊利是我们的家庭医生，这场手术是他在家里做的。我的身体比大家想象中还要虚弱得多，结果他们都以为我没从麻药中醒过来，当我逐渐恢复意识时，我听到一个医生在问："她还活着吗？还有心跳吗?"

虽然疼痛铺天盖地般向我袭来，但是我有我的倔强，直到后来某次提起，之前我从未说过自己的真实感受。我一概拒绝和前来探望的人说起这些感受，他们可能觉得我的病比看上去要严重得多。那时候我丈夫在法学院读书，他的暑假假期很长，这样我们就可以在坎波贝洛多待一段时间。

1907 年夏天，亨利·帕里什夫妇来找我们。他们是晚上坐火车来的，我和富兰克林一起去接他们。海面上雾很大，我们在穿过海湾时看不清楚方向，但是富兰克林对自己的技术非常自信，他肯定能在大雾中准确驶达我们的目的地。我们最终安全抵达缅因州的伊斯特波特，接到了我们的表亲夫妻俩。

回去的路上，罗盘指示灯灭了，有个人给富兰克林拿来了一个灯笼挂在系主帆帆角的圆木上，让他能看清楚航线。他适时慢慢摇响自己的铃铛，但是海面上没有出现航标提示要加速，也看不到陆地。就这样小心翼翼地行驶了一会儿以后，在船首斜桅的那个人大声喊道："左舷转不动了！"我们隐约看到前方的吕贝克码头，距离刚好够调转船头。富兰克林很气恼，他觉得很不可思议，自己怎么会开错方向。在重新规划航线之后，船开始驶向坎波贝洛。这时他才恍然大悟，原来我们之前遇上了一股洋流，没有被冲到纽约湾海峡已经非常幸运了。大约三分钟以后，船首斜桅又卡住了，因为我们刚经过一个只长着一棵树的迷你小岛，看来我们又偏离了航线。

富兰克林逐渐反应过来，挂在船杆上的灯笼是铁做的，它一直在随风摆动，指南针也一直被它吸引而乱指方向！从这一刻起，我们就改用火柴来照明，结果一路很顺利地驶出狭窄的航道，重新回到有航标的地方。亨利·帕里什夫妇都有点儿晕船，原本安排他们五天时间出海游玩，但是因为大雾天气取消了，现在想想，这个计划取消对他们来说何尝不是一种解脱呢。

那个夏天，我和哥哥之间的相处矛盾重重。我不停地唠叨他，对他期待太多。我的情绪一直不好，不想再多承担一点点责任了。我有一个非常令人抓狂的习惯，肯定因此激怒过所有的朋友，那就是当我的感情受到伤害或是生气时，会像紧紧合起来的蛤蜊一样，一句话也不说，也不说原因，整个人表面上看起来依然非常温顺谦和，但其实就像个殉道者一样。多年以后，一位年长的朋友曾指出过这个问题，她说我那种顺从谦卑的姿态绝对是世界上最让人受不了的事情。我觉得自从我能够更加从容轻松地生活、还有了点儿幽默感以后，这种状态应该改善了很多。我真为自己感到难过，曾经任由自己沉浸在自己造成的伤痛中。

但是刚结婚那几年，我过得非常紧绷，传承传统美德是我的理想和抱负。我满心期待年轻的丈夫也能拥有和我一样的想法。如果他处处和我的理念背道而驰，那得有多么可悲，但更搞笑的是，我记得我从来没有和他说过自己的理想！

1907 年 12 月 23 日，我们的第一个儿子出生了，詹姆士的到来让我如释重负、欣喜若狂，因为我知道，婆婆和丈夫都希望我能生个儿子，让他随我公公的名，所以我一直很担心自己生不了儿子。

我不想再经历一次 1907 年到 1908 年那样的冬天了，即便现在我依然这么觉得。我们找不到任何可以给宝宝吃的食物。斯普林小姐也不得不同时照顾两个小孩，我们还把一间客厅改成了婴儿房。原本打算让两个孩子住一起，但是小的那个每天整夜整夜地哭闹，这样根本行不通。

为了让孩子们呼吸到新鲜空气，我想了个非常特别的办法。我们在房子的后背窗那里放了个盒子，盒子的四周和顶部都围着金属网，我会在早上把安娜放进盒子里，让她小睡一会儿。有几次她哭得很厉害，结果有个邻居打电话过来说我虐待孩子，如果我不立马把安娜抱回来，她就要向防虐待儿童协会举报我！这让我很受打击，我一直觉得自己是最时髦的妈妈，我知道新鲜空气对小孩来说必不可少，但是后来我才学到，阳光可比空气重要多了，而我却把她放在房间的背阴面！我还学习到，健康的宝宝是不会一直哭的，如果宝宝一直哭个不停，最明智的做法就是找找孩子哭的原因。

婆婆觉得我们的房子太小了，于是那年她在东65街买了块地，建了两栋房子，分别是查尔斯·A. 普莱特47号和49号，整个建筑品位极高，堪称了不起的艺术品。虽然房子都不大，但是富兰克林最大化地利用了每一寸空间，把餐厅和客厅放在一起，因此实际看起来就是一大间房子。

我之前不喜欢任何形式的责备，到现在发展成不喜欢讨论任何事情，我对房子的事也完全不感兴趣，即便这是我即将入住的房子，我把所有事全都留给了婆婆和丈夫。我越来越依赖我婆婆，几乎每件事都会寻求她的帮助，我从来没有想过自己独立完成点什么事。

虽然婆婆性格很要强，但是因为我公公年纪比她大很多，所以她一直要求自己适应公公的生活节奏、喜欢他的生活方式，结果就是，她觉得年轻人应该迎合老年人。她为家庭奉献了自己全部的爱，她也渴望家人能对她报以同样的爱。对于家庭圈子外的深情厚谊，她多多少少都有点儿嫉妒。虽然她有好朋友，但是她从不相信友谊可以和亲情相提并论。

公公曾经告诫婆婆，永远不能和孩子们一起睡，因为孩子依赖父母是一回事，如果是父母离不开孩子，那是无法容忍的。虽然婆婆时常这样提醒我，但我很怀疑她是否意识到，就性格培养来说，让孩子在小的时候就学会独立、有责任心是很明智的做法。

1908 年的秋天，我也不知道自己到底是怎么回事，但是我记得我们搬进东 65 街的新家几周以后，我坐在梳妆台前哭了起来，富兰克林不知所措，一直问我到底怎么了，我说我不喜欢住在什么都是别人做主、没有一点儿自己痕迹的房子里，我什么都没干并不代表我就喜欢住进这样的家。他是个非常通情达理的人，他觉得我肯定很生气，所以温柔地跟我说，我过一会儿可能就不这么想了，他先出去，让我一个人冷静一下。

我恢复镇定以后才意识到，自己刚才就像个小傻瓜，但是我刚才说的全都是真话，因为我确实没有培养自己的审美或主动牵头做什么事。我只是一味地按照其他人眼中我该有的样子生活，让他们的品味和兴趣主导着我。

因为我丈夫打高尔夫球，所以在坎波贝洛的一年时间里，我每天都会努力练习，想要学会怎么打球。练习了几天后，我们一起出去打球，在看我打了几分钟之后，他评论说，你最好还是放弃吧！我对运动真的是先天不足，一直以来我也这么认为，丈夫一说我立马就放弃了。以后我再没有尝试过学习运动，但也和丈夫一路携手走过了这么多年。

十年来，我一直在一个接着一个地生孩子，这段时间我基本上算是告别了工作。但是，我一直在断断续续地上课，让我的法语、德语和意大利语不要退步。这些年我做了很多刺绣，很多女工，还读了很多书，时间被其他事大量占据，我还能做这么多事，这对今天的我来说简直不可思议。当时我们所在的那个圈子，大家都会讨论一本小说、传记还是其他什么书，我现在怀疑有些书我当时根本就没有读过。当然，这并不是说我交际的范围很广泛，因为我们即使搬家，朋友也是有固定圈子的。

1909 年 3 月 18 日，第三个孩子出生了，他是三个孩子中生下来最大、最好看的，也是第一个起名叫“富兰克林”的宝宝。考虑到我在带詹姆士时遇到的各种麻烦事，我很担心他的食物，于是我把斯普林小姐叫过来和我们一起住了几个月。虽然小富兰克林看起来很乖，但我还是想让斯普林小姐陪着我们，我坚持让她一直在家里住着，直到我们在坎波贝洛住了一段时间后，她一直待到差不多 8 月初才走。

我又给其他两个孩子找了英国保姆，我还找了一个德国女孩，她们三个一起照顾三个孩子。

秋天的时候，我们搬到了海德公园，我开始在纽约和海德公园之间来来回回。突然间她们就通知我说孩子们都得了流感，小富兰克林生命垂危，没人知道到底有多严重。我立马返回海德公园，同行的还有斯普林小姐和一个美国医生。我们在那里熬过了令人悲痛欲绝的几天后，再带着小富兰克林来了纽约，但他的心脏似乎已经被感染了，虽然我们拼尽全力挽救，他还是在 11 月 8 日那天离开了，还不到八个月。我们把他带回海德公园埋葬，即使这么多年过去，我现在只要站在教堂墓地他那块小小的墓碑前，葬礼那天几个人围站在他的小棺材跟前的场景就会浮现眼前，我把他一个人留在冷冰冰的棺材里，真的太残忍了。

我深受打击，内心非常自责，我怎么就没有多花点时间和精力好好照顾他呢？平时都是保姆在照顾，我对他了解的实在太少，从某种意义上来说，我才是罪魁祸首。我甚至觉得我对他的关心太不够了，那个冬天，我不仅自己情绪低落，还让身边的人感觉非常压抑。富兰克林有时试图让我意识到我现在的行为有多么愚蠢，我甚至还对我那可怜的丈夫非常刻薄。

我的第四个孩子，埃利奥特·罗斯福于 1910 年 9 月 23 日出生在东 65 街 49 号。夏天的时候我就早早离开了坎波贝洛，回到纽约等待宝宝的降临。其他孩子跟我婆婆一起回到海德公园，她和我丈夫频繁地在两地间往返，富兰克林当时还在准备州参议员的第一次选举。

富兰克林从法学院毕业后就顺利进入了法律界，他在“卡特、莱迪亚德和米尔布伦”公司工作。这是纽约一家备受赞誉的老牌律师事务所。他工作非常出色，虽然莱迪亚德先生很欣赏他，但是富兰克林希望能为公众服务，他之所以想这么做，一部分是受泰迪伯父给所有年轻人建议的影响，一部分是由于泰迪伯父的个人魅力。虽然莱迪亚德先生非常真诚地挽留富兰克林，但他还是决定接受当地参议员的提名，此前民主党人已经有三十二年未曾入选了。

富兰克林的团队和很多罗斯福家族的人都是民主党，但是在南北战争期间，他们全都加入了亚伯拉罕·林肯的共和党。战争结束后，大多数人回到了民主党的阵营，还有一些留在了共和党。

我怀着极大的兴趣聆听他的所有计划，我之前从未想过我也会参与其中。我觉得我必须支持他的所有决定，心甘情愿跟着他去奥尔巴尼①。如果他当选的话，那我的任务就是尽可能得心应手地操持家务。我当时正怀着孕，至少在我生命中有一段时间，生孩子就是我唯一的使命。

富兰克林的选举活动别出心裁，出其不意，因为此前从没有人想过一一走访那些小商店、乡村和城镇。大选当天，选票结果公布，富兰克林是三十二年来第一位入选的民主党议员。而且因为在大选期间，他亲自和每一位选民交流所获得的第一手资料，让他深入了解他们的真实想法和需求。

选举结束前，我陪富兰克林参加了一个会议，这是我第一次听他发表政治演讲。他语速平缓，不时会有一个很长的停顿，我很担心他会忘词。这些仿佛都已经恍如隔世！

富兰克林看起来瘦瘦高高的，他容易情绪激动，偶尔也会紧张。他皮肤白皙，顶着一头淡黄色的头发，眼窝深陷，突出一双深邃的蓝眼

① 奥尔巴尼（Albany），美国纽约州首府。——译者

睛。他虽然年纪轻轻，但有时候一本正经的样子会让人感觉到，这个看着温和柔韧的年轻人，骨子里却充满了力量，充满了荷兰人的血性。

富兰克林在那次选举中结识了很多朋友，来自波基普西市①的托马斯·林奇就从那时开始成了富兰克林的密友，一直追随着他。林奇深信，富兰克林总有一天会当选总统，他还在禁酒令颁布前买了两瓶香槟当做见证，他把酒收起来，直到1932年富兰克林被提名总统候选人，他又拿出来带到了芝加哥。民主党总部的每个人都用纸杯浅饮一口，以此庆祝即将到来的成功。

我们在纽约租了房子，但是我觉得自己必须回奥尔巴尼照看我们在州政府大街的房子，虽然我现在完全没有印象当时到底有没有这么做。我又找了一个新的英国保姆来照顾三个孩子。小富兰克林生下来以后一直喝的是奶粉，如果他当时喝母乳，身体一定会更强壮，在他生病的时候，抵抗力也一定会更强。我非常紧张埃利奥特，所以找了个乳母喂养他。

那个秋天，詹姆士被检查出来有心脏杂音，我们不允许他自己上下楼梯。他虽然年龄不大，但是长得瘦瘦高高的，抱起来可真沉。为了好好照顾他，我们就这样抱着他过完了那年冬天。

---

① 波基普西（Poughkeepsie），位于美国纽约州东南部，纽约市以北的哈德孙河畔，1687年由荷兰裔移民建立。——译者

第六章　初涉政坛

富兰克林的很多选民都希望能来家里拜访，所以1月1日那天下午，我们在奥尔巴尼的家中举行了招待会。我们是早上到的家，然而一切进展得并不顺利。除了保姆之外，我还带来了三个佣人。酒席承办方在家里筹备宴会，进程缓慢，他们都是从周边三个县来的，一直进进出出，忙乱了足足三个小时。当宴会终于准备妥当，部分垃圾也都清理干净后，他们撤出了家里，我和婆婆开始摆放家具，让房子看起来更有家的感觉。

不论住在哪里，我总是希望事情能尽快安排好，我也对此乐此不疲。我希望所有照片都是挂着的，所有装饰品都陈列出来，一切都要在刚住进去二十四小时内变得井然有序，乱七八糟一定会让我浑身不自在。

第二天早上我出门去买东西，有位女士在街上把我拦下来说："你一定是罗斯福夫人，你们家除了孩子，其他人我都认识。"我当时感到非常震惊，这是我第一次遇到这样的事。我一直生活在大城市，对我的邻居们几乎不了解。当意识到街上来来往往的人可能都知道我们是做什么的，可能会对我们格外关注后，我感到受宠若惊。

我第一次自己独立生活，婆婆和帕里什夫人都不在我身边，不再随叫随到。我几乎每天都给婆婆写信，感觉就像很多年没见她一样，但是现在，我必须自己站起来，我需要变得独立。我开始感觉到身体里有股力量渴望变成一个独立的个体。

人们都很友好，我很快就交到了新朋友，那年过得非常忙碌。我偶尔也会去国会大厦，坐在旁听席上随便听听，可能是有关议程之类的。我发现了几个很有意思的人，参议员汤姆·格雷迪比今天那些伟大演说家的演讲还要精彩；鲍勃·瓦格纳、“大蒂姆”沙利文、克里斯蒂·沙利文、参议员塞奇、资深参议员布拉克特，他们都是参议院才华出众的议员，布拉克特看起来很像教堂执事，他可算得上是参议院最老谋深算的政治家。我也是在集会上第一次见到了阿尔·史密斯[①]。

我每天下午都待在家里，还会和孩子们一起喝下午茶。我读书给他们听或陪他们玩，直到他们都睡着了。虽然我试着让小安娜和我们一起吃午饭，但是在第一次尝试让她花那么长时间在吃饭上以后，我果断把她还给了保姆。安娜、詹姆士和照顾他们的年轻保姆一起住在靠里的房间，靠近大书房。小宝宝和他的保姆就住在我们隔壁。

安娜像她父亲一样皮肤白皙，她长得很好看，蓝蓝的眼睛，直直的头发，阳光撒在上面几乎漂成了白色。詹姆士的头发和肤色更黑一些，这点更像是遗传了我。孩子们都很幸运，他们的长相随富兰克林他们家。虽然有一两个眼睛遗传了我们罗斯福家族，但恰好都是家族里很好看的那种。我的门牙有点龅牙，嘴型和下巴也不是很好看，但是这些孩子一点儿都没有遗传。

从奥尔巴尼开始，我第一次有了双重身份，两种生活一直伴随了我的一生。不管富兰克林是否在野，从现在起，公共服务都将是我们生活的一部分。对富兰克林来说，这是他将为之奉献一生的事业，当时他可能还没有形成自己的政治哲学，后来才逐渐明晰，不过政府治理这门科学很有趣，对他来说，理解民众、用自己的人格魅力影响他们是一项非常吸引人的研究。

---

① 阿尔弗雷德·伊曼纽尔·史密斯（Alfred Emanuel Smith，1873—1944），昵称“阿尔”（Al），美国政治家，曾四次当选纽约州州长，积极推行“进步运动”，进行了广泛的改革。——译者

我仍然活在之前强迫自己做事情的情绪里。除了开心或放松，责任可能是我推进生活最重要的动力。我看待每件事都是站在我应该做什么的立场上，很少考虑我想要去做什么。好几次我几乎都忘了我还能做自己想做的事。对丈夫感兴趣的一切事物都要怀有兴趣，这是做妻子的职责，不论它是政治、书本或只是晚饭时的一道菜，于是我开始对政治产生兴趣。这就是到奥尔巴尼第一个冬天的时候，我所秉持的态度。

也是在这里，我丈夫的第一位挚友出现了。我不记得我曾经见过他。他是名通讯记者，是奥尔巴尼政治圈的老手，叫路易斯·麦克亨利·豪[1]。他和妻子女儿一起住在奥尔巴尼，但是他的家多年来却一直安在萨拉托加，因此他对那里的村落了如指掌，还有很多老朋友。第一年的时候，我对豪一家人几乎不了解，我感觉自己仍然是个陌生人。

在早期参议院选举中，有个激进组织和我丈夫站在同一战线，共同抵制坦慕尼派[2]，他们的命运让我第一次见识到了严酷的机器政治[3]。有个人为国家发行报纸，经济收入也基本依赖政府刊印新闻，但是第二年他一分钱都没有拿到，作为对他反对民主党机器政治的惩罚，他的报社也倒闭了。类似的故事从各个渠道向我们传来，听得我怒不可遏。富兰克林并未退缩，但他的很多朋友立场摇摆不定。我开始意识到，如果你的谋生方式能轻易被夺走，那你可能只是一个奴隶而非公职人员；如

① 路易斯·麦克亨利·豪（Louis McHenry Howe，1871—1936），美国《纽约先驱报》记者，富兰克林·罗斯福总统的早期政治顾问。——译者

② 坦慕尼协会（Tammany Societies），成立于1783年，名称取自于特拉华州一个印第安部落酋长的名字。人们常常指责该协会使用卑鄙的政治伎俩，包括利用恶棍控制市政管理。联邦政府、州政府和一些地方团体曾多次对其进行调查，其中最著名的有西伯里调查和凯弗维尔调查。——译者

③ 机器政治（machines politics），是1860年代在美国城市中兴起的一种政党政治形态。在地方政党政治运行体制下，美国机器政治的典型特征是候选人为获取选民以及支持者的选票和经费资助，许诺提供包括赐予政府公职、授予政府特许权、签订政府采购合同以及其他小恩小惠在内的种种好处，其实质是以选票为中介的利益交换关系。——译者

果对公众生活投入过多热情，即便不牵涉钱财，你更多的时候还是会选择妥协。

在议会的政治生活告一段落以后，我带着孩子回到了海德公园，后来又去了坎波贝洛，和我们之前一样。夏天，富兰克林又有很多时间可以陪伴我们，虽然他还是要花些时间在政务上，8 月，为了一个简短的会议，议会又开始开会了。

我第一次去坎波贝洛的时候，我婆婆隔壁住着一位库恩夫人，她是个很有魅力的女性，她去世时的遗愿是，希望富兰克林夫人能把她的财产买下来，包括芬迪湾那一侧的一些土地，她的房子和所有家具，连瓷器、玻璃制品和亚麻制品也不落下。婆婆要求给她最低报价，万一她想买了送给儿子呢。

婆婆买下之后送给了我们，这座房子成了我很重要的快乐源泉，我觉得孩子们也在这里度过了很多快乐的时光。

1912 年的冬天，我们回到了奥尔巴尼麋鹿街的家中。我的堂兄西奥多·道格拉斯·罗宾逊当选为众议员，那年冬天就去就职了。他的妻子海伦是詹姆斯·R.“罗西”·罗斯福的女儿，也算是我父亲的侄女，所以我们的关系非常亲近但又很复杂。

当然，泰迪和富兰克林效力于不同的部门，一个在参议院，一个在众议院。泰迪和海伦都有些关系很好的朋友但是和我们却关系平平，总体来说，他们的交友圈氛围更轻松、也更年轻。

我总是和年长的人在一起感觉更自在，当发现周围都是年轻人时，我便会觉得自己不太跟得上他们那些轻松的俏皮话。现在想想，我当时一定因为自己无法跟一群欢乐的人轻松相处，因此也破坏了富兰克林的很多兴致，虽然我现在的确不记得我曾是否经常妨碍他和他们在一起，因为他允许我在家待着。

我记得，我那年倒是对一些新议员和新闻记者的妻子们挺有责任感，因为有人跟我说过，她们都很孤独。我很认真地去拜访她们，想邀她们偶尔来家里坐坐。

除了支持妇女参政以外，我不记得我丈夫在议会上做了其他什么事。他总是说，那是伊内兹·穆赫兰[①]坐在他办公桌上说服他改变了想法，但是在那次令人印象深刻的拜访之前两个月，富兰克林就已经支持妇女参政了。

我很震惊，因为此前我从未认真思考过这个问题，我理所当然地认为，男性是更高级的生物，他们比女性对政治的认识要深刻得多。当我意识到如果我的丈夫主张妇女参政，那我也必须支持，刚开始那段时间我还不敢以女权主义者自居。

因为担心可能会把疾病带回家传染给孩子们，我便不能再去贫民窟或医院了，所以我对穷人们的关心也不像之前一样热情满满。我采取了更加简单的方式，就在董事会上给这个那个慈善机构拨拨款，虽然数额不大，但我觉得这是我能为邻居们尽的全部责任了。

我不是一个自命不凡的人，很大程度上是因为我从来没有想过要强迫别人来家里做客或是和我交朋友。任何来拜访的人都是和我志趣相投的，因为我开始对人权产生兴趣，而且我还发现，来者都是吾师。

1909 年弟弟豪尔去了哈佛大学，虽然他本该 1913 年才毕业，但是他已经修完了所有课程，提前一年就能毕业，他还获得了美国优秀大学生荣誉学会的工作机会。1912 年春，他获准和富兰克林一起去巴拿马出差。因为我不喜欢乘船，加之担心以后会有很长时间不能陪着孩子们，所以我刚开始没有陪他们一起去。议会的另一位议员梅休·温赖特和他们一道去了，据他们说，三个人一起度过了一段愉快的时光。

① 伊内兹·穆赫兰（Inez Mulholland，1886—1916），美国女权主义者、劳工律师、社会主义者，全国妇女党的骨干，经常发表公众演说，对美国的妇女运动产生了重大影响，是 1913 年“妇女参政游行”的主要发起人。——译者

1912年6月，我弟弟娶了波士顿的玛格丽特·理查森小姐。他们去欧洲度蜜月的时候，豪尔还不满二十一岁，新娘也才二十岁呢。

6月接下来的日子，丈夫带我参加了我人生中第一次政治会议。我们在巴尔的摩租了一套房子，同住的还有蒙哥马利夫妇和詹姆士·伯恩斯夫妇。

这真是场令人倍感振奋的会议。奥古斯特·贝尔蒙特夫人就坐在我前面，她满腔义愤地发表自己的观点，她说如果威廉·詹宁斯·布莱恩真的把她丈夫从党内开除的话，那她就要挺身而出与民主党抗争到底。

虽然我对会议进程不甚了解，但是我饶有兴趣地看着尚·克拉克的演讲，他还把女儿领进了会议厅，这让我大吃一惊。所有这些演讲对我来说似乎都毫无意义，我对会议这么多年来的看法也几乎没有改观。

会议如火如荼地进行着。我不太理解为什么大家都在为伍德罗·威尔逊的提名努力着，富兰克林对此也兴趣浓厚，还花了很多时间想要促成这件事。最终，我决定以后再花时间陪富兰克林，即便现在陪着他我也很少关注他，孩子们又要去坎波贝洛了，所以我回家带着孩子们去了坎波贝洛，在那里等着最后的结果。当威尔逊先生最终获得提名后，我收到了富兰克林寄来的获胜的电报，电报写的非常随意：

F. D. 罗斯福夫人

缅因州伊斯特波特市坎波贝洛

威尔逊今天下午获得了提名，之前我那些所有不明确的计划都大放异彩。

此番大获全胜。

富兰克林

我们早早就从坎波贝洛出发了，因为富兰克林马上还有一场选举。

我们是坐轮船出行的，对于上船以后用客舱水罐里的水刷牙这件事，谁也没有多想。我们把孩子们安置在海德公园。富兰克林制定了他的竞选计划，接着我们住进了纽约一所待出售的房子，房子去年冬天的时候租了出去，我们现在收了回来。我们打算在这住一晚，我们的老朋友罗纳德·弗格森从苏格兰远道而来，我们打算和他一起吃晚饭。夜幕降临，但是我丈夫病得太重，没法出门赴约。他一直在发低烧，感觉非常难受。我为他做了我能做的一切之后，独自一人带着罗纳德去吃饭了。

第二天早上他依然感觉很糟，所以我随便请了一位医生来为他诊治，因为经常为我们看病的医生不在城里。医生也不知道为什么会发烧，没人明白他的病到底是怎么回事。我一直在全心全意照顾他。我们请了一名护工来家里帮忙做饭，我则上下楼梯来回给他送饭、帮他铺床、给他喂药，除了一天中有几次感觉身体不舒服以外，其他时间一切进展都很顺畅。富兰克林每天午饭后都要睡一会儿，我也很高兴能够休息一下，因为我也感觉有点头痛，浑身不能动弹。我怎么也没想到，自己也病倒了。

就这样过了大概十天，因为担心儿子的病情，有天晚上我婆婆过来了。我告诉她，既然她在这里陪着富兰克林，我就先去梳洗睡觉了，我也感觉不舒服。她亲了亲我以后惊叫道："你一定是发烧了！"她坚持让我量量体温，结果显示有 102 度①。医生来家里为我看病，我便回床上躺着了。第二天检查结果出来，我染上了伤寒。富兰克林小的时候就得过，所以他的病症就只是发低烧，他们现在觉得他也患了伤寒症。我的病情非常典型，再加上我平时身体不错，所以病很快就好了起来，我都能自己下床活动了，富兰克林却依然躺在床上，感觉很难受，看起来就像维利马的罗伯特·路易斯·史蒂文森一样。

---

① 38.9 摄氏度。——译者

竞选活动还在进行中，来自奥尔巴尼的路易斯·豪，这位性格安静、长得很像小矮人的通讯记者出来力挽狂澜。他在参议院选举的时候就对我丈夫颇感兴趣，当富兰克林希望他能主理竞选事宜时，他欣然接受。他在达奇斯县展开了自己的计划，为躺在病床上的富兰克林拿下了那里的选票。

路易斯是位足智多谋的政治家，他对报纸和人类的看法非常明智，但是在有些方面却有点儿不切实际，比如使用支票簿他就不能理解。我丈夫给了他一本支票簿，还在银行里存了些钱。路易斯每次来见富兰克林都坚持说银行里还有钱。结果最后银行通知富兰克林说，账户透支了。路易斯仍坚持说他手头有钱，当富兰克林核对支票时才发现，路易斯总是把支票上的金额加到余额上而不是扣除，难怪支取的钱没少反而还多了呢。

我对路易斯这段时间的印象不怎么好，因为他总是烟不离手！要知道我可是个清教徒呢。我觉得他抽烟时总是让房间里烟味弥漫，富兰克林都没法呼吸新鲜空气了，因此我坚决制止他来家里汇报竞选的事。我完全忽略了他帮富兰克林赢得竞选的事实，要是没有他，我丈夫的处境便岌岌可危，很可能会输掉这场竞选。我把关注点全放在他来家里和他抽烟上，这样做确实令人讨厌。我现在常常会想，他们当初是怎么容忍得了我的，我一点儿也不顾全大局，还坚守自己那套严苛的行为标准。

富兰克林再次当选多亏了路易斯·豪。我把纽约的房子收拾好以后，把孩子们接到了那里，因为现在出租房子已经太迟了，我们决定冬天的时候不再续租奥尔巴尼的房子，而是在十艾克酒店找了两间房住下来。于是我们就在纽约和奥尔巴尼两地之间来回奔波，每周一下午我都会去奥尔巴尼，周三早上再回到纽约陪孩子们。

冬天的时候，有人说富兰克林有可能会被邀请加入华盛顿政府工作，但是我基本上都在忙着家里的事，无暇顾及这些传闻。

第七章　华盛顿

4月，富兰克林应邀去见总统，我则在纽约等待宣布我们的命运。很快我们就得到消息，富兰克林被任命为海军助理部长。于是他从参议院辞职，前往华盛顿就职。那段时间天花流行，我们俩都不幸得病了。

富兰克林在华盛顿的波瓦坦酒店订了房间，他想让我那个春天陪他在那里待一段时间。拜伊姑妈住在康涅狄格州的法明顿市，我风尘仆仆赶到那里，向她请教要怎么做才能当好助理部长的妻子。然而当她向我详细介绍的时候，我心里一沉，如今政府官员的妻子不用再肩负如此重担了，战争期间也不用履行这些责任。

我印象最深的一件事情是，作为海军助理部长的妻子，不论何时，我的职责都是要拥护海军。她说："你会发现，很多年轻官员的妻子都生活得很艰难，因为她们要靠那点儿微薄的俸禄来维护自己的地位。当她们来华盛顿的时候，你可以做点什么逗她们开心，这也是你应该做的。"

自从搬去奥尔巴尼，我明显进步了很多，因为我当时都没有挨家挨户去拜访，也就没有机会说出已经准备好的自我介绍。而现在，我一户一户去拜访，向大家介绍说："我是富兰克林·D. 罗斯福的夫人，我丈夫刚刚就任海军助理部长。"我的害羞很快便被克服了。

1913 年秋，我们住进了拜伊姑妈在北街 1733 号的房子。房子是那种老式建筑，很舒适，家里还有两个从前就在伺候的仆人米莉和弗朗西斯，他们负责在拜伊姑妈出门的时候照顾威尔叔叔，他们也同意夏天的时候帮忙照看房子，富兰克林自己一个人在这儿住的时候照顾富兰克林。

后院有个小花园，边上搭着个凉亭，上面缠绕着盛开的玫瑰，暮春或是夏天的时候，可以在这里吃早餐，甚至夏天的晚上在这里吃晚饭也别有风味。花园被可爱的威廉·里夫斯打理得井井有条，我对他可是非常了解，他的低调让人印象非常深刻。我们在这里住了四年，虽然我经常和他聊天，但是直到 1933 年搬去白宫我才发现，原来里夫斯先生是园丁主管，也正是因为他的地位，在泰迪叔叔执政期间，他一直跟随着拜伊姑妈，他这么做全是因为对拜伊姑妈和她花园的喜爱。

当我们搬去华盛顿的时候，婆婆像往常一样帮助我们安顿下来。我们买了辆车，还从海德公园带来了位年轻的司机，我也得开始认真准备拜访其他人了。

富兰克林邀请路易斯·豪来海军部做他的助理，于是路易斯带着妻子和两个孩子搬到离我们不远的公寓里，他的大女儿已经出落成大姑娘，小儿子还在襁褓中。

安娜开始跟着伊士曼女士上学了，詹姆士也在那年秋天去了波多马克小学读书。我现在依然记得那个冬天，主要是因为当时的我每天下午都在走访。我们过着一种全新的社交生活，每晚都要出去应酬，每周还要邀请他们一起吃一次晚饭。

我们很早便意识到，除非提早约好每隔多久见一次面，不然绝不会有机会临时决定和谁见面，所以我们一群人约定大概每两周见一次。这些人包括内政部长富兰克林·K. 莱恩和他的夫人，这对夫妻非常有魅力，人人小孩都很喜欢他们；莱恩夫妇的老朋友阿道夫·米勒夫妇、威廉·菲利普斯夫妇和我们。威廉·菲利普斯在国务院任职，他和凯若琳都是我们的老朋友。我们在一起的那些夜晚总是很随意自在，甚至都不按照惯例让内政部长坐主位。富兰克林和我周日晚上依然会待在家里，延续我们自结婚以来就有的周日随意晚餐。我会用放在桌上的炒锅炒鸡蛋，还会做些冷盘肉和沙拉，准备冰的甜点和可可。

我一开始试着自己拟定拜访名单，不找秘书帮忙，但是我在确定名单、回复和发送邀请函这些事情上花费了太多时间，最终我找人每周来三个早上帮我处理这些事。

在我们刚结婚的时候，我就发现富兰克林是个收藏爱好者，他在其他方面都表现得小心谨慎又精打细算。我从来都不知道他在那些本可以搭电车的日子选择坐车，我经常看到他拿着自己的公文包走到街上，街角就有一辆已经约好的出租车在等着他。他小心翼翼地打理自己的衣服，却从不费心打理自己。还有很多事情我们感觉无力承担。在我们的第一辆小车后，我们有段时间没有买新车，搬去华盛顿以后，家里的两辆车也都是二手的，直到最后我劝富兰克林说，我们花了那么多的修理费，却没有物尽其用，还不如买辆新车多开开。一直到离开华盛顿我们才买了新车，当时富兰克林又一次决定我们不需要车，把车卖了。

作为收藏家，他同样很慎重小心，他的很多藏品买回来的时候价格还算公道，因为当时很少有人对他收藏的这些东西感兴趣。他对每一件藏品的来历都了如指掌，有些是他竞拍得来的，有些是在旧书店或打印店花了很长时间淘来的。

他对美国海军很感兴趣，于是收藏了很多书籍、信件、影印本以及船舰模型。虽然当他前往华盛顿就任海军助理部长时，这些藏品的数量已经相当可观了，看着也着实有趣，但是在海军部的那些年，又给他提供了绝好的机会扩充他的藏品。有人给了他满满一箱信件，里面包括我们早期一位海军军官的情书，他还拿到了一位海军上校写给夫人的家书，信中说已经得知了乔治·华盛顿的死讯，他的下一步行动是驶过弗农山庄①，据说他订立了一项习俗，从那天起，每艘海军船只都严格遵循，这项习俗只根据船舰上人员的不同发生变化。所有船只均降半旗，所有人都站立在栏杆旁敲钟默哀，如果船上有喇叭手，还要吹响葬礼的安息号。

富兰克林还得到了一本上好的旧宪法模本，他的藏品数量在飞速增长。他有段时间还在收藏其他东西，比如说，有一阵子他很喜欢那种小本的畅销故事书、童话书和经典书籍，每类书的第一版总是很吸引他，虽然他从没打开看过。他还有很长一段时间热衷集邮。

我经常在想，他怎么就从来不把对集邮的爱分点给孩子们呢。我能想到唯一的解释就是，和收藏家共处一室会让每个人都感觉到，一座房子里只能有一个人可以有收藏的爱好，即便这样，为了让所有藏品都能保持原封不动、妥善安置，全家人将来要不要都搬出去就成了问题！

1913 年秋，我作为小官僚太太的生活在华盛顿真正开始了。我本可以对政治和政府了解更多的，因为我有很多机会能和那些有趣的男女见面交谈。但是，当我回首往事时，我觉得我太以家庭为生活重心了。孩子们还很小，那段时间我们又迎来了两个新的小生命，社交生活无论如何也不能影响个人生活，后者当时对我来说是最重要的。

那段时期，几乎所有女性都是华盛顿社会制度的奴隶。有两位女性挣脱了这种束缚，一位是玛莎·彼得斯，她是马萨诸塞州国会议员安德鲁·J. 彼得斯的夫人，也是威廉·菲利普斯的姐姐。她不在乎庞大的社会是如何运作的，她觉得浪费生命中的每个下午去拜访其他官员的妻子，以此为丈夫的事业铺路不是她的义务。

另一位是爱丽丝·朗沃斯，坦白地讲，相比浪费时间拜访女眷，她

① 弗农山庄（Mount Vernon），美国国父乔治·华盛顿的故居，位于弗吉尼亚州北部的费尔法克斯县，华盛顿从二十二岁直到 1799 年逝世，都居住在弗农山庄，长达四十五年。——译者

对当下的政治问题更感兴趣，毕竟这些人对她的生活毫无助益。她喜欢社交生活，但她只喜欢自己感兴趣的那种社交生活。她想要认识有趣的人，不过又讨厌做无聊的事，她的房子就是欢乐的源泉，引人入胜。每个来华盛顿的人都争相和她认识，希望有幸能被邀请去家里做客。

这两位女士展现出来的独立和勇气让我大吃一惊。我非常确信，我的性格里没有这些品质，而我唯一履行自己责任的机会，就是和其他大多数官员的家属们一样，做好一名政府官员的夫人。

1914 年冬，我开始了拜访之路，但开局就不是个好兆头，因为我又怀孕了，预产期是第二年 8 月，所以我又感觉非常难受，我想办法把行程都排在每天下午。一天天过去，我清单上需要核对的拜访名单也从十个变成了三十个。每周一是最高法院法官们的夫人，每周二是国会议员的。不知有多少次我都很想知道，为什么纽约的议员们搬家如此频繁！他们几乎没有固定的住所，他们的妻子也很少在家，因此为了给他们留名片，我得爬上公寓的楼梯，一家一家旅馆的找！每周三是内阁的，但是又有一个难题摆在面前，如果丹尼尔斯夫人那天下午邀请了我，那我就不能再约其他内阁官员的妻子了。每周四是参议员的妻子们，每周五是外交官的。各式各样的人根据自己名片上打印着的时间前去赴约，或者如果她们在家，你又恰好出现在她们家附近，就可以直接去家里拜访。周六周日是属于孩子们的。

正如丹尼尔斯①先生是一位宽容又善解人意的领导，丹尼尔斯夫人同样是一个宽容又善解人意的妻子，所以她不会每周三下午都要我和她待在一起。那年冬天剩下的周三下午我都尽量待在家里，等着有人上门拜访。于是我有了人生中第一次经历，逗乐那些会说三种不同语言的夫人们，而且我还是唯一能帮大家互相翻译的人！

① 约瑟夫斯·丹尼尔斯（Josephus Daniels，1862—1948），美国民主党政治家，1913 年 3 月至 1921 年 3 月任伍德罗·威尔逊政府的海军部长。——译者

富兰克林经常回家吃午餐，还会带客人一同回来，开战后比战前那些年频繁多了。当时他有更多时间去大都会俱乐部打高尔夫球，这可是他最喜欢的一项运动。然而，他一回家就想要简单吃个午饭，不想浪费多余的时间。我觉得他们一定想要无拘无束的交谈，所以我养成了一个习惯，到现在依然保留着。我有一个小银铃，每次吃饭的时候我都会把它放在我的位子上。它是我母亲的，也保有我童年的部分记忆——老妈妈哈伯德和她抱在怀里的狗。它就放在我手边，当我摇铃时，仆人们进来撤走上一道餐盘，接着上下一道菜，然后回到食品储藏室等待我再次摇铃。这个规矩是在华盛顿立下的，之后不论我去哪里都会照做，因为这样能让他们的交谈更加自由。一战期间这样做很有必要，因为大家经常会聊天，而聊天内容又仅限于在座的人知道，我还发现当坐在餐桌前就餐时，没有人站在椅子后面或在房间里走动确实会感到如释重负。

在奥尔巴尼，我每天尽量5点前就结束约会赶回家，这样就能在家里喝个下午茶，也能在孩子们晚饭前或睡觉前陪他们一个小时。

那年冬天大约才过去一半吧，我记得是在3月初，富兰克林被派去西海岸巡察，我陪他一起去了。我们每到一个地方，就有一名当地的海军副官负责接待，告诉我们要做哪些事，这让我非常感激。我还是不怎么习惯上下那些海军舰船，尤其还有欢迎仪式的时候。

安娜第一次跟着我们一起去巡察，我们坐在一辆小船上颠簸，富兰克林根据自己的官阶收到了17响礼炮的欢迎仪式，安娜把脸埋到我的腿上，因为她对噪声特别敏感，随后她便用棉花塞住了耳朵。虽然我也是第一次经历这种礼遇，毫无准备，但即便那时我的耳朵也听不太清，所以这些声音对我一点儿都没有影响。

当我们要登上战舰时，我得等着别人告诉我，我和富兰克林谁走在前面，他接受欢迎礼时我该做什么，我要和谁握手，战舰哪些地方不能随意走动，我们什么时候离开，离开时我们俩谁先走？诸如此类的问题在我们第一次出去巡察时一直困扰着我，好在我慢慢都学会了。不知为什么，富兰克林似乎不用学就能对这些问题应对自如，我总是在想，这些我费了很大努力、请教了无数问题才弄懂的礼节，富兰克林是怎么学会的。无论在什么情况下，我们问的问题他基本都能回答出来，有时我们想为难他，就跑去查《百科全书》想要证明他是错的，然而最后却毫无例外，他都是对的。

和大多数公务旅行一样，我们这次出差的行程也是从每天早上九十点开始，结束的时候就到半夜了，还不知道是在哪里。之后我便会写信、收拾行李。

虽然不可否认，我很喜欢看到新的风景，但是所有这些差旅出行都让我忧心忡忡。我讨厌和孩子们分离，然而一旦出去以后，我的担忧便会消失，直到回家前两天，忧虑便又铆足了劲卷土重来，回家的前一晚，我经常会幻想和孩子们再见面之前，各种可能发生在他们身上的可怕的事。他们可能会从窗户上掉下去，可能会置身火海，还可能会被车从身上碾过去！我们不在家的时候，我婆婆总是在家照顾他们，所以本来就没什么可紧张的，可是他们那些年经常感冒、耳朵痛或是扁桃体发炎，还会遇到其他一些小病小灾，这就让我紧张不已。

任何女人做了母亲都会知道，她必须时刻准备好应对各种无常的变化，即便她自己也要花很长时间来适应这些无常。一开始你会觉得，你或其他人本应该让一切都在正确的轨道上前进的，但到后来你就学会了，即使再多关心也无法阻挡意外的发生，你唯一能做的就是当意外降临时，用冷静坚定的心态去面对它们。

1914 年夏天，像往年一样，我带着孩子们去了坎波贝洛，但是战争的乌云笼罩着整个欧洲大陆，华盛顿也满是焦虑不安。我腹中的宝宝预产期是 8 月份，医生已经安排妥当，四个孩子也都会过来陪着我生产，斯普林小姐，就是那位每次生产都在我身边照顾的保姆，也会尽可能在孩子们有人照看的情况下赶来陪我。我丈夫有一个短暂的假期，所以有时间能陪我，婆婆就住在附近自己的小别墅里。但是，还没到预产期我就感觉快要生了，那是8月16日的晚上，我把富兰克林摇醒，让他现在就去吕贝克把我们的老朋友贝内特医生请过来。富兰克林给半月湾的船夫打电话，让他划艘小船过来让他出海的时候，婆婆听到了，她立马从家里跑过来，看看出了什么事。

第二天，所有人都守在我身边等待着，直到8月17日傍晚孩子才出生，我感到非常愧疚，因为我知道贝内特医生有很多病人要治疗，可能都比我更需要他，我想要让他先离开，可是他觉得要对我负责，坚持在这里待着。最后，等一切全都结束时，他表扬斯普林小姐说："她现在是我们中的一员了，我之前可从没有在夏天照顾过别人生产。"

宝宝取名叫小富兰克林，他很乖，我坐月子从没有这么省心过。

富兰克林是7月25日到这里的，但是29日收到一封电报，要他返回华盛顿，因为战争似乎迫在眉睫。他在返回坎波贝洛之前就把发生的所有事情如实发电报告诉了我，我们竟然没有一个人意识到未来几年都会在战争中度过。有个年轻的银行家，他娶了我丈夫的表亲，那年夏天他很笃定地跟我们说，战争不会持续太久，全世界的银行家们可以通过拒绝贷款来控制，这就是个很好的例证。然而，富兰克林评论说，人们总是能在战争中找到生财之路，这可比金融界那些脸上带着狡黠笑容的人赚得多多了，他还说，这个问题只会存在几个月，之后欧洲大陆便会重归平静。

我还在卧床休养的时候，有一艘驱逐舰来这里沿着海岸线巡航了好几天。富兰克林坚持让舰船经过一个对年轻军官们来说极其危险的地方，这让他们大失所望，但是他渊博的水域知识保障了大家的航行安全。

我记得有一次他带领一艘驱逐舰穿过海峡，这是一条连接大陆上的缅因州吕贝克和坎波贝洛岛的航道，潮汐奔流的速度非常快，而且在浅水区，别说驱逐舰了，任何一艘大船都不可能穿过去，但是涨潮的时候，如果熟知这条航道，通过还是有可能的。富兰克林已经这样成功做过很多次了，虽然其他同行军官们都认为他必定会触底。

那年秋天，富兰克林在9月参议员的初选中败给了詹姆士·W. 杰拉德，他依然继续担任海军助理部长一职，但这场选举我现在记不太清了。我得待在坎波贝洛，直到9月步入正轨，而且有了小宝宝之后，我那段时间的注意力全都在他身上。我不认为富兰克林曾经有过任何获胜的念头，我倒是经常听他说，他觉得自己不适合在参议院工作，可能对他来说，继续在海军部工作是一种解脱吧。

第八章　走向独立

1915 年春，威尔逊总统任命助理国务卿威廉·菲利普斯和富兰克林为旧金山博览会委员。菲利普斯比我们提前出发。我要和富兰克林一起给副总统马歇尔及其夫人作陪，他们是代表总统前去参会的。更让我们欣喜的是，内政部长富兰克林·K. 莱恩夫人以及阿道夫·米勒夫妇决定一同前往。

副总统马歇尔及其夫人在芝加哥等我们，我对他们两个完全不了解，而且副总统还是出了名的沉默寡言，虽然有点儿担心，但是我很期待能和他们独处，因为这样就代表着关系密切。他们俩我都很喜欢，在和这位罕言寡语的绅士一起用过很多次餐之后，我发现他对冷笑话情有独钟，但又不会让人觉得他高傲自大。当他不知道某件事时，他会讲冷笑话，当他不喜欢某件事时，他还是会讲冷笑话，而且经常会发表几句颇为有趣的评论。我们在经过大盐湖时，就站在火车踏板靠后的位置，每个人都在感慨我们身边的美景，他却把很少从嘴边拿开的雪茄拿掉，评论说："我就从来不喜欢美景。"

因为富兰克林的职责让他几乎不可能随时和我们一起旅行，于是我又一次获得了相当大的独立性，我已经习惯带着我们这支小队伍在华盛顿、海德公园、坎波贝洛三地之间穿梭。

1915 年夏天，我在坎波贝洛没待多久就收到一封电报，上面说富兰克林要在华盛顿做阑尾炎手术，于是我便赶回他的身边。在回程的火车上，有位男士走过来叫我的名字，他交给我一封电报，上面写着：“富兰克林情况很好，你婆婆在照顾他。”署名是路易斯·豪。

我当时真的很想把可怜的路易斯杀了，我必须承认，因为这封电报，车厢里所有人的目光全都聚集在我身上，可见我的害羞腼腆并没有完全克服，事实上，从未消失。我记得路易斯·豪在多年以后曾带我出去吃过饭，坐在他不喜欢的桌子前，吃着他不喜欢的食物，只是因为他知道，如果他起身换一桌坐或是抱怨这里的菜品不好吃，会让我们惹人注目，这样会让我感觉不舒服。

我不指望这种害羞的情绪会真的从一个人性格里消失，一直到今天，面对大众的时候，我有时也会感觉不自在，恨不能找个地缝钻进去。习惯在很大程度上影响着一个人的行为举止，在以后的很多年里我还有不少教训。

我回到华盛顿的家中之后，发现婆婆就守在富兰克林的床边，后来变成了我们一起守护。她在觉得富兰克林痊愈了之后就离开了，我一直陪着他，直到他从海军医院出院，登上“海豚号”调度舰，开始沿着海岸线巡航。

自从一战在欧洲打响后，我们的国家便陷入激烈的争论，我们家也因为支持不同的观点而分成两派，一派支持西奥多·罗斯福的政治理念，另一派支持威尔逊总统及其政府的决策。我对我这位伯父以及他所有的观点都佩服得五体投地，我知道他觉得我们应该参与欧洲大陆的战争。

而伍德罗·威尔逊则坚定地认为，我们的国家如果能作壁上观，就不应该趟战争这趟浑水，他极其不愿意美国加入战争，直到形势所迫，我们不得不表明自己的立场，才为战争投入人力财力，然而没人知道到底要投入多少，也很少有人预见到几年后可能会出现什么样的结果。

我们已经开始向欧洲国家运送医疗物资和食物，赫伯特·胡佛[①]在支援比利时人。我的丈夫意识到各种观点和标准之间的角力，我现在觉得，因为当时富兰克林还很年轻，所以有很多次他都希望所有人能够尽快达成一致。后来的很多年里我经常在想，每当那些年纪更轻的顾问迫不及待地想要采取行动时，富兰克林总是选择等等再看，我就会回想起很早之前他年纪轻轻、满怀斗志担任顾问角色的时光。

众所周知，国务卿威廉·詹宁斯·布莱恩是一位和平主义者。虽然我一直都很喜欢布莱恩夫人，我也很钦羡布莱恩的辩才，但是在这段时期里，我对他的有些做法依然表示不满。当然，即便如此，我也坚定地和他站在一起，维护和平，因为反战基因已然在我体内发芽。我还记得布莱恩把用枪做成的微型锄头送给了很多在政府部门工作的同僚。有些人回以嘲笑，但是对我来说，它们却一点儿也不荒唐。我认为它们能时时刻刻提醒我们，我们就应该放下武器，拿起锄头，就应该继续致力于生产力的发展。

很多人早已发了战争财，比如那些倒卖军需品的；再比如那些种棉花和小麦的，国内市场对原料和食物供不应求，而他们自己的耕种能力却远小于市场的需求，因为家里的男人基本都上前线去了，很多地也因此荒芜了。

为了寻求本国利益，不同国家的代表团都聚在华盛顿，这座城市的社交生活也比之前忙碌精彩多了。

1915 年到 1916 年的冬天，中南美洲大型经济会议在华盛顿召开，国务院给政府的每位工作人员都安排了任务，让他们在不同的场合下负责招待一些代表团和他们的家属。

我清楚地记得由我们负责的那场晚宴，因为我们根本就不知道到底

① 赫伯特·克拉克·胡佛（Herbert Clark Hoover，1874—1964），1929 至 1933 年任美国第 31 届总统，是美国历史上最具争议的人物之一。——译者

有多少人前来赴宴，他们都如何称呼。虽然我们拿到了一份名单，但是来的客人和名单上有很大的出入，客人全部落座后，餐桌还有很多空位。

晚餐进展相当顺利，因为我左右两侧的男士全都说英语和法语。我看向餐桌另一端，富兰克林正和右手边那位女士艰难地交谈着。他的左侧坐着一位男士，看起来似乎能和他聊几句。那晚晚些时候我问富兰克林，晚餐时坐他旁边的人都怎么样，他回答说他们都很有魅力，只是那位女士只会说西班牙语，所以交流起来有点儿困难，而他唯一会的一句西班牙语是："夫人，您有几个孩子呢?"她却总是微笑着回答他数字，不再多说一句!

我觉得德国大使觉察到了周围逐渐发酵的敌对情绪，尤其是在"卢西塔尼亚号"邮轮被击沉以后，但是他有几个关系不错的朋友，所以他在华盛顿的社交圈能够沉着应对。法国和英国的大使承受着巨大的压力，很多人都希望他们也能够散布同样的论调，就像德国大使现在承受的那些言论一样。法国大使 M. 朱尔斯·居斯兰已经在美国多年，他对美国这个国家以及它的风土人情了如指掌，英国大使塞西尔·斯普林-莱斯阁下也是如此，他们都不赞成过多附和这种大肆宣扬。可能他们觉得美国民众对这种宣传非常感兴趣，已经宣扬过度了，之后的事情证实了他们的判断!

斯普林-莱斯阁下刚来美国时还是个年轻的小伙，他成了西奥多·罗斯福一家的挚友，多年来他们的交情并未减弱，所以当我们初来华盛顿时，英国大使馆第一个对我们表示欢迎。他很喜欢美国历史，也在不断地学习这段历史，我第一次坐在他旁边吃晚饭时，他问了我一个问题，我认为哪段美国历史是最好的。当我还在犹豫时，他评论说，你们美国人都不了解本国的历史，这太奇怪了。斯普林-莱斯阁下当初是大使馆年纪较小的一批员工，却潜心研习我们的内战，还走访过所有的战场。美国的年轻一代很少有人会这样做。

和他关系亲密的人都叫他“斯普林尼”[1]，斯普林尼的故事和他那些稀奇古怪的传说当时在华盛顿可谓广为流传。据他们说，有一天他在雨中散步了很长时间，回到家后径直上楼换晚饭穿的衣服，换好以后他开始坐在壁炉旁看书做研究。没多久换衣铃响了，于是他起身回到房间把刚才脱下来的湿衣服重新换上，就这样下楼去吃晚饭了！

要不是他的夫人，他可能会错过很多正式活动。有一次我在大使馆的时候，他的夫人走进他的会客室说道：“你和法国大使的约会十分钟之后开始，车子已经在门口等着了。”他只好极不情愿地放下书本，戴上帽子前去赴约，不论会面对象是谁。

法国大使和他魅力无限的夫人朋友众多。居斯兰是西奥多·罗斯福“贴身内阁班子”的一员。他身材不高，从小在法国的山区长大，因此爬山可是一把好手，所以西奥多·罗斯福环绕岩湾公园的徒步远足可吓不倒他，即便是他们要求在一些深水区趟过小溪时，他也没有畏惧。

早些年在华盛顿还有一位我们认识的人也很优秀。当然，我没法说我对他很了解，但仅仅几面之缘，他就给我们留下了深刻的印象。西奥多·罗斯福一家、考尔斯夫人都和亨利·亚当斯[2]是老相识了，他们经常去亨利在拉斐特广场的家中做客。我们恰好认识亨利的几位密友，所以偶尔会收到邀请去亨利家吃饭，这可是我们向往已久的。

亚当斯平日里有些神情严肃，言语辛辣。我拍的第一张关于他的照片，是这位老绅士坐在我们北街的房子外一辆维多利亚马车上。他从没有来过我们家，然而，他的确邀请孩子们都出来和他一起坐在维多利亚

---

① 此处对应的英文单词是“Springy”，意思包括：有弹性的；轻快的；富含水分的。——译者

② 亨利·亚当斯（Henry Adams，1838—1918），美国历史学家、小说家。1858年毕业于哈佛大学，曾任美国历史学会主席。代表作有《亨利·亚当斯的教育》《民主教条的堕落》。亚当斯家族成员，是美国开国元勋、第二任总统约翰·亚当斯的曾孙，也是第六任总统约翰·昆西·亚当斯的孙子。——译者

马车上，他们可不光是加入了他，还带着那只苏格兰小狗，结果所有人都坐在马车上聊天嬉闹。

有一天，和他一起吃完午饭后，富兰克林提到了政府的一些公务，而这些正是亚当斯当时牵肠挂肚的。他声色俱厉地看着富兰克林说道："年轻人，我在这里住了很多年，也见证了白宫几易其主，别说是你这种级别的小官员，即便是白宫现在的主人，想要做点儿什么影响世界历史的进程，也是痴人说梦！"他说的可能有一定道理，但是对一个将政治作为自己终身事业的年轻人来说，可不是什么值得推崇的教义！

亨利·亚当斯喜欢语出惊人，我觉得他知道那些心怀尊重的听众能够理解他，从他说出的话里择善而从，不会认为是这位老人讨厌政治而愤世嫉俗——亨利·亚当斯年轻的时候就不喜欢政治。

第九章　破茧成蝶

1916年3月，我们最小的孩子出生了，我们给他取名叫约翰·阿斯潘威尔，跟富兰克林的叔叔同名。

富兰克林那年冬天过得真是无比辛酸，他患了咽喉炎。更苦的是，他还得带病赶去大西洋城见他的母亲。他本应该有半个月假期，可他根本闲不了那么久，所以才休假一周就又回去工作了。我们没有把他的病放在心上。

然而，小宝宝生下来两天不到，我们第四个孩子埃利奥特就发展成了重感冒，腺体开始肿胀。我当时觉得肯定没什么大事，但是没过多久他的病情就恶化了。我那时只能卧床休息，孩子就在我楼上的房间里生着重病，我不知道还会不会有更悲惨的事情发生，现在回过头来看，那年春天实在过得艰辛。好在我们最后请到了斯普林小姐的一位老朋友从纽约赶来照顾埃利奥特，在她的照料下，埃利奥特逐渐恢复了健康。

因为体质羸弱，从那天开始，他便成了我们精心呵护的小男孩，直到他年满十二岁去上寄宿学校。有时候看着现在这个身强体壮的男人，很难相信曾为他小时候身体不好操碎了心。自1916年春天以后，埃利奥特对待什么事情总比其他孩子要更严肃认真，他大部分时间都得在床上度过，这倒让他对书籍产生了兴趣，所有孩子中他最喜爱读书，渐渐地，他对文学有了自己独到的见解。

1916年夏天，像往年一样，我带着孩子们一起去坎波贝洛，富兰克林偶尔会来看我们。那年夏天，孩子们中间正流行小儿麻痹症，虽然我从没有在岛上待到过9月，但是这里就只有我和孩子们，也找不到帮手可以求助，而且很显然，我肯定要在岛上住一阵子了。最后富兰克林终于获准可以再次使用“海豚号”，10月初的时候他来到岛上，把全家人接上了船，送到我们家所在的哈德孙河码头。

有关德国潜水艇已经跨越大西洋、在美国海岸线多地出没的流言尘嚣日上，我们在一路南下的途中，听到有人说看到过一艘德国潜水艇，而且舰艇上的德国官兵已经登上了陆地。

孩子们留在海德公园，等到安全后再出行，我回到了华盛顿。我的生活也从以前全然以家庭为重，有意识地回归到华府公务上，在那里，我们所有人都有种感觉，灾难已经迫在眉睫。

德国开始大肆攻击我们的船只，这使得两国之间的关系也变得紧张起来，我们国家对德国的态度逐渐强硬。德军在比利时的暴行不断传来，大家都深信不疑，虽然两国之间的紧张关系再度升级，但是我们并没有真正切断和德国的外交。那年冬天，富兰克林去了海地，他接管了海军陆战队，还带着文官委员会主席约翰·麦基尔亨尼同行。约翰是西奥多·罗斯福的老友，也是他“莽骑士”的一员。后来他又被任命为海地的财政顾问，工作虽然非常棘手，但是富兰克林完成得异常出色，海地政府重新掌握了自己国家的财政大权。

富兰克林的这趟旅行着实有趣，他在马背上游览了岛上风景最美的地方。当他还在山上的时候，地方离圣多明各的海岸线很远，突然海军部长的一封电报传来，当时的政治局势需要富兰克林立刻返回华盛顿，他可以在距离最近的港口搭乘驱逐舰。我们断绝了和德国的外交关系，德国驻美大使也收到了文件，要求他离开美国。德国海军武官、海军上校博伊-埃德等人也终于因为间谍活动彻底激起了美国人民的敌对情绪。然而，富兰克林对这一切一无所知。当他参加当地海军指挥官为他举办的晚宴时，把刚拿到手、已经破译的电报拿给坐在旁边的女士看。由于她生活的环境里革命思想已经在人们的头脑中根深蒂固，她立马脱口而出："政治局势！那一定是说查尔斯·埃文斯·休斯[1]发起了一场反对威尔逊总统的革命。"

回到华盛顿以后，富兰克林开始了紧张繁重的工作，因为美国似乎随时可能被卷入战争中去，而一旦宣战，海军必须能够立马投入作战。

1916 年秋，我们觉得必须要搬家了，因为拜伊姑妈在北街的房子对于五个孩子来说有些拥挤，相比之下，后街 2131 号的房子就宽敞多了，屋后还有一个小花园。

等我们认清形势的时候，其实已经身处战争之中了，于是在 1917 年春那几个月里，除了对工作有用或必须要进行的社交活动外，我和富兰克林都极少再关心社交了。富兰克林又开始频繁地带客人回家吃午饭，因为他有很多事情要和他们交流，我们也经常会招待一些其他国家来的宾客，这很有必要，他们应该了解和他们打交道的人。

紧张地过了几周之后，我听说总统准备在国会发表演说，就当是宣战的预演。每个人都想要现场聆听这场历史性的演讲，不知费了多少周折，富兰克林终于帮我争取到一个席位。我记得自己屏息凝神地听完他的演说，面对这突如其来的巨变，回到家里很久都没有缓过神。

1917 年 4 月 6 日，我们正式宣布加入战争，从那时起，为政府效命的那些人便开始了没日没夜的工作。还在华盛顿的夫人们也不再继续社交，她们立刻组织起来，响应战时的特殊需求。J. 博登·哈里曼夫人[2]组织集会，号召组建一支机动化部队以支持红十字会的工作。虽然参加

---

① 查尔斯·埃文斯·休斯（Charles Evans Hughes，1962—1948），美国共和党政治家。他是 1916 年共和党总统候选人，以微弱劣势输给了伍德罗·威尔逊。——译者

② 弗洛伦斯·杰斐逊·"黛西"·哈里曼（Florence Jaffray "Daisy" Harriman，1870—1967），美国女权主义者、社会改革家和外交官，曾参与组织争取妇女选举权和保护童工权益的活动。——译者

了集会，但是当时我还不会开车，因此我觉得这并不是我擅长的工作领域。

虽然全职工作一直到来年秋天才安排好，但我加入了红十字会的食堂，还帮助丹尼尔斯夫人一起组建了海军的红十字会，分发由海军联盟提供的羊毛，用来编织衣物。

那个春天我非常忙碌，我接待了再次来美磋商合作事宜的外交使团成员，这是我们对同盟国的承诺。贝尔福先生①带着英国使团早于法国使团三天到达。这支队伍表面看起来安静沉默、平淡无奇，但是他们都曾上过前线、负过伤，他们来我们家做过几次客。

法国使团是在 1917 年 4 月 25 日到达的，他们派了霞飞元帅和前总理维维安尼前来。富兰克林的表兄沃伦·罗宾斯那段时间正好为国务院工作，因此接待法国使团、让他们在美国期间尽可能过得舒适轻松的重任就落在了他的肩上。华盛顿可谓人山人海，都来迎接他们——霞飞，这位马恩河战役的英雄，凡他所到之处，人们都用最大的热情表示欢迎。大家都知道他的士兵们称呼他为“霞飞爸爸”，他的外形又和这个称呼完美契合，于是前来欢迎的人群中经常能听到这样的叫法，用这种方式向他致敬。

维维安尼虽然看着没那么和蔼可亲，却是位卓越的演说家。当然，出席集会的人很多，最吸引我的是那位法布里中校，他被称作是法国的“蓝色恶魔”。其实大战前后他都是一名报纸编辑，他沉默讷言，非常绅士，这个“绰号”似乎和他本人很不相符。他曾在战争中多次身负重

① 阿瑟·詹姆斯·贝尔福（Arthur James Balfour，1848—1930），英国保守党政治家。1916 年 12 月至 1919 年 10 月任外交大臣，他在 1917 年 11 月 2 日写给英国犹太复国主义者联盟领导人罗思柴尔德的信中提出，“英王陛下政府赞成在巴勒斯坦为犹太人建立一个民族之家，并将为达此目的尽最大努力”，史称《贝尔福宣言》。第一次世界大战后，巴勒斯坦为国际联盟托管地，委托给英国统治，大批犹太人从世界各地移居巴勒斯坦。1922 年被封为第一代贝尔福伯爵。——译者

伤，所以在华盛顿期间也不断被病痛折磨。

在我们加入战争以前，很多像我一样天真的人都以为，战争只需要国家耗费一些钱财，而去参战的部门也只有海军。然而，我们一参战，所有部门全都投入了战争，法国外交使团提出的第一个请求就是，希望美国派兵前往法国支援，而且希望把时间从美国政府计划好的 10 月提前到 7 月。他们的理由是，协约国军队经过长期作战早已疲惫不堪，而这时前线如果能够出现援军和新的面孔，必将鼓舞士气。

外交使节们乘坐总统的游艇“西尔芙号”，从华盛顿沿河而下前往弗农山庄，至今我仍历历在目，尤其是先头部队，贝尔福先生、霞飞元帅和维维安尼总理都在队伍中。海军部长丹尼尔斯和夫人、富兰克林和我，同其他内阁的成员一道陪着他们，他们的首要任务是向乔治·华盛顿的坟墓敬献花圈。在这个隆重肃穆的场合，我们聚集在墓地前开着的铁栅栏旁，每个人都发表了演讲以表达敬意。这对贝尔福先生来说一定感觉怪怪的，因为正是这个男人让这片富饶的殖民地和自己的祖国断绝了关系，即便如此，在这个特殊的场合下，他依然举止庄重得体。

只有当草地上有人告诉他，乔治·华盛顿曾向波托马克河对岸扔美元银币的故事时，他才感到眼前一亮，回答道：“亲爱的先生，他的功绩可比你说的这些伟大多了，他隔着大海扔的还是主权呢!”

就在美国宣布加入战争后，泰迪伯父立马赶来华盛顿为总统效力。他麾下有很多将士，大家都希望能跟随他一起上前线。他觉得自己轻而易举就可以组建一个师，这支队伍里有很多希望能为他效命的军队中最好的军官，比如伍德上将，还有很多“莽骑兵”的老兵，可能还会有新征入伍的年轻小伙子。要是他的兄弟们都去前线了，只有他一个人留下来，这样的场景他连想都不敢想。他一直主张自己身强体壮，完全有能力参战，就像之前的西班牙战争一样。他呼吁大家都加入协约国的阵营，但是头一个应征的得是他。

他此行和女儿爱丽丝·朗沃斯住在一起，我和富兰克林前去看望他。虽然他对我们像往常一样热情周到，但是满门心思都在战争上。他去见了威尔逊总统，而总统没有立刻同意他的请缨，他回来之后便一直闷闷不乐。我现在觉得，他当时一定知道，总统虽然语气含糊，但已经说明了他的请求是不可能被接受的。

虽然我对威尔逊总统忠心耿耿，但是我不喜欢泰迪叔叔失望的样子，后来听说泰迪伯父的请求提交给了潘兴上将和战争部，他们一致认为，把这么多其他师都需要的军官全都集中到一个师的做法真是犯了兵家大忌，我心里感觉轻松多了。为了能上前线为国效力，泰迪伯父真的是绞尽脑汁，但是他地位显赫，年纪也不小了，派他去欧洲实在不是什么明智的决定。这对泰迪伯父来说无疑是重重一击，我觉得他一直都没有从打击中恢复过来。

那年夏天，除了每位妇女都必须要做的编织工作以外，我几乎没再做什么和战争相关的工作了。织东西已经成了大家不变的习惯，走到哪里都会带着。

海军部和英国、法国的合作非常密切，以至于富兰克林只能一直在华盛顿待着，我倒是可以在几个地方之间来回走动。他曾短期去了趟缅因州海岸，我们之前在坎波贝洛经常使用的小船“半月号”如今无权私自拥有，所以要被卖掉，这对富兰克林和婆婆来说真是莫大的遗憾。婆婆对它感情很深，因为公公曾驾着小船带她航行，他们一起度过了很多美好的时光。

我的弟弟豪尔这时期在总部位于斯克内克塔迪[①]的通用电气公司工

① 斯克内克塔迪（Schenectady），美国纽约州第九大城市，位于纽约东部，靠近莫霍克河和哈德孙河的汇合处。1765 年设镇，1798 年建市。在整个 19 世纪，斯克内克塔迪发展了具有全国影响力的公司和产业，其中包括通用电气公司和美国机车公司（ALCO）。——译者

作，根据规定，在通用电气公司工作的负责生产战争物资的人员，除航空兵部队外，禁止参与其他兵种招募，因此豪尔不能入伍。当所有男孩全都应召入伍的时候，他觉得自己也必须去参军，这是他做事情离泰迪伯父、离他家族最近的一次了。他借口要去拜访自己的伯父，便从公司溜了号，和昆廷·罗斯福①一起在 7 月 14 日那天参军去当航空兵了，这是当时唯一准许招募豪尔的部门。

他们俩一定提前背会了视力表，不然是不可能通过的。豪尔要在 7 月底 8 月初的时候去伊萨卡的初级飞行学校报道。外祖母极力反对他离开自己的妻儿，我还记得有一天我去看她的时候，她就很想不通为什么豪尔就不能花钱找个人代替他去！这想法让我感到非常恐惧，我从没听说过可以买个替补代替，我告诉外祖母，没人会做这种事。她用那双饱含沧桑的眼睛不解地看着我说："内战的时候，很多绅士都花钱找人替他们去，这说明这件事是有人做的啊。"我义正词严地回复她，你说的绅士和美国其他公民没有任何区别，花钱让别人用生命为你冒险，这么做也太不光彩了，而且豪尔离开之后，她们母子的生活质量依然有保障。

这是我第一次真正对从小长大的环境中那些既定的标准直言不讳地说出我的想法，这也标志着这样一个事实，不论是我的丈夫，还是我日渐成熟的自我思考能力，都在改变着我的看法。

那年秋天回到华盛顿以后，真正的工作开始了，我所有的行动能力，此前或多或少都处在隐匿状态，现在开始全部被唤醒了。我们的家必须比以往更加平稳顺利地运转，我们必须要接待宾客，但是我又不能花太多注意力在这上面，因为孩子们必须得过正常的生活。安娜每天必须去伊士曼学校上学，詹姆士和埃利奥特得去反方向的教会学校上学，

---

① 昆廷·罗斯福（Quentin Roosevelt，1897—1918），西奥多·罗斯福与第二任妻子伊迪丝·卡罗所生的第四个儿子，一战中的美国远征军第 1 驱逐机大队第 95 中队飞行员。——译者

所有这些都需要我组织安排。

婆婆过去经常笑我，她说，我的司机是她听过最忙碌的司机了，但这也恰好证明我正在培养自己的行动能力。我的时间现在完全被大量与战争有关的活动所占据，在面对一些紧急事件时，我也学着相信自己、相信自己的能力，妥善处理。

红十字会的食堂就设在铁路调车场里，我一周要去那里换两三次班。冬天的时候，我基本都选择换白班，因为我得在家，如果赶得及的话，还能在孩子们入睡前陪陪他们，而且晚上经常有客人来家里吃晚饭。我如今还能记得有那么一两次，我穿着工作服刚刚到家，客人们紧接着就到了，现在想来，可能就是那段时间让我学会了快速换衣服的本领，这个习惯直到现在还陪着我。

只要需要，食堂里的每个人什么活儿都得干，即使是擦地板，那些安排了事情做不了的人在这里都待不久，无一例外。我记得有一天下午，有位女士在丈夫的陪护下前来就职，她看着也不年轻了，我很怀疑她这一生到底有没有动手干过活儿，因为她擦地板时真的是充满了恐惧，我们再也没见她来上过班。

我每周都会去一次海军医院，每次都会带着鲜花、香烟和其他能逗大家开心的小玩意，他们都是在前线负了伤的战士。

海军医院很快就住满了伤兵，我们最后在圣伊丽莎白医院找了栋楼，安置那些患有弹震症[①]的病人，医生解释说这些病患承受着巨大的精神压力，在这种压力的影响下，很容易崩溃。他们中有些人经过治疗后重获平静，但是其他人却永远地待在我们的老兵医院里，接受心理治疗。

① 弹震症（shell shock），亦称“炮弹创伤症”“炮弹休克症”，其实是“创伤后压力症”（Post-traumatic stress disorder，简称 PTSD，又称“创伤后应激障碍”“创伤后遗症”）的一种。第一次世界大战结束后，约有至少八万名退伍军人受到弹震症的困扰。——译者

圣伊丽莎白医院是我们国家一所专门治疗精神疾病的联邦医院，虽然院长非常优秀，但是医院却经常面临资金不足的问题，而且因为精神病治疗“作业疗法”[①] 的好处鲜被理解，即便我知道这种疗法在一些医院已经成功用于临床治疗了。

我会去看望那里的海军病人，这也是我第一次进入这类患者的病房，他们虽然没有暴力倾向，但因为举止失常，或多或少都会有一些出乎意料的举动。那些行为完全失控的患者被安排在软壁病房里，或是单独隔离开来。

当医生和我一起走进那间长长的普通病房时，他先是打开本来锁着的房门，在我们进去之后又重新上了锁，这间病房里的大多数病人白天都可以自由活动。我们顺着往里走，一路上和不同的病人交谈。房间的另一头有一个小男孩，他看起来年龄不大，顶着一头金色的头发，安静地站着。窗外，太阳已经高高升起，正好停在病人们的头顶上方，阳光轻抚着他的金发，就像头上顶着一轮圣洁的光环。他不停地自言自语，我问他到底在说些什么。“他在传达命令”，医生告诉我，“他当时驻扎在敦刻尔克，他嘴里说的就是每晚都要传达的指令。”我记得富兰克林告诉过我，他曾经去过敦刻尔克，敌机每晚都会来镇上轰炸，因此镇上的所有人都会听到躲进地窖里去的命令。这个小男孩每晚都要绷紧神经，警惕敌机的轰炸，直到再也无法忍受。他发疯了，一遍又一遍不间断地重复着相同的指令，这些指令好像长在他的脑子里，无法抹除、无力抗拒。

我询问医生他有多大的机会能够恢复正常，医生告诉我，百分之五十，但前提是他不能再承受生病前那种巨大的压力。

---

① 作业疗法（occupational therapy，简称 OT），是采用有目的、有选择性的作业活动（工作、劳动以及文娱活动等各种活动），使患者在作业中获得功能锻炼，以最大限度地促进患者身体、精神和社会参与等各方面障碍的功能恢复。——译者

医生说，我们很多在海军部队医院住院的病人待遇都很好，每天都能出去做做游戏，呼吸新鲜空气，锻炼身体，以前医院里的医护人员足够多，能让其他病人也享受这样的待遇，但是自从开战以后，其他的病人几乎就再也没有出过病房。他还说，虽然这段时间工资都在飞涨，但是医院每个月发给员工的工资连 30 美元都不到，就连董事会的报酬也比其他行业要低。

我开车驶过医院，四处可见精神失常的患者，他们或在铁窗后面凝视前方，或在紧闭的门廊里来来回回，显然无人问津，这一幕幕让我无比痛心。

这家医院受内政部监管，因此我迫不及待地去见莱恩部长，告诉他我认为有必要派人去医院调查一下，他最好也能亲自过去看看。他任命的委员会随后在国会上露面，他们要求政府拨款，最终得到了比预期更多的款项。我相信部长此举一定能激励怀特医生把这家医院改造成华盛顿所有联邦机构该有的样子，改造成所有医院的榜样，它会吸引全国各地感兴趣的人前来，它会带来盈利。

同时，我非常希望我们的患者能有一个活动的地方，于是我又去了红十字会，乞求他们建一间活动室，就是他们现在建的那样。多亏了巴克夫人，我从“作业疗法”的推广机构——“国家女权协会”那儿拿到了 500 美元，没过多久，病患们就能售卖他们制作的东西了，也能为他们自己添置些新的物件。

我在那家医院目睹过很多悲剧的发生。有一位母亲在他儿子的床边陪护了很多天，他儿子中了毒气，得了肺结核。如果他能去西部的话，或许还有一线生机，但她却无力承担自己同行的费用，好在我们最后获准，可以派一名保姆陪他前往。

还有一个来自得克萨斯州的男孩，他在战争中丢掉了一条腿，他是如此渴望能够回家，最终在“联盟国之女”这个组织的帮助下，终于得偿所愿，现在想想，他应该能够自立了。这个组织中的一些人是我们最忠实的工作伙伴。

那些日子，来到我们身边的个体生命的故事还有很多很多，在我看来，它们都是对人性的教育。有些故事让人很不舒服，可是所有故事在彰显人类英雄主义的同时，又揭露了人性的弱点。

战争期间，除了这些和人的交集之外，我还变成了一个更加包容的人，少了对自己的信仰和做事方法的笃定，但却更坚定地为了最终确定的目标而努力。我多了些自信，相信自己处理事情的能力，我也懂得原来完成一件工作的过程中是可以获得快乐的，我对人心有了更深刻的了解。

泰迪伯父的孩子们一个接一个都去了前线，科琳娜姑妈的两个儿子入伍了，门罗·罗宾逊和另一个表弟詹姆斯·阿尔弗雷德·罗斯福也都去了大洋彼岸。哈里·胡克跟随他所在的旅开拔了，他是富兰克林之前在纽约的律师事务所的合作伙伴。

我的弟弟一次又一次地希望能被派上战场，但却一次又一次地遭到拒绝，理由是他在现在的岗位能发挥更大的价值。他给所有能求助的人都拍了电报，他恳求富兰克林和泰迪伯父能动用他们的影响力，因为去不了，他真的是伤心欲绝。虽然我们都劝他，比起上前线，他现在教新学员更能掌控自己的命运，但他却从不满意。他一直觉得但凡我们有人努力一点点，就可以把他送上开往对岸的舰艇，让他如愿以偿。

我一直都在不停地织东西，也做了很多其他工作。真希望我也能去大洋彼岸贡献自己的力量。我非常嫉妒另一位埃莉诺·罗斯福，她是西奥多·罗斯福上校的夫人，虽然有规定不许官员家属去法国，但是她在丈夫去之前就已经在法国一家食堂工作了。

富兰克林参与了海军的行动，所以他自然要和英国、法国的使馆官员保持密切的联系。渐渐地，英法两国的国内政府认为，他们的代表团完全处于被动位置，塞西尔·斯普林–莱斯大使被召回英国，这对他在美国的朋友们来说实在是太遗憾了，他们都觉得他们夫妻俩为协约国的事业做出了巨大贡献。华盛顿的每个人都非常认可这位大使杰出的外交才能，很喜欢他们夫妇。

1918 年 1 月，雷丁勋爵和夫人接替了他们的大使身份。居斯兰一直作为法国大使留在美国，直到战争结束，但是同年，M. 安德烈·塔尔迪厄作为法国特使来到美国，接管了一些财政方面的事宜。我现在都还记得这样安排确实不尽如人意。塔尔迪厄很有魄力，但他似乎缺少一些现任法国大使那种亲和力。他的任务完成得非常出色，之后便回法国去了。

1917 年到 1918 年的冬天悄然逝去，却让我在工作、招待宾客和承担家庭责任之间手忙脚乱，事情真的太繁杂了，以至于我有时候都怀疑自己能不能撑过今天，但是想想欧洲，想想还能稍微补一会儿觉，就又觉得浑身充满了力量，毕竟只要还能睡觉，睁开眼就是新的一天。到了夏天，我决定要把大部分精力放在华盛顿，我要去食堂帮忙，因为有太多人被迫离开了。

我带着孩子们和他们的保姆去了海德公园，还在那里陪他们待了一阵子，把他们安顿好。虽说哈德孙河谷非常炎热，但是我觉得孩子们已经长大了，可以忍受酷热，尤其是婆婆还把老房子重新扩建，现在的房子可大多了，孩子们住的房间也没有原来那么热了，因为新房子的隔热性能提高了不少。

我准备启程回华盛顿，因为我答应过 7 月份一定能去工作。6 月份的时候，富兰克林得到消息，要派他去欧洲。自从美国参战以来，他就和很多人说过，也给很多人写过信，希望能有机会穿上戎装，他解释说："即使这意味着对海军来说，我的选择远不如我继续从事组织和行动监督方面的工作来得重要，不仅是海军部的工作，还包括后勤基地、运输部门和造船厂的那些事情，但我还是想去前线。”

接着就收到了派往海外的命令，让他负责汇报美国海军和航空基地以及在欧洲海域舰艇的行动和需求。他得到许诺说，这次任务完成后，就任命他为海军少校，重返欧洲战场。

1918 年 7 月 9 日，他登上了“戴尔号”驱逐舰。“戴尔号”此行是为了向法国运送大批军队，富兰克林自然对于这趟旅行的目的感到无比兴奋，就像是他自己要上前线一样，这让他觉得非常满足。

我和婆婆都没能去为他送行，因为他们是秘密出行的，当时我才意识到，这对她来说真是痛苦的煎熬，因为富兰克林就是她的全世界。所幸还有孙子们让她忙忙碌碌，海德公园和波基普西有很多事情，需要婆婆全身心投入其中。

我回到了华盛顿，白天一整天和晚上大多数时间我都待在食堂，因为没有别的事可做。很多成员都离开了，我很不习惯食堂里的温度，尽管我不想让自己停下来。这是座皱皱巴巴的铁皮小屋，屋顶也是铁皮的，老式的军用厨房里还要烧明火，没有哪个地方能比这里更热了。我们的工作当然非常繁忙，大家要尽自己所能，尽可能快地把援军运送到前线去。我们现在明白了，就像渴求我们的财政资源和海军的支援一样，盟军同样期望获得我们的人力资源。

从早上 9 点一直工作到凌晨一两点，第二天早上 10 点又过来继续工作，这对我来说已经习以为常。晚上非常热，除非你真的精疲力竭，不然是不可能睡着的。当我当值的一个月结束，有人来接我的班时，我便去海德公园看望孩子们和我的婆婆。

9 月初，我们开始盼着收到富兰克林回国的消息，但却先传来了我的姑父道格拉斯·罗宾逊的死讯，1918 年 9 月 12 日，他与世长辞了。

我们终于等来了消息，富兰克林要从布雷斯特起航回美国了。就在舰船到达前一两天的时候，我和我婆婆收到了海军部传来的消息，富兰克林患了肺炎，我们会和医生、救护车一起去迎候他的到来。我们把孩子留在海德公园，住到婆婆在纽约的房子里，因为我们的房子租出去了。布雷斯特本就流感猖獗①，富兰克林还和他的同僚们一起在雨中参加了一场葬礼。他们回国乘坐的这艘船就像是一所漂浮的医院，乘客和官兵们死在回家途中的，都丢进大海里海葬了。

船靠岸以后，我们上船去接富兰克林，我记得看到好几个人依然在床上躺着。我瞧着富兰克林并不像医生说的病得那么严重，但我们还是很快把他安置在他母亲的房子里。

除一人以外，富兰克林一行人都病得很重，好在大家最后都康复了。和他们共乘一艘船的，还有丹麦王子阿克塞尔和他的助手，他们是来美国访问的。当他们觉得自己可能得了流感的时候，并没有找医生，而是每人拿了一夸脱的威士忌回船舱。一两天之后，不知是因为酒的作用还是他们自身抵抗力比较强，总之感冒几乎全好了。

孩子们的教育问题一直沉重地压在我的心头，所以在富兰克林的病情有了起色之后不久，就把他们接回了华盛顿上学，我也开始在两地之间穿梭，直到全家人又重新聚到了一起。

虽然富兰克林在一天天好转，但是因为肺炎让他的身体变得十分虚弱，所以有些时候还是需要精心照顾。他去海德公园住了半个月，大约到 10 月中旬的时候，身体已经完全恢复，便又回到了华盛顿，向上汇报北海、爱尔兰和英格兰的海峡，还有比利时、英国和法国一些港口海军行动的正式报告以及第一手的观察资料。他本打算辞职，加入法国的海军炮兵部队，突然 10 月下旬有消息传来，德国向威尔逊总统暗示，和平

① 西班牙大流感（Spanish flu），1918 年 1 月至 1920 年 12 月间爆发的全球性 H1N1 甲型流感疫潮，造成全世界约 5 亿人感染、5 千万到 1 亿人死亡，全球平均致死率为 2.5%—5%（当时世界人口 17 亿人），和一般流感的 0.1% 比较起来极为致命。有学者称这是第一次世界大战提早结束的原因之一，因为各国都已经没有额外的兵力作战。——译者

是可以协商的。

我们刚回到华盛顿，在全国各地肆虐的流感便铆足了劲向我们袭来。这里挤满了人，各部门不得不扩招，雇用了一大批文职职员，很多新的机构也应运成立，女孩们都是两三个人合住一间房子，整座城市皆是如此。当流感蔓延到这里时，医院自然没有那么多床位来收容病人，于是红十字会便把那些可以空出来的大楼用作临时医院，我们这些人便被组织起来，去给各个临时医院分发食物，那里通常都没有多余的空间来做厨房。

我还不知道五个孩子、富兰克林，还有家里的三个佣人都被流感击倒了，斯普林小姐又没空，我们便从纽约请了一位训练有素的保姆，请她帮忙照顾埃利奥特，他患了双侧肺炎。富兰克林搬去了我隔壁的一间小屋里，小宝宝约翰的婴儿床搬到了我的房间，因为他得了支气管性肺炎。对我来说，白天和晚上并没有太大的区别，倒是哈丁医生每天都过来一两次，每分每秒竭尽全力照料家里所有的病人。他说我们已经很幸运了，还有人能下地，他治疗的有些家庭根本都没人能下床。

为这一大群病人做完饭以后，家里的厨师就出门送饭了，因为我们承诺过，每天下午送到。如果孩子们都睡着了，我就会坐车去红十字会，我的任务是给躺在一大排病床上那些可怜的姑娘们送食物，再给她们加油打气。就像所有其他事情一样，最后流感终于过去了。

国家和我们家的这些突发事件，对我来说真的是非常好的锻炼机会，我慢慢明白，一个人必须要做的事通常都是可以做得到的，和斯普林小姐长期的合作也让我在实战中变成了一名合格的保姆，之前对于要一个人照顾孩子的担忧也消失了。事实上，过去几年里，到了夏天几个短暂假期的时候，我会把保姆遣开，独自照顾最小的两个孩子。如今我不再是那个毫无经验、手足无措的母亲了，几个大一些的孩子可都说，我把他们管教的比弟弟妹妹们还要好呢！当然，问题的实质就是我找到了自己的价值，不再纠结于一些不重要的小事，也不让自己被保姆和管家的喜好所左右。

到处都有一种感觉，战争结束的曙光近在眼前。威尔逊总统给其他国家人民释放的信息让大家深受鼓舞。自从在福煦元帅的统一指挥下，协约国军队的作战也迎来了转折点，变得越来越好。突然在 11 月 7 日那天，我们得到消息，停战协议已经签署，所有的混乱即将终止，但是几个小时后又澄清说这是个误会，每个人都感到前所未有的沮丧。

四天后，也就是 1918 年 11 月 11 日，停战协议正式签订，和其他城市一样，华盛顿也陷入了狂欢，解脱和感恩之情洋溢在每个人的脸上。

第十章　调整心态

停战协议签订后不久，富兰克林就听说他要在过完新年以后前往欧洲，处理海军的收尾工作，把能用的都运回来，不能用的都变卖掉。

他的肺炎才刚好没多久，不论是去法国还是英国，那里寒冷的冬季对他来说都非常危险，所以，我陪他一起去应该算是明智之举了，再者，现在战争结束了，我也可以去欧洲了。

1 月初的时候我们还没有出发，我们待在家里和全家人一起过圣诞节。每到圣诞节，如果我们没去婆婆家陪她过节，她就会来我们家一起庆祝。和每年一样，我们唯一的客人就是路易斯·豪一家。

虽然我们坐船前往欧洲的时候泰迪伯父生病住院了，但是谁都不觉得这是件很严重的事，然而，就在 1 月 6 日，当无线电传来他去世的消息时，对我们来说犹如晴天霹雳。我知道他的离世对于他的家人来说打击有多大，但是我更深切地感受到，一个曾经多么积极参与人民生活的伟人，如今却驾鹤西去，他本可以影响更多的人，本可以向我们输送更多榜样的力量，然而我们却永远地失去了他，这是让我最痛心的。

我们抵达法国的时候，布雷斯特的指挥官威尔逊海军上将和法国海军的莫罗中将一起上船来迎接我们。威尔逊上将和我们炫耀说，他住的可是全布雷斯特最好的公寓，整个城里唯一一个浴缸就在他的房间里，只不过水是每天定时供应的。街道上每隔一定距离就立着一个水龙头，小镇上的大多数人都要上街接水。

富兰克林工作的时候，威尔逊上将就带我出去游览这座城市。斯梅德利·巴特勒将军在营地四周铺上了木板，终于成功把营地从泥泞中解救出来，但是这里经常下雨，所以道路依然干爽不了。

富兰克林的工作完成以后，我们去了巴黎，他在那里度过了繁忙的几天。我的第一要务是去拜访我们所有的领导。幸运的是，他们都住在同一家宾馆，当然除了威尔逊总统和夫人。我和富兰克林一起去拜访了法国总统，我还拿着他写的书找他要签名呢。后来我们又去了一次表达我们的敬意，同样受到了款待。

我们住在丽兹饭店，有一天我在午饭的时候见到戴安娜·曼纳斯[①]女士，可把我激动坏了，因为她对我来说可是童话书里的人物呢。她真的美若天仙，但是见到真人以后，童话书里公主的某些神秘色彩反而消失了。

曾经的巴黎景色优美，人们热情友好，为了让这座城市重新焕发生机，巴黎人民付出了很大的努力。巴黎是亘古不变的，但是几乎所有的法国女性全都黑衣裹体，虽然披戴长长的黑色丧服面纱的传统被明令禁止，可是年长的女性依然明知不可为而为之。

我和富兰克林的阿姨福布斯夫人一起去了巴黎最古老的部队医院——圣宠谷医院，这里的整形手术曾让全世界为之侧目。这让我感到非常害怕，然而并没有我想象中那么可怕，虽然我接触过的所有病人的脸都经过了一次又一次手术。

我们还去了著名的灯塔医院，这是家盲人医院，病人们都要学会如何照顾自己的生活，还要掌握一项能够谋生的技能，至少也要让他们有事做。

一天晚上，我们约了贝尔、克米特·罗斯福和泰德·罗斯福一起吃

① 戴安娜·曼娜斯（Diana Manners，1892—1986），英国贵族，20世纪早期英法两国上流社会的社交名媛。——译者

饭。泰德现在是陆军上校了，他那晚从公寓出发，去一家美国医院给腿部做手术。那家医院我后来和伍德罗·威尔逊总统夫人一起去过。威尔逊夫人给每个男孩都送了花，还和每个孩子都有话说，我真的非常羡慕。

这段时期，几乎每个去过法国的人都会感染病毒，就在我们出发去伦敦的前一天，我发现自己发烧了，感觉非常难受。可是第二天就要上路了，我们会驾车经过前线，我们的士兵曾在那里和英国人并肩作战，我得控制好自己，什么都不能阻止我踏上这趟旅行。

我第二天早上6点半就起床了，梳洗以后离开公寓，坐进了汽车的后排。一路上，不论路况如何，都感觉身体里有把刀在捅我，但是总体来说，后半程的时候感觉舒服多了。

我们中途停了很多次，有一次是在圣昆廷运河，因为他们想向我们还原当时美国军队在这里取得的卓卓战绩，因此我们步行到崖底。两岸是深约60英尺的悬崖峭壁，运河从中穿流而过，崖壁两侧是当年挖的一条条防空壕。将士们在大雾弥漫、寒冷的黎明，背上所有行囊，手握步枪，从运河一侧的崖壁纵身跳下，蹚过运河以后，又从另一侧爬上来，不知道他们当时是什么感觉。我想，我现在的情感状态可能也算是感同身受了吧。敌军不敢轻易开枪，直到对方走到枪口下才能辨认，因为他们担心过来的队伍是自己人。就是用这种方法，用装甲坦克开路，运河和沿岸的高地都被占领了。

我们一路沿着笔直的军用通道前行，两面的轮胎上都沾满了泥巴，到处是深深的弹坑。路上偶尔会看到堆起的石堆，上面插着棍子，写着已经消失的村庄的名字，而山坡上的树桩则表示，这里曾是一片森林。

那晚到达亚眠以后，我不得不向富兰克林坦白，我感觉很难受，很可能是感冒了。吃过晚饭后我就拿着灌好的热水瓶上床了，那晚睡得很踏实，第二天早上我能下床了，8点出发去参观教堂的时候，我还觉得兴趣盎然，但是围在四周用来保护教堂的沙袋确实让我们很难欣赏到它的美。

我们在福克斯通见到了罗伊斯中校，到伦敦以后，西姆斯[1]海军上将和海军建造师史密斯前来迎接我们，史密斯带我们去了丽兹酒店。第二天一位英国医生来饭店为我看病，他说我得了胸膜炎，需要卧床休息。虽然我一整天都努力遵医嘱躺着，但是因为家里其他人都去忙各自的事了，电话和门铃又总是响个不停，所以我只能频繁上床下床，因此我决定，即便不能外出，最好也穿戴整齐起来坐着。

过了几天，我觉得身体开始好转了，但是医生却不乐观地摇摇头，他深信我的病情很快就会急转直下。事实上，他告诫我一回家就赶快去医院检查是否得了肺结核，然而我却坚信自己的身体正在慢慢恢复，基尔戈少校和汉考克中校也竭尽所能，尽量让我舒服一些。

富兰克林在完成自己的工作以后，就和助手们一起出发去比利时，接着他们还南下去看了驻扎在莱茵河边科布伦茨城的海军陆战队。我也搬去了穆里尔·马蒂诺家，在那儿住了四天。

我们打算和总统夫妇一起乘船回美国，2 月 4 日我们乘火车前往布雷斯特。我到现在都还记得，当《纽约时报》的记者格拉斯蒂拿给我们一份《国际联盟盟约》的副本时，我们有多激动，我们多么希望这份宪章真的能够避免战争再次上演，大家都迫不及待地立马打开拜读！

法国人民把威尔逊总统当成救世主，他在国内的威望也是无法撼动的，再也没有出现过针对他的反对活动。他的出行就是一场盛大的狂欢，现在法国各地人民都在翘首等待总统的火车出现，期望能够一睹他的真容。

我们第一次见到总统夫妇和兴奋的人潮是在他们登上“乔治·华盛顿号”的时候。我们早早就登船了，站在船长身后迎接他们。列队迎候

---

① 威廉·索登·西姆斯（William Sowden Sims，1858—1936），美国海军上将。19 世纪末和 20 世纪初美国海军现代化的推动人物。——译者

的海军军官队伍里按捺不住一阵阵的兴奋激动，这时突然发生了一件趣事，总统并没有按照事先设计好的流程，他走在了威尔逊夫人和她的秘书本汉姆小姐后面，让她们先登上了战舰，这在海军规定里可是闻所未闻的，但是一切照旧，大家并没有感觉有什么不妥。当威尔逊总统登上战舰缓步向前的时候，欢迎队伍里传来一阵阵锣鼓声，同时奏响了国歌，总统欢迎仪式进行得有条不紊。

一天，我们和总统夫妇一起吃午饭，同桌的还有刚回国的驻俄国大使弗朗西斯。弗朗西斯随和风趣，给人一种深不可测的感觉。其他的客人们还有麦考利上校、格雷森医生和本汉姆小姐。关于席间的谈话内容，我在日记里是这么写的，和往常这种饭局一样，大家相互交换着彼此知道的信息，但是总统提到了《国际联盟盟约》，他说："美国必须严格遵守盟约，否则会伤了全世界人民的心，因为美国是唯一从始至终一直反对战争的国家，也是唯一值得全世界信任的国家。"随后他又说道，自从战争开始以来，他就再也没自己读过报纸了，都是图穆蒂先生把那些重要的新闻和评论剪好以后给他。我在日记里面评论说："对任何人来说，这都是难以承受之重。"

直到富兰克林当了总统以后我才明白，说到底这就是时间分配的问题。富兰克林保留了一定时间用来读报，尤其是反对派的，至少在路易斯·豪跟着他做事的时候，他总是对国内各派意见都了如指掌，对人民所做、所思和所说第一手信息的了解，对一个总统来说是至关重要的。而当这些信息经由其他人过滤，或者说只选择让总统知晓大多数人的想法，这样的消息来源不可避免是经过人为删减、带有明显倾向的，这是很危险的，会有误导性，这对制定长久之计来说是致命的。

我们在波士顿上岸了，在万人空巷中穿过街道，总统夫妇就走在我们前面，总统不时停下脚步，向街道两旁的人群挥舞他的帽子，所有人都非常狂热，一直走到科普利广场酒店，威尔逊总统才坐下来歇歇脚。

在酒店的时候，有消息传来说，卡尔文·柯立芝[1]州长和夫人希望能和我们一起共进午餐，陪同的还有安德鲁·彼得斯市长夫妇。总统在午饭后有一个演讲，他和夫人都觉得如果中午再参加一个社交聚会的话有点儿太仓促了。

命中注定我要和这位美国未来的总统见面，而且可能比全国人民提前了解到，这位绅士有多么沉默寡言！我觉得他的沉默是因为席间威尔逊太太没有和他讲话，他感觉很失望，但即便是威尔逊太太可能也没法让他多说几句！

吃完午饭我们就去了机械大厅[2]，市长前来欢迎威尔逊总统的时候表示，他非常支持《国际联盟盟约》。总统的演讲听得所有人都心潮澎湃，这是我听过他最精彩的一次演讲。虽然听起来很奇怪，但是马萨诸塞州的州长卡尔文·柯立芝说他“深信总统深得民心”。

我们继续上路前往华盛顿，途中每一站都有欢呼的人群迎接总统，直到夜幕降临好久才依依不舍地散去。这是我第一次经历这种温暖的场面，真的非常感动，因为人们似乎都理解了他所有的理想，想要支持他实现他所有的期待。

虽然离家还不到两个月，但是能回家和孩子们待在一起，对我们来说真是极大的安慰。我的家庭很快就开始正常运转了，我的生活也不再被和战争相关的工作所占据，当然，医院的工作仍然一如既往，春天的阿灵顿[3]也见证了一场又一场的葬礼，让人唏嘘。政府把很多烈士的遗体从欧洲的战场和医院中运了回来，也有些士兵是在运送途中丧命的。

① 约翰·卡尔文·柯立芝（John Calvin Coolidge，1872—1933），美国第三十任总统（1923—1929），共和党人。——译者

② 机械大厅（Mechanics Hall），美国马萨诸塞州伍斯特市的一个音乐厅，1857 年建造，1977 年再次修缮，被列为北美四大音乐厅之一。——译者

③ 阿灵顿国家公墓（Arlington National Cemetery），位于美国弗吉尼亚州阿灵顿，美国国防部五角大楼旁边。——译者

如果家属同意，葬礼便统一在阿灵顿国家公墓举行，烈士家属常常会参加，红十字会也会派人前来慰问并献花。直到今天，每逢参加军人的葬礼，那些场景和那一张张面孔依然会清晰地出现在我眼前。

1919年春，因为工作的缘故，我第一次接触到女性参政的话题。回到奥尔巴尼的那些日子，富兰克林也支持女性参与政治活动。这些年，那些勇敢的女性一直在为各州女性争取选举权而进行不懈的努力，她们的斗争似乎即将迎来胜利的曙光，因此反对派开始集结力量，大肆反对。

有一天，我从纽约乘火车前往华盛顿，下车的时候恰好碰到了参议员詹姆士·沃兹沃斯的夫人爱丽丝·沃兹沃斯，他们夫妇一直以来都非常反对妇女参政。我们一起吃了午饭，她全程都在劝说我，不要为了争取妇女的选举权而到处奔走，我没有明确答复她，因为当时无论从哪个立场来看，这都不是我分内的事。现在想想，她那个时候肯定抱着能够策反我的希望吧。还没等她成功，修正案就通过了，不久我参与的一项工作便向我证明了选举权的重要性。我更加积极地投入到公众和女性事业中，超出了所有人对我这样一个中年妇女的期待。我明白了这样一个道理，不论你想实行什么改革，如果手握选举权，那你就能获得更多的关注。

海军部当然是忙着尽快调整战时设立的机构，因为海军部长丹尼尔斯和夫人在3月份的时候出国了，所以在他们短期旅行的这段时间，这些事都交给富兰克林负责。部长的每一次出行都让富兰克林这个助理部长能够独挑大梁，也给了他更多的机会和总统密切联系。

威尔逊总统在向国会提出他的计划之后，就陷入了一场苦战。参议员洛奇①觉得总统应该事先咨询国会，而且在欧洲的代表团里还应该有

① 亨利·卡伯特·洛奇（Henry Cabot Lodge，1930—1924），美国共和党参议员和历史学家，波士顿的洛奇家族成员，哈佛大学历史学博士，西奥多·罗斯福总统的密友。——译者

国会的代表。洛奇成了批判总统计划的领导者，这场论战持续了整个春天。

1919 年 3 月 6 日，威尔逊总统回到欧洲签订《凡尔赛和约》，他坚信民心依然是向着他的。总统和国会之间的博弈这段时间愈演愈烈，国内外的有识之士都在想会不会出现这样的情况，负责与外国谈判的政府官员在欧洲和其他国家达成一致，签订了协议，而回到国内之后又会像之前一样被参议院否决。

虽然最完美的解决办法可能是，这些协议应该由国会所有领导共同商议，而不是由政府官员单方面决定，但就算是国会的领导们也无法保证他们的追随者能永远支持他们。不过，能见证国会和行政官员时常意见相左，还经常否决总统和国务卿一致同意的条约，也很有意思，这不禁让人思考，是否应该找到一个两全其美的解决办法。

1919 年 7 月 8 日，威尔逊总统回到美国，9 月 3 日，他开始向全国人民宣讲《国际联盟盟约》。在宣讲途中，总统生病了，但是到了 9 月 28 日回程的时候，恢复的差不多了，他可以自己走下火车坐进汽车里，还能自己走进白宫。

就在同一年，我们很多人都觉察到，外祖母豪尔的身体每况愈下，8 月 14 日有消息传来说，她在蒂沃里的家中去世了，这也是她生前的夙愿。我当时在华盛顿，富兰克林和我赶回蒂沃里，帮阿姨们一起料理外祖母的后事。

我当时一直在想，现在也经常思考，即便外祖母把自己的生活重心从家庭中稍稍抽离，大家的生活也不见得会有多大的改变。如果她能过自己想要的生活，结局会是什么样呢？她年轻的时候颇有绘画天赋，如果她一直没放弃绘画会怎么样呢？她年轻的时候可能有属于自己的朋友，可能会再婚，她会过的比现在幸福吗？她的孩子会比现在生活得更好吗？她不是那种女强人能自己独立闯出一番事业，她是那种需要男人保护的女人。她喜欢迁就孩子们，任由他们与她渐渐疏远，如果她能坚持严格教育，至少是男孩们，情况可能会比现在好很多。

外祖母的生活方式对我影响很大，我还年轻的时候就决定，我以后绝对不能太依赖孩子们，不能让我所有的喜好全都以他们为中心，这些年来这个想法更加坚定了。通过观察外祖母身边所有人的生活，我不禁觉得，如果不是一有需要就靠在外祖母的身上，说不定他们会过得更好。

我们总有一天会知道，这个世界上总有些人会倾尽全力，为我们付出无尽的爱和绝对的忠诚。但是我很怀疑，如果我们都没有想过用自己的行动回报这种奉献精神就心安理得地接受，这对我们是否有益。

虽然有时候很难说得清，到底是经历过往中的哪些因素影响了我们的成长，但是我很确定，外祖母的生活方式在很大程度上决定了我生活中的某些选择。

10 月 28 日，我去了众议院，比利时国王、王后和王储也在那里。场面很有意思，国王的英姿神武和王后的亲切谦逊都给我留下了深刻的印象。

富兰克林刚结束他的狩猎之旅回来，正好赶上陪同皇室成员们一起游览波托马克河。他在前线的时候就曾拜访过他们，1919 年出差的时候也去拜访过，他对国王夫妇很是敬佩。富兰克林被他们的女儿玛丽·何塞公主所深深吸引，因为看到她就让富兰克林想起了自己的女儿安娜。

我不禁替利奥波德王储感到可惜，他的一举一动都被严密监视，而他最忠实的伙伴是一位比他年长很多的军官。即便是几分钟不在父母的视线内，他们也必定会询问他的行踪。这位年轻的王子既没有随意的旅行，也没有任何娱乐活动，我们也得以窥见国王的成长之路究竟意味着什么。

也是在 10 月，我和一些对改善女性工作环境感兴趣的妇女组织第一次取得了联系。国际妇女大会在华盛顿召开，来自十九个国家的代表参加了会议。因为这次参会的外国代表团人数众多，大会希望会说外语的政府官员的夫人们能够出席各种社交场合。因此，有一天下午，莉莉·波尔克和我一起参加了下午茶。我是发自内心地喜欢来这里的每一位妇女代表，不知道将来是否还能见到大家。

1919 年 11 月 10 日，威尔士亲王，也就是后来的国王爱德华八世来美国访问，弗农山庄又像往常一样，进行了向烈士墓敬献花圈的活动，我和富兰克林在不少正式的晚宴上见过这位年轻有为的王子。他晚宴的邻座通常是副总统马歇尔的夫人和国务卿兰辛的夫人，他和比自己年长的人交流起来很是轻松自如，这让我感到非常诧异。不过，每当这种正式场合结束的时候，他都设法脱身去和年轻人一起跳舞。

那年秋天，爱德华·格雷爵士来美国接管英国大使馆的工作，时间不是很长。他几乎双目失明，在我们最好的眼科医生威尔莫医生那里接受治疗。爱德华爵士坚持，除非他的老朋友和同僚威廉·蒂勒尔爵士和他一道，否则他无法担起使馆工作的重任，因此这对默契的老搭档一起在美国待了好几个月。因为爱德华爵士很喜欢泰迪伯父，因此爱屋及乌，罗斯福家的人都很招他喜欢，我们也借机见了他很多次。

我们邀请了爱德华爵士与威廉爵士和我们一起共进圣诞节晚餐，一起分享我们的圣诞树。和往常一样，家里还有的其他客人就是我的婆婆和路易斯·豪一家。他们能来我们真的非常开心。

爱丽丝·朗沃斯、祖母罗斯福的老友莱维特夫人和斯普林小姐也来参加我们的圣诞节派对，斯普林小姐现在大多数时间都在照顾莱维特夫人。

第十一章　1920年的竞选，重回纽约

1920年6月，富兰克林去了旧金山参加民主党全国代表大会，我带着孩子们回到了坎波贝洛，期间，我收到了海军部长丹尼尔斯发来的电报，上面说富兰克林被提名为副总统候选人，他将与民主党总统候选人詹姆斯·M. 考克斯[①]一起参加竞选。电报原文是这么写的：

> 你若看到这封祝贺信，一定会感到无比激动，大家今天一致提名富兰克林为副总统候选人，我真替他感到高兴，发自内心地表示祝贺。请一定先接受我的祝贺和问候。如果你可以向富兰克林的母亲转达我的祝贺和问候那就太好了，因为我没有她的地址。
>
> 约瑟夫·丹尼尔斯

我虽然替富兰克林感到高兴，但绝没有到欣喜若狂的程度。我已经开始接受这样的事实，公共服务是富兰克林最大的兴趣所在，而我要做的，就是努力让随之带来的必要的家庭变动能够容易一些。我尽可能从容地安排我和孩子们的生活，虽然我才是生活中总在做公共服务的那个，但是我依然感觉到超然和客观，仿佛在旁观别人的生活。

富兰克林在回家途中拜访了考克斯先生，他们随后一起去拜访了伍德罗·威尔逊总统，为即将在竞选中解决的问题制定计划。他们觉得，《国际联盟盟约》应该是亟待解决的主要问题。

富兰克林捎话给我说，他的提名仪式将会在海德公园举行，他要我把安娜和詹姆士从坎波贝洛带回来，一起见证这个重要的时刻，结束后便带他们回华盛顿呆段时间，接着就要去西面俄亥俄州的代顿市参加考克斯的提名活动。我打算带着安娜一起去，把詹姆士和我婆婆送回了坎波贝洛。

这次提名仪式是海德公园举办的第一场真正的大型会议，也是后来很多会议的预演，但是当我看到婆婆站在草坪上被熙熙攘攘的人群无视的时候，我很心疼她。这些年，当我意识到她要在家里，这个这么多年来只接待家人和朋友的地方，现在却要接待那么多政客的时候，我对她的敬佩之意愈发强烈了。我的朋友们都是经过精心挑选的，而我的公公婆婆也从不会轻易向我发出邀请。罗斯福夫人能对国家的政治生活如此投入，真的非常了不起，她也在用非常了不起的方式对自己的生活作出必要的调整。

小亨利·摩根索先生②、海德公园委员会和波基普西的朋友们安排了富兰克林返乡以及提名演讲的所有行程。我和安娜陪着富兰克林回了华盛顿，那段时间真是暑热难耐。我安排了搬家的事情，富兰克林也辞去了海军助理部长的职务，我们在华盛顿的生活就这样结束了。

富兰克林和我们一道回了坎波贝洛短暂休整，之后便开始了艰难的竞选之旅。我和孩子们待在一起，为詹姆士上学做准备，9 月下旬送他去了格罗顿。虽然我送走他的时候，他看起来弱小又孤单，但是男孩到了十二岁就必须去寄宿学校是罗斯福家的传统，詹姆士到了 12 月就满十

① 詹姆斯·米德尔顿·考克斯（James Middleton Cox，1870—1957），1920 年美国总统大选的民主党候选人，曾任第 46 任和第 48 任俄亥俄州州长、俄亥俄州众议员，还是传媒企业“考克斯集团”（Cox Enterprises）的创建人。——译者

② 小亨利·摩根索（Henry MorgenthauJr.，1891—1967），美国政治家，富兰克林·罗斯福总统时期的财政部长，负责监督为美国摆脱经济大萧条的新政实施的各项计划所需 3 700 亿美元拨款的使用。——译者

三岁了，即便有再多不舍也得把他送走。我当时从没想过要反抗，现在想想，被这么多规定约束实在是有点儿荒唐。我打开行李箱替他收拾整理，看着他的小房间变得井井有条，见过了几位教课老师，和校长恩迪科特・皮博迪夫妇道别之后，我便回海德公园了。

不过我没多做停留，就立马启程跟着富兰克林参加他最后一场竞选，这次要去遥远的科罗拉多进行为期一个月的竞选之旅。我是车上唯一的女性。富兰克林有一节私人车厢，可以挂在不同的火车上。车上有他的秘书卡梅里埃，他很年轻，负责安排富兰克林日常的工作；詹姆斯・沙利文、路易斯・豪和马文・麦金太尔①，马文负责火车以及行程安排；汤姆・林奇，他来自波基普西，是我们的老朋友，他的角色是出纳员，负责支付所有账单等事宜；还有斯坦利・普雷诺西尔，他是唯一派来跟踪报道副总统候选人的记者。

我之前从没有和新闻界人士打过交道。我的外祖母曾经教导我，公众视野可不是女人该待的地方，我在华盛顿的那些年，这种想法一直萦绕在我心头。我从没想过要通过我的秘书回答记者们针对社交活动提出的任何问题。我尽可能不透露任何信息，因为我觉得对于备受关注的我和家人来说，这才是对待新闻人唯一正确的态度。

但是这些年的经历却教会了我，要对所处的环境有一定的适应能力，我在这趟旅程中也迅速成长起来，也是从这时起，路易斯・豪成了我成长过程中很重要的传道者。早在奥尔巴尼的时候，他就是富兰克林的密友和合作伙伴。有时候我很不喜欢他们之间这种亲密的关系，那时候我对自己断面识人的能力非常自信。我经常试图影响周围的人，有时候我发现我和路易斯・豪对富兰克林的影响是有分歧的，当然，我肯定不会有错。

① 马文・亨特・麦金太尔（Marvin Hunter McIntyre，1878—1943），美国记者，罗斯福总统秘书。——译者

路易斯对自己的外貌完全不在乎，他不仅毫不在意自己的穿着，有时还给人留下这样一种印象，好像他对干净整洁完全不感兴趣。然而他独具慧眼、头脑机敏这样的事实，我却一直都没有看在眼里。在我们这次出行之前，也就是他和富兰克林共事那段时间，我都是以貌取人，仅凭着外表就对他做出了评价。

后来这些年我才发现，他一直都很喜欢我，他觉得我“孺子可教”，正因为如此，所以他在这次旅途中试着了解我。他的确非常聪明，他知道我作为候选人的夫人，正被人们的一些期待弄得不知所措。我之前从没有站上讲台演讲的经历，不会听到同样的演讲内容依然表现得全神贯注，也不会不论多累一看到群众就笑脸盈盈，抑或和完全陌生的人们满脸真诚地打招呼。

路易斯情感细腻，他知道虽然我对新事物新景象充满兴趣，但是作为唯一的女性，这趟行程未免让我感到尴尬。当时我对新闻界并不熟悉，之后的很多年里也是敬而远之，甚至有点害怕。多亏了路易斯·豪，提前向我解释了报刊业的行业准则和道德底线，我开始怀着兴趣和信心关注这个行业，还对它产生了好感，这种好感后来一直伴随着我。

富兰克林每天白天都很忙碌，除了坐着车在各地穿梭，在我们停留的不同城市参加会议外，他还要写演讲稿、回复来信、讨论政策。每天晚上，当所有人都回到火车上时，他们就一起坐在车厢后面，从每个人不同的视角讨论白天发生的所有事情，一般还要从不同的新闻报道和派系向背来分析竞选的走向。

他们经常会玩纸牌来放松，直到夜深了才散去。我是清教徒，我觉得他们真是极坏的榜样，有时候我还会生富兰克林的气，为什么不早点儿睡觉养精蓄锐。可是我并没有意识到，他通过和大家的接触收获了多少东西，也没有意识到一个人在白天投入了那么多的精力之后，晚上怎么可能安然入睡。

路易斯·豪有时候会敲我房间的门，问我是否可以一起讨论一场演讲，以此来消解我的敌意。我受宠若惊，不久便发现自己竟然谈论了那么多话题。

斯蒂芬·厄尔利[①]被从美联社借调过来，以个人名义作为此次旅途的先遣人员，先于我们出发去做宣传。他虽然偶尔才来火车上和我们相聚，但是我们一直关系密切。所有这些人后来都成了我的好朋友。

这趟旅程中发生了很多趣事，我和那些记者的关系缓和以后，他们便开始向我展示幽默的一面。每当富兰克林发表重复的演讲时，他们就会站在大厅后面朝我扮鬼脸，试图吸引正全神贯注听演讲的我的注意。当我跟着富兰克林经过走廊时，女士们将他团团围住，对他的长相和魅力赞不绝口，他们还会围过来问我会不会吃醋。

这次出行让我领略了此前从未见过的祖国的大好河山，虽然这个时候我还没有带着许多未来社会问题带给我的敏锐触角来观察乡村和人民，但是我对展现在自己面前的宏大画卷感到无比震撼，祖国的幅员辽阔和她所蕴含的无限潜能，在我脑海中烙下了深刻的印象。

这次旅行结束的时候，我们感觉身体透支了，因为这一个月我们都在路上奔波，但是当我们到达纽约的布法罗时，从没见过尼亚加拉大瀑布的我依然坚持去看瀑布。富兰克林去了纽约的詹姆斯敦参加政治会议，我便趁机休息了一天，和路易斯·豪一起去看了瀑布。

那次竞选活动至今仍流传着一个笑话，和那天在詹姆斯敦拍的一些照片有关。照片上有一些可爱的女士正在为富兰克林提供午餐，样子感觉像坐在神坛上吃圣餐，为此富兰克林被人取笑了很久。

几乎没有办法照顾孩子们。我们在纽约的房子给托马斯·W. 拉蒙特夫妇又租了一年，所以只好让安娜和埃利奥特冬天的时候回海德公园

---

① 斯蒂芬·厄尔利（Stephen Early，1889—1951），昵称“斯蒂夫”（Steve），美国记者和政府官员。1933 至 1945 年任罗斯福总统的白宫新闻秘书。——译者

住。我去了瓦萨学院给他们找家教，在假期的时候负责他们的学业，他们给我推荐了一个名叫珍·舍伍德的女孩，她很迷人，我们都很喜欢她，因此，那年秋天她就来家里了，整个冬天都和两个孩子待在海德公园。

还有一个问题摆在我们面前，不论富兰克林当选或是落败，剩下的人将面临什么样的未来，当时我们大多数人都坚信，等待我们的将会是失败。我也由此开始思考，这些竞选之旅如此大费周章，意义究竟何在，因为前来听演讲的大多数人都是你自己党派的拥趸。观众席偶尔也会出现一两个捣蛋分子，通常都是对方派系的忠实信徒，绝对不会叛变。

直到现在我依然认为，除了对总统候选人自己，四处跑的竞选活动对其他人没有什么价值。不过，富兰克林 1920 年的巡回竞选我认为安排得还算合情合理。

参加竞选带给我们的结果可能是，富兰克林要去哪里工作，我们就要到哪里生活。他早已经安排好，回去继续他的律师事业。原先那家名为“马文、布克和罗斯福”的老公司在战争结束后已宣告倒闭，他决定和格伦维尔·埃米特和兰登·马文一起合伙，新公司名字就叫“埃米特、马文和罗斯福”。

这次选举可以说以惨败收场，富兰克林也淡然接受了这个结果，他一直在为这个结果做心理准备。我虽然没有过多参与智囊团的工作，但是有那么一两次见过富兰克林的竞选办公室主管查尔斯·麦卡锡，他在竞选期间有一位年轻的秘书玛格丽特·勒翰德小姐①，正是通过这样的关系，她做了富兰克林的秘书，她一直是富兰克林的私人秘书，直到最后生病。

① 玛格丽特·爱丽丝·勒翰德（Marguerite Alice LeHand，1896—1944），昵称“蜜茜”（Missy），担任美国总统罗斯福私人秘书长达二十一年之久，相当于现今的白宫幕僚长。——译者

纽约的冬天，一周有四天的时间除了下午茶，就是午宴和晚宴，再没有别的事情可做，我不希望这种事情占用我的时间。经历过战争的洗礼，这样的生活方式显得毫无意义，所以我给自己安排了日程。我决定学习厨艺，找到了一位退休的厨师，她现在结婚了，有一所自己的公寓，我每周去两次，走之前会做一餐饭留给她和她的家人点评。我还报名了商学院，在纽约的时候每天参加打字和速记课程。

去纽约前，弗兰克·万德利普夫人来看我，她当时是纽约州"妇女选民联盟"主席。她问我是否愿意加入委员会，负责有关国家立法的报告。我解释说，我和华盛顿的国家立法机关可以说根本没有交集，虽然耳濡目染，听了很多相关言论，而且我也很感兴趣，但是我有点儿怀疑自己的能力是否能够胜任这份工作。万德利普夫人说她很确信，我比纽约委员会的大多数成员了解的都多，而且伊丽莎白·里德小姐会帮助我，她是名律师，非常能干。她会拿到国会议事记录，先仔细阅读一遍，把其中她认为和我们联盟相关的法案标记出来寄给我，她甚至可以帮助我解读这些条例，只要我有需要。

有了这份承诺，我最终同意试试看。我决定一周挑一个早上去里德小姐的办公室，学习立法的相关知识，再在我每个月写报告之前，把需要进一步学习的法案带回家研读。

当我第一次把自己介绍给伊丽莎白·里德的时候，我觉得自己很差劲，很不称职，但我立刻就喜欢上了她，她给我一种很自信的感觉。也是从这时起，我和里德，还有她的朋友埃斯特·莱普小姐成了朋友，我们的友情始终如一，而且越来越深厚。埃斯特聪明睿智，她有很强的危机感，所以一直督促自己前进，从不停下脚步。相比之下，伊丽莎白就冷静多了，她更务实，也更享受家庭生活，但是我发现她思维敏捷，善于分析，从这点来看，她和埃斯特一样聪明。

富兰克林工作非常努力，他偶尔去参加男士们的晚宴，我还记得和伊丽莎白、埃斯特在她们的小公寓里一起度过的很多美好的夜晚。她们对于工作的要求以及她们的兴趣，在接下来的几年里对我来说都是一种“加强培训”。

我婆婆感觉很苦恼，因为我总是不得空，不像我之前住在纽约的那段时间。其实，自从不再依赖她以后，我就一直处于忙碌的状态了，而且我的表亲帕里什夫人长期以来一直受病痛的折磨，已经很多年了，这也让我对婆婆的依赖逐渐减少。我给她写信的次数越来越少，也不再问她很多问题，给她的信任也越来越少，因为我开始意识到，我的成长正在远离过去的影响。

我并不是说我在这方面做得更好，但我当时确实是站在自己的角度为自己着想，我想成为一个独立的个体。假如那个时候没有这么做，我可能会避免很多困难，但即便是犯错我也从来没有后悔过。所有这些经历都加深了我对其他人的理解，最终我变成了一个更加包容、更加善解人意的人。它使生活和对人的研究变得更加有趣，如果我保持传统的成长模式就不会这样了。

我曾在布赖森日间托儿所等一两家慈善机构担任董事，但我对担任董事感到反感，因为我接触不到任何实际的工作。我试图抓住一切机会，与托儿所里的人进行真正的接触，但结果都不尽人意。

第十二章　浴火新生

1921 年夏天，我们全家又去了坎波贝洛避暑，很多游客也来这里度假。那年夏天，有些地方又出现了不少小儿麻痹症的患者，但好在没有传播开来，尤其是在孩子们中间，不像前几年那样发展成流行性传染病。

富兰克林没和我们一起出发，但在 8 月初的时候也来到岛上，那时候我们已经安顿妥当，他还带来了很多人。他是在去海边的路上遇到范·李耳·布莱克的，一路上驶着他的船乘风破浪。

我们和布莱克一行在一起的时候非常忙碌，很多天都是在海面上度过的，我们会钓钓鱼，总之尽我们所能让他们拥有一段美好的时光。富兰克林很爱这片水域，这里非常适合帆船运动和钓鱼，他总想让来到这儿的每个人都对此赞不绝口。可是这里能钓到的都是深海鱼，除非出海去芬迪湾，或者运气不错，掷饵的时候恰好有鱼群刚游过来，不然真的很无趣。

布莱克一行人离开了，一天下午我们乘着“绿鹃号”一起出海航行，为了让男孩们学会驾船，富兰克林在卖掉“半月号”以后，又买了“绿鹃号”这艘小船。返程的时候，我们发现有片森林着火了，当然是立刻靠岸赶去灭火。下午 4 点左右的时候终于回到家，富兰克林一直抱怨说最近实在太累了，总是无精打采的，他想去格伦塞汶湖好好游个泳放松一下。格伦塞汶湖在岛的另一侧，四面都被沙滩环抱。孩子们都很兴奋地出发了，他们在游完泳以后，富兰克林又驶去了芬迪湾潜水，之后才驾船回家。

他们一回家就来了很多封电报，于是富兰克林便穿着已经干透的泳衣坐下来开始处理。没过多久他就说觉得很冷，不和我们一起吃晚饭了，他要去床上躺着暖和暖和。他是不想感冒。

现在回过头来想想，我发现自从战争打响以后，他就没有好好休息过。竞选之后紧接着便是剧烈的狩猎之旅，重新开始工作以后也没有给他多少喘息的时间，他的神经一直紧绷着。

路易斯·豪夫人带着小儿子哈特利来家里做客，豪随后也来了。富兰克林离开后，他还在海军部任职，负责保管文件，尽他所能协助下一任海军助理部长，没想到新部长恰好是西奥多·罗斯福上校。路易斯最终决定离开海军部，他正在考虑要不要接受一份报酬相当丰厚的工作，他决定在下定决心之前先来坎波贝洛度个假。

第二天，富兰克林感觉很不舒服，他烧的很厉害，我赶快派人去找我们的老朋友贝内特医生，他住在吕贝克。医生说富兰克林只是寻常感冒，没什么大碍，我觉得最好安排大家都去露营远足，和他隔离开来，我则因为非常担心富兰克林的病情，一开始就决定要留下来照顾他。

三天后，当大家都旅行归来时，富兰克林的双腿已经很明显不听使唤了。贝内特医生想要会诊，我们发现金医生正好在缅因州的巴尔港。豪这时候也来了，于是他便和考尔德船长一起去接金医生。金医生认为就临床表现来看，符合小儿麻痹症的一些特征，但是病因却无法解释。此时，富兰克林的小腿已经瘫痪了。

他的病情短时间内毫无起色，日子一天天过去，医生们都建议他找一位护工，但是一时间又很难找到合适的人选，因此一直是我负责照顾他，晚上我就睡在他房间的沙发上。他有时候会烧得特别厉害，所以需要一位有一定护理经验的护工，我真的特别感激斯普林小姐过去传授给我的那一点一滴的护理知识。

最后还是根据富兰克林的叔叔弗雷德里克·德拉诺的建议，我们去纽波特请来了著名的小儿麻痹症医生洛维特替他诊治。洛维特医生很仔细地为我丈夫做了全面检查，经过会诊之后，他告诉我富兰克林患的确实是小儿麻痹症。

我一下子慌了手脚，因为除了我们自己的孩子，豪的小儿子也在这里。我问洛维特医生孩子们被传染的可能性有多大，他说孩子们应该都安然无恙，因为他们现在都没有生病的迹象。

虽然洛维特医生走后不久，我们终于从纽约找来了一位保姆罗基小姐，但是鉴于洛维特医生大加夸赞了富兰克林的护理工作，因此我决定应该继续承担一部分照料他的工作，一直到最终把他带回到纽约。当然洛维特医生并不知道在当时那种情况下，我是唯一照顾我丈夫的人。

婆婆从国外回来后就赶到家里看望富兰克林，接着她便先回纽约安排我们回程的事。当他的病情稳定以后，我们找了辆私家车来送他。贝内特医生同意和我们一起出发，于是安排车在波士顿掉转方向，这样我们就能直达纽约，不用多做改变。这一趟需要多方安排，周密计划。

豪决定放弃已经到手的新机会，继续回去辅佐旧主，因为他早已洞见到，富兰克林会非常需要他的帮助。从那时起，他便开始全力为富兰克林的未来努力，信件和报纸全部交由他来处理。

刚开始的时候，我们尽量不让和我们有关的消息出现在报纸上，也尽量缄口不言，直到掌握了一些可以决定未来的信息。当然，我们希望这趟回家的旅程尽可能保持低调，不要引起注意。我们把富兰克林放在一个简易担架上，把他从房间里面一路抬出来，抬过崎岖的路面和满是石头的沙滩以后，让他躺进摩托艇里，在海湾里颠簸了 2 英里之后，我们抬着他通过了陡峭的舷梯，然后把他放置在一个平板车上面，北方都用这种车来装行李。当我们抬着他走到停车的地方，又把他连同担架一起从车窗抬进座位上时，每走一步对富兰克林来说都是痛苦万分。

对我丈夫来说，这趟旅程一定是压力重重。首先，当一个人无法照顾自己时，就会时刻精神紧绷，尤其是在从甲板往船上转移时，会担心一旦有人滑倒，他可能也会因此掉下去。其次，他不希望那么多人看到他的离开，当然并不仅仅是因为伊斯特波特是个度假胜地，吸引了很多游客，还因为人们被这个国家的报纸所激发出来的兴趣，这些报纸都喜欢刨根问底。

我们最后终于到了纽约，富兰克林被又一次从窗户里抬出来，然后被长老医院的救护车接走了。他在医院住了一天又一天，过了一周又一周。洛维特医生虽然偶尔会来探望，但大多数时候都是他那位年轻的助理乔治·德雷伯医生在负责治疗。

孩子们都开学了，他们每天都会来医院看爸爸，除了在格罗顿读书的詹姆士。住院的日子似乎总是遥遥无期，但实际上圣诞节前他就出院了。

富兰克林的母亲面对整个病情的反应确实可圈可点，她一定也承受了巨大的压力，我敢肯定她背着我们偷偷哭过很多次，但是和我们在一起的时候，她又表现得非常乐观积极，其实她早已做了最坏的打算，富兰克林的余生可能会这样一直瘫痪着，他会退休然后回到海德公园，在那里度过一生。她非常担心他的身体情况，害怕他接受不了这一切。

富兰克林大多数时间都是在床上度过的，罗基每天早上都会来家里照顾他。这样一来，我就得待在家里。富兰克林很高也很重，很难搬动，但是我们两个成功学会了如何避免做无用功。几周以后，也就是那个冬天，为了拉伸肌肉，他的双腿打上了石膏，每天从后面敲掉一点儿石膏，就能让他的腿部肌肉多舒展几分。这么做让他备受煎熬与折磨，但是他一声不吭，一个人默默承受，就和一开始发现自己得病了一样。只有一次，我听到他在说一些近乎泄气的话。那是几年以后，当时他在考虑是否要做那些花销很大的事，他说如果他不是这样一个废人的话，这笔钱就能被更好地利用了。

这是我人生中最艰难的一个冬天。其实现在再回过头去看，不过是那些不值一提的烦心事让生活变得难过罢了。婆婆觉得我们会吵到富兰克林，而他应该在一个完全安静的环境里好好休养，因此我们有时会因为要怎么照顾富兰克林产生激烈的争论。她总觉得只有她知道怎么样对富兰克林才是最好的，尤其是他在哪里养病的问题，全然不听医生的意见。我则认为既然都把病人交给医生治疗了，至少也应该听从医生给的建议和治疗方案。

我们住的房子并没有多大，这么多人住在一起非常拥挤。我丈夫的卧室在三楼靠里面一侧，因为那里更安静。我女儿那年冬天就十五岁了，我给了她两个选择，要么住在三楼靠前面的大卧室里，但是下午和傍晚的时候要允许护工待在那儿，要么就住在四楼后面那间小房间里，挨着埃利奥特的卧室。她想拥有一间完完全全属于自己的房间，所以选了后面那间。

豪选了三楼那间大卧室，因为他的夫人没在纽约找到既符合他们要求、价格又合适的公寓，所以他工作日的时候要过来和我们一起住。到了周末，他便回去波基普西，他夫人带着小儿子住在那里，他女儿在瓦萨学院读书。他白天基本上都在市中心富兰克林的办公室里，所以保姆就能暂用他的房间，不会相互打扰。

四楼有一扇门可以通到我婆婆的家中，两个男孩和他们的保姆们就住在那里。家里所有的卧室都住满了，只剩我没有地方住。我就挤在两个男孩房中，洗漱的时候就去富兰克林的浴室，白天的时候很忙，所以也不会需要房间休息。

男孩们很快就忘了自己的父亲还在病中。春天的时候，富兰克林已经可以和男孩们一起坐在书房的地板上玩耍了，他们丝毫没有察觉他们的父亲也想像他们一样打闹嬉戏。

然而，安娜还是觉察到了，这个过度拥挤的家里产生的紧张气息以及空气中弥漫的焦虑。我把她放到了查宾小姐的学校，我考察了好几所学校，查宾小姐的性格很吸引我。我希望安娜和查宾小姐之间的关系能像我和苏维德女士一样。我当时并未意识到纽约的学校有多么的僵化和刻板，我不知道一个外地来的女孩在这里会被当成局外人，会被所有的孩子看不起，更不会得到老师的青睐。迟钝如我，但安娜是真的很不开心。她感到很迷茫，不同的授课方式也让她不知所措。她努力装作毫不在乎自己的成绩，也不关心和其他女孩的关系，以隐藏自己的真实情感。

有人告诉安娜，让她住四楼那个小房间，而豪先生住三楼前面那个大房间实在是不公平。由于受到外界的不断影响，安娜心里也在一点点发酵，最后她觉得我根本不关心她，一点儿也不考虑她的感受。她从没想过我甚至连一间属于自己的房间都没有。有几次吃晚饭的时候，安娜把富兰克林惹恼了，富兰克林凶了她几句，接着两个人便吵了起来，然后安娜就哭着回了房间。

当然我对她听到风言风语的事全然不知，我还一直在想，同样是十五岁，女孩怎么就比男孩难养。

我现在知道了，当时对待她的态度确实不对。她已经都长成一个大姑娘了，我却还觉得她是个孩子，把她当小孩儿一样对待。我从没想过把她当作我的知己，问问她对我们所面临的困难有什么看法，或只是告诉她，她的父亲为了接受眼前的现实都经历了什么。

我有一个很不好的习惯，尤其是当事情的走向越来越糟糕的时候，我会把自己封闭起来，就像蚌壳一样沉默不言，这种习惯在有了孩子们以后愈发严重。我为他们付出了那么多，就拿家务事来说，这么多年来每件事我都亲自安排，每件事也都圆满收尾，我从未想过让孩子们分担的时候到了，尤其家里还有个女孩，让她成为你的知己非常重要。如果我当时能意识到这一点，我就能挽救安娜和我自己，让我们那几年都能摆脱不开心。我会更理解她，因为她可以对我畅所欲言，她也会理解我，可能也会理解她的父亲，理解他所要经历的生活和付出的努力。

然而事实却是，我要为她那段忧伤的时光负责，我们都应该感激，最终所有的事情让我精神紧绷，春天的一个下午，当我想要读书给两个小儿子听的时候，我突然发现自己流泪了。我无法思考自己流泪的原因，只是止不住地一直啜泣。埃利奥特放学回来冲过来看我，随即溜走了。豪进来了，他想知道到底发生了什么，但是无果，只好放弃了。两个小儿子也都上床去睡觉了，我一个人坐在客厅的沙发上，一直哭个不停。我这个样子也不可能去吃晚饭。幸好在婆婆家找到了一间空房间，她去乡下了。我反锁了房门，把毛巾用冷水打湿后擦了擦脸。最后我又重新振作起来，因为发泄完之后生活还要继续。这应该是我这一生中第一次也是唯一一次情绪失控到崩溃。从那以后，我好像克服了紧张不安的情绪，没有再泪流不止，因为我再也没有被这样的情绪困扰过。

然而，我这么做对安娜来说效果出奇的好，因为她开始认识到自己的错误，最后终于向我倾诉她的一些小烦恼，她还告诉我说她知道自己做错了，她知道我是爱她的，从那以后，我们对彼此的了解也在不断加深。

如今没人能找到比我和安娜更要好的朋友了。可能因为我们的友情是细水长流型的，所以我们之间的感情也愈发牢固。我们两个无话不谈，对彼此无所不知，或许我们的想法和想做的事会有不同，但我们总是尊重对方的初衷，我们会站在对方的角度思考问题，所以也不存在误解。

德雷伯医生强烈认为，最好能让富兰克林重新积极地参与生活，尽可能让他过上正常的生活，一如既往地保持自己的兴趣爱好，这对他大有好处。即便这么做会让他感到疲惫，但是对他整体的身体状况来说有百利而无一害。

前一年1月的时候，富兰克林曾接受范·李耳·布莱克的邀请，去总部位于巴尔的摩的富达储蓄银行担任副行长，负责纽约分行，他生病前一直在那里工作。布莱克真的是位很暖心的朋友，他一直为富兰克林保留着职位，直到他身体恢复能继续工作。

豪觉得，让我丈夫尽可能多的与政界接触，可能会帮助他重燃兴趣，但这对我来说无异于天方夜谭。然而，为了达成目的，豪开始极力劝说我，重新参与到政治生活中去。要是现在，我肯定想不到我能够做什么，但是当时，那个春天，我强迫自己和一位对我颇有兴趣的年轻女士接触了两三次。她叫玛丽安·迪克曼，是一名老师，她对女性工作条件的话题很感兴趣，正好，我也很关注女性的工作环境，这让我想起了我的少女时代，那时候我就对这些事挺感兴趣。詹姆斯·利兹·莱德劳夫人邀请我去参加妇女工会联盟的午宴，她希望我能加入工会。就这样，我成了工会的一员，我还在午宴上见到了一些在上次华盛顿召开的"国际职业妇女大会"上碰到的女士，我们一直有来往，我也从未和这个组织断了联系。她们中有不少人都对政治感兴趣，我不久便发现，玛丽安·迪克曼也对政治满腔热情。

通过迪克曼女士，我认识了她的朋友南希·库克，库克邀请我主持一场为民主党全国委员会妇女部门募捐的午宴。虽然我曾经为妇女选民联盟工作过，但却从来没有为某家政治机构做过事，也没有在大型集会上发表过演讲。如今我竟然在主持一场午宴了，而且脑海中也没有冒出"我应该说些什么？这家机构到底是做什么的？"等类似没底气的想法。我和迪克曼、库克三个人的友谊也是从这个时候开始的，热烈且长久，通过她们我又认识了哈里特·梅·米尔斯小姐和卡罗琳·欧黛夫人，还和纽约州民主党的女士们一起工作。

我们带着大包小包搬去了海德公园，在那里度过了整个夏天，除了有几天我带着几个小的去费尔黑文透透气，泡泡海水浴。虽然我没有时刻陪在他们身边，但是我意识到这样一个事实，我这两个小儿子得学习游泳、骑车和露营这些男孩们必须要做的事了。这些事我一样都没做过。虽说我小时候会骑自行车，一直骑到了二十岁，但那是多久以前的事了。现在要我做任何和肢体有关的运动我都毫无信心。我可以陪孩子们一起进到海里，但是我不会游泳。我突然意识到，如果想让这两个孩子在没有父亲的陪伴下依然能有这样一段人生经历，我就得多花些时间陪伴他们，同时让自己变得什么都会。

那一整个夏天，富兰克林都在努力尝试很多事情，看起来他想要更积极的生活。他开始学习使用拐杖，每天都拄着拐杖练习走路来重拾信心。他所做的每一件全新的事情，需要的不仅是他坚定的决心，更需要身体上去努力适应。

1922 年的秋天如约而至，埃利奥特也要去上学了。我一个人开车把他送去了格罗顿中学，替他把行李收拾好后，便把这个看着比詹姆士还要孤单落寞的小男孩留在那里。我以为他会像詹姆士一样适应新的一切，因为他的入学准备比他哥哥充分多了，他提前去伯克利学校读了一年，在学校表现非常优秀，所有考试全都轻松通过。然而，我的希望落空了，和詹姆士不同，他从来都没有真正喜欢过这所学校。

我们回到纽约以后，只要富兰克林也在纽约，他便会过着普通上班族的生活。现在他有一位司机专门负责每天的接送。

凭借着对妇女选民联盟、妇女工会联盟和民主党全国委员会事务的一腔热情，我现在还当上了民主党全国委员会所属的金融委员会主席，我开始接触到路易斯·豪所期望的政界关系。窥一斑而知全貌，即便在这个小机构里，我也开始对政党政治有了深入的了解，有时候是真的卑鄙肮脏。我和我们的县委员会以及女副县长一起工作。选举日当天，我开车带着选民去投票。我日睹候选人是如何用金钱或其他等值物品为自己争取选票，也见识了无数官商狼狈为奸的勾当。与此同时，我也看到了努力工作，看到了无私的公共服务，也在意想不到的地方发现了优秀的人才。我再一次意识到，世界上没有绝对的好人和绝对的坏人，人们只要努力都能攀上高峰。

我们不再雇佣护工，家里也不再有人把我丈夫当残疾人看待。安娜搬进了大房间，詹姆士和埃利奥特都住在学校，所以家里也不像从前那么挤了。我们经常会去海德公园度过假期，全家人的关系也更简单纯粹了。安娜继续和我分享她的伤心事，以及离家所经受的痛苦和磨难，我则能更加睿智从容地解决我们目前出现的所有问题。

每年秋天一到足球季的时候，男孩们在学校至少要出现一次意外，需要我把他们带回家养伤或是去医院住段时间。当然，虽然孩子们在家的时候也会生各种小病，但是我丈夫的身体很好，我在约翰出生前也从来不会生病，我那时候真是忙到连生病的时间都没有。

冬天的时候，富兰克林要去南方，所以有两年冬天，我们乘着船屋在佛罗里达的海面上巡游。我陪着他一起南下，在那里度过了一段短暂的时光，这也是我第一次看到南方的冬天。我之前从没有想过冬天去度假或是逃离北方寒冷的天气，现在倒是觉得，不留在北方过冬不是为了享受假期的愉悦，而是生活之必需。我尝试着钓鱼，但是既不懂得技巧也没有什么运气。有一天晚上，当我们想要在基韦斯特港抛锚停船的时候，海面上刮起了大风，一切都让我觉得是那么的阴森恐怖。月亮和繁星的静谧柔美，也只会让黑漆漆的水面和热带植被看起来更加陌生，比起传说中南方的艳阳高照，也有传言说这里有时候会比北方更冷，让人感觉更不舒服，看来这是真的了。直到现在我都记得基韦斯特，因为它的确有属于自己的魅力。

在纽约，我开始了在民主党全国委员会妇女部门朝九晚五的工作，这份工作让我非常有成就感，我也为这份半职业化的工作感到自豪。我们从一份小小的油印文件开始，当然豪在这点上给了我很大的帮助，一直到最终出版、出售，甚至盈利，在整个过程中，我学会了如何打广告做宣传，知道了商品要如何流通、如何包装。我也从豪那里学到怎么给出版物制造噱头，虽然他从来都没想过我真的能写出标题来，现在策划、裱糊这些事情我做起来全都得心应手。

就像我和拉普小姐、里德小姐的友谊那样，库克小姐和迪克曼小姐也是我的好同事，我们三个一见面就彼此意气相投。这应该算是交朋友并且维护一段长久友谊最成功的方法了。

我有很多老朋友，平时几乎都见不到面，因为他们都有自己的社交生活，而我已经完全退出了，我们从来都不出去。虽然偶尔也会约个朋友一起去剧院，但是我的空闲时间真的少之又少。自从战争开始以后，我的兴趣就从业余爱好艺术变成了做实事。我逐渐发现自己越来越热衷于工作，也对以前的社交生活没了兴趣，当时的我忙于尝试各种新鲜事，但却没有正正经经做过一份工作。

我们慢慢和小亨利·摩根索夫妇成为朋友，他们住在纽约州的达切斯县，离我们不远。他们是一对小年轻，可能正因为如此，大家初次见面的时候并没有多聊。但是我们同在一个地方，也有很多共同的兴趣爱好，久而久之，摩根索先生和我丈夫一起出去的次数越来越多。他的夫人最后也来我们部门工作了，我们渐渐对彼此产生了好感。酒越陈越香，朋友越老越好，我们与亨利一家的友谊，是我最引以为豪的事。

这些年来，我也认识了很多对我影响很大的女士，比如说卡莉·查普曼·凯特夫人①、雷蒙德·布朗夫人、路易斯·斯莱德夫人、亨利·戈达德·里奇夫人、莉莲·沃尔德、玛丽·希姆科维奇。我真心感激她们每一位，总是能帮我打开工作的新思路，给我新的灵感。

我开始偶尔演讲，很多时候路易斯·豪都陪着我，他会坐在观众席

① 卡莉·查普曼·凯特（Carrie Chapman Catt，1859—1947），美国妇女争取选举权的领导人，推动了1920年赋予美国妇女选举权的美国宪法第十九修正案。——译者

后排，指导我应该说什么、要如何表达。我有一个坏习惯，一紧张就会大笑，虽然并没有发生什么好笑的事。豪会向我重现我的笑声，告诉我这样听着有多尴尬，让我改掉这个习惯。他的原话是这样说的："想想你真正想表达的东西是什么，把它说出来，说完以后就坐下来。"

欧黛夫人是民主党全国委员会的副主席，在她的领导下，我每年夏天都会负责一定数量的民主党妇女的组织工作，而且经常是和迪克曼或库克一起。我和欧黛夫人都会为自己的旅行买单，在美国女性赚钱可不是一件容易事，因此我们觉得每一笔开销都要削减。库克在经济管理方面创造了很多奇迹。所有的妇女工作都是哈里特・梅・米尔斯发起的，这么多年来她一直是纽约州杰出的民主党女领导人。即便在退休后担任全国委员会副主席的时候，她也会亲自回复打给她的每一个求助电话。这段经历总是让我引以为豪，因为我逐渐开始了解我的国家，了解住在这片土地上的人民，了解城市和农村的情况。

自从富兰克林生病以后，他便开始担任"童子军基金会"和"美国建设委员会"的主席职务，同时也担任"美国退伍军人协会"以及很多其他非政治组织的主席。那些年，他唯一参与的一次政治活动就是 1922 年夏天，帮助阿尔・史密斯竞选总统。

他的状态非常好，已经恢复了正常的生活，只是因为腿的原因走不了路。总的来说，他的身体情况一年比一年好转，甚至有些方面比生病前还要更加强健。他每年冬天都会空出一段时间去休假，每年夏天也会享受很长时间的假期，抓住机会接受治疗，或者进行锻炼，让自己能够重新站起来。1924 年春，全国民主党大会在纽约召开前夕，总统提名候选人阿尔・史密斯找到富兰克林，希望他能负责会前的准备工作。这将是他生病后第一次出现在大众的视野中，他有大大小小无数的事情需要安排，路易斯帮他仔细地规划着每一步。

我被派为委员会的代表，向全国代表大会的政纲草拟委员会提出一些女性关心的重要问题，我的成长之路又迈上了一个新台阶，通过“妇女选民联盟”和我所做的民主党组织工作，如今我对地方政治、州立法机关和政治也算颇有了解，现在我将第一次见证女性在全国代表大会上的地位。在所有重要的会议上，她们全都站在门外等待着。虽然我的确拼尽全力，但究竟能获得多少关注却依然是个未知数。

尽管听到了男人们之间纵横捭阖的各种传言以及他们谈论的很多其他事情，但是大会的大多数时候我都是坐着打毛线，忍受着会场的高温，祈祷会议能快点结束。

在这次大会上，我第一次见到了威尔·罗杰斯，有一天他经过我的座位时问道：“你是在编织将来断头台上受害者的名字吗？”我真的很想回答他，我已经做好准备给那些阻碍大会落幕的人施加各种惩罚了。

虽然做了所有努力，虽然我丈夫发表了非常精彩的提名演讲，虽然与会中很多人都运用了自己的说服力和影响力，但阿尔·史密斯最终还是落选了。富兰克林也为约翰·W. 戴维斯①做了一两场演讲，但他还是优雅地退出了政治舞台。

埃莉诺·罗斯福受到的早期教育就这样结束了，无论是在生活上还是在政治上。

① 约翰·威廉·戴维斯（John William Davis，1873—1955），美国政治家、外交家和律师。1924 年以民主党候选人身份参加总统竞选，败给了共和党的卡尔文·柯立芝。——译者

第二卷　我的回忆

第十三章　人民公仆的私生活

我动笔的那一刻就决定了，这本书写起来要比前几本更艰巨。首先，它不再是我一个人的自传，大多数人最感兴趣的还是我会如何描述我的丈夫。

或许我能提供一些印象，帮助大家理解那些风云变幻年代里的历史潮流，但如果想通过这本书来了解富兰克林的生活、品行和他的理想的话，那必须要说明，在我的笔下，他首先是一个独立的个体。

虽然我无法保证对他的评价会完全客观，但是我确信有些事情除了我之外无人知晓。虽说世界上没有一个人会完全真正地了解另一个人，但是和一个人一起生活了那么多年后，你不可能对他一无所知。其他人可能比我更了解富兰克林性格的某些面或个性的特定面，但是如果我能把我所知道和坚信的讲述出来，可能会让这些未来的历史人物们变得更加真实完整。

所有写富兰克林的书都很清楚地表明，每个人都有自己的写作角度，而像我丈夫这种非常容易受人影响的人，总想从他的交流对象那里吸取想法，所以他给每个人留下的印象都不一样。他不喜欢和别人有分歧，因此他总是努力让自己的每一个交流对象都觉得，他非常理解他们的所思所想。

人们经常会跟我说，他们常常被富兰克林误导。即便有时他们不用语言表达，我也能感觉到，富兰克林在采访结束后离开时，会让在场所有人都觉得，他和他们的意见完全一致。我当然知道他的真实想法并非如此，但人们总在事后才反应过来，还为此感到震惊，他的行为和他们期待的完全相反。

会产生这样的误解，不仅是因为他不喜欢分歧，更因为他总是对其他人的观点饶有兴趣，他愿意倾听。如果他觉得这个想法表述清晰，逻辑明了，他会点点头，还经常会说“我明白了”之类的话。这并不表示他完全被对方的论点说服，抑或他完全理解了，只能说明他很欣赏这个观点的表达方式。

还有一件事很少有人会注意到，虽说术业有专攻，但是美利坚合众国的总统掌握的信息，比绝大多数前来见他的人更全面。总统必须考量全局，要有大局观，而其他人只用考虑为了完成某项工作他们自己的想法、计划以及肩负的责任而已，这就使得总统有责任收集所有可能的观点，也要经常听听同一件事不同的声音，然后再做出最后的决策。诚然这很难，但这是总统必须要做的。而且总统必须永远对国家第一忠诚，有时就会显得他对朋友们不忠，但是任何一个掌管白宫的人都必须以国民和国家的利益为最重。

我知道富兰克林总是会考虑别人的想法，但在拿主意上，我也从没见过比他更不受他人影响的人。他会向很多人征求意见，但他只是想了解一些观点，这些观点可能有助于他做出最终决定，他会仔细审视自己的知识和感受。一旦他做出了决定，人们往往会自我吹嘘，俨然他们曾经为这个决定出谋划策过。

富兰克林经常通过我来获取其他人的想法，因为他知道我会和很多人见面、交谈。我不用再跟着他去全国各地演讲或考察项目，但是他知道，我绝不会满足于只做一个贤内助。他经常建议我，应该让自己对某些事情产生兴趣，比如说土地项目。当他发现我凭着自己的能力，获得了春天和秋天几个星期有偿外出演讲的机会时，他非常高兴。除非已经明确承诺并签订了正式的合同，否则我是不会考虑这些旅行的，但是当这些演讲成为你的责任时，我就必须安排好自己的时间准时出席。多亏这些演讲，让我游历了我们国家很多地方，不然我可能永远也不会去的。

毫无疑问，我演讲得到的报酬让我有了更多钱去做我想做的事，这可比富兰克林能给我的多多了。与此同时，我还发现，富兰克林会用我带给他的信息，不论是我通过观察还是别的渠道获得的，去验证他收到的很多同僚们报告中的信息。

有时当他和他的顾问团意见相左时，他会把问题带回家，在吃晚饭的时候故意说出一个我必然会反对的论点，当作他自己的观点来引诱我辩论。他会告诉我所有他收到的建议，我得火力全开、竭尽全力去驳倒他。

我还记得有一次，当时我情绪激昂，富兰克林则宽容地微笑着，嘴里重复着每个人给他的建议。第二天他问我的秘书汤普森小姐，他要在白宫的西厅接待罗伯特·伯明翰，我能否亲自为他们服务。伯明翰当时是驻伦敦大使，马上就要回自己的任所去了。我非常尽职地为他们端茶倒水，满心期待能坐下静静聆听他们讨论，这些问题我可能会持相反意见。然而完全出乎我意料的是，我听到富兰克林告诉伯明翰大使，不要按照他昨晚告诉我的想法行动，而是按照我告诉他的建议采取行动。他并没有看向我或是冲我眨眨眼表示满意，而是从容镇定地说出了我昨晚的观点，好像这些政策和信条是前一天晚上他自己唇枪舌剑的战果。直到今天我依然不知道，他只是单纯地用我来试探，想要看看其他人的反应，就像他经常做的那样，还是说他需要我的想法来帮自己下定决心、理清思路。

富兰克林当选总统后，很多人都告诉我，他们和他意见不一致，他们已经准备好直言不讳了。虽然他们去找富兰克林辩论，但我有时候看到他们走出来时的反应，经常表现的仿佛他们从未有过分歧一样。偶尔有人会非常诚实，说很难开口表达出自己的想法，一部分是因为富兰克林性格的影响，一部分出于他们对白宫的敬畏。

富兰克林非常善于引导他愿意倾听的对象，也善于让他厌倦的人保持沉默，不论面对哪种人，他都不会让对方感到一丝一毫的不适。当他不想听别人说话的时候，他便开始讲故事，谈论一些风马牛不相及的事情。每个和他一起共事的人都得学会如何处理他这种岔开话题的能力，一旦他们发现自己原本想要问的问题或表达的观点才说几个字就被打断的时候，便要引起警觉了。因为富兰克林说得头头是道、兴致盎然，以至于他们最后都忘记自己原本想要说什么了。

我觉得，即便他的好友们也仅有几个人知道，为什么人们觉得有时候他明明认可他们的观点，但最后却没有同意，或者有时候虽然口头表示同意了，但实际上却从未考虑过。路易斯·豪是非常熟悉富兰克林这个把戏的，弗兰克·沃克①，爱德华·J. 弗林②，小亨利·摩根索和伯纳德·巴鲁克③也非常了解。他们每个人的利益都与富兰克林和要完成的工作息息相关，但是没有人会把自己的利益放在第一位，即便涉及自己的工作，他们也能保持客观。

人们常常以为，我对富兰克林的政治生活影响很大。他们在书中一遍遍如是写到，把他的施政举措，甚至一些重要的任命全都归功于我，

① 弗兰克·沃克（Frank Comerford Walker，1886—1959），美国律师、政治家。1943至1944年担任民主党全国委员会主席。支持罗斯福总统的“新政”，从富兰克林·罗斯福开始步入政坛的早期开始，沃克一直都是其最亲近的顾问之一。——译者

② 爱德华·约瑟夫·弗林（Edward Joseph Flynn，1891—1953），美国政治家，民主党重要领袖之一，昵称“埃德”（Ed）。罗斯福长期的政治盟友，关系密切，帮助罗斯福赢得历次总统选举。——译者

③ 伯纳德·曼恩斯·巴鲁克（Bernard Mannes Baruch，1870—1965），美国金融家、慈善家，先后担任过伍德罗·威尔逊总统和富兰克林·罗斯福总统的经济顾问。——译者

弗朗西丝·珀金斯[1]被任命为内阁成员就是一个例子。事实上，我从未举荐过她。她曾和富兰克林一起在纽约州共事过，任命也是富兰克林自己的选择，当然，看到珀金斯被提名，我也非常高兴，很欣慰富兰克林能够认可女性的价值。

有时候公布的候选人名单里，不论这些人是自己单干还是为某个政党效力，根本不会有女性的名字。接着我便会去找富兰克林，很认真地告诉他，请他提醒内阁成员们和智囊团，女性也是社会生活的一份子，她们正在逐渐成为政治生活的重要组成部分。他总是笑着和我说："当然，我也觉得这份名单上应该出现女性的名字，而且应该有人站出来说话，我觉得女性也值得被看到。"从那以后，他们会不时询问我的意见，我也会提到两三位女性。有时候他们会考虑，有时候不会。

我对富兰克林的政治影响近乎零，这也是他所在意的。如果我对某件事看不惯，我就会告诉他，因为他有权力可以行使但我没有，但他并不总是和我感受相同。

我后来发现，有很多公职人员会把我向他们提到的事情当作指示立马着手处理。很明显，他们觉得要是我交代的事情没有办好，那我一定会向丈夫抱怨。然而实际上，我只希望他们能把精力全都放在该做的事情上，因为政府就应该为了人民的福祉服务。我原本以为，每一位公职人员都会调查民生疾苦，以伸张正义为使命。我现在意识到自己当时的想法多么幼稚，因为从人们告诉我的信息来看，很显然白宫的喜怒才是他们工作的唯一动力。虽然也有很多部门并非如此，但是对一些成立时间久的部门来说，很多公务员的观念已经根深蒂固，他们并不希望开展

① 弗朗西丝·珀金斯（Frances Perkins，1880—1965），美国政治家，1933 至 1945 年任美国劳工部长，美国第一位被任命为内阁成员的女性，富兰克林·罗斯福的好友和忠实支持者，她和内政部长哈罗德·伊克斯（Harold Ickes）是罗斯福担任总统期间一直留用的内阁成员。——译者

新的活动来改变现状，所以如此行事非常正常。伍丁[1]先生和摩根索先生都对财政部的传统管理方式进行了革新。新规定的设立，尤其是在摩索根先生担任财政部长以后，势必会给一些依然奉行老一套办事方法的公职人员们敲响警钟。

我有时对公务员持批评态度。他们在同一个部门里待的时间越久，就越难做出改变。但是社会上又有非常多的人想要为国家效力，他们不在乎公务员福利一般、收入微薄，因为他们的出发点非常单纯，他们觉得自己是在为爱国服务。

我从没有试图影响我的丈夫或其他任何政府公职人员的政治决定。但是，生活在一个政治氛围浓厚的环境里，还能研究我丈夫这么优秀的政治家的政治决策，我也算对政治略懂皮毛。我从他身上了解到，一位优秀的政治家很大程度上是由他的时机感造就的。他会在对的时间点说对的事情。虽然有时候的即兴发挥或许并不理想，但是时间终究会证明，他所说的正是那个当下需要他表达的。

我并不是说富兰克林从来不会犯错，但大多数时候他的判断都是对的。如果一件事还在发酵中，他就会满怀耐心地一直旁观，等待着需要他行动或表态的最佳时机。比如说“防疫演说”[2]，就是在需要人们思考的时候进行的；和温斯顿·丘吉尔在阿金夏的会议以及《大西洋宪章》[3]

---

① 威廉·哈特曼·伍丁（William Hartman Woodin，1868—1934），美国企业家，其家族的铁路机车制造企业是美国19世纪末期最大的铁路机车生产企业之一。伍丁是1932年罗斯福总统竞选的主要资助人。1933年3月至12月任财政部长。——译者

② 防疫演说（Quarantine Speech），亦译“隔离演说”“检疫演说”。1937年10月5日，美国总统罗斯福在芝加哥发表的演说。将德意日法西斯侵略行为斥为“无法无天的瘟疫”，呼吁建立“国际防疫线”以阻止其蔓延。——译者

③ 大西洋会议，亦称“阿金夏会议”，1941年夏，美、英为表明两国联合反对法西斯的立场，协调彼此的方针政策，于8月9至12日在大西洋北部纽芬兰岛阿金夏（Argentia）海湾的“奥古斯塔号”巡洋舰上，举行了战时两国政府首脑的首次会晤。大西洋会议奠定了美英战时合作的基础，并对促成世界反法西斯同盟起了积极作用。——译者

的签署也是在国家存亡的关键时刻达成的；还有诺曼底登陆时的祈祷①，同样也是在国民的士气需要被鼓舞的时候进行的。

富兰克林是一位务实的政治家。他总能听到别人跟他解释原因，为什么有些行动和任命是出于政治考虑，有时候他会听从这些建议。而有时候，他所做的事和很多任命的决定正好和给出建议的这方党派相反。原因很简单，他觉得这样做从全局来看对整个国家会有积极的影响，他几乎永远是对的。但是，作为一名务实的政治家，他深知并且接受他必须要和民主党这个政党组织一起共事的事实。我经常听他讨论地方政治组织存在的必要性以及它们所扮演的角色，但是他也知道他们中有些人是整个政党的害群之马。他一直都很反对坦慕尼协会和其他所有独裁组织，即便他也承认有一些组织管理得很不错、非常有效率。

虽然富兰克林经常说我太急躁了，这样可不能成为一位优秀的政治家，虽然我对时机的把握远不如他那样完美，但是随着年纪的增长，我也变得越来越有耐心，而且我还从富兰克林身上学会了，领导者不能和自己的追随者脱节。我觉得，我对于国家现状以及人民普遍感受的观察还是非常值得信赖的。

富兰克林在政府就职和执政的那些年，特别是我们入主白宫以后，我有了很多机会可以认真思考一个男主人参与公众服务的家庭所面临的问题，尤其是当他处于风评的两极时，有些人对他恨之入骨，又有很多人全心全意地支持他。人们对他的这种态度势必会波及他的家人，这对他们都会有影响。

对于孩子们来说，情况会异常艰难，抛向他们的特权会从四面八方涌来。如果他们不接受，别人就会觉得没有教养、不识抬举；如果他们

① 诺曼底登陆日祈祷（the D-day Prayer），1944 年 6 月 6 日在美国国家电台播出，是罗斯福首次向民众讲述诺曼底登陆时所作。——译者

接受了，又会被扣上自私自利、傲慢自大和贪得无厌的帽子，说他们觉得自己高人一等。老实说，在所有这些欲加之罪中，我们最不喜欢的就是针对孩子们。

我记得，小富兰克林曾经因为从奥尔巴尼开车前往波士顿的时候超速被抓了。富兰克林和我希望他受到的惩罚越严厉越好，这样他就能得到教训，他就会永远记住违反法律所造成的后果，即便他当时犯的错并不严重。我们这么做无非是想让他知道，在一个民主国家，王子犯法与庶民同罪。我依然记得，当得知他被无罪释放，甚至连罚单都没有开的时候，我们有多么失望。

当然，我们的麻烦不仅来源于男孩们在外面被区别对待，他们被赋予了太多特权，另一方面来说，也承受了很多非议，我们的麻烦还来自我的婆婆，她很喜欢自己的孙子，视如己出。她经常对我不满，因为我很少告诉他们是非对错。我不这么做的原因是我自己都不确定什么是对的，什么是错的。但是对婆婆来说，所有的事情非黑即白，她不会有所顾虑，会把自己的想法毫不犹豫地告诉孩子们。结果就是，孩子们经常骗她。尤其是家里最小的两个孩子，他们非常喜欢奶奶，因为他们想要什么奶奶几乎都会满足。

小富兰克林把我们送他的毕业礼物——一辆小车给撞坏了，我们觉得这对他来说未尝不是一件好事，于是那段时间没打算给他买新车。然而我们还不知道，婆婆就按照他的要求买了一辆更昂贵的车。我们表示反对时，她看着我们平静地说，她以为我们会同意的。她从来不会听她不想听的话。

我丈夫对于孩子们上学以后的生活有自己非常坚定的想法。他觉得在这个阶段，孩子们就应该和家人一起生活，共享财物，但是等他们毕业以后就应该出去工作，自己赚钱养活自己。

婆婆只有一个想法和我丈夫有分歧。虽然她也觉得孩子们应该工作，但是她希望他们都能住在家里，受她的管教和指导，因为她对于一家人聚在一起有很强的执念，很像母系氏族的风格。她不喜欢任何一个孩子经济独立，她觉得只要在经济上产生依赖，他们就会待在家里，她也能管着他们。

她总是觉得后悔，我丈夫继承了他父亲财产中属于自己的那部分，而我也有自己的收入，虽然不多，我开始赚钱的时候，对她来说确实打击很大。但是富兰克林生病的时候，她毫不犹豫便把自己所有的积蓄拿了出来，还希望他能回到海德公园，不要再工作了。

婆婆虽然反对我工作赚钱，但我觉得她最终也妥协了，因为这样我就能做很多我想做的事情，既不会因为原来的收入负担不了，也不会增加富兰克林的经济压力。我从父母那里继承的财产在“大萧条”那些年里大幅缩水，结果我每年只能拿到非常微薄的收入。但是早在 1933 年离开纽约之前，我就开始通过教书、写作和一些电台的工作赚钱了。我至今都记得，当我第一次能够给“妇女工会联盟”提供一些实质性的帮助，帮她们赎回抵押的俱乐部，还实施了几个“瓦尔-基尔”项目①的试验时，我有多开心。

在“大萧条”那些糟糕的日子里，我用在商业电台工作赚的第一笔钱建了两个地方，让那些失业还在找工作的女孩们能够在那里吃午饭，还能有个休息的地方。一个是在“妇女工会联盟”的俱乐部，另一个是在总部位于麦迪逊大道的“女孩服务联盟”。白天的时候，我们会为女孩们提供热气腾腾的午饭和小吃，还有一些缝补之类的工具。

在那段不景气的日子里，我在电台以及写作赚到了大笔收入，不仅

---

① 瓦尔-基尔工业公司（Val-Kill Industries），1927 年，埃莉诺·罗斯福与纽约州民主党妇女部的南希·库克、玛丽安·迪克曼和卡罗琳·欧黛建立了瓦尔·基尔工业公司，她们出资建造了一个小工厂，位于流经纽约州海德公园罗斯福家族庄园的小溪岸边，当地农家用传统手工方法制作家具、白蜡和家纺布，为农家增加额外的收入。——译者

为那些慈善机构略尽绵力，同时还给那些只能通过特殊渠道获得救济的人提供了工作和帮助。我并没有怀疑自己当时提供帮助的对象是否真的值得，但是那些年里，宁可冒着这样的风险也不能让真正需要帮助的人被忽视。然而在经历了几次幻想破灭后，我最终和“美国朋友服务委员会”达成了一致，他们调查核实身份，我则把自己在电台赚的几乎所有钱都拿出来。刚开始的时候，这笔钱是直接给他们的，不通过我中转。接着汉密尔顿·菲什就在国会攻击我，他认为我在电台的访谈节目是我的收益，这样是在逃避个人所得税。当然财政部1933年的裁决结果是，把钱直接捐给慈善机构是合法的，考虑到有声音质疑我这么做的权利，我决定以后就把钱直接打到我的账户上，再把扣掉税款后的所有钱打给“美国朋友服务委员会”。

在白宫的那些年，我觉得通过电台和一些写作赚的钱不应该只是用于慈善机构，应该主要用来帮助人们自救，这也是“美国朋友服务委员会”的提议，因此我也委托他们来帮我支配这笔钱。我从来没有用这些赚到的钱给孩子们买过任何礼物。有时候我还不得不用掉一部分固定资产收益，因为我的捐款太多，都交不起个人所得税了。我在那些年没有一分钱的积蓄，因为我觉得那样做是不对的，我离开白宫的时候，财产账户里只有少量的现金，比我来华盛顿的时候可少多了。

我丈夫的收入一直都不多，在奥尔巴尼和白宫的时候，他每年不得不拿出一部分遗产来补贴生活。他母亲的财产分配在他离世后才尘埃落定，这对他来说也没有任何帮助。

我婚后每年的收入从5 000美元增加到8 000美元。富兰克林知道我对理财一无所知，他也知道我无权干涉现有的理财安排，我的钱大部分是由家里的长辈们代为管理的，我只要定时收钱就好了。

现在回头去想，我们刚结婚那段日子基本没怎么花过钱，我不由感慨过去四十年里生活成本的变化。丈夫和我一致同意，我们要定期往家庭账户里存一定数量的钱，只要每个月的花销不奢侈到超过600美元，我们的生活就会很富足、很舒适。

随着我们的家庭支出逐年增加，富兰克林也承担起更多管理家庭的责任，他会给每个孩子适当的零花钱，直到他们毕业。在他们还小的时候，都是我给他们买衣服，我的衣服也经常是我自己买，但是富兰克林觉得既然他们都有钱了，那就应该自己买，这样他们就能学会如何理财。我得时不时地送他们一些内衣、短袖和袜子这种实用的礼物来拯救他们。这个习惯坚持了很多年，他们现在还因此取笑我呢。

女儿安娜结婚以后，富兰克林和我婆婆都给了她一笔财产，虽然不多。然而，因为我丈夫觉得一旦家里的男孩毕业了，那他就应该自立，因此我们的两个大儿子，詹姆士和埃利奥特在毕业以后，富兰克林就没有给他们财产，所以他们不得不立马开始谋生。这就让他们的生活变得非常复杂，因为相比其他从基层做起，一步一步往上晋升的职业发展路径，他们一开始就有了体面的工作，拿到的报酬也非常丰厚。然而他们太年轻，又涉世不深，完全没有意识到他们能有现在的工作全是因为他们的身份和他们父亲的地位。

富兰克林坚持，应该让儿子们自己做决定，也要自己承担后果。虽然偶尔会有他的朋友建议，他可以给孩子们一些指引，但他总说他们必须自己去摸索。我想这个态度很大程度上是因为他的母亲经常想要主导他的想法和行动，他必须为了独立而抗争。

虽然她总是抱怨说，她从来没有和富兰克林单独在一起待过，但是如果让两个人单独出去长时间待在一起，他们经常是拒绝的。他们两个在某些方面实在太像了，所以不能长期独处。富兰克林和他的母亲一样果断，这么多年来，他一直阔步向前，随心所欲，虽然他打心底里尊重、喜欢他的母亲。我婆婆虽然为儿子付出了很多，做了很多对她来说很难的事情，但她一直拒绝接受富兰克林独立的事实，直到最后都试图主导他的生活。

然而我经常在想，她又默默承受了多少呢。比如，她虽然要为了富兰克林的利益而款待宾客，但她自己却非常看不惯史密斯议员和富兰克林其他一些政治圈子的熟人，她无法相信这些人能有什么治国理政的能力。平心而论，我觉得阿尔·史密斯很尊敬她，虽然他肯定也知道她对他的看法，但这也只会让他在我婆婆眼中的形象更加独断专行罢了。然而，因为她总是和颜悦色的，只有熟悉她的人才会了解她的尖锐。

我记得有一次我们和休伊·朗①在海德公园吃午饭，富兰克林因为想要和他讨论一些法案，在这些法案上，他需要休伊·朗的支持，所以他把自己的座位安排在他旁边。我婆婆坐在餐桌的另一端，她有一个习惯，当她希望在座的所有人都听到她说的话时，会大声地私语，声音盖过所有人。突然间，我听到了那刺耳的窃窃声，她对坐在自己右侧那位男士说："那个坐在我儿子旁边、看起来很可怕的人是谁啊？"

富兰克林和母亲长期生活的结果就是，他近乎执着地决定他绝不会过多干预儿子们的生活，他也是这么做的。随着他越来越忙于政事，他发现根本就无暇顾及孩子们的兴趣爱好，他们本可以非常自然地找他寻求建议，而他也可以很随意地说出自己的想法，但是现在，他们都不会去问他。詹姆士和埃利奥特一个接一个地从苦涩的经历中学会生活，这同样也是一个幻想破灭的过程。他们很早结婚，很大程度上是因为在哪里都没有归属感，想要建立属于自己的家庭的缘故。

对两个小儿子来说，事情就容易多了，因为我丈夫作了巨大的让

---

① 小休伊·皮尔斯·朗（Huey Pierce Long, Jr., 1893—1935），美国民主党政治家，绰号"头领"，1928至1932年任路易斯安那州州长，1932年当选参议员。朗是一个直言不讳的民粹主义者，谴责富人和银行，呼吁"均贫富"。1934年提出"人人都是国王"的口号和"均贫富"的计划，推动新的财富再分配措施，对公司和个人征收净资产税，以遏制"大萧条"时期全国普遍存在的贫困和无家可归现象。——译者

步，他给他们补贴，直到去世。小富兰克林从哈佛大学毕业后就去了法学院，接着便结婚了，所以他没有经济来源；而约翰又从企业的最底层做起，婚后需要收入来维持家庭生活。他们在进入海军以后，也想要分担一部分自己的家庭开支。有了补贴后，他们两个就没有那么迫切需要去赚钱，自然也就没有两位哥哥那样的经历了。

此刻或许就是一个很好的机会，让我能够澄清一件曾多次萦绕在心头的事情，那就是我们最小的儿子约翰，他认为战争是罪恶的，他是个和平主义者，所以拒服兵役。和我知道的其他年轻人一样，在我们被卷入战争前的那些年里，他并不想参加战争。但是一旦我们宣布参战，他毫不迟疑，就像他的哥哥们一样。无论战争需要他们付出怎样的代价，他们都会一往无前，这个时候没有一个人会幻想自己爱好和平，不愿意参战。

随着白宫的生活越来越忙碌，我丈夫关心家事的时间也越来越少。我还记得，当男孩们发现如果他们想要和自己的父亲谈谈心，还得预约才能见到时，他们流露出的不满。有一次，我们有个儿子觉得他有件很重要的事情必须要和父亲分享，于是他便预约了。我丈夫看起来总是温柔和善、非常绅士，儿子和他说话时，他会假装认真听，但实际上正在读手里拿的文件。孩子如果问他有没有听到自己讲什么，他便会回答："当然听到了"，但接着对话就暂停了，他抬起头把手里的文件递给他。"这份文件非常重要，我想听听你的意见。"我能想象，这无异于在孩子脸上扇了一记耳光，因为他觉得自己说的事情可比世界上其他东西重要多了。他看完文件，表达完自己的观点后就离开了。

没过多久，一个满腔怒火的年轻人来到我面前跟我说："我再也不会和爸爸说任何我的事了。"我花了很久才让他明白，他只是恰好找了一个不适合的时机罢了，他父亲询问他的意见就是对他的认可和赞赏。

我好像讲了很多我们的家事以及每个家庭成员的私事。我这么做只有一个目的，因为我有时在想，不论是选举产生的还是被任命的，这个公众人物一定是非常乐于为国效力的，美国民众是否意识到，他们的家人要因为缺乏隐私而付出多少代价，因为是他们怂恿了媒体挖掘公职人员的私生活和他们家庭的。

第十四章　私人插曲：1921—1927 年

从 1910 年离开卡特、莱迪亚德和米尔本的律师事务所，一直到 1921 年生病这段时间里，富兰克林一直活跃在公众生活中。

我相信，他在海军部的工作是他人生中重要的里程碑之一。部里一天的工作结束以后，可以在大都会俱乐部小坐片刻，和自己的朋友聊聊天，这样的生活对他这样英俊和善、入世不久的年轻人来说一定很是轻松惬意。但是路易斯·豪觉得，富兰克林最好在这段时期学点新的东西。他坚持认为，富兰克林可以借着自己在部门里的特殊职权，考察一下海军造船厂的工作条件，然后把他们团结起来。这是富兰克林第一次和工人们近距离接触，也是他人生发展中的一个重要转折点，这么做的价值在他当了州长甚至总统之后便体现出来。不论在哪个人生阶段，他都非常努力地站在国民的立场上，想他们所想。在路易斯的帮助下，他渐渐发掘出自己的政治天赋，这给了他很大的信心。

我的朋友埃斯特·拉普女士成了博克基金会管理层的一员。应博克先生的要求，我协助她组织一些委员会之类的工作。从过去在“妇女选民联盟”的经验来看，我们知道大家一起工作，事情总会变得容易一些。埃斯特的朋友、合作伙伴伊丽莎白·里德当时在纽约州从事法律工作，她也加入了，所以我们能集思广益，计划也进行得非常顺利。

这一年的 1 月，随着阿尔弗雷德·E. 史密斯在全国代表大会上的胜利，富兰克林成为巴兹尔·奥康纳[①]律师事务所的合伙人。罗斯福和奥康纳的这种联合一直持续到 1933 年的 3 月 3 日。然而从 1924 年到 1928 年，富兰克林大部分时间都在和疾病搏斗，他想看看自己到底能恢复到什么程度。他的手和胳膊已经完全恢复，因为他经常锻炼的缘故，还练成了浑厚的肩膀和结实的双臂，但是他的腿却再也无法正常行走了。

通过练习和穿支架，他一点一点地终于可以走路了，一开始是拄着双拐，接着就可以扶着别人的胳膊，拄着拐棍行走了。刚开始的时候，支架特别重，慢慢地支架的重量也减轻了。然而，没有支架或其他辅助的帮助，他的余生是不能自己站立或行走的，好在他依然能游泳、玩水球。

孩子们非常自然地接受了他的残疾，虽然他们都知道富兰克林是个乐观的人，还是尽最大努力帮他接受自己的身体。他有很多业余爱好，所以总是很忙，无聊是他这辈子从来没有经历过的。

还有两件事是他依然能享受的，游泳和开车，他的车有特殊的手动控制设置。他是我认识的驾驶这种特殊小车车技最好的司机。

富兰克林生病未尝不是因祸得福，因为这给了他前所未有的力量和勇气。他不得不开始思考生活的本质，从所有过往中体悟所得，那便是无限的耐心和不懈的坚持。

人们经常问我，富兰克林得病我的感觉如何。老实说，我从来没有停下来思考过我的感受，有太多的事情等着我去做了，我要打理家务，要管教孩子们，要让所有事都井然有序，哪儿还有时间考虑自己的感受。我只是在一天天地过日子，尽我所能地过好每一天。

---

① 巴兹尔·奥康纳（Basil O'Connor，1892—1972），美国律师。1915 年毕业于哈佛大学法学院，从事律师业。1920 年罗斯福争取提名民主党的副总统候选人时，奥康纳是他的法律顾问。1924 年，俩人共同开办律师事务所，一直到罗斯福 1933 年当选总统。——译者

我们非常努力地想要忽略富兰克林身体带来的不便，我敢肯定，最小的两个儿子可能从来都没有想过自己的父亲做不了哪些事，很多时候，他都很勇敢地拿自己开玩笑，仅仅是为了强迫自己笑着接受自己的疾病。我记得有一次在纽约市，当时是晚上，正值大选，他得被人抬着上下演讲台，这对他来说是非常艰难的考验，但他用微笑和笑话轻描淡写地化解了。

富兰克林第一次去温泉镇[①]是在 1924 年的秋天，那里曾经是南方理想的避暑胜地，如今早已失去了往日的繁华。门外的泳池为这个地方增色不少。这些喷泉从印第安人时期就非常有名了，甚至在他们一次次陷入战争的岁月里，这片土地依然一片祥和，据说这里的泉水可以治病。现在倒是没人会说这些温泉有治疗功效了，但是这里水池的浮力和适宜的温度，真的可以让人长时间游泳却感觉不到疲惫或寒冷。我丈夫很喜欢这里，连着很多年，他一到秋天就来这里。

我还记得，每到这里搞感恩节庆祝活动的时候，我总是感到悲喜交加。孩子们的脸上洋溢着开心，但是所有病人们的勇敢却总让我心中酸楚。他们有的躺在担架上，有的坐着轮椅，还有的拄着拐杖。有些人能看到痊愈的希望，更多人将要一辈子伴着病痛，可是所有人至少在那个晚上是幸福的。

富兰克林回归政坛叱咤风云前的那些年里，我做的很多事情都是根据路易斯·豪的建议，让富兰克林重新提起兴致。我最主要的工作就是组织州竞选，又一次在路易斯·豪的帮助下，我想出了一些非常好的点子。比如说，1924 年的大选中，阿尔弗雷德·E. 史密斯和我的表亲小

---

① 温泉镇（Warm Springs），也常按照音译为“沃姆斯普林斯”，位于美国佐治亚州梅里韦瑟县的一个城镇，因温泉水能治病健身而闻名。富兰克林·罗斯福 1921 年因患小儿麻痹症而导致瘫痪，自 1924 年 10 月起，他经常来到此处度假治病。——译者

西奥多·罗斯福角逐，小西奥多在哈丁政府时期一直担任海军助理部长。最近的茶壶山油田丑闻引起了广泛关注，当然后来证明这件事和小西奥多一点关系都没有。我们利用这个热度，搭建了一个貌似“茶壶”的装置，顶部还能冒蒸气，把它装在汽车顶上，让它带领着车队跟着民主党的州长候选人在州内活动，寸步不离。

虽然人们总是认为，在激烈的政治活动中，所有用来竞选的手段只要是诚实的，那就都算是公平，但我觉得至少这个办法是在投机取巧，我也从来不会因为小西奥多在后来富兰克林的竞选中“以牙还牙”而责怪他。

也是在这些年，我和南希·库克以及玛丽安·迪克曼一起参与了两家公司的经营。富兰克林对其中一家尤为感兴趣，他刚患病的前几年，我们经常去溪边野餐，于是他帮忙在这条小溪边设计、搭建了一座石头小屋。因为小溪名叫“瓦尔-基尔”，所以我们给小屋起名叫做“瓦尔-基尔小屋”。富兰克林既是设计师又是施工队，虽然亨利·图姆斯先生才是建筑师，但是他对每个细节都有自己的想法。我们不光盖了这座小屋，还在里面修了游泳池，孩子们很喜欢游泳，富兰克林偶尔也会去运动。虽然我们后来又修了一个非常精致的泳池，在富兰克林当选总统以后，我们必须遵守他的医生设立的一些规定，在泳池里放入过滤的机器，但相比这个既大又豪华的泳池，我还是觉得我们在原来那个小池子里游泳更快乐，那个泳池是我丈夫全程监工的。

我们的目的并不是盖一座小屋，南希·库克和玛丽安·迪克曼也住在这里，同时南希还管理着一家家具厂。南希·库克是一位很有魅力的女性，她的双手几乎可以创造一切。她很早就想生产美国早期的家具了。我们获得了大都会博物馆、哈特福德博物馆和很多个人的支持与合作。我们绘制好图纸，还有幸仔细观摩了那些有名的老家具。库克不想还原那些被虫蛀了的古董，她想按照古人的制作方法，看看能不能为这些家具找到市场，虽然第一道工序是由机器完成的，但大部分工艺都是手工制作的，因此价格会比较高昂。因为每一件家具都是纯手工制作，所以木头表面看起来、摸起来就像已经使用了很多年一样。

我丈夫对于寻找像我们这种可以在农村地区推广的产业饶有兴致，这样很有可能会为那些原本只能离开农村的年轻人提供更多就业机会。富兰克林觉得，在这个农业发展萧条的年代里，如果能给他们在某个行业中创造就业，还能有一份相当不错的报酬，那这群积极进取的年轻人就会安心留在这里工作，也就可以提高我们附近农业的发展水平。

他对土地爱得深沉，他希望能见证它的发展，但是他也注意到，身边很多农民如今很难把自己的儿子留在这片土地上，因为在田间辛勤耕作得到的回报实在太微薄了。他对我们公司真正感兴趣的地方在于可以培训、雇用邻近地区的年轻人。

南希·库克负责经营公司，我则把电台和写作的大部分收入都倾注于公司，甚至有时候还会拿出父母遗产的一小部分给公司运转。其他人，特别是南希·库克，全都量力而行。

“大萧条”刚开始的那些年里，我们的工厂一直在运作，当时任何一个就业机会对员工来说都至关重要。最终库克觉得身兼两职有些吃不消，她还担任了民主党全国委员会的妇女部执行秘书一职，所以我们关闭了工厂。

我丈夫的目标终究没有达成，实践证明，想要在“大萧条”时期大范围内推广这种农村产业模式是不切实际的。虽然也有一些成功了，但是收益平平。然而，能在危机中为人们提供工作，让他们不再靠救济度日，给他们尊严和保障，这本身就是非常伟大的成就。

虽然这段经历没能让富兰克林如愿，但他也从心理上接受了我们的失败，接受了后来农村更大范围内试验的失败。我现在觉得，他当时一定觉得后悔，但就像他对其他很多事情的反应一样，他尝试过了，也发现这样做行不通，便放弃这种方法，寻找其他的解决办法，希望终有一天能行得通。他总是会接受事情的真相，前事不忘后事之师。

我没有从这次做家具的冒险中获得盈利，事实上，我可能还是我们店里的大客户之一，因为我买了很多件家具当作结婚礼物或礼品送人。

“大萧条”时期，我接手了改造工厂的工作，我用自己的钱把它改造成一个虽然样子有点儿怪异但非常舒服的房子。虽说我没有收到任何建筑方面的专业意见，但是我的工程师朋友亨利·奥斯哈根帮了我很多。我们全部雇用当地的劳力。雇人干活看来是把我这么多年赚的钱花出去的最好方式。我们把家具店的一部分改建成我秘书玛尔维森·汤普森的公寓，我经常去那儿和她一起安静地工作，剩下的地方就成了客房，人太多主屋住不下的时候，就会安排到这里来，富兰克林在任那些年这种事经常发生。自从把海德公园那座老房子交给政府以后，我就把改造过的店里当做是我的家了。

和南希·库克以及玛丽安·迪克曼相熟的头些年里，我和迪克曼女士经常待在托德亨特学校，她刚开始是副校长，后来当上了校长，因为托德亨特女士把学校卖给了我们三个。她是英国人，这之后便回英国去了。我从 1927 年开始在那里教书，我只教年龄大一些的女孩子，因为我觉得教小孩子可比教大孩子需要参加的培训多多了。我负责教美国历史、英语和美国文学，后来我们尝试开设一些时事课程，我希望相比其他开给十六七岁女孩们的课程，这些能更实用。我们参观了纽约市法院，她们在儿童法庭旁听了一个小时，很多孩子从中受益良多。我带着那些获得父母许可的孩子们参观了纽约市各式各样的公寓，还有大型市场等地方。所有这些都让孩子们感受到一个城市的真实和活力，而不再是书本上文字的描述。

虽然在富兰克林当选州长以后，我还要忙于政治活动、管理行政大厦的事务，但我还是坚持每周上两天半的课，我每周日晚上从奥尔巴尼出发去学校，每周三下午上完课再回来。我们在奥尔巴尼的时候生活非常辛苦，但在海德公园的时候过的还是非常轻松惬意的，我们在那儿住了很长时间，因为那段时间国会休会①。在我们搬去华盛顿以后，我开设了一门课程，上给毕业班的学生以及她们的朋友，刚开始时每周一节，后来改成每个月一节。

① 每年的 8 月 1 日起，美国国会有为期 5 周的休会期，即美国人通常所称的国会议员们的“长假”。——译者

第十五章　州长岁月：1928—1932 年

1928 年春，史密斯州长似乎胜券在握，成为民主党总统候选人，贝尔·莫斯科维茨[①]夫人让我组织所有女员工，为全国大选做好准备。

这年 6 月，丈夫和我们的儿子埃利奥特约好在得克萨斯州的休斯顿碰面，一起参加民主党的全国大会。埃利奥特非常兴奋，终于有机会和父亲在一起了，但我却不想再经历一次大会的繁忙和喧闹，1924 年的会议已经给了我所有我想要的这种经历。得克萨斯的夏天异常炎热，我丈夫却对此毫无怨言。等尘埃落定要回海德公园的时候，富兰克林觉得他也算为阿尔弗雷德·E. 史密斯获得提名立下了汗马功劳。

富兰克林和我一直以来都在政治上支持史密斯州长，因为他重视社会项目，我们相信他能为每一位民众谋求福利。富兰克林始终记得，1911 年纽约市三角内衣厂发生火灾[②]以后，史密斯州长如何在州内推行新的法律法规，改善工人的工作条件，保障他们的生命安全。那是一场可怕的灾难，有一百多位年轻女性因为工厂内没有逃生出口和消防保护措施而被活活烧死。

由于史密斯州长一生中的大多数时间都在同一个州，尤其是在同一个城市生活，所以难免会有局限，但我们觉得他了解民间疾苦，而且对管理颇有天赋，我们从未质疑过他的人格。他的记忆力惊人，他在选举期间和民众沟通的方式非常有效，特别是在他的辖区内，对一切都了如指掌。

虽然富兰克林觉得自己在大选期间能做的工作非常有限，但他还是时不时就去办公室，带领着大家一起商讨，制定会议计划，发表演讲。他派路易斯·豪代表他一直在州政府办公，协助史密斯州长、约翰·拉斯科布和爱德华·J. 弗林等人一起工作。

直到看到所有人都联盟起来和我们抗衡，我才开始质疑我们到底能不能成功。史密斯州长是罗马天主教徒，很多宗教团体受对手教唆，在那次选举中放出的宣传言论让我觉得非常不齿。如果我需要什么事情来告诉自己，偏见会对人们的智力产生多大影响的话，那次竞选便是我能举出的最好的例子。

1928 年的我还年轻，吃得消繁重的工作压力，但我有时会想，其他同事要怎么熬过选举这段时间呢，尤其是汤普森小姐和塔利小姐。然而事实证明，只要全身心投入了，什么难题都会迎刃而解。汤普森小姐是因为我感兴趣所以也产生了兴趣，塔利小姐曾是红衣主教海耶斯的秘书，她可能是出于宗教兴趣，再加上对史密斯州长的仰慕，所以参与了竞选活动。

格蕾丝·塔利年纪不大，长相很是出众，她在红衣主教海耶斯那里训练有素。虽然我们这儿的工作和她擅长的有些不同，但这为她之后和我丈夫以及勒翰德小姐一起共事做好了充分的准备。

秋天学校开学以后，有课的时候我都是中午才到办公室，但是我会

---

① 贝尔·莫斯科维茨（Belle Moskowitz，1877—1933），美国纽约州女社会活动家，纽约州政府政治顾问，在纽约州政坛上颇有影响力，阿尔弗雷德·史密斯的密友之一，曾协助史密斯进行 1928 年总统竞选和 1932 年总统候选人党内提名。莫斯科维茨夫人推动了一系列社会进步改革，加强对移民、妇女儿童和工人权益的保护。——译者

② 纽约三角内衣厂大火（Triangle Shirtwaist Company Fire），1911 年 3 月 25 日，美国纽约市三角内衣工厂高楼发生火灾，导致一百四十六人死亡，其中大多数是意大利裔和犹太裔的女工，年龄大多在十四岁到二十三岁之间。纽约州议会于火灾后成立了一个工厂安全调查委员会，促成了纽约州关于劳工保障的三十八项新立法，使纽约州成为美国当时在劳工权益改革方面最进步的州之一。——译者

一直待到把工作全都做完，到后半夜是常有的事。回到家以后我还得接着备课，第二天早上 8 点半还要去学校上课。没课的时候，我一般是早上 9 点到办公室，晚上待到很晚才下班。

演讲对我来说依然是种折磨，所以也就不难理解为什么我的工作大多是简单的办公室事务，处理邮件，接待前来造访的女性以及沟通发言人的需求。就我的工作性质而言，只能说是无足轻重。来自新泽西州的女议员玛丽·诺顿夫人是女性发言人办公室的负责人，为女性发言人进行安排，所有要求都转交给她。

埃莉诺·摩根索和南希·库克都在民主党全国委员会工作，为了这次竞选活动，和她们的员工一起搬进了通用汽车的大楼。接着，在 1928 年夏末的时候，委员会的副主席奈莉·泰勒·罗斯夫人和她的助理詹姆斯·O. 马奥尼夫人一起把办公室搬到了委员会总部。罗斯夫人在丈夫去世后一直担任怀俄明州州长，罗斯先生在世的时候也是这个州的州长。

她的到来意味着我们要开始为她准备紧凑的演说行程了，她在总部一直催要活动安排。我们根据她的想法，把行程安排得满满当当，片刻也不得停歇。我记得有一天，有一个茶话会正在等着她出席，我让塔利女士跑着四处去找她。找到的时候，她早已精疲力竭，躺在一间小休息室的地板上，试图努力重新振作起来，和即将到来的几百号人握手。

那之后，她继续活跃在政府工作中，还当上了财政部铸币局局长，在妇女团体中一直是很受欢迎的发言人。

那年 9 月，我开车带着我们最小的儿子约翰去了格罗顿，把他送去了寄宿学校。直到那时我才开始意识到，不论之前孩子们和家庭的联系多么密切，对家人多么依赖，一旦去了寄宿学校，这些都会被冲淡。对于孩子年满十二岁就要去上寄宿学校这件事，我从来不是一个坚定的拥护者，我丈夫是十四岁才去的学校，他总觉得失去这两年的校园时光是非常遗憾的，因为他入学的时候，其他男孩子已经建立了他们的友谊，他始终感觉自己有点像局外人。

每次我送男孩们去学校，帮他们收拾行李，让他们安顿下来的那天，对我来说都是很糟糕的一天，现在轮到最后一个孩子了，这一切也变得更为艰难。

即使我在学校代课，也还是在位于纽约市的全国竞选总部工作，我还参加了那年秋天在罗彻斯特举行的纽约州民主党大会。我提到这一点是为了讲述下面这个故事，我丈夫是如何最终被说服同意参与州长竞选的。

提名前一天下午，时任民主党全国委员会主席的约翰·拉斯科布和州长史密斯邀请我来和他们谈话。我听说史密斯州长想让我丈夫参与竞选，可是我知道，富兰克林觉得他应该继续去温泉镇接受治疗。他们告诉我，他们有多想让他参加竞选，还问我是否认为这么做真的会有损他的健康。我说我不知道，医生曾经说过，如果他能继续在温泉镇坚持锻炼、游泳的话，情况有可能会好转。我丈夫曾经笑着说，如果他活得足够久，说不定就能重新站起来，然而现实却进展缓慢，我有时也想知道到底能恢复到什么程度。

史密斯州长和拉斯科布先生坚决表示，他们绝对不想做任何伤害富兰克林健康的事情。但他们想知道，是不是还有除了健康以外的原因影响了富兰克林的决定。我说我不认为有什么会比健康更重要的，富兰克林觉得这么做有可能会改善他的身体情况，所以值得一试。而且在这方面已经花了不少钱，他觉得有义务努力让自己好起来。

最终，在和史密斯州长以及拉斯科布先生讨论了当下的形势后，他们问我是否愿意打电话给我丈夫，说服他竞选州长。他们一整天都在试着联系他，但没有成功。我回答说，我不会要求他做任何他认为不应该做的事情，更不用说竞选公职了。

傍晚的时候，他们替我给富兰克林打了通电话，结果发现他去了乔治亚州的曼彻斯特市演讲，等他回到温泉镇之后才能联系得上。富兰克林回来后，我终于成功地联系上了他，他语调轻松地告诉我说，他一整天都在躲着电话，如果不是我打电话的话，他是不会回的。

因为要去赶火车，所以我时间不多，只和他说我打电话是因为受史密斯州长和拉斯科布先生之托，说完便把电话给了史密斯州长，匆忙拿起随身带的东西，跑着赶车去了，史密斯州长当时那句“你好，富兰克林”依然回响在我耳边。直到第二天早上看到报纸才知道，我丈夫被成功说服，接受了提名。从那以后，我从来没听到他说后悔曾经的决定。既然决定了，他就不再考虑其他的可能性。

路易斯·豪对于富兰克林的参选很不满意，他总是在为他的未来谋划着，在他的计划里，富兰克林应该参与下一届或下下届的选举。路易斯担心，如果史密斯州长在全国竞选中失利，富兰克林很可能也不会赢得州长的位子，这可能会毁掉他未来从政的所有机会。

我曾经嘲笑过路易斯，说一个人不可能计划好这个世界上的每一步行动，他必须接受周围环境的发展和变化。但路易斯讨厌这样，他喜欢主宰一切的感觉，因此只要是人类能力范围内的事情，他经常都会做到。

相比之下，我对 1928 年的州长竞选知之甚少。因为我已经开始在民主党全国总部办公室工作，富兰克林觉得我有义务继续在那里工作，这占用了我大部分时间。我确实偶尔会去听他的演讲，他在全州范围内发起了一场覆盖各地区的竞选活动。我认为，如果史密斯州长输掉了总统竞选，那富兰克林也没有希望赢得这个州。当我们在选举之夜的深夜离开州总部时，我们仍然不确定选举结果。第二天早上，最终的结果出来了，我丈夫以微弱的优势当选州长。他觉得自己能当选实在是一个奇迹，因为毕竟史密斯州长——在纽约州拥有如此多追随者的史密斯州长落败了。

在那个选举之夜，我造访了国家和州竞选总部，我认为史密斯州长非常勇敢地接受了他的失败。得知自己落选，而富兰克林却成功当选，对他来说一定很难，但他从未以任何方式表现出来。他继续回到本州工作，1929 年 1 月 1 日，我们去奥尔巴尼时，他还接待了我们。

不少人曾和我说过，史密斯州长要求我丈夫竞选州长时，他自己也在竞选总统，他肯定希望两个人都能当选，这样他以后依然可以指导州长的工作。

毫无疑问，他希望通过贝尔·莫斯科维茨夫人来保持对州政府的控制。他多次向我丈夫暗示，她对他来说是无价之宝，每次富兰克林都回答说，虽然他非常敬重莫斯科维茨夫人的工作能力，也知道她的建议和帮助对史密斯州长来说意义重大，但他觉得让她留在自己的核心行政圈子里是不明智的。他认为，任何人在与他人经过如此长时间的相处和紧密合作之后，都无法再对其他人报以同样的忠诚。

史密斯州长要求富兰克林提名他为总统候选人，同时参与州长竞选，因为富兰克林会为他带来新的力量。然而，我认为史密斯州长对这个哈佛毕业生并没有太大信心，因为富兰克林接受过不同的教育，他关心的许多事情对史密斯州长来说意义不大或毫无意义。

势利的人分两种，一种是自己拥有很多机会，却看不起那些缺少机会的人；另一种鲜少有人理解，那就是白手起家，他们为自己克服重重困难之后取得的成功感到无比自豪，同时非常仰慕那些在他们认为重要的事情上取得了成就的人。虽然史密斯州长非常尊重他人在物质上获得的成功，但他有点儿瞧不上富兰克林这种只要生活舒适安逸，便对财富没有多大渴求的人。

在那些日子里，从某种角度来说，我要比富兰克林更了解史密斯州长。当时富兰克林生病了，而我在民主党全国委员会的工作又非常繁忙，因此我便有更多机会从不同的角度观察史密斯州长。虽然他和富兰克林相识已久，但他们从未真正变得亲密无间。富兰克林看到的，只是他作为管理者、竞选者、政治家和州长的卓越能力，还有对他渊博的政府管理知识的由衷敬佩。

我同意他在政府管理方面具有非凡的天赋，他的记忆力惊人，对纽约州的一切都了如指掌，这着实令人叹服。事实上，我很信任他，我觉得他在许多方面都可以称得上是一个伟大的人，我也在为他工作。我相信如果他能当选总统，即便他自己对整个国家的了解不多，他的州智囊团也对这个国家知之甚少，他依然会选好自己的内阁。不过，我从未觉得他能够处理好我们的外交关系，或者能够把握好世界局势。而且我认为，他不像大多数人那样是一个人道主义者，他广受赞誉的社会福利计划完全归功于莫斯科维茨夫人，他会实施这些计划，很大程度上是因为他知道这些改革在政治上是明智的。

自从敦促我丈夫竞选州长以来，他很自然就觉得应当对富兰克林在政治上的成功负有责任。不过富兰克林自己认为，要求他参与竞选是为了帮助史密斯州长，正是因为这个原因，也只是因为这个原因，他才考虑接受了这个要求。

史密斯州长在很多方面都不了解我丈夫。富兰克林有一个特点，他从不勉强自己去干他不想干的事情。他从来没有想过要当纽约州的州长，不想去承担这个位子所带来的所有责任和工作。就我所知，尽管没有公开决裂，但这让我丈夫和史密斯州长之间的亲密关系走向了终结。

富兰克林对州政府的工作有自己明确的想法。他研究了史密斯州长过去提出的重组计划，而且几乎全部批准了。后来富兰克林在处理全国范围内某些问题时的立场，和他解决州内问题时一脉相承。比如说，他开始推行养老金制度。

作为州长，富兰克林还表现出对劳工阶层的关心以及对劳工权利的坚定信念。他认为工人的权利应该和管理层的一样得到重视。后来当“大萧条”时期生活变得艰难时，这些政府对人民负有责任的理论便融入了国家政策。富兰克林曾被指责赋予了劳动者过多的权力，但他的努力只是为了平衡劳动和资本的力量。以史为鉴可以知兴替，他知道在前几届政府中，资本的权力是多么强大和畅通无阻。

他自己对土地保护和发展林业特别感兴趣，与此同时，他作为州长的管理经验也激发了他对水利建设、印第安人问题、交通、教育以及最终对于救济和公共福利问题的兴趣。所有这些问题，以及他对这些问题的理解，都在他担任总统的那些年里得到了进一步深化和拓展。同时，又因为他在当选总统之前就经常四处游历，所以他知道每个地区面临的问题都截然不同。所有这些都是对未来岁月的极好准备。

一旦回到公共事务中，富兰克林的政治兴趣和抱负便又被重新唤醒了。当他发现自己可以再次积极参与政治活动时，他对这场真正的政治博弈和自己的新岗位都感到十分满意。很难将他的抱负和对政治科学本身的喜爱，以及他希望通过政治行动为人民——首先是州，其次是国家，最后是世界——谋求福利的愿望割裂开来。这些目标随着环境的发展不断增加，对这些目标的需要也随着时间的推移不断扩大，我们整个国家被推上了历史舞台，成为世界的依靠。

在奥尔巴尼，他的政党是少数派，他积累了与立法团体合作的经验。后来，到了华盛顿，我常常希望他能和那里的民主党代表一起，继续他在奥尔巴尼曾经做过的那种教育说服工作。那个时候偶尔会召开一些会议，讨论并解释政府支持的所有立法项目和总体改革规划。我丈夫总是说国会的立法团体太大了，他不知道怎样才能举行同样类型的会议。

奥尔巴尼的日子在他们生命中画下了浓墨重彩的一笔。弗朗西丝·珀金斯在纽约州劳工部工作，哈里·霍普金斯①从事救济和福利工作，

① 哈里·劳埃德·霍普金斯（Harry Lloyd Hopkins，1890—1946），美国政治家。1935至1938年任公共事业振兴署署长，1938至1940年任商务部长，是罗斯福总统的重要顾问之一，也是新政的主要设计者之一，参与组建并领导了公共事业振兴署。——译者

托马斯·帕兰[1]博士是公共卫生专员，小亨利·摩根索是环境保护专员。州内正在尝试很多实验，许多后来都被纳入了国家计划。这是富兰克林政治哲学的一部分，拥有四十八个州的最大好处就是可以进行小规模试验，这样就能在全国推开之前先了解整个运作流程。

富兰克林担任州长那几年，我的生活过得非常充实。我第一次真正拥有了一份我不想放弃的工作，那便是教书，因此，除了学校假期以外，我每周只在纽约待几天。

我丈夫喜欢在水面上的感觉，他发现纽约州有一艘小船，州政府官员会乘着它进行运河考察旅行。他决定夏天的时候也乘它去考察。白天，我们会下船参观各种政府机构。这对我来说是很有价值的学习机会。我偶尔会去州立监狱、精神病院或专为残疾儿童设立的州立医院，但从未打算调查任何机构的实际运行情况或评价其优缺点。

我们所参观机构的负责人通常会和我丈夫一起上车，在院子里开着车，指出他们需要什么新建筑，建在哪里比较合适。这样富兰克林便对整个机构的布局有了自己的认识，这对他和立法拨款委员会开会大有裨益。

走路对他来说太难了，以至于他都无法走进任何一个机构，从拥挤程度、工作人员、食物和医疗条件等角度实地考察它是如何运转的，于是我便承担起这部分的考察工作。起初他对我的报告非常不满意。我会告诉他当天的菜单上有什么，他会问我："你亲眼看到囚犯们吃的是这些食物吗?"于是我学会了观察炉子上的锅，看看里面的东西是否与菜单相符。我学会了留意床与床之间是否离得太近，不管它们是被折叠起来放在壁橱里，还是白天放在门后，这都表示它们在晚上会被打开，塞

---

① 小托马斯·帕兰（Thomas Parran Jr.，1892—1968），美国医学专家和公共卫生服务官员。1930 年任纽约州公共卫生专员。罗斯福当选总统后积极参与"新政"改革，1934 年任经济安全委员会主席，主持起草了《1935 年社会保障法》。——译者

满整个走廊！我学会了观察病人对工作人员的态度，奥尔巴尼的生活还没结束，我已经成为一名关于政府机构方面的相当专业的记者。

1929 年夏天，我们沿着运河进行了一次考察旅行，最终小船驶向某个地方，富兰克林从那里沿着圣劳伦斯河顺流而下，与加拿大和美国官员讨论了圣劳伦斯河水路的事。

那年夏天，我带着两个小儿子去了欧洲。丈夫特别想让我带着他们看看同胞们在第一次世界大战中战斗过的前线、昆廷·罗斯福的坟墓和其他烈士的墓地。我在英格兰的小村庄里，指给他们看在那场战争中牺牲的人们的纪念碑。一排排带有十字架的公墓给孩子们留下了深刻的印象，当然，他们还无法理解这些坐落在法国古老村镇里的新建筑究竟有何意义。对年轻的美国人来说，新建筑并不稀奇。大自然掩盖了她在树林和田野中的伤痕，这不禁令我动容，但我还是告诉孩子们，那些被白灰粉刷过的树桩，还有那些树龄很短的树木，都说明整个森林在几年前刚刚被砍伐过。我在田野里指给他们看，当年士兵们挖开用来防护的战壕，还有爆炸的炮弹打出的奇形怪状的洞，如今都已经被青草掩埋了。

一天，我的大儿子对我说："这真是一个有趣的国家，只看到我们这个年龄的男孩和老人在田野里来往，似乎没有像父亲年纪一样大的男人。"这又是一个证据，证明从 1914 年到 1918 年，战争使法国的年轻人付出了多么沉重的代价。

1946 年，在伦敦举行的第一次联合国大会上，我真切地感受到这种失去一代人的痛楚。许多欧洲人都是老年人，他们曾与国际联盟一起努力以维护世界和平，如今却对第二次努力表示怀疑。过了二十年到三十五年后，许多本该成为领导人的却都不在了，一代人的逝去让人唏嘘不已。

回到奥尔巴尼后，我立刻又回归到为人母、为人妻、为人师的忙碌生活中，直到 1930 年的州竞选前，我几乎没有休息过。这是一场轻松的竞选，令所有富兰克林的支持者感到满意的是，他在州长选举中赢得了迄今为止所有民主党候选人中最多的选票。这种情况有双重优势，一方面使富兰克林在州内变得强大，另一方面也使他成为总统的潜在候选人。我对这一前景并不特别感兴趣，但他的政治支持者对此兴致颇高。

在纽约担任州长期间，他参加了许多州长会议，因为他觉得这些会议很重要，他会利用所有能与其他州长接触的机会来讨论问题。有时我会和他一起去。我尤其记得在弗吉尼亚州里士满市举行的最后一次州长会议上，当胡佛总统开始发表演讲时，风吹走了他的讲稿，因为他完全依赖稿子，所以不得不暂时中断。

会议期间，所有的州长都应邀在白宫用餐。我丈夫已经是公认的民主党总统候选人中最有可能当选的。我很熟悉国宴的套路，在总统夫妇接待客人前，来宾必须站在东厅等候，因此我很担心富兰克林，他得一直拄着拐杖，另一只手扶着别人的胳膊才能站得起来。如果没有外力支撑，哪怕一小会儿他也会感到疲惫不堪。

我们提前到了一点儿时间，因为我们很清楚，没法很快速地走到主厅，加入众人等候的队伍。总统夫妇还未出现，有人两次给富兰克林拿来了椅子，但他认为，一旦展示出自己的弱点，便会有人据此编造不实的故事，借机在政治上打压他，因此他每次都拒绝了。他似乎在刻意接受耐力测试，但整晚都站得很好，总统夫妇半小时后才出现，这对他来说无异于一场折磨。

这个想法可能看起来很荒谬，但在政治生活中，你会变得多疑。双方的智囊团都在权衡他们能走多远，同时又不会让人们发觉他们没有遵循公平竞争的规则。你会听到这样那样的流言，但这些风言风语从来都不会引起候选人的注意，因为它们也只是流言蜚语。

在我的印象中，几乎每一次竞选，即便在海德公园，也总有人会散播有关我丈夫、婆婆和我，甚至是孩子们的谣言。我的一些朋友焦虑不安地来找我，因为他们听说了一个故事，说我丈夫没有得小儿麻痹症，但患有其他一些疾病，这些病会越来越严重，最终损伤大脑。

在1932年的竞选中，路易斯·豪听说共和党人计划发表一份声明，声称小儿麻痹症是一种渐进性疾病，最终会影响大脑。路易斯立即联系了小儿麻痹症的权威乔治·德雷伯博士，希望他能写一份辟谣声明，以备不时之需。乔治·德雷伯博士曾和洛维特博士一起照顾过富兰克林。他从医学的角度做了完整的陈述，驳斥了那些不实的说法。他提到，沃尔特·斯科特爵士①在他还是小男孩的时候就得了小儿麻痹症，谁能说他的大脑有问题。

婆婆对那些有关她、她儿子以及孙子的流言蜚语一直都非常反感。那些内容不友善的信件让她苦恼不已，那个夏天政府有偿征用她在海德公园的房子用来办公的说法，最是令她恼火。她为自己的家感到自豪，也因为儿子、家人和朋友能和她在一起而感到开心，但是没有什么能诱使她接受意外之财。无论如何，从来没有政府付钱的先例，在她离世后，我丈夫继续自己掏腰包支付房屋和土地的费用。

身处公共生活中的所有人都遭受过类似的诽谤。捕风捉影的故事无时无刻不在上演，总有一部分想要窥探公众人物私生活的人会相信这些杜撰。既然选择了担任公职，就必须学会接受诽谤，把它当作工作的一部分，更要相信大多数人会根据他在公共服务领域的成就来做出评判。他的家人也必须学会接受。就我丈夫而言，甚至连他的小狗法拉②也被牵扯进对他的虚假指控中。

---

① 沃尔特·斯科特（Walter Scott，1771—1832），英国著名历史小说家和诗人。——译者

② 法拉（Fala），一只“苏格兰梗”小型牧羊犬，罗斯福总统的宠物。1944年总统大选之际，共和党人指责罗斯福动用一艘驱逐舰到阿拉斯加接他的爱犬法拉，罗斯福发表了著名的“法拉演讲”，迅速变被动为主动，重新赢得选民支持。——译者

第十六章　学做总统夫人

虽然富兰克林没有告诉我他决定参与总统竞选，但我知道这一年多来，路易斯·豪所做的一切，都是为了让他了解、熟悉全国的情况。豪虽然个头不高，却是我知道的人里面最富有想象力和执行力的，从这点来看，他的形象非常高大。他的朋友几乎都和工作有关，连他评判他们的标准都是对“老板”的忠诚度，老板是他对我丈夫的称呼。他向来直抒己见，从不会口是心非。

路易斯·豪负责策划了竞选前的活动。战略和人选在很大程度上由他决定，尽管他和富兰克林讨论了自己的计划，但他确实“策划”了整个竞选活动。他喜欢手握权力的感觉，他也想让一部分人知道他拥有权力，但总的来说，他更喜欢深藏不露。虽然富兰克林也很欣赏、信任爱德华·J. 弗林和詹姆斯·法利①，但让他们担任如今重要职务的人是豪。埃德·弗林对我丈夫的信仰和工作深有同感，而吉姆·法利却只相信自己为之工作的那个人，他不太关心这个人的思想和理想是什么。在人际交往方面，他可谓天赋异禀，而且工作能力超强，肩上的担子可一点儿不比路易斯和埃德·弗林轻。

还有很多其他既敬业又忠心追随的人相信我的丈夫，他们慷慨地贡献了自己的时间和金钱，直接参与到竞选活动中，其中包括弗兰克·沃克，小亨利·摩根索和小威廉·福布斯·摩根，以及伯纳德·巴鲁克，他们会帮着智囊团一起谋划，以应对未来可能出现的各种问题。智囊团的任务是帮助富兰克林运筹帷幄，制定出解决未来问题的计划，它的成员主要是由路易斯·豪和萨姆·罗森曼②挑选的，律师、教授、政治家聚在一起，思考具体问题的应对策略。最初的“智囊团”由雷蒙德·莫利③教授、雷克斯福德·图格韦尔④教授和萨姆·罗森曼法官组成。后来，阿道夫·伯利⑤也加入了，在某些场合，约瑟夫·麦克古德里克博士和休·约翰逊将军也会帮忙出谋划策。

富兰克林的整个职业生涯从未偏离他最初的目标——让每一个普通人都过上更好的生活。虽然使用了无数的方法，也面临过很多困难，出现了非常多的变化，但这个目标始终是他做任何事情的初心。然而，尽管他尽一切努力想要避免这场战争，但箭在弦上不得不发，因为事态的发展不可阻挡，只有战争才能消灭法西斯主义。对犹太人的迫害只是开始，法西斯的魔爪最终会伸向所有人。到那时，所有普通人的自由都会消失，而自由一旦消失，富兰克林和其他民主国家人民的信仰也会化为乌有。

---

① 詹姆斯·法利（James Aloysius Farley，1888—1976），美国首批爱尔兰裔天主教政治家之一，昵称“吉姆”（Jim）。法利是公认的政界元老和大佬，掌管着民主党大多数中下层职位的任命，对于支持罗斯福当选总统并成功连任发挥了重要作用，并为“新政”的推行积极争取天主教派、工会组织、非裔美国人和农民等多阶层的支持。——译者

② 塞缪尔·欧文·罗森曼（Samuel Irving Rosenman，1896—1973），美国律师、法官、政治活动家，昵称“萨姆”（Sam），罗斯福总统的演讲词撰稿人、密友和高级顾问，自罗斯福担任纽约州州长起就是核心幕僚成员之一，白宫首任官方法律顾问，罗斯福组织实施“新政”的主要推动者，曾参与领导二战后的战争罪行审判。——译者

③ 雷蒙德·查尔斯·莫利（Raymond Charles Moley，1886—1975），美国政治经济学家。罗斯福总统“智囊团”成员，最初是新政的主要支持者，但在大萧条结束前又转而激烈反对“新政”。——译者

④ 雷克斯福德·盖伊·图格韦尔（Rexford Guy Tugwell，1891—1979），美国经济学家，罗斯福总统“智囊团”成员，曾帮助设计新政。——译者

⑤ 小阿道夫·伯利（Adolf Augustus Berle，Jr.，1895—1971），美国律师、教育家、作家和外交官。《现代公司和私有财产》一书的作者，罗斯福总统“智囊团”的重要成员。——译者

虽然富兰克林的愿望是让人们生活得更幸福，但正如我前面提到的，其中还有他对政治生活的热爱，因为政治不只是一门科学，它还是一种游戏，包括理解大众的反应以及赌上个人的判断。

富兰克林始终认为，总统应该把自己视为人民推选出来执行命令的工具，但同时他也应该意识到，作为总统，他有义务启迪和领导人民。

我从未见过有人能比富兰克林更能给人安全感，我也从未听他说过有任何人类无法解决的问题。他会正视困难，他经常说，虽然不知道答案，但他完全有信心找到答案，而且必须要一直尝试，直到这个问题最终解决。

我从不知道他要面对的生活或问题会伴随着恐惧，我经常在想，这种勇敢的态度到底有没有传递给全国人民。答案显而易见，而这也很可能是富兰克林担任总统的最初几年里，人们能走出“大萧条”的原因所在。他非常清楚，除非人们自己行动起来，否则即便他制定了世界上最好的政策也是徒劳。他相信人们的勇气和能力，他们也没有辜负他的期待。

就我个人而言，我不希望我的丈夫成为总统。然而我意识到，如果一个人希望参与公共服务并为此做了非常充分的准备，那他最后一定会如愿以偿。当然，这纯粹是出于我的私心，我也从没和富兰克林提起过我对这件事的看法。

提名大会在芝加哥举行，参议员托马斯·沃尔什担任常任主席。富兰克林获得提名很大程度上要归功于他对会议的成功驾驭。

阿尔弗雷德·史密斯也是提名的候选人之一，他有许多热心的支持者。现在想想，他可能觉得富兰克林应该出于感激而放弃角逐，因为他在先前富兰克林重返政治舞台一事中出力不少。然而我丈夫认为他比党内任何人都更有信心，能妥善应对国家面临的巨大危机。一个人必须对自己有这种自信，否则永远无法承担起领导一个国家的重任。人们过去常对我说，我的伯父西奥多·罗斯福总统有些自大。我知道许多人认为富兰克林·罗斯福也具有同样的品质。毫无疑问，从某些程度来说他的确如此，否则，如何担得起总统的重任。

民主党全国委员会的常设机构负责处理大会的入场券，这当然对史密斯有利，而且他们拒绝向我们的会议委员会提供相当比例的入场券。然而，就在我丈夫发表完致辞的第二天，一大箱门票送到了我们在国会酒店的套房里！

由于出席大会的每个州代表团都承诺支持我丈夫的提名，他们所在的州就会在地图上被涂成红色，挂在国会酒店的富兰克林·罗斯福竞选总部外面。一天早上，人们发现有人趁着黑夜在地图上贴了一个大牌子，上面写着："重要的是选票，不是面积！"自然，史密斯的支持者最值得怀疑。

在我丈夫被提名的前一天晚上，我们在行政大楼一直坐到天亮。两天后，我丈夫、约翰、埃利奥特和我飞往芝加哥，他将在那里接受提名。

此前从未有候选人乘飞机旅行的先例，这不免让旅途变得更加兴奋刺激。按照以前的惯例，候选人直到夏末才会收到官方正式的提名通知。

雷蒙德·莫利先生后来说，富兰克林的提名致辞是他写的，我确信他只窥到一斑，而未见全貌。演讲有两个版本，显然它们彼此间有些相似，才会产生这样的误会。我丈夫自己写了一篇演讲稿，当时他还在奥尔巴尼，于是打长途电话口述给芝加哥的一名速记员，是富兰克林、勒翰德小姐、塔利小姐和罗森曼法官几个人轮流口述的。

路易斯·豪来芝加哥机场接我们的时候，把这份演讲稿，连同莫利先生和图格韦尔先生在此基础上润色的一稿都带过来了。当他准备把两个版本都交给我丈夫时，富兰克林说："我又修改了一下，新的草稿就放在我兜里，我在飞机上的时候一直在研究呢。"他兜里那个版本才是在大会上最终呈现给大家的，当然，他也通读了其他所有的版本，并且同意在自己的演讲稿中增加了一两件豪觉得非常重要的事。

会议一结束，史密斯州长便带着家人和支持者离开了芝加哥，都没有来得及对富兰克林表示祝贺。其他候选人留了下来，看起来心情还不错，没有那么失落。

1932 年的 9 月，富兰克林开始了他漫长的全国竞选之旅，有几个孩子陪着他，但我没有一起去，直到他返程回家途中到达亚利桑那州的威廉姆斯时，我才和他们汇合。幸运的是，孩子们陪他参加了所有的竞选活动，他喜欢和家人在一起。孩子们不仅帮忙在火车上娱乐其他人，还逗他开心，因为寻找一些有趣的小事逗他笑已经成了我们全家人的习惯。

和往常一样，富兰克林因为与大家的交流而倍感振奋，他结束竞选之旅回到家后，坚信我们一定会战胜“大萧条”。他有着异常敏锐的洞察力，在旅行的时候，他仅凭窗户望出去的乡村风貌就能判断出当地的情况。我从他那里学会了如何透过火车窗口观察，他会观察庄稼，注意人们的穿着，留意有多少辆车，车况怎么样，他甚至会留心晾衣绳上挂着的衣物。正因为如此，当平民保育团[①]成立的时候，即便他从未做过笔记，也清楚地知道什么地方需要什么样的工作。

也是在这次竞选之旅中，富兰克林对我们浪费资源、保护意识淡薄以及水土流失严重的现状印象深刻，他根据自己的见闻制定了行动计划。但他最强烈的感受是，人们身上有一种生命力正在等着被唤醒。我相信，正是因为他对人民的信任，才会在第一次就职演说稿中写道：“我们唯一需要恐惧的就是恐惧本身。”

① 平民保育团（Civilian Conservation Corps），简称“CCC”，是罗斯福新政最著名的改革项目之一。在 1933 年至 1942 年间，美国政府对十九至二十四岁的单身救济户失业男性推行以工代赈计划，这些救济户都是在经济大萧条期间失业、难以找到工作的家庭。平民保育团提供人力劳动职缺，组织失业的年轻男性到联邦政府、各州与地方政府拥有的农村地带进行自然资源保育工作，九年中共有三百万名年轻男性加入平民保育团。——译者

众所周知，竞选演讲和后来的“炉边谈话”① 都需要富兰克林做大量的准备工作。在竞选中，演讲的主题需要精心挑选，演讲的地点和时间也很重要，需要认真决策，在和顾问团多番讨论后，调研开始了。富兰克林希望负责这项工作的同事能把正反双方的论点，以及和这个话题有关的所有资料都收集起来。他仔细翻阅了大家提供的所有材料，把演讲中能用到的挑出来，接着他把这些资料交给受他委托起草初稿的人。初稿拟好交给他后，富兰克林又和他们一起修改了两三次。

我了解他，即便已经将草稿交给最优秀的文学评论家修改，他还是会一遍遍阅读定稿，斟酌用词，变换句子位置，就这样一直润色，直到完全了然于胸，稿子也完全按照他自己的想法呈现。

有时会有人好奇我在我丈夫的演讲中扮演了什么角色，答案是我根本没有扮演任何角色。的确，他有时会使用我给他看的文章中的只言片语或某些段落，我也经常会在他发表演讲前先睹他的稿子，但也仅限于此。

他的声音非常适合收音机，这是他与生俱来的天赋，因为他这一生从没有参加过发音或演讲方面的课程。他的声音无疑让全国人民感受到，在他执政期间，政府取得的每一个成就都和大家的明智和善解人意是密不可分的。

公布选举结果的当晚，我们在纽约市，我在州委员会总部和全国委员会总部之间来回踱步。

我为他感到高兴，因为我知道，从很多方面来说，这或许可以补偿

---

① 炉边谈话（Fireside Chats），美国总统罗斯福的一种演讲形式，在白宫外宾接待室的壁炉前，通过广播向美国公众发表谈话。首次谈话于 1933 年 3 月 12 日，在罗斯福当政十二年中达三百余次。罗斯福以这一形式向美国公众阐述政府的外交政策、国防措施以及战争进程等重大问题，以争取美国人民支持政府的政策和坚持反法西斯战争，取得较好效果。——译者

他因患小儿麻痹症而遭受的命运重击，而且我非常有信心，他能帮助国家度过危机。自然，他想赢，他希望能抓住这次机会为国效力。

但对我自己来说，我深感困扰。在我看来，这意味着我个人生活的终结。我知道传统意义上总统的夫人是什么样子，我观察过西奥多·罗斯福夫人，也见识过当总统的妻子意味着什么，我不能说我对这种前景感到高兴。通过自己挣钱，我最近享受了一定程度的经济独立，还能做自己感兴趣的事情。那天晚上，我的内心和思想都非常混乱，接下来的几个月也没有弄清楚未来的路会是什么样子。

生活立即开始改变，我丈夫当选后，特勤局就承担起保护他的责任，我们位于第65街的房子里满是特工，富兰克林在家时，若有客人前来拜访，必须要接受检查，还要实名认证。

赫伯特·雷曼①当选为州长。1933年1月1日就职日的时候，我们将行政大楼交给了他和雷曼夫人，然后驱车前往海德公园。雷曼先生对州长的工作很熟悉，所以他完全有信心接管。

新年过后不久，我丈夫去了趟华盛顿。胡佛总统问他，在就职前的过渡时期，他是否愿意共同负责某些政务，但富兰克林认为，在他就职之前，他无法分担责任。

冬天快要过去的时候，我按照惯例拜访了胡佛夫人，同时决定搬进去后如何使用这些房间。她亲自带我参观，但当我提出想去厨房看看时，她如释重负地把我交给了管家和艾克·胡佛，他是白宫的首席接待员，我从西奥多·罗斯福总统时代就认识他。

1933年的就职典礼，不论对即将卸任的人、上任的人，还是整个国

① 赫伯特·亨利·雷曼（Herbert Henry Lehman，1878—1963），美国民主党政治家，犹太人，父亲是德国移民，“雷曼兄弟”金融集团的创建二兄弟之一。1928年起任民主党财政委员会主席、纽约州副州长，1933至1942年任纽约州州长，支持罗斯福“新政”。——译者

家的人民来说，都不是一个轻松愉快的时刻。胡佛总统经历了一段艰难的日子，他非常焦虑，以至于在白宫和其他人日常接触时都无法保持镇定。后来我们才知道，在那段时间，连对家人说早上好或者微笑对他来说都很艰难。

他是经济和政治信仰大环境的受害者，而这些只有通过彻底的危机和勇敢大胆的新行动才能改变。在第一次世界大战期间，他为国家做出了杰出的贡献，毫无疑问，他在任期内的确想做很多利国利民的好事。“大萧条”以来，他也在想方设法为自己的国家和世界效力。

富兰克林经常告诉我，他和胡佛总统从白宫开车到国会大厦的经历，以及他在面对沉默的同伴时，如何继续保持愉快的谈话。人群在欢呼，我丈夫不知不觉地回应着，直到他意识到胡佛总统一动不动地坐着。虽然我丈夫的内心充满希望，但他意识到，那不可能是坐在他旁边的这个男人的心境。最终，当他们抵达胡佛执政时期开始建造的政府大楼时，富兰克林发现自己竟然说出了“可爱的铁家伙”这样的评论。听起来肯定有些疯狂，但这恰好说明他在多么绝望地寻找话题。

1933 年 3 月 4 日就职典礼那天，整个国家的形势非常严峻，以至于几乎没有时间能花在社交活动上。富兰克林几乎立刻开始召集会议，而我面临的第一件事就是银行假日，我很担心，因为我们已经在五月花酒店住了两三天，手里没有多少现金了。我去找他，问他如果我们需要用钱该怎么办，特别是因为有几个男孩最近要离开了。他微笑着说，他认为我们应该能够妥善处理一切事务。那时我开始意识到，在白宫里有些事情是不需要担心的。

富兰克林刚开始执政那几天，一直忙于研究应对国家金融危机的方法和策略，无暇顾及其他事情，于是我便开始了总统夫人的工作，那就是打理家务和办公室的秘书工作。

就职典礼在星期六举行。第二天，汤普森小姐和我走遍了白宫，从地下室到阁楼，还查看了壁橱，大体上检查了整栋房子。不知不觉中，我做了许多让接待员们震惊的事情，尤其是艾克·胡佛。我的第一个举动是坚持自己开电梯，而不是等门卫来帮我开，这不是总统夫人应该做的。

胡佛夫人在我们称之为西厅的日光室里摆放了鸟、柳条家具和植物作装饰。大厅的末端非常宽敞，我决定布置成会客厅，为了加快速度，我也一起帮忙搬移和摆放家具，这可把家里的员工都吓坏了。

对我来说幸运的是，汤普森小姐非常乐意和我一起去华盛顿。我丈夫担任州长时，她住在纽约，只是偶尔来奥尔巴尼。所以从那时直到现在，塔利小姐给了我和富兰克林很大帮助，但从我们去华盛顿那时候起，她就只为他工作了。

早在就职日之前，詹姆斯·M. 赫尔姆夫人就主动提出自愿在白宫帮助我们“几天”，直到我们适应之后再离开。赫尔姆夫人是海军上将的女儿，也是一位海军上将的遗孀，她在华盛顿生活了很多年，认识所有那些令人钦佩的“穴居人”，穴居人是指那些真正生活在华盛顿的少数人，他们不是候鸟。富兰克林和我曾在巴黎见过她，一起的还有威尔逊总统和他的第二任夫人，当时她是夫人的秘书。富兰克林非常欣赏她，我们同样很感激她对我们的帮助。

信件、书籍、礼物和各种其他包裹，都快把汤普森小姐的桌子堆满了，她试图凭一己之力来应对，因为没有人告诉我们会有工作人员来帮忙处理，直到最后伊迪丝·赫尔姆再也忍受不了了，她说：“你为什么不把信件交给马吉呢？他坐在楼下无事可做，他可以和他的员工一起帮你。”之后，我们便制定出一套切实可行的流程，所有的邮件在收到后很短的时间内就能得到回复，我们也因此备受赞誉。

后来，伊迪丝·赫尔姆来帮忙的工作发展成社交秘书这一常设职位。汤普森小姐很快就发现，她想做的只有处理邮件和完成我的个人工作而已，她和我一样，对了解华盛顿复杂的社会生活完全不感兴趣。

从一开始，我就养成了8点半在西厅吃早餐的习惯。我丈夫喜欢在床上吃早餐，早餐托盘一端上来，我就去他的房间。我过去只是为了说早上好，因为他不喜欢在这个时间点交谈，他要用来专心读报。

每天吃完早饭后，我会去起居室的办公桌前，依次和管家、接待员和社交秘书交待当天的工作安排。我的外婆和我的婆婆教会了我应当如何管理一个家，按照她们的教导，所有优秀的家庭主妇不仅需要自己制定菜单，收拾好并分发家里用的亚麻布，购买食材，还得安排好当天的大小事务。然而我了解到，在白宫，所有这些都是管家的工作。就这栋房子而言，我既不用亲自动手，也不用承担什么责任。

我请了亨利·内斯比特夫人来家里当管家，她曾在海德公园的女性选民联盟中为我工作过。她的丈夫也随她一起过来做记账的工作。她负责采买、准备菜单，监督所有家务。她是每天早餐后第一个来看我的人，给我看她为当天准备的菜单。我会告诉她大概有多少人要用餐，但我们很快发现，用餐人数经常在最后一刻发生变化，所以她必须时刻准备好应对各种意外情况。

令我惊讶的是，白宫里仆人们的住宿条件竟也如此简陋。有些人在三楼有房间，晚上可以住在那里，但更多人还是白天过来工作，就像他们在大多数南方社区所做的那样，然而他们却没有多少空间用来换衣服和吃饭。我曾试着改善他们的工作和生活条件，但结果一直都不甚满意，直到地下室大力整修后，我才感到一丝欣慰。

白宫内务管理的某些方面可能会引起普遍关注。一方面，我认为很少有人会意识到一个担任总统或州长等公职的人的花费是多少。虽然纽约州和联邦政府会支付家里仆人们的工资，但无论如何，养活他们的费用都是我丈夫自己出的。在奥尔巴尼，我们有八到十名正式的家庭雇员，而在白宫，通常是三十名左右。我一直觉得州府和联邦政府应该为他们的三餐买单。

在白宫，每年有成千上万的访客，意味着我们不得不雇佣更多的人，仅仅是为了保持客房的干净。此外，我们每年为警卫和所有在白宫、庭院和车库里工作的人举办的圣诞派对都是我丈夫买单。正式的聚会和国宴是由政府支付的，但如果在正式的宴会上有我们的孩子或私人朋友，那必须按比例支付他们的费用。当然，那时要求捐款的人不计其数，人们也总是期望总统比任何人都慷慨解囊。我敢肯定，每位总统离开白宫时都比他上任时更穷。

所有这些使得记账和管理家务的工作变得非常复杂，为白宫采购也有一些复杂和困难。即便是一些破烂不堪的东西也不会被淘汰。如果买到了新的来替换原来破损的物件，新物品必须得是照着旧的生产出来的。结果是，仓库里堆满了旧家具，只有当储物空间严重不足时，这些家具才会被处理掉。如果管家不得不买一个新的滤茶器，那么旧的那个也必须保留，以防要生产新的替代品。

一切都被用到寿终正寝。所有不再使用的物品都要在见证人面前销毁。任何有历史意义的东西，比如金钢琴和旧的电梯轿厢，都会收藏在史密森学会中。

在那些用来待客的房间里，必须时刻关注窗帘和地毯是否需要更换，墙面和家具用不用重新粉刷，因为始终在展览中的房子应该在任何时候都保持最佳状态。胡佛夫人告诉我，一些访客给她写信说，大楼梯窗户上的窗帘有一个补丁，然而他们并没有意识到，像这样又大又高的窗户，如果换新的窗帘，会是一笔多么大的开支。

每天早上，在我和内斯比特夫人讨论完相关的家务之后，接待员都会来到起居室。他的工作主要是核对客人和家庭成员的行程安排。他还必须整理出一份访客名单，否则他们无法进入。

接着，伊迪丝·赫尔姆会带着邀请我参加公共活动的名单来找我，同时还有我应该举行的招待会清单，或者她觉得我应该做的其他事情。这三次交谈花费的时间并不多。我想伊迪丝·赫尔姆可能经常会觉得，我对白宫职责中的社交不够感兴趣，但在当时我觉得这些职责并不重要；事实上，我从来没有觉得这个世界已经足够太平，让我们可以花时间去认真对待纯粹的社交问题。

不过，我起初觉得有些职责是无用的负担，后来才逐渐意识到它们也具有真正的价值和意义。就拿喝茶来说。在我看来，一个下午接待五百到一千人，和他们握手寒暄后，便让他们进入餐厅，由赫尔姆夫人和汤普森小姐给他们奉茶或咖啡，着实无趣。

但很快我就发现，特别是对于外地人来说，白宫有着特殊的意义。这是一个向其他国家的代表传递国民热情的地方；从某种意义上来说，美国公民带着一种主人翁般的感觉走过这些简单却又庄重美丽的房间。对很多人来说，白宫就是政府的象征，尽管一周两三次站着握手一个小时左右并不是一个多么鼓舞人心的职业，但我仍觉得是值得的。冬天的那几个月，我会以每周三次的频率定期这么做。

在每个季度最开始的几场招待会上，我会感到浑身酸痛，膝盖和腿也早已不是自己的。我丈夫也发现，这种正式的招待会很是累人，尤其他还要拄着拐杖，简直就是折磨。他尽量把接待人数控制在一千以内，等招待会一结束，便立刻上楼去休息。

所有礼宾的流程对我来说都是陌生的，直到我了解到它确实是出于两个目的——一是保护，二是为了维护有序的秩序——我曾经对此深恶痛绝，就像大多数美国人一样。一位国会议员的秘书在答复对他的正式邀请时，将信封上的收件人写成了“The Chief of the Proletariat（无产阶级）”，而不是“The Chief of Protocol（礼宾司）”，可见这一套繁文缛节对普通美国人而言也意义不大。

华盛顿生活在严格的时间表中。其中有一些我觉得没必要如此复杂，但总的来说，我知道它们的存在是有必要的。住在这里的外国人是不会明白这些复杂的程序的。大多数美国人，不论是选举产生的还是任命产生的，都很重视自己担任的职务，这可能是有道理的。因为他们中的大多数人都得到了独一无二的回报，那就是声望。当然，和他们中很多人在商界或从事某个职业的收入相比，公务员获得的经济回报实在微不足道。

赫尔姆夫人在所有礼宾问题上都得到了国务院的帮助，这减轻了我的责任，我从来不用在正式的晚宴上作陪。

我在白宫的社交日程中增加了一些聚会，一个是所谓的“寡妇烧烤派对”，还有为在政府中担任行政职务的女性举办的茶话会和游园会。每年总统都会应新闻记者邀请参加烧烤晚宴，女性是不允许参加的，即便是新闻界的女性也不能参加。我决定在同一天晚上为女性举办一个晚会，不仅是女记者，还有记者的夫人、内阁成员的夫人都被邀请来参加，这肯定会很有趣。

至于为担任行政职务的女性举办的茶话会和游园会，我发现很多在政府中担任重要职务的女性从未去过白宫，也从未见过所在部门部长的妻子。春天，我为她们举办了一场大型游园会，又在冬天为她们举办了一系列茶话会，我还邀请内阁成员的夫人们和我一起接待。

我在书中列出了某个星期的社交日程，相信读者看后便会发现，总统的夫人并非无所事事。

星期一

下午 1：00　与赫尔夫人共进午餐

下午 4：00　招待 175 位客人用茶

下午 5：00　招待 236 位客人用茶

星期二

下午 1: 00　与加纳夫人共进午餐

下午 4: 00　招待特拉华民主俱乐部成员用茶

下午 4: 30　招待外国外交官的夫人们用茶

晚上 7: 00　与 22 人共进晚餐

晚上 9: 00　司法接待

星期三

下午 4: 00　招待 266 位客人用茶

下午 5: 00　招待 256 位客人用茶

星期四

下午 1: 00　准备 52 位客人的午宴

下午 4: 00　小儿麻痹症基金会妇女部门茶话会

下午 5: 00　妇女俱乐部联合会执行委员会茶话会

星期五

下午 1: 00　为内阁成员夫人们准备午餐

晚上 8: 00　外交晚宴——94 位客人，另有 197 位客人在晚餐后欣赏音乐

我还提供了一些在和平年代访问过白宫的人数，还有部分在白宫喝过茶，用过午餐、晚餐或夜宵的人数。

1939 年期间：

4 729 人用餐

323 人入住

9 211 人用茶

茶会、招待会等接待了 14 056 人，所有人都吃了一些小点心。

共有 1 320 300 人参观了客房，其中有 264 060 人有国会议员的特别通行证，可以参观国家餐厅、红厅、蓝厅和绿厅。

复活节滚彩蛋活动平均出席人数是 53 108。记录显示，有 180 名儿童失踪并被找到；两个人被送去医院急救；6 人晕倒，22 人因轻微擦伤不得不接受治疗。

早上，在我完成和之前提到的三位工作人员的例行会面之后，汤普森小姐会来到我的起居室开始处理邮件。我们必须想出一个全新的处理信件的系统。我们发现，上一任政府的大部分邮件都是套用公函回复的，通讯局局长拉尔夫·马吉还有克里夫兰①总统时期政府使用的公函副本！

无论是正式还是非正式的宴会上，在履行完对客人的义务后，我都会着手处理信件。我会签署信件，同时阅读那些新到的来信，在其他信纸上写下我想要回复的内容以做答复，并把那些我必须口述回复的内容单独挑选出来。这常常让我忙到深夜，我会在睡觉前把那些装着信件的篮子放回到汤普森小姐的桌子上，这样她早上就可以处理了。早上她一来到我的办公桌前，我们就开始处理那些必须口述回复的信件。

关于我的个人工作，比如我的专栏、文章、书籍、广播稿等，汤普森小姐都是在加班的时候完成的，我个人也会补偿她，这样她就不会把

① 史蒂芬·格罗弗·克利夫兰（Stephen Grover Cleveland，1837—1908），美国民主党政治家，第 22 和 24 任总统，美国历史上唯一一位两届任期不连续的总统。——译者

属于政府的时间用于纯属我个人的工作了。这项工作基本都是在晚上和周末完成的。在华盛顿的那些年里，我都没法将汤普森小姐带去休假，尽管她有很多假期，但从来没有使用过，而且根据公务员制度的规定，我们离开华盛顿以后，这些假期也就作废了。

从 1933 年 3 月到年底，我一共收到了 30.1 万封信件。1940 年大选的前一年，我收到了大约 10 万封信。第三个任期的竞选活动、立法草案和其他各种行政措施都让信件数量日益增多。尤其在战争期间，更是屡创新高，但是内容却与“大萧条”时期截然不同。

信里各种各样的请求，和对我几乎能够实现一切的信任，一直让我忧心不已。当然，有很多请求都是夸大其词的。我从一开始就打算在不同的社群里找一些人，满足他们在那些听起来令人绝望的信件中提出的要求。汤普森小姐总是责怪我心肠太软，但有一次我发现她正要寄钱给一个年轻女孩买衣服、鞋子和内衣，那个女孩在信中写道，她马上要高中毕业了，是班上的毕业生代表，但却只有她哥哥的工作服和鞋子可以穿。汤普森小姐想得实在太周到了，她从邮购目录中选了一页附在回信中，上面有尺寸、颜色、价格，等等，所有信息都写得非常详细。我觉得有些可疑，便请人调查，结果发现整个故事都是编造的。这孩子的父母相当富裕，她也不是班上的毕业生代表，甚至都还没有毕业，她只是想要新衣服。

除了已经提到的常规职责外，我还要出席新闻发布会。我很快便发现，在华盛顿，女记者们的生活很不稳定。失业频频发生，除非能找到新的题材，否则她们中的一些人很可能又要面临失业。

洛琳娜·希科克女士受美联社委派前来“游说”我，她指出了许多这样的事情，因为她觉得自己对其他女记者有一种责任感。我的新闻发布会就是她的建议，我也咨询过路易斯·豪，他同意我定期为女性记者举办这些采访活动。

我意识到不能侵犯我丈夫的特权，国内和国际新闻必须由他亲自处理，但在我看来，在我自己的活动中有很多事情可能是有用的。这是一片全新的、还未有人涉足过的领域，我战战兢兢地摸索着前进。

路易斯·豪的肯定让我对新闻记者们更加充满信心。他非常尊重自己的职业，同时也坚持认为新闻人是世界上最可敬的群体。我觉得女性和男性一样光荣，这是毋庸质疑的，我对此深信不疑。

每一场新闻发布会都在斗智斗勇，有时候对我来说并不容易，我想对她们来说，可能也并非易事。举例来说，当她们想知道富兰克林是否会参与竞选、连任第三届时，便会提出各种各样的陷阱问题，比如说："明年冬天的社交活动安排会和往常一样吗?"或者："你会把这些照片挂在海德公园的什么地方?"通常我都能发觉这些问题的弦外之音，避免任何直接的回答，因为我早已接受过路易斯·豪的培训。我的新闻发布会并没有像其他人担心的那样困扰着我和我的丈夫，我相信记者们和我都是带着相互尊重来的。

第十七章　第一年：1933 年

入住白宫的早期，我大多忙于整理家务，我丈夫则遇到了一个又一个挑战。这反而让他感到非常兴奋。决策正在做出，新的想法正在尝试，大家都想去工作，那些过去常常鄙视政府援助的商人也在恳求政府替他们的问题找到解决办法。

引起我注意的是，当时政府的每个人都很乐意与其他人开展合作。当然，随着情况的好转，人们的态度也发生了变化，但从根本上说，正是这种合作精神使我们走出了“大萧条”。国会，传统上从未与新总统有过漫长的蜜月期，即使在他的政党占多数的情况下。在最初的几个月里国会也照常行事，将权力下放给总统，并通过了一些如果不是在危机时期就永远不会通过的立法。

1933 年就职典礼后不久，我们就开始迎来一批批客人，晚饭后富兰克林会带他们上楼去他的书房。在最初几年为什么要特别邀请这些客人到白宫来，主要有两个原因。一是鉴于世界经济和政治形势，有必要与其他国家的领导人建立联系；二是他希望通过这些联系，更好地了解美洲大陆和海外的情况。

富兰克林为各国元首准备了一个招待会，他认为这将让他们感到美国认识到他们政府的重要性。如果客人是下午抵达的，我们就招待整个代表团喝茶；然后，除最重要的客人外，代表团成员都回到酒店或他们自己的大使馆。后来，位于宾夕法尼亚大道对面的布莱尔大厦被政府收购，用以安排重要的访客。每位政府首脑都会在白宫住上一晚，还有他们同行的夫人。通常会安排一个国宴，结束后大家谈谈话或去听音乐会。第二天早上，富兰克林一般在他的客人去布莱尔大厦或大使馆之前再会谈一次。

1933 年，我们最早的一批客人中有拉姆齐·麦克唐纳①，他是和女儿伊什贝尔一起来的。我们很高兴见到他，不过还是感觉到他有些疲惫。失去妻子对他是个很大的打击。在许多方面，他的女儿比他更有活力。

我觉得，富兰克林当时就认为，对于世界上讲英语的国家来说，最重要的是加强相互了解，不管是面对经济危机还是后来的军事危机。这并不意味着他总是同意其他国家的政策，但他认识到，良好的感情纽带、相互理解、并肩合作，对我们和他们都十分重要。

第一年春天，加拿大总理也来到我们这里，为了能和我丈夫以及英国首相一起协调他们的共同利益。

同一时期，法国政治家爱德华·埃里奥也抵达华盛顿。当我翻看第一年的客人名单时，我发现我们先后接待过意大利、德国和中国的代表团，甚至还有一个日本特使来吃过午饭。其他客人包括菲律宾总督弗兰克·墨菲，后来进了最高法院，他带来了曼努埃尔·奎松②；还有新西兰总理，他和妻子一起来共进午餐；以及埃塞俄比亚皇帝的特使拉斯德斯塔·登伯王子殿下。

巴拿马总统也来拜访了我们。但他不是我们这个半球唯一的客人。巴西代表团来吃了一顿雄鹿晚餐；我们还接待了阿根廷的一位特使；墨

① 詹姆斯·拉姆齐·麦克唐纳（James Ramsay MacDonald，1866—1937）英国政治家，第一任工党出身的首相（1924，1929—1931，1931—1935）。——译者

② 曼努埃尔·路易斯·奎松（Manuel Luis Quezon，1878—1944），菲律宾总统（1935—1944）。——译者

西哥特使来吃过午饭；巴西特使在全国考察后又回来报告他的旅行情况。

富兰克林坚信，我们必须学会理解自己这个半球的邻国，并与之和睦相处。他认为，应该由我们第一个做出努力，因为我们过去自封老大的态度，在很多方面都是我们的邻居所不能接受的。因此，从那么早的时候开始，他已经在通过个人交往来推动睦邻政策，这一政策后来变得越来越重要。

从1933年我们搬到华盛顿后，路易斯·豪的身体变得越来越虚弱。起初，他还能待在办公室，对发生的事情遥控指挥，由第一次世界大战退伍军人发起的第二次华盛顿“补偿金进军事件”就是他亲自处理的。

在胡佛先生当政时曾经发生过第一次进军，大家仍然记忆犹新。当得知军队实际上被命令将退伍老兵赶出他们的宿营地时，我永远不会忘记当时自己的感觉有多么恐怖。在随后的一片混乱中，阿纳卡斯蒂亚湿地上的老兵营地被烧毁，许多人受伤，其中一些人伤势严重。这件事说明恐惧能让人们做什么，因为胡佛先生是一个贵格会教徒，他憎恶暴力，他的参谋长麦克阿瑟将军一定知道有多少老兵会憎恨这个命令，而且永远不会忘记。他们肯定也知道这会对公众舆论产生什么样的影响。

1933年3月，当第二次补偿金进军发生时，我非常担心，因为害怕没有什么措施能防止类似悲剧的再次发生。然而，富兰克林和路易斯·豪讨论完情况后，立即决定将老兵们安置在一个旧的营地，并通过救济部门提供食物。路易斯花了好几个小时和他们的领导人会谈。我认为他们是在政府礼堂里开会的，国会中的相关人士也听取了他们的意见。结果，一切都井然有序。

尽管路易斯经常让我下午开车带他出去兜风，但有一天他坚持要我开车送他去波多马克大道附近的老兵营地，这让我相当吃惊。我们到达时，他宣布自己坐在车里，但要我去老兵中间走走，看看情况如何。我犹豫不决地下车走到那里，看见一队人正在等着领食物。他们好奇地看着我，其中一个人问我的名字和想要什么。当我说我只想看看他们过得怎么样时，他们邀请我加入他们。

在他们的碗里装满食物后，我跟着他们走进了大餐厅。我被邀请和他们说几句话——我想我提到了自己曾去过 1919 年的战场——然后他们为我唱了一些老军歌。午饭后，我被要求去其他几栋楼里看看，最后还去了专门为他们建好的医院。

我在那里待了不到一个小时，当我回到车上开车走的时候，所有人都在挥手，我喊了一声："祝你们好运"，他们也回应："再见，祝你好运。"没有发生什么乱子，我唯一的保护就是一位疲惫的书生，路易斯·豪，在整个走访过程中他都睡在车里。

我们大多数看到路易斯的人都说他快不行了。他经常坐在房间里，四周堆的都是报纸，直到最后几个月，他提出的建议仍然很有价值。他于 1936 年 4 月 18 日在华盛顿海军医院去世。他住在白宫，一直到去世前不久。

我总觉得，失去了路易斯的影响、知识和友谊，对我丈夫来说是一个巨大的打击。路易斯好像总有一种敏锐的感觉，能够让富兰克林在任命官员的时候保持平衡，确保我丈夫能看到不同的人选，听到各种不同的观点。路易斯在世的时候，我听到的来自不同团体的抱怨比其他任何时候都少。考虑到有多少人想见总统，要保持表面上的平衡有多么难，我认为路易斯做得很出色。他设法让富兰克林了解所有的观点，这样就不会未经充分考虑就作出决定。

作为总统夫人，除了偶尔和老朋友碰面外，一般不参加非正式活动。春天的时候，埃莉诺·摩根索和我时不时地开车溜出去，找一个小地方停下来吃午饭或喝茶。能否开我自己的车，是特勤人员和我起初时争论的问题之一。特勤局希望让一个特工陪着总统夫人一起去，但我不想让一个司机或特勤局特工一直陪在身边；我从来没有同意过让一个特勤局特工跟着。

特勤局的负责人发现我不允许特工陪我四处走，有一天他去找了路易斯·豪，把一把左轮手枪扔在桌子上说："好吧，好吧，如果罗斯福夫人要独自驾车环游全国，至少让她把这个带在车里。"我很认真地把它带在身边，夏天我请了一个朋友，一个曾在纽约州当过富兰克林保镖的人，教我练习射击，这样如果需要，我会知道如何使用枪。经过相当多的练习之后，我终于学会了击中目标。我绝不会把它用在一个人身上，但我想如果我必须拥有一把左轮手枪，我应该知道如何使用它。

每次，当我和丈夫旅行回来见面时，我们总是设法安排一顿无人打扰的晚餐，这样我们就可以在第一时间听到整个故事，不会因为听到别人重述而走了样。随着时间推移，我成为一个更好的记者和观察者，主要因为富兰克林提出的问题涉及面是如此广泛。我发现自己不得不留心每一件事。例如，当我从加斯佩河旅行回来时，他不仅想知道在那个地区可以怎样捕鱼和打猎，而且想知道渔夫的生活是什么样的，平时吃什么，如何生活，农场是什么样的，房屋是如何建造的，可以接受什么样的教育，是否像其他农村的生活一样完全被教会控制。

当我谈到缅因州时，他想知道我在参观过的农场里看到的一切，房子的情况和人的情况，印第安人的生活如何，他们来自哪里。

富兰克林从来没有说过我是个好记者，早期，我的所有旅行都不是应他的要求才去的。然而我意识到，如果他不感兴趣，他就不会这么详细地问我，我暗下决心，这是我唯一能帮助他的办法，除了打理这栋房子之外，因为房子很快就在内斯比特太太的管理下运转了起来。

秋天的时候，贵格会邀请我去调查西弗吉尼亚州煤矿区的情况，他们正在努力做一些救济的工作。我丈夫认为这样做是件好事，所以安排了这次考察。那时候我被拍到的照片还不够多，所以没人能认出我来，我花了一整天时间在西弗吉尼亚州摩根敦附近地区走来走去，没有人发现我是谁。

我看到的情况让我确信，只要有一点领导，矿区就可以发展起来，如果我们不想老百姓造反，至少可以仿照前些年经济形势不好时那样，建立一个群众团体。在那个地区，有些人已经领了三五年救济，他们几乎忘了有份每周能干一两天以上的工作是什么感觉。有些孩子根本不知道坐在桌边吃一顿正餐是什么滋味。

一天晚上，我在饭桌上讲了一个我从那次旅行中带回家的故事。我参观过一家公司，那里的人们从前日子过得显然不错，那人给我看了他的每周工资单。他在公司商店的账单、房租和矿灯的油钱已经被扣除，剩下来的钱每周不到1美元现金。家里有六个孩子，他们好像都很害怕陌生人。我注意到桌上有一只碗，里面装满了大家可能给狗吃的东西，我看到孩子们明显在找他们的午餐，从碗里拿出一把，出去大嚼。他们只能吃这些。

我出去时，两个孩子鼓足勇气站到门口，小男孩抱着一只白兔。显然那是他最珍贵的宠物。小女孩瘦骨嶙峋，望着哥哥，眼睛里透着机灵。她说："他以为我们不会吃掉它，但我们会的。"听到这话，小男孩赶紧沿着路跑了，兔子抱得比原来还紧。

碰巧那天晚上威廉·C. 布利特①来和我们一起吃晚饭，我一直很感激他第二天给我寄来了支票，他说希望这有助于让那只兔子活下来。

这次去矿区是我第一次接触贵格会教徒的工作。我喜欢他们让人们通过工作自力更生的理论。这些人开始创设一些项目，教会人们如何运用自己的能力来发展新的技能。妇女们被鼓励恢复一些她们曾经熟悉的家庭手工艺，这些在矿区单调的生活中都被忽视了。

① 小威廉·克里斯蒂安·布利特（William Christian Bullitt Jr., 1891—1967），美国外交官、记者和小说家。——译者

这只是我多次进入矿区考察的第一次，但正是这一次让我有了建设“自耕农场”的想法。位于摩根敦的西弗吉尼亚大学成立了一个委员会，帮助贵格会矿工们实施这个农业项目。以该委员会及其项目为基础，政府获得了该大学一位校董布什罗德·格里姆斯先生的贷款，并建立了安置管理局。路易斯·豪也创建了一个小型咨询委员会，我、皮克特先生和其他一些人都在这个委员会工作。这都是实验性的工作，但它的目的是让人们摆脱救济，去建造自己的家园，给他们足够的土地种植粮食。

人们希望通过创办一些小工厂来对经济有所帮助，让人们找到固定的工作。一些小工业开始兴办起来，但经常不太成功。只有少数移民安置项目取得了成功；然而，我一直觉得他们所做的好事是不可估量的。当时的环境几乎正在孕育革命，因此需要让人们感受到政府的关心。

我开始听到关于西弗吉尼亚州洛根县情况非常严重的报道，在那里，有些人全家多年来一直住在帐篷里，因为参加罢工之后他们被赶出了公司的房子。所有人被列入黑名单，在任何地方都找不到工作；他们靠西弗吉尼亚州为失业者提供的微薄津贴度日。现在帐篷破旧不堪，疾病肆虐，没有人能得到任何医疗救治。最后，伦纳德·埃尔姆赫斯特太太和我建立了一个诊所来照顾孩子们。当我告诉丈夫那里的情况时，他说要和哈里·霍普金斯谈谈，告诉他，这些家庭必须在圣诞节前离开帐篷。这件事办成了，两年来，我们用我的广播节目报酬和埃尔姆赫斯特太太的慷慨捐助，设法在孩子们中间消除多年来的种种不良影响。

我对摩根敦附近的一条小溪非常熟悉，它被称为“斯科特奔流”，或者叫“血腥奔流”，因为那里的矿井曾发生过暴力冲突。公司的一些房子就坐落在道路两边的小山上，看上去基本不适合人类居住。这个在摩根敦附近开始建设的“自耕农场”项目被称为阿瑟戴尔社区，它接纳了附近矿区的所有居民。

伯纳德·M. 巴鲁克是最早去阿瑟戴尔的人之一，他帮我建立了最初的学校，他对这个项目一直非常感兴趣，有时候甚至不带我就自己去参观了。我总是希望，他能和我一样，从看到孩子们在这个社区生活了六个月后的变化中得到同样的满足。

这些“自耕农场”项目在国会遭到抨击，大部分人从未目睹过矿工们的困境，也从未见过我们为他们做过什么。毫无疑问，花了那么多钱，或许有些是不明智的。这些项目都是实验性的。例如，在阿瑟戴尔，尽管西弗吉尼亚大学推荐了这个地点，但显然没有人知道后来发现了什么，这里的地下有一个透水岩层，最终在保证供水安全方面造成了巨大开支。然而，我一直觉得，如果没有投入这个项目，许多人可能会耗费成千上万美元在结核病疗养院、精神病院和监狱里。在新的社区，人们重新开始发挥作用，并对自己有了信心。后来，在第二次世界大战期间，当我遇到那个地区参军的男孩时，我不禁想，他们中的许多人之所以能够为国效力，就是因为政府做了很多事情帮助他们的父母度过了“大萧条”时期。

在这个世界上，我们学到的东西都不会是浪费的，我还得出一个结论，实际上我们所做的每一件事也都因果有报。如果它是好的，将来一定会有一些好的用途。如果它是恶的，可能会缠上我们，以一种想不到的方式阻碍我们付出的努力。

几年后，在《社会保障法》通过以后，我看到它在这个地区的具体个案中是如何运作的。发生了一起矿难，有几个人丧生，我丈夫让我下去看看人们都是怎么说的。有一个人死后被追授“卡内基勋章”，因为他回到矿井里帮助营救其他人。他的遗孀有好几个孩子，所以她的社会保险福利会让她感到欣慰。在与另一个寡妇交谈时，她有三个孩子，第四个即将出生，我问她将如何生活下去。她看起来很自信，告诉我：“我姐姐和她的两个孩子会来和我们一起住的。我每个月能拿到将近 65 美元的社会保障福利。每月付 15 美元在房子和土地上，我要种菜养鸡，再加上政府这笔钱，会过得很好。如果是过去，矿山公司可能会给我一张小支票，如果其他矿工负担得起的话，通常也会募捐一笔钱，但现在我可以依靠这笔来自政府的收入，直到孩子们长大成人。”

在我的脑海里，第一个秋天在华盛顿还有另外两件事让我印象深刻。1933 年 11 月 17 日，小亨利 · 摩根索在白宫椭圆形房间宣誓就任财政部副部长，从此开始了他在财政部的长期艰苦工作。伍丁部长辞职后，亨利 · 摩根索接替了他的职位，直到我丈夫去世后不久，他也辞职离开了华盛顿。

同一天，我丈夫和利特维诺夫①先生就承认苏联问题进行了最后的会谈。两个国家之间的第一次电话通话引起了相当大的兴奋，利特维诺夫先生在白宫和他在俄罗斯的妻子、儿子打通了电话。接待员们在他们的每日记录簿中记下了这件事，因为尽管与许多欧洲国家也进行过越洋通话，但这是与俄罗斯外交关系的开始。

自不用说，在我丈夫的一些老朋友中，有相当多的人反对承认俄罗斯。他母亲在消息宣布前也来找过他，告诉他，她听说他即将承认俄罗斯，但她认为这会是一个灾难性的举动，他们的大多数老朋友都不会认同。

不仅是他的老朋友，我丈夫和其他人也经常就政府要对人民负责的新理论发生争执。我记得当参议员卡特 · 格拉斯坚持说弗吉尼亚州不需要救济时，富兰克林建议和他开车去看看一些不好的地方。参议员从未接受他的邀请。

与俄罗斯建立外交关系以及我们与自己这个半球的关系，是美国政

---

① 马克西姆 · 利特维诺夫（Maxim Maximovich Litvinov，1876—1951），犹太人，苏联外交官。支持国际裁军，力主苏联加入 1928 年《凯洛格白里安公约》（又称《非战公约》），1929 年 2 月主持签订了加入该公约的《利特维诺夫协议》。1941 年 11 月至 1943 年 8 月任驻美国大使。——译者

府外交政策的第一个被攻击点，但起初那些年的主要焦点还是集中在我们的国内政策和经济复苏问题上。

当我回顾第一年所采取的实际措施时，我意识到让我丈夫最高兴的是 1933 年 4 月 5 日建立了“平民保育团”营地。那些十几岁的年轻人，那些读完高中的男孩，还有那些刚刚大学毕业的男孩，都无所事事。除了军队之外，没有任何组织拥有帐篷和其他必要的物资来开办这样的营地，这就是为什么该项目的一部分很快就被置于军方管辖之下。

富兰克林认为，除了每天必须的劳动，孩子们还应该接受一些其他的教育。平民保育团有三重价值追求：它让孩子们有机会看到自己国家的不同地方；学会在户外做好一天的工作，这对他们的身体有好处；它还给了他们一笔现金收入，其中一部分要寄给家里人。这既鼓舞了孩子们的士气，也鼓舞了他们家里人的士气。这个想法是他对一揽子救济重建计划的贡献。

接着在 6 月 16 日，由休·约翰逊将军牵头起草的《国家产业复兴法》① 公布。这个法案最重要的一点，就是让那些希望做正确事情的实业家们可以更容易一些。那些滑头鬼和通过压榨雇工获利的人，再也不能与那些赚取合理利润但又公平对待雇员的人进行不公平的竞争。大约两年后，《国家产业复兴法》被宣布违宪。我认为这是不幸的，因为这似乎是一个简单有效的方法，让那些不好的雇主去做正确的事情。

---

①《国家产业复兴法》（National Industrial Recovery Act），美国以政府权力全面干预经济活动的联邦立法，1933 年 6 月 16 日由罗斯福总统签署实施。宗旨是“恢复公平的竞争”，成立产业复兴署（National Recovery Administration），在其领导下各工业部门组成由雇主和工人代表参加的协商委员会，制定“公平竞争法典”，规定一定地区和一定时期内某一工业部门的生产计划、产品价格和销售市场的分配，以图避免盲目竞争与生产过剩；在劳资关系方面，规定工人有权组织工会，选派代表与雇主进行集体谈判，雇主必须遵守关于最低工资额和最高工时的规定。1935 年 5 月该法案被最高法院裁定违宪后停止实施。——译者

同日成立的公共工程管理署[1]，使政府在这段萧条时期有可能规划和实施公共工程建设。它通过向各州提供贷款，帮助缓解了失业率问题，这些项目是各州自己无法融资的。

五个月后，即1933年11月，土木工程管理署[2]成立，并及时安置了四百万失业人员。

在我环游全国时，我看到了许多由公共工程管理署和土木工程管理署建设的项目。我也看到了平民保育团的工作成果。这些机构取得的成就开始遍布城市和农村地区。水土保持和林业工作也在继续推进，修建了度假区，还有无数的桥梁、学校、医院和卫生设施项目，为这些机构的卓越工作树立了永久的纪念碑。的确，他们花了全国人民大量的钱，但他们做了有益于集体的好事，留下了今天仍能看得见摸得着的实际成果。他们把国家从“大萧条”中拉了出来，使我们有可能打赢那场历史上最伟大、最昂贵的战争。

其中影响最深远的项目，也许要算是田纳西河谷管理局[3]。这是乔治·诺里斯[4]参议员最大的梦想，目睹了管理局发展的人永远不会忘记，

---

① 公共工程管理署（Public Works Administration），简称“PWA”，1933年6月根据《国家产业复兴法》设立的“新政”机构，旨在推动基础设施和公共工程建设，解决大规模失业问题。——译者

② 土木工程管理署（Civil Works Administration），罗斯福“新政”初期短暂存在的促进就业机构，隶属于联邦紧急救济署（Federal Emergency Relief Administration）。——译者

③ 田纳西河谷管理局（Tennessee Valley Authority），成立于1933年5月，是大萧条时期罗斯福总统规划专责解决田纳西河谷一切问题的机构，位于美国田纳西州诺克斯维尔，整体规划水土保持、粮食生产、水库、发电、交通等，是秉持“地理导向”的一个整体解决方案机构，获得巨大成功，经营至今。——译者

④ 乔治·威廉·诺里斯（George William Norris，1861—1944），美国政治家，早年做过律帅、检察官和法官。他是1932年《宪法第二十修正案》的起草者，废除了国会的“跛脚鸭”会议，即下届议会选举出来举行全体会议之前、上届离任之间的国会会议，并改变了总统就职的日期。他还是1932年《诺里斯-拉瓜迪亚法案》的发起人之一，禁止在劳资纠纷中使用禁令来防止罢工，维护工人权益。他大力倡导水力资源开发，1933年提出创立田纳西河谷管理局的法案。——译者

他为这件许多人冷嘲热讽的事业所作的斗争。河谷开发工作在第一次世界大战期间就开始了，但在战争结束时，大部分工作都停止了。直到我丈夫明白了诺里斯参议员的设想，在这个时候重新启动能够为国家争取到最大成果，才有了进一步的行动。考虑到可能发生战争的需要，富兰克林坚持要尽快推动管理局的工作。他相信在某种形势下战争很快就会到来，而且知道如果打仗的话，我们将需要管理局所能提供的一切。

在1932年的竞选活动中，我和丈夫曾经走过一些田纳西河谷管理局管辖的地区，那里的百姓给他留下了深刻印象。他们太穷了，他们的房子没有粉刷过，汽车破旧不堪，许多成年人和孩子没有鞋子和足够的衣服。不到八年后，住房、教育和农业等一系列的试验都产生了效果，我再去走访同样的地区，繁荣的景象丝毫不输给其他地方。我一直希望，那些反对在其他大河流域创造类似效益的人，能够去看看我所见到的前后反差。我当然意识到这种变化一定是循序渐进的，但我讨厌看到什么都不做。我希望，正如我丈夫一直希望的那样，我们每年都能在密苏里河和密西西比河的源头做些事情。这样的实验，既改善了人民的生活，也是捍卫我们民主制度的坚固堡垒。

第十八章　和平年代：1934—1936 年

在我看来，从 1934 年到 1936 年，是我们在白宫中度过的忧愁最少的一段时光。已经实施的改革开始使国家恢复到更加平稳的状态。资本家与劳工之间，以及总统与国会之间普遍感觉良好；在家庭生活中，我们也逐渐让家里的私人传统和习惯适应了白宫的环境。

1934 年春，富兰克林建议我去波多黎各[1]考察一下，当时的波多黎各总督布兰顿·温希普[2]将军面临着巨大的挑战。那里劳动环境恶劣，没有足够的食物来满足不断增长的人口。糖业公司拥有大片土地，由于工作是季节性的，工资少得可怜，工人们在淡季里几乎挨饿。当时农业部的雷克斯福德·图格韦尔正准备去研究在那里可以做些什么，我丈夫认为，如果我也一道去，可能会向人们表明他对那里的情况真的很关心。

按照为我精心安排的行程，我参观了一些农村学校，其中一些学校正在努力提高为孩子们提供的教育质量。我还看到了妇女们做的家庭手工产品。工厂的工资很低，家庭手工产品的报酬也少得令人难以置信。小姑娘们在学校的午餐时间都坐在那里绣手帕，以增加家庭收入。

农村家庭的卫生条件不够，但城镇的情况更令人震惊。我记得曾沿着一条街道，去参观工厂工人住的房子。大多数住房都只有两个房间，后面的房间没有采光，实际上前屋唯一的光线也是从门口照进来的。那里没有窗帘，当然，也没有自来水或其他现代化的便利设施。许多妇女在户外用小炉子做饭。

真正的贫民窟实际上更糟，而且就在首都。上一次飓风过后，大家就在水面上用捡来的铁皮、铁丝和木头搭成棚屋。我们走在摇摇欲坠的脚踏板上，看到每家每户都在涨水。

在悬崖边上有一个贫民区，摇摇欲坠。在这里，山羊和其他动物都住在房子里。同样，这里没有卫生设施，伤寒很常见。如果不是因为这里的气候和从美国买来的大米、豆类为主食，很可能会有大量的佝偻病。肺结核造成了大量人员死亡。每年都有越来越多的孩子出生，这使人口问题成为一个值得认真思考的问题。

我们从波多黎各到了维京群岛，那里的条件虽然也很差，但似乎比波多黎各稍好一些，那里和波多黎各都在努力建造一些新房子，但必须教会人民如何使用它们。即使是在更好的身体状况下，他们也不知道如何体面地生活，因为他们被迫生活在其中的环境，使得保持清洁几乎不可能。

回来后，我请求丈夫派一些劳工组织的人和工业家去看看情况。我的一些朋友后来去那里发展了新的工业，我认为有几类小工业应该会取得成功。后来图格韦尔先生成为波多黎各总督，他致力于实现自己第一次去那里考察时就产生的许多想法，但这些岛屿仍然是一个困难的问题，也是美国面临的一个远未圆满解决的问题。

1934 年夏天，我丈夫决定带着我们的两个小儿子——小富兰克林和约翰，穿越加勒比海和巴拿马运河，去夏威夷。记者们乘另一艘船跟着

---

① 波多黎各（Puerto Rico），全称“波多黎各自由联邦”。位于加勒比海大安的列斯群岛东部，首府圣胡安。官方语言为西班牙语，通用英语。1977 年初，美国福特政府曾主张将波多黎各变成美国的第 51 州。2017 年 6 月 11 日，波多黎各进行了第五轮公投，赞成向美国国会申请成为美国的第 51 个州，但这一结果尚未得到美国国会确认。——译者

② 布兰顿·温希普（Blanton C. Winship，1869—1947），美国陆军少将，军事律师，参加过美西战争和第一次世界大战。曾任美国陆军法务长。1934 年 2 月至 1939 年 6 月任波多黎各总督。——译者

旅行，时不时地会来拜访富兰克林。我记得他得意扬扬地告诉我，他必须向新闻记者提供他们经停的大部分地方的历史背景。一到夏威夷，他和孩子们玩得很开心。他很喜欢见到当地的女酋长，吃着没有几个人真正喜欢的淀粉糊。

1936年冬天，路易斯·豪终于从白宫住进了医院。我们不停地告诉他和我们自己，他会好起来的，然后再回来，但突然就传来消息说他死了。这是我丈夫遭受的最大损失之一。他只好承担起别人难以承受之重，因为在公共生活中，他没有私人时间用来悲伤。他必须继续挑起肩上的担子，压抑住自己的情感。路易斯的去世，让我丈夫失去了最亲密的伙伴，也失去了那种能和身边人坦诚相见的满足感，他也许不会总是听从路易斯的建议，但只要他在，就令人振奋。

路易斯·豪的去世，给我丈夫的生活留下了很大的空白。我一直觉得，如果路易斯还活着，能够进入富兰克林工作和社交圈子的人会更少。不知不觉中，他也在找人填补这个空白，但由于种种原因，就是没有人能够完全填上，每一个人都是粉墨登场一阵子就消失了，有的还带着一肚子苦水，这是我能理解的，但总感到很遗憾。没有多少人的个人抱负是为了成人之美。有一段时间，与哈里·霍普金斯之间的友谊，尽管有所不同，但在某些方面很相似，再次让富兰克林找到了他对路易斯的那种感觉。

从1934年到1936年这两年，我们所担心的主要是像这样的个人问题。事实上，在邻近1936年的竞选时，我们感觉到这个国家正在重新站起来。我在那次竞选中没有做什么正式的工作，尽管我也拜访了竞选总部，并和富兰克林一起去了他的一些巡游。说实话，我从来没有觉得出去为我的丈夫竞选是一种很风光的事，所以在所有的竞选活动中，我都不会特意参加政治活动，除非有人专门邀请我。

当选举之夜结果出来时，缅因州和佛蒙特州仍然支持共和党人。我丈夫眼中闪烁着恶毒的光芒："我知道我应该去缅因州和佛蒙特州的，但吉姆不让我去。"

这次选举其实没有悬念，也没有谁去刻意等待选举结果。像往常一样，我们就住在海德公园，在那里，选举之夜的餐厅总是被改造成在我看来最像报社的地方。收听新闻播报的机器就安装在餐厅外的一个小房间里。富兰克林自己也有电话，长的电报是由人转送给他的，每个人都会把得票数算出来。大家总是期望我对结果感兴趣，但我还要和他母亲一起在图书馆帮着招待客人，不让他们进入餐厅，除了一些关系特别好的人。报社的人会来吃点心，最后，选举结果出来了，海德公园村的人会举行火炬游行，来祝贺我的丈夫。我们会走出门廊，听他说几句话，通常都是在寒风中冻得瑟瑟发抖。

1936 年，当我们回到华盛顿时，富兰克林受到了热烈欢迎，他的第二个任期有一个美好的开端。他在国会中获得了民主党的多数票，党员们感到非常安全，开始相信他们可以做任何他们想做的事。对于任何团体来说，这其实都是一种不好的心态，尤其在一个刚刚经历了"大萧条"后才趋于稳定的国家，而我们又担负着责任让她平稳运行的时候。

初到华盛顿的那些年，富兰克林的主要兴趣之一就是改变我们和拉丁美洲邻国之间的相互恶感。11 月份选举结束后，他努力践行这项政策，参加了 1936 年在布宜诺斯艾利斯举行的"美洲维持和平会议"。他被这次旅行所遇到的格外热情深深打动了，特别让他高兴的是，他似乎能够开启自己长期以来非常渴望发展的睦邻友好。

这次访问以及所有其他具有外交意义的访问，都是在与国务卿赫尔①

---

① 科德尔·赫尔（Cordell Hull，1871—1955），先后担任美国国务卿近二十年，是美国历史上在任时间最长的国务卿。全力支持罗斯福"新政"，使世界经济危机在美国造成的损失减少到最低限度。——译者

和国务院认真商量后安排的。萨姆纳·威尔斯①，富兰克林得力的副国务卿，不仅对南美事务了如指掌，而且非常赞同富兰克林在拉丁美洲所做的努力，他全心全意地支持睦邻政策。富兰克林发现他是一个优秀的同事，并依仗他提供详细的背景资料。不过我认为，富兰克林本人对这些国家政府和人民的善意，对于国务院是重要助力，使我们的政策得以顺利实施。

在回国的路上，富兰克林在乌拉圭做了停留。他总是喜欢讲那个国家的总统是如何问候他的故事。当他们见面时，他向富兰克林保证，不必担心可能发生在“他”身上的任何事情，但既然乌拉圭总统自己都受到了威胁，如果那里发生了枪击事件，富兰克林也一定不会感到惊讶。不过，美国总统应该不会成为袭击目标。我丈夫坐上了车，去兜了一圈，但回来后他告诉我这件事时，说他不由得怀疑自己是否会被误击，尽管他不是目标。不过，那天并没有人中枪。

他们从乌拉圭又去了巴西，富兰克林对这次访问受到的热情欢迎再次感到非常高兴。就是在那里，他收了一份送给我的礼物，这份礼物后来在报纸的一个专栏和电台广播中引起了非常多的评论。因此，我想最好在这里讲讲整个故事。

瓦尔加斯总统和他的夫人问副国务卿威尔斯，是否可以送份礼物给我，因为他们知道这个规矩，即美国总统或所有政府官员在任期间都不能接受外国政府的私人礼物。塞诺拉·瓦尔加斯夫人送给我一套漂亮的锻银茶具，还有她和她丈夫一起从收藏品中挑出了一颗巨大的海蓝宝石送给我，那是世界上最大最完美的宝石之一。我丈夫回来之后把这些礼物送给了我，看到它们我真是为之深深打动，但我意识到，只有在白宫

① 萨姆纳·威尔斯（Sumner Welles，1892—1961），美国外交官。1933 至 1943 年任助理国务卿和副国务卿，任内制订和推行富兰克林·罗斯福对拉丁美洲的“睦邻政策”，多有建树。——译者

或某些官方聚会上，才用得上这么大的茶具。那块宝石就放进了我在白宫的保险箱里。

富兰克林去世后，我把茶具送给了“富兰克林·德拉诺·罗斯福号”航空母舰，我希望巴西人能很高兴在这艘船上看到它，因为她在下水后不久就去那里进行了一次友好访问。

我把海蓝宝石交给伯纳德·巴鲁克，让他打听一下它的价值。我曾试过拿去估价，但似乎没有珠宝商能告诉我确切的价值。就在这个时候，专栏作家德鲁·皮尔森宣称，我要把这块宝石卖掉，价值25 000美元，而它是送给我丈夫的，不是送给我的。一想到这其实是在指责我在自己丈夫的财产之外保留了一些实际上属于他的东西，我着实感到震惊。

我不想把这块宝石送给富兰克林·D. 罗斯福图书馆，因为我觉得它与我丈夫的收藏品没有什么关系。我希望能用它做点什么，在一定程度上有利于巴西人民。幸运的是，我发现威尔斯先生非常清楚这件礼物是送给我而不是我丈夫的，他告诉我，如果把这块宝石和富兰克林的其他藏品一起放在海德公园的图书馆里，巴西人民会非常高兴的。它现在就收藏在那里。

富兰克林在南美洲访问时，我和汤普森小姐进行了我第一次真正的演讲旅行。这年春天，我在中西部做了四次讲座，但我对此并不是太满意；这是我第一次参加“W. 科尔斯顿-利演讲协会”组织的旅行。

这些旅行给了我一个极好的机会，去参观各种各样的地方，会见和了解各界人士。在空闲时间，我总是尽可能多地去参观政府建设项目，通常在没有事先通知的情况下过去，这样他们就无法为了应付我的考察而包装它们。我开始亲眼看到，我丈夫在他执政头一百天里所采取措施的一些效果，在与全国各地人民的会面和交谈中，我充分了解到新政对他们意味着什么。例如，很明显，住房建设和农业贷款把许多家庭从灾难的深渊里拯救了出来。

当然，我回来后总是向富兰克林汇报情况，但除了我的报告可能对他有一些价值外，我还有一个更私人的理由想去做一些考察。在华盛顿住了这么多年，我一直都在为我们不再待在那里的日子做准备。我从来不想放弃自己对纽约的兴趣，因为我总觉得自己有一天会回去的。我从来不曾想到，过了这么多年后我才离开华盛顿。我本来以为，每到一个四年任期结束的时候就要离开了。

在华盛顿的那些年，我们努力保持着自己的家庭传统以及在白宫已经形成的传统，特别是在庆祝节日方面。华盛顿的平安夜对我来说通常是一个忙碌的日子。我先去参加福利委员会在国家大剧院为贫困儿童举办的晚会。然后，我和丈夫一起去祝所有行政部门的工作人员圣诞快乐。

通常午餐的时候我必须去救世军①总部，在那里我们有一个宗教仪式，安排在分发食物篮之前。我担心这些“大萧条”时期的宗教活动对我产生了一种反基督教精神的影响，因为在接受篮子之前，总是要向那些可怜的人们宣贯他们应该多么感恩。我知道如果自己站在他们的立场上，绝不会心存感激。离开那里以后，我还要去“美国志愿者”协会，做同样的服务和分发食物篮，然后再及时赶回家参加在东厅举行的下午聚会。

聚会结束后，我和丈夫以及所有和我们相聚的家人，会一起去点亮社区圣诞树活动的现场，在那里我丈夫要播报一条圣诞广播消息。然后他会回到白宫，而我要去一条小巷（其实是华盛顿的贫民窟）的圣诞树活动现场，在那里我们要再一次唱圣诞颂歌。当我看着身边的穷人时，不禁想知道圣诞节对那些孩子们意味着什么。

回到家里，我会发现丈夫正在给聚集在一起的家人读狄更斯的《圣

① 救世军（The Salvation Army），新教基督教会的国际慈善组织，1865 年由英国伦敦卫理公会巡回传教士威廉·布思（William Booth）创建，按照准军事方式建立，教义是典型的福音派新教教派。——译者

诞颂歌》。他对戏剧有很高的鉴赏力，每当他读到关于鬼魂的章节时，语调中总会添加很多戏剧性。像这样，不管他大声朗读什么东西，都是惟妙惟肖，这就是为什么他能很好地吸引孩子们的注意力，哪怕他们还没有真正理解那些词句的意思。袜子装满后，汤普森小姐和我基本上都是去圣托马斯教堂参加午夜礼拜。

在新年的前夜，我丈夫喜欢待在白宫里。我们总是叫上几个朋友，午夜时分聚在椭圆形书房里，打开收音机，手里端着传统的蛋奶酒，等待着宣布新年的到来。富兰克林总是坐在他的大椅子上，作为总统，他会举起酒杯说："致美利坚合众国。"我们都站起身，跟在他后面重复一遍祝酒词。不知何故，这句话在那栋房子里说出来显得特别有意义，给人印象深刻，并为随后的个人问候也带上了一丝庄重。

第十九章　第二个任期：1936—1937 年

无论是在吃饭时，还是在私人的家庭谈话中，富兰克林都不太会多谈他所做的工作。我们大多数人都觉得，当他和家人在一起时，应该从劳心的公务中得到一个喘息的机会。

当一项行政法案提交国会审议时，我们经常发现，晚上来他书房的国会议员人数就会增加。我知道他必须对法案得到的支持进行评估。他对行政政策可能获得的票数仔细计算，并考虑“必须”通过的立法。

只有“必须”通过的法案才会得到政府的全力支持。在最初的几年里，大部分都是经济措施方面的；后来，大多是国防方面的。同时，我经常在各种各样的问题上强烈地感到，由于政治现实的掣肘，富兰克林常常不得不放弃对他所信仰事业的支持。有时候这让我很恼火。以西班牙内战为例，我们就必须保持中立，尽管富兰克林希望民主政府取得成功。但他也知道，他不可能让国会支持他的意见。当我抱怨时，他向我解释说，是国际联盟要求我们保持中立的，以证明他无论采取行动还是不采取行动都是正当的。他试图让我相信我们采取的路线是正确的，但这不过是在安慰他的良心而已，因为连他自己也无法确定。这就是很多次我觉得自己就像是用来寻求安慰的。

我还记得，我想得到所有人对反私刑法案和取消人头税的支持，尽管富兰克林也支持这两项措施，但它们从未列入“必须”通过的立法。当我提出抗议时，他只会说：“凡事总有轻重缓急。我不能推出任何可能引发争斗的措施，而丢了目前更为重要的举措所需要的那部分支持票。”随着欧洲局势的恶化，战争的准备工作必须优先于其他一切。这一直是“必须”通过的立法，富兰克林知道，如果政党分裂，它将不会通过。

经常有人来找我寻求他的支持。尽管我可能会把情况告诉他，但无论我的想法有多强烈，我从来没有要求他采取具体的行动，因为我意识到，他掌握着构成全局的各个因素，而我可能对此一无所知。

其中一个我同意向富兰克林提出的想法是，建立一个国家青年管理局①。时任公共事业振兴署负责人的哈里·霍普金斯和他的副手、后来的国家青年管理局局长奥布里·威廉姆斯都知道，我从一开始就对这个国家年轻人的困境深感忧虑。有一天他们说：“我们来找你，是因为觉得现在我们还不应该和总统提出这个问题。可能有许多人反对在政府中设立这样一个机构，可能会产生不良的政治影响。我们不知道这个国家是否会接受它。我们甚至不想去问总统，因为我们觉得不应该让他现在就必须正式答复‘是’或者‘不’。”

我同意试探一下富兰克林的想法，把他们的意见和担心摆在他面前。我一直等到平常和他讨论问题的时机，然后在他睡觉前走进他的房间。我阐述了整个想法，他对此有所了解，然后我又告诉他，哈里·霍普金斯和奥布里·威廉姆斯对这样一个机构的担心。他看着我问道：“他们认为这样做对吗？”我说，他们认为这可能对年轻人有很大帮助，但他们不想让他忘记这在政治上可能是不明智的。他们觉得，很多担心德国把年轻人组织起来的人，可能会觉得我们在这个国家也在做同样的

① 国家青年管理局（National Youth Administration），简称“NYA”，大萧条时期美国总统罗斯福实施新政时创建的政府机构，1935年6月建立，为十六岁至二十五岁的年轻人提供建筑或维修等非全日制工作和职业培训。与平民保育团不同的是，它吸纳年轻女性，这些年轻人通常住在家里。——译者

事情。富兰克林说："如果这是为年轻人做的正确的事情，那么就应该这样做。我想我们能忍受这些批评，我怀疑的是，我们的年轻人是否能以这样或那样的方式被组织起来。"

第二天，我带着富兰克林的口信回到了哈里·霍普金斯和奥布里·威廉姆斯那里。不久之后，国家青年管理局成立了，无疑使许多年轻人从中受益。它提供的项目，帮助高中和大学阶段的青少年完成学业，并提供住宿和非住宿项目的培训，以帮助所有年轻人的方式补充平民保育团的工作。

这是令我感到自豪的一件事，我们做了正确的事情，而不去管政治上的考虑。不过事实上，它在政治上也很受欢迎，大大加强了政府的管理。

这里我想起了汤普森小姐讲过的一个故事，是关于我和默里·马弗里克先生一起参观巴尔的摩市的一个监狱，他在战争期间掌管监狱工业，希望我去看看那里正在进行的废旧物品回收利用的工作。为了把这项考察插进我的日程安排，我不得不提前离开白宫，早晨没有向富兰克林问好。在去办公室的路上，他打电话给汤米，问我在哪里。"她在监狱里，总统先生。"汤米说。"我并不感到惊讶，"富兰克林说，"但是为什么呢?"

随着时间的推移，我发现人们不再把我当作我丈夫的代言人，而是意识到我有自己的看法，而他可能根本就不同意。然后我倒觉得可以更自由地表达自己的观点了。不过，我还是一直小心翼翼，有时我会给富兰克林送一篇我存有质疑的专栏文章。他偶尔会修改一两个字，只是遣词造句上的问题。当然，这种不干预的策略对他也有好处；因为这意味着我的专栏文章有时可以充当试探气球。如果我坚决主张的某个想法——可能也是他赞成的——引起了激烈的反应，他可以如实地说，他对这件事没有责任，这些想法是我自己的。

尽管富兰克林本人从未试图劝阻我，也不会被我想说或想做的任何事所干扰，但往往还是有其他人对我的行为不那么高兴。例如，我知道，我在种族问题上的许多主张和在社会工作领域的一些活动，引起了斯蒂芬·厄尔利和马文·麦金太尔的严重关注。他们担心我会在政治和社会上给我丈夫造成伤害。

一天下午，我在白宫花园为来自华盛顿新式学校的女孩们举办了一个派对，她们大多数都是有色人种。斯蒂芬认为这在政治上是不明智的，而我在南方报纸上确实看到了一些不好的宣传。斯蒂芬对我和“美国青年大会”成员的工作也有同感。不过，富兰克林从来没跟我说起过这件事。我总觉得，如果富兰克林的连任取决于我或任何一个家庭成员所做的这些小事，他就不可能做这个国家人民希望他做的工作。

我知道富兰克林也有同感。他的许多政治顾问，以及一些家庭成员，都对埃利奥特和安娜的离婚深感不安，觉得他们会对我丈夫的政治生涯产生不利影响。在每一次争吵中，富兰克林都尽他所能去阻止离婚，但当他确信孩子们经过仔细考虑后已经做出决定时，从来没有想过要让他们的生活服从他的利益。他说，他认为一个从政者的成败取决于他的政策的结果；孩子们的所作所为只是影响了他们自己的生活，他不认为他们的生活应该捆在他的政治利益上。

有时候富兰克林根本不把批评放在心上。1937 年，当他让詹姆士来华盛顿加入他的秘书班子时，我深感震惊。詹姆士很高兴，因为他一直对政治感兴趣，认为有机会帮助自己的父亲是一个很好的机会，可以学到很多东西，并真正有用。不过，我可以预见到，由于任命他，他父亲一定会受到攻击，詹姆士本人也会受到攻击。我可以想象，就算是那些他有必要参与的政治活动，也可能给他自己和父亲带来各种各样的麻烦。我向富兰克林提出强烈反对，并告诉他，他拖詹姆士下水是自私的。我和詹姆士谈了谈，试图劝他不要来，但他看不出有什么反对的理由。最后，丈夫对我说："为什么仅仅因为我是总统，就剥夺了我享受大儿子帮助和与他一起工作的快乐呢?"看起来确实很难，他说的话也有道理。尽管如此，我还是不开心，我想我的担心是有道理的，事实上也的确发生了一些事情。

吉米的工作做得很好，有他在身边对富兰克林来说意义重大，但他比其他总统秘书更容易受到嫉妒和攻击，当他开始与国会议员打交道时，真的遇到了麻烦。由于工作和焦虑，他患上了胃溃疡，最终不得不到梅奥兄弟医院做手术。他们告诉詹姆士，神经紧张对他不好，他接受了他们的建议，不要再回到白宫工作。

1937 年，就在富兰克林把吉米带到华盛顿的时候，他对国会关于改组最高法院的裁决感到非常不安。他的顾问们也意见不统一，有些人认为对最高法院作出任何改变都是不明智的。富兰克林则认为，如果渐进式的立法最终被最高法院宣布为违宪，那么就不会有任何进步。他还认为，随着年龄的增长，人们会变得过于保守，不应该让他们无限期地继续掌握大权①。

在我看来，最高法院改组法案的失败对富兰克林来说是一个真正的打击，但他毫不后悔，只是说："好吧，让我们拭目以待。"

---

① 1937 年司法程序改革法案（Judicial Procedures Reform Bill of 1937），常被称为"填塞法院计划"（court-packing plan），1933 年罗斯福上任总统后，开始实施一系列改善民生经济的新政，但在最高法院九位大法官中，有五六位认为政府部门没有干涉经济运作的权力，不断判决新政法案是违宪的，致使新政严重受挫。1936 年，罗斯福以压倒性优势连任总统，开始酝酿反击最高法院，于 1937 年 2 月提出"填塞法院计划"，最高法院法官如果超过七十岁零六个月还不退休的话，总统可以任命一个新的法官，试图将大法官人数从九人扩充至十五人，削弱保守派势力，为继续推行新政扫清障碍。但该计划被民主、共和两党均视为试图将最高法院架空，破坏三权分立，遭到包括副总统约翰·加纳在内的许多人反对，最终被参议院司法委员会搁置，未获通过。有学者认为这是罗斯福为争取最高法院多数支持而采取的策略，但为此付出的政治代价也是高昂的。——译者

后来，他一点点地改变了最高法院的格局①。有一天他说，尽管失败了，但他认为这场斗争还是值得的，因为它使公众的注意力集中在最高法院及其裁决上，他认为引起公众的关注总是有帮助的。他坚信，当人民群众充分认识到利益攸关时，他们的集体智慧自有明断。

尽管我完全赞同他所做的一切，但我过去认为，他只要缓上一缓，可能就会省去很多麻烦，因为只要有大法官去世和辞职，他就能获得任命新的最高法院法官的机会。不过，如果他没去斗争，也许让步的人会更少。

在1938年国会选举临近之际，我可以看出富兰克林再次陷入了困境。他对最高法院的看法，与他对阻挠立法者的看法是一致的。他认为，如果他的自由主义计划要继续下去，就必须有自由派议员的支持。事实上，民主党的绝大多数人并没有团结成一个战斗的集团，而是分裂成几个派系；有时候，在民主党内部，有一群人出于各种意图和目的，与更保守的共和党可能合作得更好。这种情况导致总统顾问班子和内阁内部的分歧，最终导致了所谓的“清洗”。

我想，如果路易斯·豪还活着的话，这次竞选中出现的一些政治错误也许可以避免。路易斯去世后，富兰克林就没再找到一个敢于和他争论的政治顾问，而且始终忠诚如一。富兰克林从路易斯那理智、理性、严谨的政治分析中获益良多，即使富兰克林不同意、很生气，但他也会倾听并尊重路易斯的政治智慧。不管最终是否采纳他的建议，至少关于

① 西海岸酒店诉帕里什案（West Coast Hotel Co. v. Parrish），1937年3月9日，罗斯福总统在第9次“炉边谈话”广播讲话中将“填塞法院计划”作为主题。广播讲话三周后，最高法院在“西海岸酒店诉帕里什案”中发表了支持华盛顿州最低工资法的意见。这一裁决是助理大法官欧文·罗伯茨（Owen Roberts）突然改变立场的结果，他加入了支持新政立法的法官团。由于罗伯茨此前曾反对大多数新政立法，他对该案的支持被视为罗斯福对最高法院施加政治压力的结果，这一转变后来被称为“挽救了九人的及时转变”。——译者

某项有争议行动的全部理由，都已经被清楚地说出来和论证过了。

在哈里·霍普金斯身上，我丈夫找到了一些路易斯曾经给予他的友谊和忠诚，但没有找回政治智慧和应对各种局势的严谨分析。路易斯会据理力争，但哈里不会这么做。他会坦诚地发表自己的意见，但他知道富兰克林不太喜欢反对意见——又有谁会喜欢呢？——他常常不坚持自己的意见而是赞成富兰克林，或试图间接地说服他。

路易斯·豪比富兰克林年长，因为他在富兰克林早期的政治生活中给予了如此巨大的帮助，所以他可以比哈里·霍普金斯更加独立。反过来，富兰克林塑造了哈里，开阔了他的视野，教会他许多关于国内政治和外交事务的知识。因此，哈里的意见对富兰克林来说并不像路易斯那样有分量。

吉姆·法利会和富兰克林争论，但从来就没什么用，因为他的主张往往都是一些政治上的权宜之计。爱德华·弗林会如实地告诉他真相，也敢于无畏地进行辩论，但他并不是一直在身边。因此，路易斯去世后，富兰克林经常在没有全面考量问题各方面因素的情况下做出决定。

当然，如果副总统、众议院议长、参众两院的政党领袖以及内阁成员能够在国会发展出足够壮大的力量，他们就可以做很多事情。不过，归根结底，总统才是对其追随者行为负责的人；当他们不再追随其后时，他就会觉得自己的领导能力被削弱了。诚然，在一个政党内部不可能达成百分百的统一，尤其是该党在国会中占据了相当大的多数席位时，但必须团结其中大部分才能发挥作用。

富兰克林肯定没有期望过国会跟在他后面亦步亦趋。从他毕生对美国历史的研究，以及自己的经历中，他深刻地体会到开国元勋们在我国政府中建立的制衡机制的价值。他意识到，为了应付紧急情况，国会愿意投票授予他任何必要的权力，但在一个民主国家，这种局面是不会长期存在的。

富兰克林从不怨恨国会议员们建设性的批评意见。他所厌恶的是，某些国会议员拒绝去了解国家的总体需要，这种狭隘的观点使他们把自己的地方利益与国家或国际利益对立起来。富兰克林总是说，没有一个领导人能够超越他的追随者太远，正是因为他觉得国会与人民的关系密切，所以他对国会对于他提出的任何建议的反应，都怀有一种善意的尊重。

富兰克林在1938年竞选中的活动，被许多人认为是一个政治错误。我不是一个足够好的政治家，所以也难以判断，但我在这里只是想阐述一下，我认为的促使他那样做的原因。

哈里·霍普金斯全身心地投入到全国范围的组织救济工作中。他是一个我不仅十分钦佩，而且也深怀信任和信心的人。后来，在他第二任妻子去世后，我开始看到他以前不了解的一面。我想，当你的生活孤独时，很自然会去寻求娱乐和消遣。令我们有些人感到惊讶的是，哈里似乎从与同性恋者的交往中得到了如此多真正的快乐，但或多或少是刻意表现出来的。那些能给他奢华的人，和他以前根本不可能感兴趣的派对，后来对他来说变得很重要。我不喜欢他的这一面，不像我最初认识的那个哈里，但他本质上是一个优秀的人，勇于承受痛苦，热爱自己的祖国，不惜牺牲生命来为她服务，而不仅仅是为了实现个人抱负。

不管发生什么事，我自己的工作还得继续下去。从我刚到华盛顿开始，就坚持为报纸写每周专栏以及给《妇女家庭伴侣》投一篇文章，还为其他杂志写了许多文章。

每周专栏似乎很枯燥乏味，后来一位颇有进取心的先生，“连环漫画发表联盟”的蒙特·布尔贾里，想出了一个主意，他认为这会大大增加它的趣味性。他说，他确信，如果我以日记的形式每天写一篇专栏，美国人民一定会非常感兴趣，他们对住在白宫的不管什么人如何日复一日打发时间都会感到好奇。一开始我以为这会是最可怕的负担；但我对自己当时的写作方式也不满意，于是在 1936 年 1 月，我决定与“连环漫画发表联盟”签订一份为期五年的《每日专栏》合同，这个专栏的篇幅更短，或许正因为如此，让我更容易做到。从那时起，我一周写六天专栏，只有一次没能按时上交。我从星期天写到星期五，这意味着只有周六能休息。当我外出旅行时，我有时不得不提前写好一些专栏文章。其他时候，我都是每天早上或中午写，偶尔如果发现第二天看上去很忙，我会在午夜之前写好。写专栏成了我的一种习惯，当人们说这样坚持下来一定很难时，我总觉得有点儿惊讶。

1943 年，我去南太平洋战区考察了五个星期，没有带任何人去当秘书。每天晚上，在一整天的辛苦工作之后，我都会痛苦地敲着打字机写专栏，除非我能在白天的飞机上完成。我多年前就学会了打字，但由于没有太多的练习，速度很慢，往往要花很长时间来写我白天所做的事情。

从 1941 年到 1949 年春天，我一直给《女士之家》杂志投稿，这是根据布鲁斯·古尔德夫妇和我当时的文学经纪人乔治·拜伊先生的建议。这个专栏后来证明十分成功，是我真正喜欢的东西，尽管常常被读者来信搞得哭笑不得。偶尔他们会提出一些粗鲁和私人的问题，但总的来说，大多还是想真诚地了解情况或寻求帮助的人。起初，我难以相信人们真的会问我一些来信中的问题，还指责是编辑人员编造出来的。后来，他们经常把一些包含相似问题的信件挑出来，综合成一个问题发给我。

至少，我从来都不知道什么是无聊，也不会觉得手上的时间打发不掉。

第二十章　王室访客

1938 年夏天，瑞典王储和王储妃来到美国，开启了欧洲王室成员的一系列来访。对欧洲大陆的不安定和不确定性，欧洲人民普遍深感不安，他们正在世界其他地区寻找朋友——因此他们突然对美国产生了兴趣。

王储和王储妃去了全国各地旅行，参观瑞典移民的各个定居点，7 月 1 日来到海德公园住下，在那里我们为他们准备了晚宴。次年 5 月，头一天为尼加拉瓜总统索摩查和夫人举行了晚宴和音乐会，第二天我们又用茶点招待了丹麦王储和王储妃。6 月，先是接待了另一位南美客人，巴西陆军司令来拜访我丈夫，当月晚些时候挪威王储和王储妃也来喝茶。他们和其他欧洲王室的客人一样，先考察了他们同胞在这里的定居点，再来到海德公园短暂停留。

每一次，我们都邀请几个人陪他们共进晚餐，或者在山顶上富兰克林新建的石头小屋前野餐。在海德公园，有许多挪威人住在我们附近，他们主动提出来为挪威王储和王储妃举办一场演出。我一直觉得，那是我们最愉快的聚会之一。

我们和玛莎王储妃、奥拉夫王储以及他们的孩子会越来越熟悉，因为在漫长的战争年代里，虽然王储只是偶尔来这里，但王储妃和孩子们则住在这个国家。

丹麦王子来访时，给我们的印象是，他对度假比对当下的严肃话题更感兴趣，对于像他这样地位的人，对希特勒威胁的认识好像没有我们期望的那样深刻。

我丈夫对这些访问表示欢迎，并鼓励所有他有机会说服的人来这里。他确信欧洲会发生坏事，他想与那些希望在冲突发生时能够维护和坚持民主、证明自己是反法西斯同盟的人建立联系。

同年春天，英国国王和王后决定访问加拿大的自治领。他们也在为可能降临的打击做准备，他们清楚地知道，他们将需要自己领土上每一位臣民的献身精神。我丈夫邀请他们来华盛顿，是因为他相信，我们很快就会进行一场生死搏斗，而英国将是我们的第一道防线，他希望他们的访问能在两国人民之间建立起友谊的纽带。他知道，尽管这个国家对英国人总是有一些批评和肤浅的厌恶感，但在危险时刻，我们还是会坚定地站在一起，对我们共同的传统和理念充满信心。他希望，国王和王后的到访能唤起人们这种深厚的感情。这次访问在许多方面，比他预想的还要成功。

他们的来访是精心准备的，但富兰克林总是表现得好像就是来了一对年轻夫妇和我们一起住。我想他应该让那些礼宾人员感到为难了，包括国务院的和国王、王后的随行人员。

不过，有一个人认为这次访问是一件非常严肃的事情——时任我国驻法国大使的威廉·布利特。他寄给我一份秘密备忘录，根据国王和王后前一年访问巴黎时所积累的经验编写，备忘录中提到了所有最微小的细节。我至今仍然把那份备忘录作为我最有趣的文件收藏之一。除此之外，他还列出了国王和王后住的房间里应该摆放什么样的家具，告诉我浴室里应该备什么，甚至床上的被褥应该怎样折叠。他提醒我在每一张床上都要有一个热水瓶，我照做了，尽管华盛顿的炎热一定让他们无法忍受。还有一样列出来的东西，我随便怎样也找不到，那就是女王的沙发上要铺一条亚麻毯子。我问了身边所有人，他们都不知道那是什么样的。

当然，苏格兰场[①]的人必须待在房子里，国王和王后的房间外面是通讯员常坐的椅子。我觉得这样的安排看起来有点儿傻，因为房间就在大厅的对面。直到 1942 年，我在白金汉宫住了两个晚上，看到它有多大，才明白安排通讯员坐在门口的原因。他们在走廊那里等着，告诉客人该去哪里，并帮你传达任何你想传递的信息。

在国王夫妇来访的前一天，我邀请英国大使夫人林赛女士去喝茶，问她是否得到了什么指示，对我或许会有帮助。林赛夫人是一个美国人，我认识她很久了，我们看待事情的角度也差不多。她恶狠狠地看着我说："是的，阿兰·拉塞尔爵士[②]已经告诉过我们，吃饭时国王必须比王后提前三十秒上菜。国王不喜欢吃酸豆和板油布丁。我告诉他，我们在美国不常吃板油布丁，我也真没想过国王会喜欢吃酸豆。"

在白宫的餐厅里有两张特别的高背扶手椅，一张给总统，一张给他的妻子，吃饭时其他人从来没有坐过。这一次，他们提出来一个大问题。是不是只有国王和总统才应该坐扶手椅？在王后看来，这似乎是不尊重她，但我们又不能把总统的椅子搬走。最终富兰克林解决了这个难题。"我们何不多买两把和现在一样的扶手椅呢？"就这样，一切都很顺利。

我告诉富兰克林，英国的礼节要求管家菲尔兹站在那里，手里拿着秒表，在总统和国王上菜三十秒后，再叫人为王后和我上菜，我还询问了白宫是否有关于总统先上菜的规定。"我们不需要一个拿秒表的菲尔兹，"他说，"国王和我将同时上菜，你和王后接着就上菜。"

接着又来了一个严肃的问题：国王是不是应该坐在总统的右边，王

---

① 苏格兰场（Scotland Yard），是对英国首都伦敦警察厅总部的代称。——译者

② 阿兰·兰塞尔（Alan Lascelles，1887—1981），昵称"汤米"，曾担任英国乔治五世国王到伊丽莎白二世女王四位君主的私人秘书。——译者

后坐在左边，我坐在国王的右边？还是按照我们的惯例？富兰克林最后决定，我们要遵循美国的惯例。国王坐在我的右边，王后坐在富兰克林的右边。如此决定的原因是，既然国王和王后要见到我们大家很多人，那么在国王没有多少时间与大家见面和交谈的时候，把他夹在我们中间似乎不太公平。富兰克林后来向国王解释了这一点，国王以最有风度、最愉快的方式接受了每一项安排。

国务卿赫尔和夫人一行在尼亚加拉大瀑布会见了皇家代表团成员，并陪同他们乘火车前往华盛顿。他们的到来和前往白宫的行进路上场面十分壮观。这是我丈夫一直喜欢的，因为他喜欢这样的排场。我则不喜欢。在约定好的时间，我们来到火车站，和接待委员会的政府官员一起，站在总统接待室等待火车的到来。

演讲结束后，我和丈夫陪同国王和王后穿过站台上布置的仪仗队。英国国歌和《星条旗永不落》奏响，鸣放 21 响礼炮。接着是不可省略的拍照，最后我和丈夫、国王和王后分别坐上各自的汽车，在军队的护送下开始缓缓地驶向白宫。一路上人山人海，我很喜欢观察王后。她举止优雅，饶有兴致地左右鞠躬，看着人群中的人，我相信很多人都觉得她的鞠躬就是冲着他们个人的。

尽管天气很热，但当她上车时，随从已经在她的膝盖上盖了一层薄薄的罩子。她坐在一个垫子上，后来我发现垫子里有弹簧，可以让她更容易连续不停地鞠躬。国王也做了同样的安排。

一到白宫，我们就在东厅为所有外交使团团长和他们的夫人举行了一个见面会。当时英国大使罗纳德·林赛爵士是外交团体的头儿，所以他把使团团长和他们的妻子介绍给国王，而林赛夫人则把他们介绍给王后。

午饭后，国王和我丈夫坐一辆车，王后和我坐另一辆车，驱车在华盛顿兜一圈。我们的路线是事先安排好的，以便人们有机会看到他们的陛下夫妇。当然，这意味着，我们几乎没有机会交谈，除了我们的车开着而人们还没有在人行道上排好队的地方。有一次，女王突然对我说："我在报纸上看到，你因为去参加公共事业振兴署工人的会议而受到攻击。这让我感到惊讶，不管有什么批评都应该讲出来，因为让那些心怀怨言的人发泄出来要好得多；如果他们能够向一个他们觉得富有同情感、并且能够向政府首脑表达他们不满的人倾诉，这是特别有价值的。"

我们外出时，家里发生了一些有趣的事。女管家内斯比特太太被惹烦了，当她受到骚扰时，她通常会去找汤普森小姐。情况是，在我们的服务员房间里住进了许多王室随从，需要她对每个人都一视同仁，这可是一个意想不到的负担。当管家报告说，国王的随从提出了无理要求，不喜欢我们的食物和饮料时，我们的工作人员和王室随从之间第一次闹僵了。就连引导员也感觉不舒服，因为他们不习惯在随从人员中还要搞礼仪规矩那一套。当王后的女仆从王后房间去往电梯、路过二楼大厅的时候，一个引导员问她，是否愿意告诉一位正在等候的女士，王后想让她到她的房间来。女仆挺直了背，说："我是王后的女仆。"然后径直走过了大厅。这时已经被高温和加班累得筋疲力尽的引导员说："哦，那你真是个大人物！"

当那天晚上所有人终于上床睡觉时，他们一定都松了一口气，包括国王和王后。

第二天早上，在陛下夫妇离开白宫之前，他们经过一排报社女记者，跟她们打了招呼，然后去英国大使馆，在那里他们接见了英国殖民地的成员，从那里再去往国会大厦。在国会大厦，他们受到了副总统和议长班克希德的迎接，并被护送到圆形大厅，在那里他们接见了参众两院的议员。之后他们在"波托马克号"游艇上与我们会合，大家在顺流而下的航行中吃了午饭。在弗农山庄，人们照例举行了仪式，国王向华盛顿的坟墓敬献了花圈。时间越来越紧张，当国王和王后进去的时候，一些游客被请了出去，他们匆匆看了一圈弗农山庄的老房子和庭院。

在回家的路上，我们在亨特堡停留，参观了一个平民保育团的营地。当然，我丈夫无法和国王、王后一起步行，而我清楚地记得那次参观；它教会了我很多东西。

国王和营地指挥官一起向烈日下排成两队的男孩们走去。一个很大的布告板上贴着全国各地各种营地的照片，展示了男孩们所做的各种工作，但他没有停下来看照片。

当我们沿着长长的队伍走下去时，国王停下来问每一个男孩问题，而王后则和插话的男孩们交谈。我当然是和王后一起走的。到了第一排的末尾，指挥官不准备再继续走第二排了，但国王自动转过身来，又开始往下走。他问了一些真正感兴趣的问题，例如他们对食物是否满意，正在学习什么，是否认为这有助于他们获得工作，最后，收入是多少。

他事先向我们解释说，很长一段时间以来，他都在为来自英国矿区的男孩们举办夏令营。令他深感不安的是，许多男孩根本不想干一整天的活，因为他们从来没有见过自己的父亲干一整天活，许多英国矿工多年来一直领着救济金。这充分说明了英国采矿业的状况，但国王主要关心的似乎是它对这些年轻人的影响；他想在英国建立一些像平民保育团营地一样有用的东西。

当我们走到第二排男孩的尽头时，指挥官说："陛下，孩子们已经准备好营房和食堂供您检查，不过今天太热了，如果您觉得在这阳光下穿过田野是不明智的，我们都会理解的。"国王回答说："如果他们希望我去，我当然要去。"这是一种高尚的责任感，我在我们自己的官员身上不常见到，于是我和他们又一起视察了营地的宿舍、国家青年管理局组织的活动和其他建设项目。

女王和我在烈日下缓慢地穿过田野，这是我见过的最彻底的视察之一。他们看了看存放用品的架子，当听到是孩子们自己做的家具时，他们把桌子倒过来看看是怎么做的；他们查看炉子上的锅碗瓢盆和菜单；当他们离开的时候，几乎没有什么是不知道的。在睡觉的营房里，国王摸摸床垫，仔细检查了鞋子和衣服。

为了准备这次旅行之后举办的茶话会，丈夫仔细地给我辅导，因为他说，国王特别要求会见政府中所有为经济复苏和改革新政作出贡献的机构的负责人。当我介绍每一位机构负责人的时候，要尽可能简短地概述那个人正在做的工作，然后根据具体情况，让这名男子或女子与国王单独待上三分钟，然后交给王后，再把下一个人介绍给国王。我很担心这一套流程，尤其是如何讲好一个足够简短的介绍，但我很快发现，介绍可以非常短，因为国王似乎立刻就知道了，当我说出这个人的名字和正在做什么时，国王已经开始问问题了。我原以为要让人员轮换起来会很困难；我曾经亲眼目睹，我丈夫的秘书们是如何与他较量的，如果他有兴趣的话，是不可能把任何人撬走的，但国王在这一点上要顺从得多。

对所有与会者来说，茶话会似乎组织得很成功。在后面一顿餐会上，我坐在旁边，我请他告诉我我们政府中每个人都是做什么工作的，国王的好学给我留下了深刻印象。他告诉我，在他来之前，已经研究过我们政府里每个人的姓名和职务；这些材料是专门为他准备的，只是他此次华盛顿之行所做准备的一部分。

他们吃完饭后，我们乘火车赶往海德公园，在那里我们有一天的时间做准备，国王和王后将去那里与我们共度二十四小时。我丈夫总是喜欢带他喜欢的人回家。他们一到海德公园，他就觉得更了解他们了。

在纽约市的一天很有趣，但让人筋疲力尽，因为拉瓜迪亚市长把每一分钟都安排得满满的。随着时间的推移，国王和王后意识到他们要迟到了，但一直到他们真正出发才被告知到底有多晚，因此国王坚持在路上每隔一段时间就停下来打电话招呼。

我们坐在海德公园的图书馆里等他们。富兰克林面前摆着一盘鸡尾酒，他母亲坐在壁炉的另一边，不以为然地看着鸡尾酒，告诉她儿子国王更喜欢喝茶。不过，我的丈夫，像他母亲一样固执，还是把他的托盘准备好了。最后国王和王后来了，我在门口迎接他们，把他们带到他们的房间。很快他们就换好衣服来到图书馆。当国王走近我丈夫和鸡尾酒桌时，我丈夫说："我妈妈不喜欢喝鸡尾酒，认为你应该喝茶。"国王回答说："我妈妈也不喜欢。"然后拿了一杯鸡尾酒。

晚饭时发生了两件令人惊讶的事。现在讲起来很有趣，但当时却让我婆婆很尴尬。我们把白宫的黑人管家带来了。婆婆有一位英国管家，当他听说白宫的管家要来给他帮忙时，感到非常震惊，国王和王后竟然需要有色人种来伺候，所以他决定在他们的陛下到来之前休假，以免看到他们受到这样的待遇！

我永远都不知道，那天晚上我们训练有素的白宫管家到底发生了什么。婆婆把多余的瓷器放在一张平时不常用的餐桌上，晚饭时，餐桌突然塌了，盘子哗啦啦地掉了一地。

大家会以为一晚上发生一次这样的不幸就够了，但就在我们吃完晚饭去了图书馆之后，又发生了一场可怕的跌落事故；管家端着一盘盛着酒瓶、玻璃杯、冰块的盘子，从通向大厅的两个台阶上摔了下来，径直滑进了图书馆，托盘里的东西摔碎在地板上，还在台阶的底部留下一大摊水和冰块。我相信，婆婆真的希望她的英国管家能够留下来。当时我在报纸专栏里写了这件事，因为我觉得真的很好笑，但婆婆对我没有保守这样一个丢人的家庭秘密而感到很生气。

晚餐本来就已经太晚，很快就结束了，我们都去休息了，只剩下麦肯齐·金[①]总理和国王、富兰克林在交谈。他们上楼的时候好像很晚了，

① 威廉·莱昂·麦肯齐·金（William Lyon Mackenzie King，1874—1950），加拿大政治家。1921 至 1925 年、1926 至 1930 年、1935 至 1948 年，曾三度担任加拿大总理，在位时间长达二十一年，是英联邦国家历史上在位时间最长的一位总理。——译者

我还为他们感到担心，但第二天麦肯齐·金告诉我丈夫，国王敲了他的门，请他到他的房间里来谈一谈；他补充说，国王说：“为什么我的大臣们都不像总统今晚那样跟我谈话？我觉得就好像是一位父亲给了我最谨慎、最明智的建议。”

第二天，我们都去了教堂，远近的人们来到富兰克林的小石屋野餐。我叫了两个朋友在室外的壁炉上烤热狗，还吃了国王陛下以前从没尝过的熏火鸡，美国不同地区以不同方式腌制的几种火腿，沙拉，烤豆，以及从杜奇斯县亨利·摩根索农场送来的草莓酥饼。

野餐和握手道别结束后，我丈夫邀请国王和他一起在游泳池里游泳。我希望王后也能以同样的方式放松一下，但我发现，如果你是王后，就不可能冒看起来衣冠不整的风险，所以当男人们游泳时，她和她的侍女还有我就坐在游泳池边上。

在颇为安静的晚餐结束后，我们带着国王和王后去海德公园站搭乘火车。他们的行李和其他人都已经上车。国王陛下夫妇还在和所有人道别，正要上车时，王后突然转过身来对我说：“为国王开车的人在哪里？我想谢谢他”。我找来了我丈夫的司机，王后感谢他开车时的细心。

当火车缓缓开出时，这对王室夫妇还站在火车的尾车厢平台上，聚集在哈德孙河畔的人们突然开始唱起了《友谊地久天长》。那是十分感人的一幕：河边华灯初上，人们吟唱着古老的歌曲，火车慢慢地开远了，一对年轻的夫妇还在挥手告别。一想到笼罩在他们身上的乌云和将要面对的忧虑，只能心情沉重地转身离开。

第二十一章　第二届任期：1939—1940 年

很多人可能已经忘记了，在大萧条初期，我们是多么担心自己国家的年轻人。这些青年男女深陷困境，事实上有很多人都在考虑是否离家出走，因为他们既找不到工作，家里也难以糊口。

我觉得，除了他们自己需要自立和互助之外，长辈们还是应该给他们一些指导和帮助。我对此深切关注，所以和各种各样的青年人团体保持着联系，与他们座谈交流，其中有些是随着父母一起来华盛顿的，有些是他们自己组织的活动。

同时我也认为，这些年轻人作为一个民主国家的公民，既有权利去倾听，也有权利为自己信仰的东西去斗争。在他们成长的过程中，重树他们对于民主力量的信心非常重要，否则他们就会寻找其他的道路。

在那段不太安定的日子里，有一个非常出众的青年人团体叫“美国青年大会”①。它发展到遍布全国，与其他的青年团体密切合作，比如“南方青年理事会”和“黑人青年大会”。

有一次他们在华盛顿开会，“美国青年大会”的几位领导人过来找我，告诉我他们努力想做的事情。这个时候我了解到他们中的一些人相当优秀。我喜欢所有的年轻人，尤其是“美国青年大会”的那些人，有理想，有干劲。他们一开始是不是由共产党鼓动起来的，我无从知晓。在和他们一起工作了一段时间后，这样的非议声开始出现。我邀请了其中几位领导人来白宫的会客厅并告诉他们，因为我是很积极地帮助他们，所以必须知道他们的政治立场。我逐个问了他们每一个人，请他们如实告诉我自己的信仰。每个人都说自己和共产党没有任何联系，也没有参加过共产党的任何组织，对共产主义思想也没有什么兴趣。我决定相信他们的话，认为真相终将会浮出水面。

富兰克林与“美国青年大会”的首次直接接触，是在我确信他们正在受共产党的影响之后。富兰克林一般不会花时间在某些个人或特别的团体身上。1940 年 2 月 10 日，“美国青年大会”在华盛顿组织了游行和集会，我觉得是时候让富兰克林给他们讲一次话了。那天下着雨，一群人湿漉漉地站在南草坪上，期望得到一些鼓励。但恰恰相反，富兰克林给他们讲了一些真相，尽管知道他们听了可能会难以接受，但他觉得会有助于提高他们的判断力。他们并没有心情接受什么警告，不管是不是出于善意，他们向总统发出了嘘声。

当几位青年组织的领导人被传唤出席“戴斯委员会”[2] 的时候，我旁听了大部分的听证会，因为我听说，当这些既没有什么影响力也没有什么背景的人出席听证会时，被质问的问题充满了敌意，给人感觉是被拖到了法庭上，成了被预先定罪的罪犯。如果说有什么令我感到不快的，就是这种做法是在恐吓老百姓，而不是为了查明真相。有一次，提出的问题在我看来特别不像话，我叫了暂停并坐到记者席上。我拿出一支铅笔和一张纸，问题的语调马上就变了。我不知道提问者是怎么想的，我接下来到底要干什么，但我的做法达到了我想要的效果。

---

① 美国青年大会（American Youth Congress），英文缩写“AYC”，是美国民间青年论坛组织，由来自全国各地的青年组成，讨论整个 1930 年代青年所面临的问题。——译者

② 戴斯委员会（Dies Committee），即“众议院非美活动调查委员会”（The House Un-American Activities Committee），美国众议院设立的一个委员会，专门调查共产党及其他被称为“非美”组织的情况，曾声称罗斯福的新政方案和联邦工业组织被共产党分子渗透，要求解雇 3 800 名政府职员，但在司法部听证会上，只有 36 人被断定得以解雇。——译者

因为我不喜欢在这个国家出现“盖世太保”的行事方式，我从来都不喜欢这种类型的“国会委员会”。我怀疑，他们根本碰不了那些真正有实力的人，但他们的确伤害了很多没有能力保护自己的无辜百姓。

有一次丈夫和我收到一份黑名单，上面的人被认为是“共产党”“颠覆分子”“非美分子”，是联邦调查局整理出来的，准备提交给“戴斯委员会”。名单上的人来自方方面面，所依据的事实也是“莫须有”。我们发现这个名单中竟然有史汀生①部长、诺克斯②部长和我丈夫的母亲。看到她的名字我和富兰克林都被逗乐了；我们能想象，当有人告诉她，那个她捐了5美金或10美金的看起来无辜的慈善团体，被“戴斯委员会”列入了颠覆组织，她脸上的神情得有多恐怖。

我曾经问过“戴斯委员会”和联邦调查局，他们有什么真凭实据，可以如此漫不经心地指控这些年轻人。他们告诉我，手上什么证据都没有。我邀请戴斯先生吃了一顿午餐，要求拿出具体证据；他从来就没有给过我。

在我决定离开他们之后，“青年大会”的年轻人指责我“被卖给了资本家”，其中一些人还和一个和平组织一起在白宫外抗议。

不过，听到德国人侵苏联的消息之后，“青年大会”又组织了一次群众集会，呼吁与苏联人合作，并加强备战。他们还给我发了一封电报，称：“现在我们又可以一起工作了。”突然间，这场战争不再是帝国主义之间的战争，白宫外的抗议被叫停了。

我当然没有再和“青年大会”合作过。我无法再相信他们对我是诚恳相待的。

---

① 亨利·刘易斯·史汀生（Henry Lewis Stimson，1867—1950），美国共和党政治家。在史汀生漫长的政治职业生涯中，先后在多届政府中担任重要职务，对国家的外交和战争政策均发挥过重要影响。——译者

② 威廉·富兰克林·诺克斯（William Franklin Knox，1874—1944），美国政治家、报纸编辑和出版商。——译者

我想说明的一点是，我对这些年轻人深表同情，尽管他们经常来打扰我。大家不可能忘记他们在成长过程中经历了那些特别的困难。我丝毫没有责怪他们当中的任何一个人。我学会了他们反对和拖延的方法，设法让所有反对者都回家之后，再让那些被搞得疲惫不堪的人投票。这些手段现在我都熟悉了。事实上，我认为自己与“美国青年大会”的工作经历，对我后来理解在联合国不得不面对的一些伎俩具有无限宝贵的价值！

1939 年夏天，我们大部分时间都待在海德公园。当希特勒部队开进波兰的消息传来时，我们也在海德公园，富兰克林一大早 5 点钟就把我叫醒了。在那个 9 月，我无法忘记送走英国国王和王后的那一天，站在目送他们远去的火车站台上，我竟一时哽咽。现在，他们的人民要面临最后的抉择了。

现在回想 1939 年那一整年，我感觉丈夫的主要精力都放在如何防止欧洲陷入一场新的全面战争，以及唤醒这里的人们有必要做好准备。也许他本可以省去这种种努力带来的麻烦，但人们一定不愿意看到，这个国家的总统没有尽其所能去改变危险的历史进程。

他这一年以及后面几年的行动，其实都是 1936 年就确定的既定路线的延续。在“伦敦海军会议”① 失败之后不久，他让国会追加经费建造更多的战列舰和航空母舰。第二年，在芝加哥演讲的时候，他提醒这个国家要警惕海外政治形势的恶化和美国所面临的危险；他试图说服人们，这个国家必须为维护和平做出明确而积极的努力。这番讲话引起的反对声是如此强烈，富兰克林意识到，人民还没有做好准备去接受任何

① 伦敦海军会议（London Naval Conference），1930 年代英、美、日、法、意五国在伦敦举行的海军裁军会议。英、美、法三国于 1936 年 3 月 25 日签订《伦敦海军协定》，由于日、意两国的退出，协定形同一纸空文。到 1936 年 12 月 31 日华盛顿和伦敦两个海军条约失效后，海军军备竞赛进入了无制约的时代。——译者

大跨步的国际合作。

在1938年捷克危机的整个过程中，他通过向希特勒和其他国家的首脑发出呼吁，继续努力挽救和平。慕尼黑会议之后，他批评内维尔·张伯伦软弱，但同时又说，英国让自己的国防建设虚弱至此，可能他们的首相也的确无能为力。如何避免我们自己的国家重蹈覆辙、备战不力，现在成为富兰克林最关心的事。

1月份他要求国会拨款扩充我们的空军力量，建设新的海军航空基地。4月份他警告这个国家，欧洲大战将至，并给希特勒和墨索里尼发去私人信函，呼吁做出十年内不进攻和侵略其他国家的承诺。接着在8月俄国人和德国人签订了他们的互不侵犯条约[①]。富兰克林给希特勒、意大利国王维托里奥·伊曼纽尔和波兰总统莫希奇茨基发去了和平呼吁，推动解决“但泽-波兰走廊”[②]问题。第二天他还发了另一封电报给希特勒。

之后希特勒开始入侵波兰。在确定进一步的和平努力无效之后，9月21日富兰克林推动国会解除了《中立法案》[③]中规定的武器禁运，这部法案是1937年西班牙内战期间他很不情愿签发的。12月他任命迈伦·泰勒担任驻梵蒂冈的特使。

---

① 《苏德互不侵犯条约》，又称《莫洛托夫-里宾特洛甫条约》。第二次世界大战爆发前夕苏联和德国签订的条约。——译者

② 但泽走廊（Danzig Corridor），又称“波兰走廊”。第一次世界大战后，波兰内陆穿过东普鲁士和德国本土之间通向波罗的海的狭长地带，因经但泽出海故名。它使东普鲁士与德国本土分隔开来，成为德、波两国冲突的根源。1938年10月德国向波兰提出在该地带建造通向东普鲁士的公路和铁路的要求，导致但泽危机的爆发。——译者

③ 中立法案（Neutrality Acts），1930年代美国国会通过的一系列中立法的总称。随着法西斯国家的侵略扩张，欧亚局势日趋紧张，在孤立主义情绪影响下，1935年8月31日美国国会通过一项中立法（即《皮特曼法案》），禁止将美国武器运往交战国，同时规定不准美国船只运输此种货物，有效期为半年。1941年12月7日珍珠港事变爆发后，美国参战，该法案遂自动中止。——译者

我丈夫和教皇[1]之间的来往信件似乎表明，这一任命是早期为战争准备所采取的动作中相当明智的一步，尽管这在我们国内的新教团体中引起了一些麻烦。泰勒先生德高望重，大多数人都认为教皇在当时可以成为维护和平的强大力量，我们应该和他建立直接联系。我不认为富兰克林把这一任命看作设立了一个常设外交岗位，但他认为在危机时期有必要这样做。

在这一年，富兰克林说服他的母亲，以和他两个人的名义，将邮政街上的一处房产转让给美国政府。弗兰克·沃克拉着一些朋友组建了一个委员会，他担任主席，筹集资金打算在海德公园建造一个图书馆。战争对此也产生了影响。有很长时间富兰克林一直觉得，如果那些关于这个国家的重要文件和档案，不再是一股脑的都堆在我们房子里，将会是一件大好事。一旦发生战争，欧洲国家将不得不疏散他们的档案，因为一颗炸弹就能把整个国家的历史档案全部毁掉。尤其是他还认识到，国会绝不可能给国会图书馆足够的拨款，使其能够迅速更新公共文件，并提供给那些想研究这些文件的人。他还考虑，如果能把这些文件和档案在某个时期集中存放在一个地方，就会更容易打理。除了把自己的文件和很多其他有意义的东西捐给图书馆，他相信自己还能够说服同时代的其他活跃人物也这样做。

那一年的 11 月 19 日，图书馆打下了奠基石，我永远都忘不了他为此有多么开心和骄傲。那是一个朴素而又感人的场合。他那强烈的历史感使得他尤为高兴，因为他知道，在这里，在他自己拥有的土地上，将会有一幢建筑收集祖国一段历史时期的记录，而他本人属于其中的一

① 庇护十二世（Pope Pius XII，1876—1958），梵蒂冈前教皇，意大利人，原名欧金尼奥·帕切利（Eugenio Pacelli）。——译者

部分。

第二年，1940 年，在所有选举年中是最不利的一年；发生的一切事情似乎都必须表明政治倾向。尽管欧洲的战争残酷地继续着，希特勒似乎所向披靡，但有些人只关心富兰克林的任何举动会对民主党在下次选举中获胜的机会产生什么影响。

尽管如此，在这一年，他还是采取了更多的措施，尽管每一项单独看上去都不重要，但都有助于让这个国家为即将来临的苦难做好准备。2 月，他敦促抓紧购买战略性的战争物资；4 月划定了作战区域；5 月，他要求追加 10 多亿美元的国防拨款。这些举动都是正当的，因为希特勒行动迅速。

敦刻尔克撤退对大不列颠人民来说是个伤心和焦虑的时刻，远在白宫的我们也一样感同身受。后面的故事常为人们津津乐道，这个四面楚歌岛屿上的人民所展现的英雄主义和皇家空军保卫国家的英勇无畏，让所有美国人都深感钦佩。我们开始理解温斯顿·丘吉尔语言中表达的那种勇气和坚韧，他的话集中体现了敦刻尔克之后几个月英国人民的精神。

正是出于对这种不屈精神的敬佩，让我丈夫对墨索里尼加入对法战争的做法大加抨击。在弗吉尼亚州夏洛茨维尔的演讲①中，他的一些顾问恳求他不要使用“背后捅刀子”这样刺耳的话，这很大程度上是由于他对伟大的英国人民精神的认可，他认为墨索里尼的领导从未在意大利人民中培养过这种精神。

① 在法国就要战败之前，1940 年 6 月 10 日，意大利对法国正式发出宣战书，十余分钟后，齐亚诺又向英国驻意大利大使转交了意大利对英国宣战书。同一日，美国总统罗斯福在位于夏洛茨维尔的弗吉尼亚大学发表演讲，罗斯福改变了一直强调的避免让美国卷入战争的说法，保证“全力以赴”提供支援，向民主阵营提供武器，当年 3 月 11 日获得国会批准的《租借法案》也使得罗斯福可以合法地向英国和后来的其他盟国提供战争物资。——译者

那次演讲是在弗吉尼亚大学法学院的毕业典礼上，小富兰克林从那里毕业。这真是一次奇怪的旅行；我们都去了；去参加儿子的毕业典礼是再正常不过的事；但这次绝不是一个正常而快乐的氛围。身处的时代邪恶肆虐。对处在这样时代背景的美国而言，富兰克林的演讲不仅是一个毕业典礼的演讲，它让我们离全面战争又更近了一步。

演讲一结束我就回了海德公园，留下丈夫和小富兰克林在华盛顿。在这之前我就知道，那些认为战争不可避免的人已经说服富兰克林，如果他得到提名，就不能拒绝竞选第三个任期。

关于第三个任期的话题，已经说了太多，我只能发表自己的看法。我从未质疑过富兰克林的政治动机。但我自己从来不想让他待在华盛顿，这让我只能加倍小心，不让他知道我有什么倾向性意见。

尽管我没有问过丈夫他自己想要怎么做，但从他在不同时候所说的一些小事中可以明显看出，他真的很想待在海德公园，只扮演一个老政治家的角色。他觉得他会很享受退下来的光景，就是提提建议和批评。他还有很多一直以来想做的事情——比如，写关于海军的文章，整理自己的文件和信件，等等。在海德公园他有图书馆，甚至还找了一份离开白宫后自己想干的工作。我记得，他打算每隔一段时间就为纽约的一家大杂志写一篇社论或文章。他建造了一座小石屋，当太多人来大房子找他时，他可以躲起来；当人们称之为他的“梦幻之屋”时，他还发脾气，不过这的确是他梦想的一部分。

我有足够的理由相信，他不想再竞选连任了。但随着时间的临近，越来越多的人来找我，说他必须参加竞选，战争的威胁刚刚浮出地平线，没有其他人有如此的威望和学识来驾驭这场危机。

我为眼下的现实甚感苦恼，我看不到有谁做好了准备来接替富兰克林的位子。有几次我问他，是否应该明确地去准备一个人。富兰克林说，人们必须自己做好准备，他所能做的就是给他们机会，看他们的表现。我觉得，是他不打算这样去做，因为是他支配着身边的人，只要他还在位，任何人都很难上升到显赫的地位。最后，我也终于意识到，一个人能给予别人的，没有比机遇更宝贵。

我也听到其他很多人在谈论可能的候选人，但随着大会召开的时间越来越近，我能够看出来，要想提名其他人将是极其困难的。首先，民主党还没有找到它认为可以继续执政的其他人选；其次，认真思考的人们都在担心战争。

在大会召开之前，情况其实已经明朗了，富兰克林将得到提名，继续竞选连任；我想他已经被说服了，一旦得到提名，就不能拒绝。我相信他不是真心想得到这个提名。假使没有被提名，才是他真正满意的，而且日子一定过得很开心；当你身处世界事务核心的时候，总是会有事情让你深陷其中，几乎不可能有其他的生活方式。我想，在他的心里，一定有一个巨大的跷跷板，让他七上八下、难以定夺。一方面，已经开始疲倦这种繁忙的生活，渴望回到家里，做自己的主人；另一方面，当这个世界正处于如此危急时刻，到了一生为之奋斗的职业生涯的最高点，自己又渴望看到和参与这些世界事务的处理。

最后，我对富兰克林说："你就下定决心，即使被提名也不去参加大会，但你还是要通过广播发表讲话，同时我希望，我不必去。"他坚定地说，他的想法很明确，他和我都不应该去。我告诉他如果这样的话，我就去海德公园，待在我的小屋里，把大房子准备好，这样大会结束后，他就可以回来休息了。

于是汤普森小姐和我回到了海德公园。日子过得很平静，直到有一天电话铃响了。弗朗西丝·珀金斯打来的。她说："这边的情况看起来不好；大会的氛围很糟糕。如果总统希望华莱士[①]先生得到提名的话，

① 亨利·华莱士（Henry Wallace，1888—1965），1941 至 1945 年担任美国副总统。——译者

就应该来芝加哥一趟；但如果他不愿意来，我觉得您也应该过来。”我告诉她，我觉得自己过去一点儿意义都没有，她应该把自己的感觉告诉我的丈夫，要去也只能他去。当她给他打电话的时候，他告诉她是不会过去参加大会的，但表示如果他得到提名的话，希望亨利·华莱士作为他的竞选伙伴。

第二天弗朗西丝·珀金斯又打电话给我，说我丈夫告诉她，如果她认为有必要，他会让我过去一趟。我说："富兰克林可能希望我去，但我怎么知道吉姆·法利是什么想法？除非他来邀请我，否则我肯定不会去那里。我知道那里的感觉不好，因为哈里·霍普金斯一直都在或多或少地操控一些事情，也许还不是很得体，我可不想去给大家添堵。"然后她想知道，如果吉姆发出邀请，我是否愿意去，我说我还是必须先问我的丈夫。和她讲完后，我打了电话给富兰克林，把弗朗西丝·珀金斯说的情况告诉他，问他想让我做什么。他说："你去或许会很好，但我认为根本没有必要。"我又问："如果吉姆·法利邀请我去，你觉得这样明智吗?"他回答说："是的，我想是的。"

然后我就等着，到了上午晚些时候，电话铃响了，吉姆·法利邀请我去一趟。因为他很忙，就让我和洛琳娜·希科克谈谈，她当时正和查尔斯·迈克尔逊一起为民主党全国委员会做宣传工作。她告诉我，她觉得我来很重要，吉姆·法利真的很想让我过去一趟。

第二天下午晚些时候，我们乘飞机赶到芝加哥。吉姆·法利在机场迎接我。一群女记者等在候机楼里，他让我立刻去见她们。我告诉他自己没有什么好说的，但他觉得我最好还是去见见她们，我只好尽我所能把会面应付过去，尽量少说话。

然后吉姆·法利和我一起开车去芝加哥。路上他告诉我，从大会开幕以来，富兰克林还没有告诉过他副总统的人选是谁。我对这两个人之间竟然出现这种情况感到震惊，因为我一直对吉姆·法利怀有真正的友谊。他告诉我，为什么他认为杰西·琼斯、威廉·班克黑德、保罗·麦克纳特或其他候选人都可以获得提名。他还告诉我，埃利奥特当时是得克萨斯州的居民，也是该州代表团的成员，他正计划第二次提名杰西·琼斯。

我说在事情定下来之前他应该和我丈夫谈谈。我直接去了吉姆·法利办公室所在的酒店，打电话给富兰克林，把吉姆讲的情况告诉他。我还告诉他，我也是刚刚知道他还没有和吉姆谈过，建议他马上和吉姆谈谈，把自己的想法告诉吉姆。我没有对候选人表达任何倾向性意见；我想起了吉姆·法利在自己书中对大会情况的记述，其中也涉及我，但他对于我当时说过什么话的记忆，实际上并不是我说的。他书里写我对自己的丈夫说："我已经和吉姆·法利谈过了，我同意他的意见，亨利·华莱士不行。我知道，富兰克林，但杰西·琼斯能带来选票，赢得经济界的支持，并拿到党派的捐款。"这些都是吉姆·法利告诉我的，我只不过重复了他的话而已。我从来不会在这种事情上表达倾向性意见，我也肯定不会因为这件事而改变自己的一贯作风。

当吉姆·法利接过电话，我丈夫显然告诉他华莱士先生才是他想要的人选。吉姆不是很坚持地和他争辩了几句，富兰克林最后说必须是华莱士。他相信如果华莱士当选副总统，会执行我们的外交政策。富兰克林的想法是如此坚决，他坚持让华莱士作为竞选伙伴，希望给他一个证明自己能力的机会。然后吉姆·法利说："您是老板。既然您这么说，我会尽我所能去提名华莱士，而且我不得不抓紧了。"接着又转向我说，他将不得不去管住埃利奥特，因为他正在准备第二次提名杰西·琼斯，而且保罗·麦克纳特也很有实力，我们需要尽快赶往会场。我们立即驱车前往那里，我看得出来吉姆非常不安。

一到会场，他就带我去找弗朗西丝·珀金斯和洛琳娜·希科克，然后他就离开了。我立刻坐到自己的位子上，告诉小富兰克林去把埃利奥特找过来，因为我很着急，他不能再提名其他人了，明摆着与自己父亲的意愿不一致。埃利奥特走过来，我们聊了一会儿，发现吉姆·法利已经找过他了，所以他还没有做出提名。

我看到爱德华·弗林和一帮人走过来，大部分人都和我简单寒暄了几句。突然会场里出现了一些骚动，弗兰克·沃克过来找到我说："我们觉得是时候请您发言了。"

我决定讲得简短一些。我什么都没有准备，但我决定以我在旅馆听到的谈话为基础来简短发言。如果富兰克林觉得第三个任期的压力不管对谁来说都太大了，而华莱士先生是我们认为能够做得最好的人，那他就有权得到他的帮助；任何人都不应该只想到他自己，还要想到可能要做的工作。

我要实现目标的办法只有一个，就是说服坐在会场里的代表们，抛弃个人利益，而以国家利益为重，要让他们认识到我们面临的形势中潜藏的危险。当我发言的时候，会场里鸦雀无声。刚刚还是群情骚动，能做到这样很不容易。

然后投票开始了。小富兰克林和我一直盯着记录票数，有一阵子华莱士先生的票数不太好。整个会场完全乱了套；走廊里挤满了支持不同候选人的各种团体，人声鼎沸。不过，华莱士先生将会成为候选人的消息已经散布开来。华莱士夫人坐在我身边。我怀疑她过去从来没有经历过等待票数公布的场景。她看起来很不高兴，问我："你知道他们为什么这样反对华莱士吗？"我没有时间跟她详细解释，可能大多数人都是被故意拖来为别人站台助威的。

一等到亨利·华莱士作为富兰克林竞选伙伴的消息宣布，我就离开了会场，并请华莱士夫人代我向她的丈夫表示祝贺。我直接开车回到机场，登上飞机。正当飞机开始向跑道上滑行的时候，看到有人在拼命地向我们挥手。我们停了下来，有人叫我下去，说我丈夫在电话线上等着。他告诉我，他刚刚听了我的演讲，说我讲的很棒。哈里·霍普金斯在另一条电话线上，也等着和我讲话，他也说了差不多的意思。然后我再赶回飞机上，起飞回家。

第二天早上，我的轿车在拉瓜迪亚机场等我，我开着直接回了海德公园，回到家发现正好赶上9点钟吃早饭。我觉得自己就好像做了一场噩梦。然而，我不得不尽快回到现实中来，还要继续写自己的每日专栏文章，就好像刚刚过去的连轴转十八个小时并不是自己的经历一样。

当富兰克林和我再见面的时候，我们聊了整件事。我告诉他，他不应该让吉姆一无所知，我意识到俩人之间的裂痕加深了，他就是不想打电话给他。不过，富兰克林一直坚称，哈里·霍普金斯没有自己的部门，也不代表官方权威。哈里只代表他自己而已。我认为这是他有意撒手不管的几件事情之一，因为他不喜欢演戏，除非被逼无奈。我过去找吉姆谈，打电话给富兰克林，逼着他把自己想要的明确讲出来，但他从未再提及此事，尽管有几次他对别人说："她的演讲恰到好处。"

这些都是7月份的事情。竞选真正开始是在9月。9月2日，富兰克林在田纳西州查塔努加附近的奇克莫加河大坝剪彩典礼上发表了竞选讲话。

第二天，他宣布同意援助英国50艘老旧驱逐舰，用于交换在纽芬兰和西印度群岛建立海空军基地；大约两周后，9月16日，他签署了《选征兵役法》①。

然后我开始感到，战争走近了。埃利奥特已经去登记了。他接受过一些飞行训练，希望加入航空队。他的视力不好，但他搞到一种新

①《1940年选征训练和兵役法》(Selective Training and Service Act of 1940)，1940年9月16日生效，是美国政府为准备参加第二次世界大战而颁布的兵役法案，也是美国历史上第一次在和平时期征兵。——译者

型的镜片，可以让他驾驶飞机起飞和降落，而且他还有民用飞行员执照。

没过多久他被任命为上尉，派驻到莱特机场。不可避免地，就是因为被任命为上尉一事，他也在1940年的大选中遭到了攻击。这成为被对手用来攻击富兰克林的众多话题之一。在我看来，这对埃利奥特总显得不太公平，就因为他父亲决定竞选第三个任期，埃利奥特就不得不承受这一切，但在政治斗争中本来就没有公平可言。长久以来，富兰克林和我学会了接受这种个人攻击；但埃利奥特心里不好受，因为他看到的是其他人也同样被任命为上尉军衔，很多人的基础和资格还不如他呢。

这种针对埃利奥特和我们其他孩子的批评让我深恶痛绝，但怨恨没什么用；一个人必须学会把所发生的一切看作是受教育的一部分，尽量使其达到良好的目的。同时，我有时候也会被针对我个人的攻击所逗乐，有人制作了一种大大的竞选徽章，上面写着“我们也不要埃莉诺”，许多女性都佩戴着。

富兰克林和我从来都没有介意过堂妹爱丽丝·朗沃斯在各种竞选活动中经常说的那些不愉快的话。在第三次竞选活动开始之后，进入比较繁忙的社交季，这种时候她往往更加直言不讳。有一次，她像往常一样被邀请参加外交招待会。沃森[①]将军，富兰克林的助手，怀疑她是不是有脸过来；其实他觉得她一定不会来。富兰克林同样肯定她一定会来，于是他就和“老爸”沃森打了个赌。招待会那天晚上，当有人通报爱丽丝来了，富兰克林看着“老爸”咧嘴笑，还故意大声说：“老爸，你输了！”

---

① 埃德温·马丁·沃森（Edwin Martin “Pa” Watson，1883—1945），美国陆军少将。富兰克林·D. 罗斯福总统的朋友和高级副官，承担着军事顾问和秘书的职责，类似现今白宫幕僚长的角色。——译者

正是在这次竞选期间，“大师通信”事件[1]被曝光，人们对用这件事来对付华莱士先生感到非常兴奋。我不太了解亨利·华莱士，但我的感觉是，他只是被自己的求知欲迷住了。他不够现实，无法理解那些读到他信的人不会有同样的好奇心。

1944 年，当讨论华莱士先生是否再次被提名时，那些到全国各地去听取人民意见的人汇报称，他们强烈认为华莱士太不切实际，不可能再帮着投这张票了。不管怎样，富兰克林对华莱士的信心在那时候动摇了；他说华莱士本来是有机会让自己扬名立万的，但因为他没能使党的领导人相信他是合适的人选，就不可能再一次指定谁是候选人了。此时富兰克林有一种听天由命的感觉，如果真有工作需要他做，他会去做。如果没有，他相信民主党的领导人会有自己的选择，总能找出人和他一起搭档竞选。

富兰克林本来打算全部通过广播来进行竞选演讲，但最终还是被说服做了几场现场演说。他很喜欢温德尔·威尔基[2]；他从来没有对他感到不满，不像对其他对手那样，我也不记得他在私下里说过任何贬损他

---

① “大师通信”事件（The Guru Letters），1940 年亨利·华莱士参加竞选期间被政敌攻击的一起事件。这里的“大师”是尼古拉斯·罗里奇（Nicholas Roerich，1874—1947），俄罗斯著名画家、作家、考古学家、神学家、哲学家、旅行家、探险家，对催眠和其他精神活动很感兴趣，据说他的画有催眠作用。1929 年华莱士在纽约罗里奇博物馆认识他之后，非常景仰其学识；在 1930 年代担任农业部长期间，华莱士开始写信给罗里奇，信中常称自己在冥想中有看到罗里奇的幻觉，这些幻觉具有治愈疾病的作用。1935 年，华莱士聘请罗里奇前往蒙古收集抗旱草籽，以缓解美国的沙尘问题；但罗里奇抵达远东地区后，却用美国政府的钱购买步枪和弹药，武装哥萨克集团并在俄罗斯边境制造骚乱，引发了外交事件，此后华莱士切断了与罗里奇的联系，但此前的通信被保留了下来。——译者

② 温德尔·威尔基（Wendell Lewis Willkie，1892—1944），美国政治家、律师。1939 年脱离民主党加入共和党。1940 年参加选举，与民主党的罗斯福竞争美国总统，最后失败。威尔基虽然身为共和党领袖，但在珍珠港事件之前，他极力主张美国参战和援助英国，反对共和党内的孤立主义。1941 年 1 月 13 日，他宣布支持《租借法案》，在党内引起轩然大波，因为该法案在共和党内很不受欢迎；威尔基的支持，是《租借法案》得以通过的关键。——译者

的话。我自己也认为威尔基先生勇敢而真诚，我喜欢他敢于坚持原则的处世方式。

富兰克林总是对成功相当自信，尽管他也说过在选票没有清点完之前谁都无法确定。然而，这一次他最不确定是否能赢得选举，不仅因为威尔基先生是一位强有力的候选人，还由于他自己觉得第三届任期是一个很大的障碍，但事实证明还好。像往常一样，我希望他赢，因为那是他想要的；如果他输了，我会为他感到遗憾。不过，我知道，如果他输了，他会继续过上美好而充实的生活，因为他是一个哲人，善于接受并充分利用一切发生的事情。

第二十二章　战争来了：1941 年

1941 年 2 月，卢森堡女大公来住了几天，我们举办了传统风格的宴会。也是那个月，哈里·霍普金斯被派去了英格兰，以维持富兰克林和英国政府之间的个人联系，因为肯尼迪[①]大使已经辞职了，而新的大使还没有任命。我记得，哈里在前一次考察欧洲各国生活状况的旅行中，对我们的一些职业外交官感到十分厌恶。他回来后曾对我说："他们太忙于社交了，根本没有时间去了解那里工业或农业的情况。"

威尔基先生有一天来找我的丈夫，当他坐在白宫二楼的书房里等富兰克林的时候，家里很多人都想去一睹他的风采，二楼一下子挤了很多人，不得不把他们都赶下楼去。我也很想亲眼看看他，但直到富兰克林后来告诉我我才知道他来过。

6 月是艰难的一个月，因为蜜茜·勒翰德生病了，这只是个开始，此后她就长病不起。然而，白宫的日子还是要一成不变地继续下去。17 日，荷兰的朱莉安娜公主和她的丈夫伯恩哈德亲王过来住一阵子，整个夏天我们还有其他一些访客，包括 8 月来了肯特公爵，10 月来了蒙巴顿勋爵夫妇。后面还有温莎公爵夫妇来找我丈夫共进午餐，不过我因为不得不去主持一场进程拖沓的订婚仪式而没有参加。

8 月初的时候，在经过很多次神神秘秘地研究之后，丈夫告诉我，他要去鳕鱼角运河钓鱼，旅行几天。然后他冲着我笑了笑，我就知道他没有把全部情况告诉我。

我已经学会了对有些情况，他不主动说我就不去问，随着战争的继续，这几乎变成我的一个困扰。因为我会见到很多人，很可能会说漏什么不该说的，所以我常常请求丈夫不要告诉我什么秘密。很多时候我不可能不知道有些事情正在进行中，但只要我不努力去一探究竟，掌握的情况就是相当模糊的。

在鳕鱼角之行的前几天，富兰克林邀请了一些朋友和他一同前往，新闻报纸对此行也大肆报道。人们在运河的岸边看到他，然后——他就消失了！后来，他很乐于讲述自己是如何从总统游艇转到“奥古斯塔号”巡洋舰上去的故事，载着他一路驶向了阿金夏港，在那里他会晤了丘吉尔首相。

有关这次会议的故事，小富兰克林和埃利奥特也经常说起，他们俩也都去了，讲他们自己发挥了什么比我更大的作用。对两个男孩来说，能陪着老爸一起去开会是个意外的惊喜。埃利奥特在部队的表现非常出色。入伍后他被派到莱特机场参加训练，然后被分配到驻甘德湖机场的飞行大队。由于他就在开会的地方附近，8 月他父亲和丘吉尔首相会晤商量《大西洋宪章》的时候，就命令他去了阿金夏。埃利奥特一开始还不知道，为什么自己要放下手上的工作赶到阿金夏去，当他看到港口里停泊的所有舰船的时候，一定像个被大场面镇住的孩子。

对小富兰克林来说同样是意外的惊喜。作为海军预备役人员，他在我们参战之前就应征加入海军，担任一艘驱逐舰的执行官，负责为驶往英格兰的商船护航，这可是一件苦差事。深冬季节北大西洋上寒冷异常，他一直央求家里人多寄一些暖和的衣服，还说有一次来到缅因州的

---

① 老约瑟夫·帕特里克·肯尼迪（Joseph Patrick “Joe” Kennedy Sr.，1888—1969），昵称“乔”，美国金融实业家，外交官。其子包括美国第 35 届总统约翰·肯尼迪、司法部长和参议员罗伯特·肯尼迪以及长期担任参议员的爱德华·肯尼迪。——译者

波特兰，几乎被冻成冰棍了。不过，他们的船运气够好，被指派参加护卫总统和首相的任务。等到了阿金夏，他接到命令，要去一艘船上向总司令报到。他十分不安，心里想："我到底干了什么?"他从来没有想到这里的总司令其实并不是金海军上将，所以当他登上甲板看到自己的父亲，那真是一个意外的惊喜和莫大的放松。

回来以后，富兰克林对《大西洋宪章》的通过显得很高兴，称他和丘吉尔之间总算有机会认识了，也都喜欢对方。他以前见过丘吉尔，但没有真正认识。他认为这次会议是破冰之旅，说他现在了解丘吉尔了，觉得他是一位典型的"约翰牛"①，是一个真正可以共事的人。

等他结束这趟旅程回来，公众还没有发现，这让他颇为得意。每次说起下面的故事他总是咯咯地笑，总统游艇能在鳕鱼角运河上平静地航行一整天，一位身材和富兰克林差不多的绅士坐在甲板上，把帽檐儿拉得低低的，还朝着岸上的人挥手。

随着时间的推移，我越来越小心地尽量少知道一些秘密，汤普森小姐的办公室在二楼电梯附近的大堂外，她几乎成了一个隐士，还常常特意告诉大家，她对我丈夫的事一无所知。

在我的记者招待会上，我也有一个众所周知的规矩，即国家事务不在我的回答范围里，而是由我丈夫在他的记者招待会上处理。偶尔，当我被问及对某件事情的个人看法时，我也会略讲一二，后来我听说，一个聪明的记者不会错过我的记者招待会，因为我常常预告了我丈夫的观点。事实上，富兰克林和我很少讨论这些问题，只有在我认为有理由表

① 约翰牛（John Bull），英国的拟人化形象，源于1727年苏格兰作家约翰·阿布斯诺特所出版讽刺小说《约翰牛的生平》（The History of John Bull）。这个形象原来是为了讽刺辉格党内阁在西班牙王位继承战争中的政策所作，随着小说的风靡一时，逐渐成为英国人自嘲的形象。随着时间的推移，约翰牛的形象发生了耐人寻味的变化，当年那种杀气腾腾的气概收敛不少，其原来的贬义似乎变成了褒义，逐渐变成了一位饱经世故的实干家形象。——译者

达一下自己的观点时，我才会回答有关国家事务的问题。我想，长期生活在一起的人对某些问题的看法总是一致的，所以这些巧合并没有特别稀奇。

从阿金夏回来之后，富兰克林变得更加忙碌；但还好他决定回海德公园过9月4日那个周末，因为他的母亲从坎波贝洛岛回来后似乎恢复了健康，除了有点儿感冒，不过情况很快变得更糟了。9月7日她去世了。我丈夫陷入巨大的悲伤。尽管他们之间还是有着密切的联系，但他在某些方面与她渐行渐远，尤其是最后的几年，他们对政治和公共事务的看法往往没有共识。

富兰克林的母亲一直都想，离开人世的时候能待在海德公园她自己的房间里，然后在教堂墓地举办一个简朴的葬礼，那些和她一起工作多年的人抬着棺材为她送葬。她的想法如愿以偿。

就在我婆婆病危的那天晚上，我的弟弟豪尔也生病了，他住在离海德公园别墅不远的一栋小房子里。我们带他去了波基普西市的瓦萨医院。就在我婆婆葬礼的前一天，在他本人的一再要求下，我又把他转到了华盛顿的沃尔特里德医院。他在一战服役的时候，曾在那里接受过治疗，他希望回到过去的医生那里治疗。

一等到婆婆的葬礼结束，我们就返回了白宫，在接下来的几周里，我眼睁睁地看着我的弟弟死去。他的身体是如此强壮，换作大多数人早就没有意识了，他的心脏让他多活了很久，当我走进病房时，他时不时还能认出我来。9月25日，他去世了，葬礼是在白宫举行的。富兰克林和我把他的尸体运回纽约的家乡蒂沃里，葬在豪尔家族的墓地里。

少了一个兄弟总是一个家族的悲伤，但就我的弟弟来说，我们就像失去了一个孩子。在我们刚刚结婚的时候，他就和我们住在一起，从那时起，富兰克林和我就成了他最亲密的家人；无论发生什么事，尽管他也非常渴望独立，但他总是会来找我们。我身心俱焚般地看着一个鲜活的生命一点点枯萎。他的体格非常健壮，总是很肯定自己会恢复自制力，不过他还是难免一时的放纵①。你没有办法让他相信，一旦养成了某个习惯，要改变是很难的。

总体上，我觉得豪尔还是缺乏自制力。他很有活力，体力也很好，脑子也非常聪明，但就是学不会自律。当他讨厌自己的责任时，就会把它抛在一边，他觉得让他对环境作出妥协是不公平的，他也不愿那样去做。这种态度的结果，就是他的第一次婚姻一路磕磕绊绊。虽然里面肯定有很多因素，但是我一直觉得，最主要还是他缺乏自律，他不会从其他人的需要出发妥协或者调整。事实上，除了他自己的想法外，他很难看到其他人的想法，除非他对一个人的人格力量的尊重超过了他那特别的本能欲望。

当我回顾这个心爱兄弟的一生时，他从来没有达到他应该达到的人生高度，我不禁为他感到巨大的悲伤，因为我知道，他一定经常为没有利用好自己的天赋而深感沮丧和失望。

失去所爱的人的悲伤，本身就是很难忍受的，如果再加上遗憾和惋惜，这种痛苦就更加难以承受，日复一日无穷期。我想，那年秋天，我在民防局如此努力地工作，就是为了麻痹这种感觉。

9月22日，就在豪尔去世前几天，我同意为拉瓜迪亚市长策划组织一些活动，这些活动不是严格意义上的防御活动，而是主张联合起来保护全体平民。

埃莉诺·摩根索自告奋勇来担任我的助手。但我很快发现，拉瓜迪亚市长并不想这些活动过多深入到我的工作领域。他身为纽约市长的工作，让他没有足够的时间投身到民防的组织工作中去。为数不多的几次

① 作者的弟弟格雷西·豪尔·罗斯福（Gracie Hall Roosevelt，1891—1941）死于酗酒。——译者

小组会议让我感觉十分仓促，做出的决定也没有经过慎重考虑。民防部门的负责人，包括我自己，常常没有机会和他讨论我们想要解决的问题。市长更感兴趣的是那些能够立竿见影的民防工作，比如这个城市是否拥有管用的灭火设备，胜过关心这些活动是否能够增强士气。

有一天，我在纽约第11街自己的小公寓里邀请拉瓜迪亚先生共进午餐，因为有些事情我特别想和他聊一聊。我计划安排一顿简单的午餐，但在准备的过程中，我的女佣人——她断断续续地为我工作过好几年，忐忑不安地去找汤普森小姐，说她没有办法为市长烧饭。汤普森小姐鼓励她，说她为总统都做过饭，市长是一位很容易打发的人。

午饭后，市长临走的时候说："我的妻子从来不问我去哪儿了，或者见过谁，但她总是会问我吃什么了。今天，我可以老老实实说，我可没有吃太多!"

我每天待在民防局的时间很长，晚上还把自己的活儿带回家里干。在白宫里，每一个小时都会有人巡视一次，以确保一切安好。一天早上，我丈夫说："我听人说，你昨晚根本没睡觉?"我一直忙着处理信件，没有注意时间，等看到天快亮了，就决定不再上床睡觉。房子里巡逻的人在门口看到我的灯还亮着，听见我在走动，就向家里人报告了，有人告诉了我丈夫。不过，我并不经常这样做。

我很快就发现，我所担心的事情是真的！即使不拿薪水，不领取任何报酬，我也不能在政府中担任什么职务，为了不给国会中的反对党成员、甚至是党内的不同政见者找茬的机会。我不太在意他们对我的评价，但当我发现，我推荐的人仅仅是因为我推荐了他就陷入困境时，我就介意了。

尽管有这些麻烦，但我仍然希望，至少我和拉瓜迪亚市长在珍珠港事件发生后进行的那次考察是有帮助的。如果通过我跑的这一趟，推动了西海岸的民防工作，平息了当时普遍存在的歇斯底里的恐惧，那么这个国家就受益了，这次旅行就证明了我在民防局的短期任职还是有价值的。

珍珠港事件那一天开始的很平静。我们等着参加中午的一个大型聚餐会，就在开始之前富兰克林来消息说他参加不了，我有些失望但并未觉得奇怪。他变得越来越焦虑，常常在最后一刻告诉我，他不能来参加已经安排好的大型聚会。他脑子里有那么多秘密，这使他有必要留心自己说的每一句话，光这一条就让他筋疲力尽了。此外，焦虑和潮湿使他的鼻窦变差，需要每天治疗鼻子。我总是担心这种持续不断的治疗，因为我觉得，虽然可能暂时有用，但从长远来看，一定会引起不良反应。有时富兰克林独自在书房里吃饭，有时他会让哈里·霍普金斯或秘书和他一起吃饭，或者找一个他想私下里交谈的人陪着。

那天哈里·霍普金斯正和富兰克林在书房里吃饭，我们外面的午餐会有三十一个人参加。午餐刚刚吃完，珍珠港遭袭击的消息就到了，但直到我们上楼之后才听说，是一名门卫告诉我的。消息是如此令人震惊，以至于大家完全安静下来，就像身处在真空中。我把客人都送走了，一直等到富兰克林一个人静悄悄地进了他的书房，我意识到他需要集中精力考虑下一步必须做什么，在这个起初的应激压力结束之前，他不会谈论所发生的事情。所以我也回去工作了。

3 点刚过，战争部长，海军部长，我丈夫的海军助理比尔德上将、秘书麦金泰尔和厄尔利，还有格蕾丝·塔利，都集中在白宫二楼富兰克林的书房里。很快马歇尔将军和国务卿也来了。后来，等我有机会和丈夫说上话的时候，我心里想，尽管富兰克林看上去依然显得焦虑，但比他此前很长一段时间里表现出来的要平静很多了。当知道了结果，人反而能够平静下来。这个国家已经处在战争之中，除了面对现实，别无选择；此时此刻起，只有直面未来的困难和危险，与此前漫长的不确定相比，挑战变得清晰可见。

第二天对我们所有人来说都是繁忙的一天。上午 9 点，我和往常一样去了民防局，但还不到 12 点就回到白宫，和我丈夫一起去国会大厦听他在国会联席会议上发表讲话。我似乎感觉，威尔逊总统在国会宣布加入第一次世界大战的那一幕又回到了眼前。只不过现在的美国总统是我的丈夫，这是我一生中第二次听到总统在国会宣布这个国家要开战了。我非常不高兴。我还记得一战开打时自己对丈夫和兄弟的担心，现在我有四个儿子都到了参军的年龄。

这是令人十分难忘的一刻，也是大家的精神和力量都高度统一的时刻之一。没有批评的声音——只有接受现实：作为一个国家，我们必须面对发生在我们身上的事情。

我们知道，珍珠港遇袭将使我们倒退很长一段时间，我们眼下的军队建设还远未完成。我们可能不得不撤退，因为我们是一个热爱和平的民族，作为一个国家并没有想参与战争。很多人认为日本不想与我们开战，在国会支持他们的代表否决了用于加强太平洋岛屿防御的资金。许多人认为，就是因为我们坚持备战，才迫使日本向我们开战。这种想法在今天看来显而易见是错的，但在珍珠港事件之前，这可不是什么明显的错误，很多爱国人士真诚地认为，日本并没有计划对我们发动战争。中国的战争是遥远的，他们认为这才是日本人真正感兴趣的。他们没有意识到，我们是日本实现对太平洋地区绝对统治计划的绊脚石。

回首往事，往往很容易看清过去看不清楚的东西。我丈夫早就怀疑日本人统治太平洋的野心是存在的。我记得，早在他担任助理海军部长的时候，就对关岛和太平洋其他岛屿十分关切。他对日本的怀疑是基于这样的想法，即如何确保太平洋对我们来说是安全的，在太平洋的所有战争演习中，日本一直都是敌人。但是，任何一个敢说出这种怀疑的人，都会立刻被称为好战分子。富兰克林在国会演讲之后，战争对整个国家来说终于成为一个严峻的现实。

从国会大厦出来后，我直接回了民防局，下午大部分时间都待在那里，5 点 45 分回到家。7 点 10 分汤普森小姐和我就到了华盛顿机场，准备和拉瓜迪亚市长前往西海岸。临走之前，我去看了一眼埃利奥特，他来白宫只住了一个晚上。他正在参加导航培训，毕业前还有最后一次飞行。因为战争的缘故，课程被加快了。结束之后，埃利奥特将立即前往西海岸执行巡逻任务。

汤普森小姐和我正在飞机前舱的一个小隔间里工作的时候，有人送来了飞行员收到的消息：一家旧金山报纸称旧金山已经遭到日本人的轰炸。我要告诉拉瓜迪亚先生。就在我们下一次着陆前，我叫醒了他，他把头从布帘里伸出来，像个刚出壳的小鸡崽。我把收到的消息告诉他，他让我在着陆时下飞机，给华盛顿机场打电话求证，说："如果是真的，我们就直接去旧金山。"这就是他的典型风格，我也为之感动。尽管有时候人们会对他很生气，但不得不佩服他的正直和勇气。我打了电话，发现这是一个没有经过证实的谣言，于是我回到飞机上，市长决定我们继续去洛杉矶。

继续往前飞，我们开始接到指令。起初要求飞行员在棕榈泉降落，但最后我们被允许降落在洛杉矶一座几乎完全被废弃的机场。那里给人感觉一切都笼罩在神秘之中，因为大多数旅行航班都已经停飞了。

拉瓜迪亚市长花了一天时间和大家讨论消防设备和防务准备。由于他不能去圣迭戈，我就把他留在了洛杉矶，一个人去了；这意味着在接下来的行程中，他都会赶在我之前到下一站，所以就使得我有机会充分了解他的来访对当地所有官员的影响。他的超凡勇气和无所畏惧对每个人都产生了奇妙的影响，但我无法知道，也从来没有搞清楚过，我们的所有行程，包括他的和我的，真正起到了多大作用，因为设备严重缺乏，有许多他们认为必要的事情都无法去做。他立刻着手组织医生和医疗用品，并做了大量工作以推动消防部门重组。我还参加了其他活动，这次是去西雅图。我在工作了一整天后晚上坐火车前往，因为天黑之后就没有飞机了。坐在一列灯火全部被遮住的火车上的感觉很是奇怪——连火车头上的前灯都调暗了——从外面看不到一丝光亮。

12 月 15 日我回到华盛顿。此行去了七天，一直在不停地赶路和工作。当天下午，埃莉诺·摩根索和帮助她开展工作的贾斯汀·波利耶、贝蒂·林德利和安娜·罗森伯格，就来给我介绍了民防局一线工作的最新情况。我们讨论了下步计划和政策，以及当时流传的一些谣言，但我越来越难以接受那些谣言。我还从来没有遇到过比当时更不友好的媒体，不过我也没太把它放在心上。我知道总有一天我会摆脱它的，如果它对富兰克林没有造成伤害的话，我自己感觉根本就无所谓。富兰克林在整个过程中一直保持着平静和不受其扰的心态。

关于哈里住在白宫，当时也有一些谣言。有些人认为，既然他没有担任什么公职，就不应该住在那里，让政府承担费用。他们似乎从来都不会相信，他在白宫里吃的所有食品都是总统自己掏腰包的，因此哈里并没有给纳税人增加负担。

哈里确实达到了富兰克林对他的期望。战争一开始，他就意识到形势的严重性，于是就把备战置于一切事务的首位。对他而言，战争的需要是最重要的。我丈夫也有同感。不过，我不禁感到，正是“新政”的社会目标培育了我们敢于打这场战争的精神，我相信这一点非常重要，就是让人们感到，我们打的这场战争，仍然是在为这些相同的目标而战。很明显，如果世界由希特勒统治，自由和民主将不复存在。我认为，无论是战争期间还是战后，为少数人争取权利的斗争都必须继续下去。

我希望看到我们的医疗计划能够继续下去，不仅是在军事医疗领域，而是在整个医疗领域，这关系到儿童和青少年。我想应该为战后广泛的健康计划打下基础。哈里·霍普金斯是不为所动的。他觉得钱不能转用于与战争没有直接关系的任何事情上。他也许是对的，但我始终不能完全同意他的看法。

珍珠港遭袭之后，白宫的一切活动都集中在备战上，胜过以往任何时候。优先供应和分配委员会①开始频繁开会，富兰克林与军方人士以及像安娜·罗森伯格夫人这样的人有越来越多的会晤，安娜·罗森伯格夫人是他与劳工组织之间最紧密的联系人之一。在我们备战工作中，除了军事行动外，劳工是最重要的考虑因素。

俄罗斯大使两次来拜访我的丈夫；挪威的玛莎王储妃，那些日子里一定深感焦虑，也前来寻求保证，并就局势进行了讨论。

与此同时我继续在民防局工作，着手筹建一个青年部门。我还试图让内阁成员的夫人们在各个部门为涌入华盛顿的大批女孩找工作，但没有成功。

在民防局工作的整个阶段都不如意。我一直不愿意接受这份工作，只是在哈里·霍普金斯和我丈夫另一位顾问的坚持下才这么做的。富兰克林自己不置可否，尽管他告诉我这对拉瓜迪亚市长会有帮助。当市长发现我成了一个有争议的人时，他看到我也感到害怕；对一些国会议员认为我所做的“糟糕的”事情，他从来没有承担过任何责任，但我并没有责怪他。市长从民防局辞职后，我帮着找到了继任者。国会中日益高涨的攻击浪潮最终使我确信，在民防局我根本没办法做真正的工作，所以在 2 月 20 日，我也辞职了，给兰迪斯法官留下了一个烂摊子，不过他处理得很好。

---

① 优先供应与分配委员会（Supply Priorities and Allocation Board），1941 年 9 月建立的一个防务组织，负责指导国防生产，该委员会有权与当时的生产管理局共同对美国原材料生产和美国防务所需的其他产品的生产厂家确定优先供应与分配的次序。——译者

历史上的确如此，温斯顿·丘吉尔首相一听说珍珠港遭到袭击，就下定决心来一趟美国。他的来访是绝密，直到他来之前，我们谁也不知道。

他到访的前几日，我丈夫把汤普森小姐叫去，问她我邀请了谁来白宫过圣诞。他还要求看应邀参加晚宴的客人名单。在我们入住白宫的这些年里，他还从来没有这样关注过如此细节的东西，这是他头一次提出这样的要求。他没有给任何解释，也没有暗示将要发生一些不寻常的事情。

当我们得知丘吉尔先生将于 12 月 22 日来访时，每个人都匆匆忙忙地四处张罗。二楼的门罗厅必须改成地图室和英国代表团的办公室，我们把床铺挪开，为全体圣诞客人腾出地方。

在 12 月 22 日这个值得纪念的日子里，我丈夫会见了俄罗斯大使、中国大使和荷兰公使，此外还参加了无数其他活动。他在晚上 6 点前离开去会见英国首相，6 点半他们一起抵达白宫。我们家里住满了人，但也只占了丘吉尔先生陪同人员的一小部分。

富兰克林让我在西大厅为我们的英国客人准备好茶水，但我发现他们更喜欢有味道的点心。那天晚上我们有十七个人一起吃晚饭。我是当天早上从纽约乘夜车回到华盛顿的，在民防局度过了一天的大部分时间。我参加了救世军的圣诞晚会，还有一个天主教慈善机构的圣诞晚会和小巷圣诞树的节目，所以我给当天已经很繁重的官方节目又增加了不少内容。我记得那天晚上，随着时间的流逝，我和客人聊着聊着就睡着了。

丘吉尔先生这次来访，和他以后所有的访问一样，我丈夫每天都要工作很长时间。每天下午首相都会睡上一大觉，因此一到晚上他就精神焕发，天天搞到深夜。在丘吉尔睡觉的时候，富兰克林还得去忙自己的日常工作。哪怕他最后休息了，只要有重要的事情或电报传来，不管几点钟都会把他叫醒，几乎每顿饭都会有人打电话让他处理一些急事。丘吉尔先生走后，他总是要花几天时间补觉。

有些人在不同的时候指责我不懂礼节，因为我经常安排他们所说的不重要的人和重要的人见面。在战争期间，官方人物的来去行踪都被严格保密，可不像现在这样简单。他们总是来去都很突然，我们事先谁也不知道。这就是我为什么经常会有安排上的冲突，如果我事先知道将要发生什么，有些人我可能就不会邀请了。

在英国首相第一次访问期间，我邀请了路易斯·阿达米克夫妇、门罗·罗宾逊、我的表弟和其他几个人在 1 月 13 日共进晚餐。当然，当我邀请他们时，我并不知道丘吉尔先生会来。晚饭后，我带阿达米克夫妇、门罗·罗宾逊和汤普森小姐去费城听音乐会，在我看来那晚的演出还是很有趣的。

邀请阿达米克夫妇的原因是我读了阿达米克先生写的一本书《双向通道》，我觉得很有趣。因为我总是在寻找一些新的观点来引起我丈夫的兴趣，所以我把书也给他看了。

当得知阿达米克先生根据这段经历写了一本《白宫的晚餐》时，我比任何人都感到惊讶。他似乎认为，那天夜晚的每个微小细节背后都蕴含着某些特殊的意义。这是典型的借题发挥。在书中阿达米克先生讲了一个极为贬损英国首相的故事；实际上，整本书都是反英和反丘吉尔的。丘吉尔先生对此非常不满，并在英国起诉了阿达米克先生，那边关于诽谤的法律规定与我们的有所不同。当然，阿达米克先生的说法恰恰相反，那天晚上完全就是一个偶然事件。

在我丈夫和丘吉尔第一次会面的时候，摆在他们面前的是严酷的现实：接下来的这场战争将会旷日持久，当中必有许多挫折，作为各自国家的领导人，他们俩必须设法鼓舞本国人民的士气。要向各自的国家解释清楚，军队的训练和武装需要一个漫长的过程，其中生产是最重要的因素之一，同时还要有耐心并满怀希望，即便是守住战线也不是一件容易的事。

我一直非常钦佩丘吉尔先生的行事风格。在某些方面，他对英国人民的态度比我丈夫对我们的更加直截了当。英国人民离危险更近，我想正是出于这个原因，大家可以更好地理解这种直截了当。

第二十三章　访问英格兰

现在回想起来，那段日子里让我印象深刻的是自己要努力打好三份工，既有民防局的工作，还要参加公务活动，家里的炉火也不能熄了。我现在都不知道当时我是如何能参加那些旅行的。与此同时，我丈夫与内阁成员、军事顾问、外国外交官和劳工领袖的会晤也越来越多。有一天上午，他先后会见了约瑟夫·W. 史迪威少将、希腊公使和戴维·杜宾斯基①。

回看 1942 年上半年那段时间白宫客人的名单是很有意思的。在我看来，每一个我们在接下来几年里要熟悉的人，都是在这个时候出现的；所有那些或早或晚被侵占国家的王室成员都出现了，前来寻求帮助。他们都被招待了一顿正式的晚餐；当然，我也不知道还能再给他们什么。

最有趣、最奇特的访客之一是亚历山大·伍尔科特②，他 1 月份来到白宫，与我们共度了四天。我怀疑伍尔科特先生是否曾经到普通家庭里作过客，因为他要求了许多寻常人家不太容易提供的东西。例如，他随时随地要喝咖啡，他邀请客人在他的卧室或房间里吃饭，因为在那里他可以与他们单独相处。我的工作和公务安排让我大部分时间都不在家，有一天下午晚些时候，等我回到家的时候，他正好要出门去参加个会面。我进门时他说："欢迎，罗斯福夫人，请进。见到你很高兴。在家里请随意。"

1942 年的客人还有麦肯齐·金总理和曼努埃尔·奎松总统。5 月的时候，莫洛托夫外长来了，在翻译巴甫洛夫先生的陪同下。他们来的时候我不在家，所以只给他准备了一顿无人作陪的晚餐。第二天早上，莫洛托夫先生带着巴甫洛夫先生来到我的起居室，要找我谈谈。他谈到了他的国家和我们国家进行的社会改革，他希望有一天我能去苏联。我已经听说了一件事，背地里被很多人当成笑话。有一位白宫侍从在打开莫洛托夫的包的时候大吃一惊，发现里面有一大块黑面包、一卷香肠和一把手枪。特勤处的人不喜欢带着手枪的来访者，但这次什么也没说。莫洛托夫先生显然认为他可能需要自卫，而且他可能也饿了。

我喜欢巴甫洛夫，对他的英语印象深刻，他说是跟着苏联的美国留学生学的。他一定是天生的好听力，因为他没有一点儿口音。我觉得莫洛托夫先生也听得懂英语，因为他经常不等翻译就开始回答问题。

希腊国王是6月10日来的，14日在白宫的国宴厅举行了一个令人印象深刻的国旗日仪式，国务卿和其他二十七个国家的外交代表出席了仪式。

那年春天我在纽约市待了很长时间，把我们和詹姆斯·罗斯福夫人的房子腾空。我们从1908年开始就住在这些房子里，你可以想象积累了多少家当。我婆婆从来不丢弃什么东西。这可是一项艰巨的工作。

丘吉尔先生于6月21日至25日再次来访。每一次来访都使得我丈夫和丘吉尔先生之间的友谊和感情与日俱增。这是显而易见的，无论发生什么，大不列颠和美利坚合众国之间都必须合作，但通过丘吉尔先生和我丈夫的个人友谊，使这两个国家紧密团结在一起，我们的仗就能打得更好一些。除了最重要的战争话题之外，两个人还有很多共同的兴

---

① 戴维·杜宾斯基（David Dubinsky，1892—1982），美国劳工领袖。杜宾斯基是美国劳工党和纽约自由党的创建人之一，支持罗斯福“新政”。——译者

② 亚历山大·伍尔科特（Alexander Woollcott，1887—1943），美国《纽约客》杂志评论员，也是纽约文学团体“阿尔冈琴圆桌会议”的成员。——译者

趣。他们都是热爱大海和海军的人。他们都谙熟历史，对文学的口味也差不多。他们俩都读过很多传记作品。我觉得，他们之间的友谊之所以不断加深，来自他们对彼此能力的尊重。

我还记得就是那一天，托布鲁克[1]失守了。消息传来的时候，丘吉尔正好和我们在一起，尽管他深受打击，但很快反应过来说："现在我们该怎么办呢？"对这两个人来说，没有什么应付不了的新情况。我从来没有听到他们说过，最终我们可能赢不了这场战争。这种心态是会传染的，他们两个身边的人都不敢说出"我害怕"三个字。

富兰克林了解并理解丘吉尔先生的处境。他似乎同意我有一次的说法，我认为丘吉尔先生最艰难的时候应该是在战后。对丘吉尔而言，战前的世界才是令人愉快的；他很想回到过去，尽管他可能也意识到已经没有办法再现辉煌了。

我丈夫经常说，他觉得战争结束后丘吉尔肯定会退下来，但我分析认为，他应该希望战后至少让他和丘吉尔先生、斯大林先生继续执政一小段时间，以保持对大政方针的发言权。他认为战后世界将更加社会主义化，丘吉尔先生可能会发现很难适应新的环境。斯大林先生在一次会谈中对我丈夫说，战后共产主义可能会比我们目前看到的更具灵活性，这句话给了他希望。

富兰克林一直在担心，如果他们三个人中的任何一个出了什么事，各自的国家会发生些什么。斯大林说："我把我国家的一切都安排好了。我很清楚会发生什么事。"我丈夫说："未来很大程度上取决于我们学会如何相处。您认为美国和苏联有可能以同样的方式看待问题吗？"斯大林回答说："你们美国从最初的政府理念、政府责任和最初的生活方式

---

① 托布鲁克（Tobruk），位于利比亚东北部，临近埃及，是地中海沿岸港口城市，具有重要的战略意义。在第二次世界大战的北非战役中，德意联军与英美盟军反复争夺该地。——译者

开始，走了很长一段路。我认为，在苏联，随着资源的开发和人民生活的改善，我们很可能会发现自己越来越接近你们的一些观念，而你们可能也会发现自己接受了我们的一些观念。”

这当然是一次闲聊，我也是听我丈夫复述这段话的时候记下来的。这鼓励着他相信，两国领导人之间是可以建立信任的，我们可能会找到一种共同生活在这个世界上的方法，每个国家都沿着看起来最适合自己的道路发展。

我丈夫对自己理解他人、让别人也了解我们的动机以及把握需求和现实的能力非常有信心。当其他国家的首脑不愿意来这里时，他之所以愿意跑到国外与他们会面，其中一个原因就是，他觉得通过个人接触比通过信件或电话更能说服他们。我认为富兰克林接受了那些高官所说的话，并且相信如果他信守诺言，他们也会遵守诺言。但他也不会轻易放过违约行为。

我对丘吉尔先生在战争期间发挥的领导作用永远心存感激；他的讲话，对美国人民也是一种精神慰藉，就像对他本国人民一样。他对我丈夫的真挚感情从没有消失过，当然这也得到了回报。这是一段难得的友谊。如果没有它，这场战争将会更加艰难，如果他们没有会议上的相谈甚欢，没有对彼此正直和能力的信心，可能不会相处得这么好。

1942 年 6 月，在丘吉尔先生离开的前一天，南斯拉夫年轻的国王彼得[①]来到白宫，后来富兰克林告诉我：“那个年轻人应该忘掉自己是个国王而开始工作。从长远来看，对他是有好处的。”当我看到他和妻儿待在一起的时候，也想到了这一点。等着坐上王位可真不是一件令人满意

① 彼得二世（Peter II，1923—1970），南斯拉夫国王（1934—1945）。自即位后，由摄政保罗亲王实施统治。1941 年 3 月西莫维奇发动政变后开始亲政；4 月 6 日德军入侵后，率政府逃亡雅典，旋又避难伦敦。1945 年底被废黜，二战后迁居美国。彼得二世终其一生没有宣布退位，1970 年去世，是唯一葬在美国的欧洲君主。——译者

的事。

那年春天，我们在海德公园接待了玛莎王储妃和她的孩子、家人。战争期间的每年春秋季节，在出去避暑的途中，或者回华盛顿过冬的途中，她常常会来和我们一起住上一周或更长时间。因此，我们和她家里人都非常熟悉，我从来都不曾忘记在抚养王室子女方面学到的一些东西。哈拉尔德王子似乎一点儿都不害怕，虽然他刚来的时候身体很虚弱，但我还记得他在水非常冷的时候游泳的情景。我原以为他应该会出来暖和暖和，但他们告诉我，挪威的水还要冷，他必须习惯寒冷。

那一年的客人名单让我回想起过去的许多活动。给我和丈夫带来最大快乐的客人是约翰·戈尔登[①]，他总是不遗余力地想出一些点子来逗富兰克林开心。富兰克林曾经告诉他，自己看过的第一出戏是《黑人克鲁克》，而且是未经父母同意偷偷溜出去看的。约翰·戈尔登找到了这出戏的一个原版剧本，还把它装订得很漂亮，这让富兰克林真是开心啊。他还为军人们做了大量的工作，给他们免费发放话剧和电影票，为士兵们写的好剧本颁奖，还举办了一场演出，演出收入都捐给了陆军和海军的救济组织。

8 月份的时候，荷兰的威廉明娜女王[②]第一次来访。参加我新闻发布会的女士们想见她，她抵达后的第二天便出席了一场发布会。在会上，她谈到了纳粹统治下荷兰的结核病有所增加的情况，但会后她马上又感到后悔了，因为担心纳粹会对她的人民进行报复。为此，我不得不再去找到出席发布会的所有女记者，坚持让她们把女王关于结核病的一

① 约翰·莱昂内尔·戈尔登（John Lionel Golden，1874—1955），美国演员、词曲作者、作家和舞台剧制作人。——译者

② 威廉明娜女王（Wilhelmina Helena Pauline Marie，1880—1962），荷兰女王（1890—1948）和王太后（1948—1962）。1898 年 9 月 6 日正式登基，统治荷兰长达五十年。她在一战中努力维持国家中立。在整个二战期间，威廉明娜坚持在伦敦通过无线电广播，成为荷兰人对德国占领进行抵抗的象征。1945 年德军撤出荷兰后，她回到祖国，受到热烈欢迎，被誉为“抵抗之母”。——译者

切言论都从记录中删除。

这是富兰克林与荷兰女王的第二次会晤。第一次是她和朱莉安娜公主住在马萨诸塞州的时候，富兰克林上门去拜访过她，离海德公园并不是很远。那个时候玛莎王储妃正好和我们住在一起，就陪他一起去了，回来之后她告诉我们有多么搞笑，富兰克林对女王说见她之前感到很紧张，因为听说她是最厉害的君主之一。每一次见面，他对她的尊敬都与日俱增，他和我与女王的感情都很好。

对我来说，下一件真正重要的事情就是我丈夫决定，我应该接受伊丽莎白王后的邀请，前往大不列颠看看战争期间妇女们开展的工作，同时慰问我们驻扎在那里的士兵们。我不知道的是，丈夫希望我能够去那里还有一个原因，就是那些士兵很快就要出发，参加登陆北非的行动①。

富兰克林收到了一些试探性的问询，问我是否有兴趣过去了解英国妇女在战争中扮演的角色。当然英国人也将我的访问看成一个机会，来了解美国这边发生的故事，因为王后知道，我经常会写一些专栏文章并发表演讲，所以觉得我应该会被这里的人们接受。

当丈夫问我对前往英格兰怎么想时，我向他保证，如果他认为这会有所帮助，我很高兴去。他知道登陆北非的行动即将来临，因此他说，除了考察英国妇女的工作外，他还希望我去看望我们的士兵，并代他向他们问好。

不列颠之行似乎为我提供了做一些有用事情的机会。我问汤米，是否愿意和我一起去，因为我不想强迫她外出旅行，可能会带来一些风险。她完全愿意。我想，身处这样的时代，对所有人来说，很多事情在真正发生之前，根本就不会去多考虑。

① 北非登陆战役，盟军1942年11月在法国维希政府控制的法属阿尔及利亚和摩洛哥实施的登陆战役，代号为“火炬”。此役是首次使用专门的登陆舰艇实施大规模渡海登陆，为尔后组织西西里岛和诺曼底的登陆战提供了经验。——译者

在我离开美国之前，哈里·霍普金斯告诉我，不要过多关注我们的大使怀南特先生，但所有问题一定要听埃夫里尔·哈里曼[1]的意见。我认识怀南特先生已经很长时间了，我和我的丈夫也对他非常尊重和钦佩。我没有回答哈里的建议，只是说我从埃夫里尔·哈里曼还是个小孩子的时候就认识他了，因为他曾是我弟弟的密友和同学，所以我当然希望能在伦敦见到他。不过，我已经下定决心，我肯定会咨询吉尔伯特·怀南特并接受他的建议。我敢肯定埃夫里尔·哈里曼不会同意哈里的看法，因为他知道怀南特先生在英国官员中享有多么高的声誉。

在怀南特先生和我们会面之后，我免除了许多担心。在火车上，我们浏览了事先安排的行程。我感觉这个安排有点儿紧，但后来证明其中包含了很多超出我想象的事情。行程安排已经交给女王和雷丁夫人[2]看过了，她负责我一部分的访问行程。怀南特先生第二天早上会来找我；我们从王宫出来后，他就把公寓和女仆都交给我们了。我没有想过自己需要什么保护，但首相和大使都认为这比住在旅馆里更安全，而且住在他的公寓里也有更多的隐私。

一想到要去访问白金汉宫，我就禁不住有些担心，但我知道它的特殊意义，决心每时每刻都要打起精神来。尽管对某些情况可能不熟悉，让我心里没底，而且也不了解什么是恰当的举止方式，但我还是会尽力而为，也就没什么好担心了。不过，当我们越靠近伦敦，我还是变得越

---

① 威廉·埃夫里尔·哈里曼（William Averell Harriman，1891—1986），美国商人、外交家、政治家。罗斯福当选总统后，哈里曼加入国家复兴署，积极参与推行“新政”。哈里曼是美国被称为“智者”的资深外交政策人员团体的核心人物，也是乔治·凯南“遏制战略”的积极倡导者，推动了美国冷战政策的形成和实施，在国际外交舞台上发挥了重要作用。——译者

② 斯特拉·艾萨克斯，雷丁女爵，斯旺堡男爵夫人（Stella Isaacs，Marchioness of Reading，Baroness Swanborough，1894—1971），英国慈善家。1938 年，在二战爆发前夕，根据内政部要求创建了妇女志愿服务团（Women's Voluntary Service），并担任主席，1942 年参加的妇女达到 100 万人，为赢得战争做出突出贡献。——译者

来越紧张，都快不知道自己此行来干什么了。

终于，我们驶入了车站。隆重的红地毯被铺开，连火车站站长和车上的卫队长都神情庄重，看上去像是政府高官，他们告诉我到了，该下车了。国王、王后和我们的全体高级将领都站在那里。一大群人中我真正认识的只有斯特拉·雷丁。

在正式的问候之后，国王和王后将我带到他们的车里，汤米被一位等候的女士牵着手，陪同的还有两位来自王室的绅士，然后我们驱车前往白金汉宫。

国王和王后给了我最热情的招待。此前在他们访问美国的时候，我感觉他们只是一对年轻而迷人的夫妇，将要经历一些艰难时刻，那时的感觉又回到我的脑海中，我觉得他们眼下历尽劫波，正急着想告诉我他们的故事。在我与他们的所有接触中，都得到了国王和王后的最大尊重。我并不总是同意国王就国际问题对我表达的观点，但他们俩在最艰难的时期，为自己国家的人民做了非常出色的工作，这一点显而易见。

当我们到达王宫后，他们把我引到为我准备的房间，解释说我只能在起居室里放一个小火盆，在外面的等候室里再放一个，并说希望我不要太冷。他们透过窗户指给我看弹孔。房间里的窗玻璃都碎了，取而代之的是木头、木板，只剩下一两块小窗格上的玻璃。后来王后告诉我，一枚炸弹正好投进国王的房间里，把他们俩的房间都炸毁了。他们关照我，开灯时必须拉上层层的窗帘；还告诉我，吃晚饭的时候会有一个通信员来门外接我去客厅，然后就留下我自由活动了。

在我看来，白金汉宫真是太大了。我住的套房也很大，当埃利奥特看到它时说，回去之后我必须把白宫的长廊改成卧室，因为我现在的那间看起来肯定再也不够用了。衣柜很漂亮，是家里人渴望的那种，但55磅的行李限制让我带的那几件衣服挂在衣柜里显得有点儿可怜。我不知道女佣打开箱子时会怎么想。一件晚礼服、两件日礼服、一套西装和几件衬衫、一双便鞋和一双晚礼服鞋，构成了我去白金汉宫访问的衣橱！有一位报社的女记者，因为没有更好的东西可以写，后来就报道说我把一双鞋的鞋底磨穿了。白宫的迎宾员读了这个故事，再三思量后送了我一双鞋。

在英国，每件事都是按人们所期望的那样有条不紊。英国王室在取暖、用水和食物上的限制，和英国其他任何一个家庭都是一样仔细的。我房间浴缸里有一条明显的黑线，放的水不能高过它。我们吃饭用的是金银盘子，但面包是其他家庭都要吃的那种战争面包，而且，除了偶尔有一些皇家保留地产的野味出现在桌子上之外，战争期间食堂里不会供应其他食物。

英伦之行是我与吉尔·怀南特真正友谊的开始。他是一个腼腆的人，但他聪慧过人，想象力丰富，这使他能够理解自己从未经历过的情况，对他人内心的敏锐洞察，让他能够完成许多朋友认为超出他能力范围的事情。他渐渐爱上了大不列颠和她的人民，我认为那些在战争中背负重担的政治家们信任和倚仗他。

他为我的旅行作了精心安排，他告诉我的事情帮助我在英国人那里更好地完成了任务，我对此永远感激不尽。他是一个无私的人，很少顾及自己的安逸，而是更多地考虑如何帮助朋友。他让我在伦敦度过的时光既愉快又舒适。我将永远想念他，因为他是我时常盼望见到的人之一。我无法描述他给朋友们的是什么。我甚至不知道他是否把我也看作不只是一个熟人，但我非常珍惜他给我的东西；我觉得他在黑暗中照亮了一切。他不停地工作，希望为子孙后代创造一个更美好的世界。

在国王和王后的陪同下，我第一次真正见证了这座城市遭受的浩劫——一块接一块的街区都成了废墟。我们的第一站是圣保罗大教堂，一方面是因为国王和王后想慰问那些保卫了大教堂的忠诚守望者，另一方面是为了能让我站在台阶高处，看看现代战争对一个伟大城市造成的影响。

我在契克斯庄园[①]过了一个周末，这座乡间别墅是李勋爵赠送给英国政府供首相使用的。在那儿我看着丘吉尔首相和孙辈们在地板上翻滚着做游戏，这一老一少长得很像，但丘吉尔却说孙子不像他，而是和所有的孩子都一样。

丘吉尔太太魅力迷人。有人觉得，她必须在公共生活中承担的角色，现在已经成为她的一部分了。她小心翼翼地不公开发表任何意见，也不与任何政治组织有联系。这些年，我对她的钦佩和爱慕与日俱增。她在生活中扮演的这个角色并不容易，但她却演得不失尊严和魅力。

出于安全考虑，我必须有一个代号，一定是个有幽默感的人——我怀疑是我丈夫——选了“罗孚”这个名字，并假定美国驻伦敦大使馆的年轻人组织了一个“罗孚救援队”，而我丈夫的代号是“斯塔特”。

有一天午饭后，我们原计划去驻地在思迪普莫登的部队看望埃利奥特，但为了保护我，找了一个苏格兰场的人开车，不是普通的司机，结果迷路了，找不到营地。我们问的人也都不知道该如何到达那里——还是出于安全考虑——最后只好打电话回美国大使馆：“罗孚丢了她的小狗”，问到哪里去找！

我和丘吉尔夫人一起去了一家妇产医院，还去看了军队中几个部门的妇女是如何接受训练的。在其中一次访问中，空袭警报响起，但女孩们继续做着手上的事情，根本没有理会。我看到女孩们在学习如何修理各种型号的卡车和轿车，以及如何驾驶各种车辆；我甚至看到女孩们在枪械组里，帮助男人们装配枪支。我参观了一些工厂，妇女们在里面什么活儿都干。我访问的一群女孩，工作就是把飞机从这个国家的一个地

① 契克斯庄园（Chequers），位于英国白金汉郡艾尔斯伯里镇东南方的奇尔顿山脚下，距离伦敦约60公里。契克斯庄园曾见证过许多历史性重大时刻。1941年，丘吉尔首相就是在这里会见美国总统特使时，得知日本偷袭珍珠港的消息。——译者

方开到另一个地方。由于在英国任何地方集中停放飞机都是不明智的，当一名飞行员降落后，这些女孩就接管了飞机，并把它飞到一个伪装得很好的地方，或者去修理厂。

在这趟旅行中，我有时会去拜访各种类型的红十字会——美国自己的红十字会、英国红十字会和圣约翰公会。当时，欧洲红十字会的负责人是精力充沛的哈维·吉布森，正在以惊人的方式扩大其设施。尽管我偶尔也从我的联络员那里听说，这个或那个俱乐部正在做一些有损于男女士气的事情，但总的来说，我认为红十字会正在做的事情，至少在娱乐节目方面，还是出色的。

在此次英国之行中，我开始了这样一种做法，在后来的旅行中我都会继续这样做，就是从我交谈过的男孩那里收集他们家人的姓名和住址，以便我回到美国后能给他们的家人写信。在行程结束之前，我收集了不少地址。

我还参观了我们军人驻扎的营地，最后一个晚上是和玛丽王太后在巴德明顿庄园度过的。这是富兰克林特别想让我做的事情，因为在他母亲访问英国时，乔治五世国王和玛丽王太后对她非常好。他觉得玛丽王太后在某些方面和他母亲很像，因此特意让我去拜访她。

一到这里，我又和此前参观白金汉宫一样紧张起来。有人告诉我，我们必须在6点到达——早五分钟或晚五分钟都不行，必须是6点整。出乎我意料的是，玛丽王太后竟然到门口迎接我，把我带到了她的起居室，而这个小房间，据我所见，是那栋房子里唯一生了火的。聊了一会儿后，她把我带到了我的房间，尽管房间里很冷，像谷仓一样，却摆满了中国风格的奇彭代尔式家具。她告诉我洗手间和洗衣机在哪里，也都很冷。

汤米的房间和我的一样冷。我们穿好衣服去吃晚饭，到得正是时候。晚餐时，我坐在王太后的左边，公主坐在她右边，博福特公爵和公爵夫人坐在桌子两头，公爵夫妇是王太后的年轻亲戚和巴德明顿庄园的主人。诺克斯将军，好像是管家，还有汉密尔顿勋爵，是王太后的侍从，还有一位侍女照顾整个宴会。

这可不是一顿轻松的饭，席间我努力地创造话题。晚饭后，我们走进客厅，站了十五分钟。玛丽王太后浑身上下都透着王太后的高贵，穿戴了许多串珍珠项链和闪闪发光的手镯、戒指，身着一件黑色天鹅绒晚礼服和一件貂皮夹克。然后她叫我去她的起居室，还问公主是否愿意陪我们一起去。汤米和其他人留在一起，但很快就逃走了。当我被礼貌地打发去睡觉时，便去找她，发现她已经躺在床上了，因为这是唯一保暖的方法。不过，我真的很享受我的访问，并非常仰慕和爱戴玛丽王太后。

她给了我一张她自己的照片，让我带回去给富兰克林。照片中的她戴着帽子，罩着面纱，戴着手套，正在从树上锯下一根枯枝，另一端是她的一名随从，一个年轻的澳大利亚人。她让我告诉我丈夫，她和他一样关心树木的保护，并寄给他这张照片来证明这一点。在我那次旅行给他带回来的东西中，没有什么比这张照片和口信更让他感到开心，他一直觉得玛丽王太后是一个伟大的人。

在斯特拉·雷丁的带领下，我参观了数不清的大学和工厂，下榻庄园的土地都被用于种植农作物了，乡下房子的主人只住一小部分，其余部分变成了疏散或受伤儿童的托儿所。在一个刚刚遭到轰炸的小镇，我看到“妇女志愿服务团”做了无数的工作，从分配食物到洗衣服务，再到照看从一个工厂搬到另一个工厂的工人的临时驻地。

我们白天通常从 8 点开始，到午夜结束，但是因为我太感兴趣了，当时都没有意识到自己有多么疲劳。我们每天一挤出时间就写专栏文章，有时候房间里太冷，汤米的手指几乎不能工作。

这是一个处于战争中的国家，经历着巨大的不确定性和压力。但经常令我感到惊奇的是，老百姓表现出的那种坚定，以及他们在数年战争期间继续过日子和接受单调乏味生活的能力。

与我交谈过的一位工人告诉我，最难的事情是，当你得知炸弹正落在你家附近，不知道白天或晚上的工作结束后回去还能不能找到你的家和家人，但你还得继续工作。当我们和每天为码头工人做饭的一些妇女共进午餐时，她们告诉我："我们过去常常把码头工人看作是社区中最粗野的一群人。以前有点儿怕他们；但现在我们已经很了解他们，以后再也不会有这种感觉了。"

来自不同背景的妇女，过去从来没有一起工作过，眼下她们正在并肩工作，就像男人们并肩战斗一样。对于不列颠群岛，我们一直认为这里阶级意识很浓，是一个人们几乎被冻结在阶级之中、很少有人能够从一个阶级跨入另一个阶级的地方，是战争把这些岛屿紧密地结合在一起，构成了一个紧密联系的社区，其中许多旧的藩篱已经被打破，新的价值观正在形成。

我访问一个安置中心时，看到无家可归的人们正在领取衣服、家具和其他用品，一位年轻妇女手上抱着个孩子、另一个还拖着她的裙子，非常高兴地对我说："哦，是的，这是我们第三次被轰炸了，但是政府给了我们一点儿帮助，你们美国人给我们寄来了衣服。我们相处融洽，没有人受伤，这是最重要的。"

回到伦敦，我与丘吉尔首相和夫人共进晚餐。在晚宴上，我与丘吉尔首相在西班牙共和派①的问题上略有一些分歧。首相问亨利·摩根索，美国是否向西班牙援助了"足够的"物资，是否安全抵达。亨利·摩根索告诉他，但愿在内战期间我们帮助到了共和派的人，我说现在说这些

① 西班牙共和派（Republican faction），是指 1936 至 1939 年西班牙内战中忠于西班牙第二共和国政府的力量，因此有时也被称为"忠诚派"（Loyalistfaction），主要包括共和国总统曼努埃尔·阿扎尼亚领导的共和政府军与人民阵线左翼联盟，对抗以弗朗西斯科·佛朗哥为中心的西班牙国民军和长枪党等右翼集团。——译者

有点儿太迟了。丘吉尔说，在德国和意大利进入西班牙帮助佛朗哥之前，是他一直在支持佛朗哥政府。我说，我不明白为什么忠于政府的人反而得不到帮助，首相回答说，如果共和派获胜了，他和我将是第一批发疯的人。我说，我个人是不是发疯并不重要，他又接着说："我不想让你发疯，我自己也不想发疯。"这时候丘吉尔夫人身子探过桌子说："我想也许罗斯福夫人是对的。"这一下让首相相当恼火，说："这些信仰我已经坚持六十年了，现在也不想改了。"然后丘吉尔太太起身，示意晚餐结束了。

在我回国之前，有一天，我和姨妈莫德·格雷、汤米开车去温莎城堡，因为我想向伊丽莎白王后报告一下我的旅行情况。当我们在她的起居室里谈话时，花了一天时间去慰问我们空军部队的国王带着孩子们进来了。国王和我都患了相当严重的感冒，不停地擦鼻子。当我们驱车离开温莎城堡时，姨妈用颇感吃惊的语调对我说："亲爱的，我这辈子就从来没有这么丢脸过。你就用那么脏兮兮的小纸巾，还把它们塞在手里，人家国王用的可是纯亚麻手帕！他们会怎么想！"

随着我返程时间的临近，我丈夫、怀南特大使和首相讨论了我该如何回去。汤米和我本来打算乘坐美国对外航空公司的飞机返程。怀南特大使和首相都指出，虽然我个人可能不担心德国人会发现我在飞往里斯本的飞机上，但我会危及其他乘客。最后，在通过跨洋电话多次沟通之后，我丈夫本来不想让我坐军用飞机旅行，但他让步了，说："我不管你怎么送她回来，让她回来就行了。"

第二十四章　战争在继续：1943 年

我们从伦敦回来几天后，一位华盛顿专栏作家为他的报纸写了一篇文章，声称汤普森小姐请我准许她休息几天去看望生病的母亲。据说我说："什么，汤米，我不知道你还有个母亲，但恐怕我们太忙了，你现在不能离开。"

简直太可笑了，我们俩都不生气。汤普森小姐给这位先生写了封回信如下：

"你的专栏文章引用了我休几天假的请求和罗斯福夫人的草率答复，我刚刚注意到。

我想告诉你，我母亲 1928 年就去世了，为了不至于让你混淆我拜访的到底是父亲还是母亲，另外再告诉你，我父亲 1932 年也去世了。如果能够探望我父母中的一位或两位都在，并且还能回到我的工作岗位上，那就没有什么比这更让我开心的了。如果万能的你能够告诉我该如何实现这一点，我将不胜感激。"

不用说，这封信没有回信，专栏里也没有更正。

我回到家的那天，为厄瓜多尔总统准备了一顿丰盛的晚餐，他是一位留下来过夜的客人。我本来应该至少找一个晚上去看望我的家人，因为我已经离开好几个星期了，但这是一个公众人物不能总是指望得到的乐趣。

很快，我就开始意识到，不久以后还会有其他出访，对此我知道的越少越好。1943 年 1 月 9 日，富兰克林启程前往佛罗里达州迈阿密，12 日出发前往卡萨布兰卡。这是他第一次乘飞机穿越大洋的长途飞行，我本来就希望能说服他飞过去，但他却比以往更不喜欢它。

诚然，战争时期这样的飞行会带来一些人身危险，但富兰克林从未考虑过这一点。很久以前，在切尔马克市长遇害时，我和富兰克林就商量过，认为对这种危险你是无能为力的。面对一个不在乎自己是否被抓的人，你无法得到保护。唯一可能的办法就是把危险的想法从你的脑海中抹去，继续你认为自己必须要做的工作，不要去管什么职业风险。在卡萨布兰卡之行中，富兰克林做了一件以前从来没做过的事情，他知道会有批评的声音。这又是一个他不得不抛开的问题。这次旅行的一切都是通过特勤处安排的；他的离开尽可能保密；代表着总统在白宫的旗帜从未被取下，我也继续自己的日常工作，就好像他在那里一样。

富兰克林回来后讲了很多故事。他特别喜欢给我们讲，他是如何通过取笑丘吉尔先生的“坏小子”戴高乐将军，来惹丘吉尔先生不高兴的。当然，丘吉尔先生是戴高乐将军的代言人，本来很难让戴高乐将军来参加会议。不过在富兰克林的调侃背后，有一个严肃的目的，他认为只要丘吉尔先生发号施令，戴高乐将军就必须到卡萨布兰卡来，因为当时英国正在为他提供必要的资金，使他能够进行他的活动。当将军真的来了，就不再是一个愉快的会议了。

后来，当我问他这次会议的情况时，富兰克林说：“戴高乐将军是一个军人、爱国者，是的，他忠于自己的祖国；但是，另一方面，他是一个政治家和狂热分子，我觉得，他身上有近乎独裁者的气质。”

还有富兰克林谈得最多的，就是他所到之处当地人恶劣的生存条件。他毫无保留地告诉丘吉尔，他认为在他此行所看到的任何一个殖民地，英国人都没有为改善当地人民的生活而付出足够的努力。他同意我的看法，即美国在利比里亚也负有重大责任，这是我们从未涉足过的。

后来，当爱德华·斯特蒂纽斯[1]将他当时与富兰克林讨论的利比里亚计划付诸实施时，我特别高兴。他成立了一家公司来开发这个国家的自然资源——在他从卡萨布兰卡回来后和我丈夫谈论这个项目的时候，还只是一个设想。

2 月初，我去了缅因州的波特兰，在那里，卡里·博克接待了我，带我去卡姆登参观他的造船厂，他正在那里建造木船。富兰克林对这件事非常感兴趣。

这个月晚些时候，我和美国妇女军团的指挥官奥维塔·霍比[2]上校一起飞往爱荷华州的得梅因，视察她们的主要训练基地。在那里的时候，我顺便去了一趟密苏里州哥伦比亚市的一所大学演讲，然后再回白宫，预留好充足时间准备接待初到这个国家访问的蒋夫人。当时她正在纽约市的医疗中心接受治疗。

蒋夫人躺在病床上显得那么娇小，我很想帮助她、照顾她，就好像她是我自己的女儿一样。偶尔我会带人去看望她，因为我觉得她会厌倦只看到我一个，很多人都渴望见到她。

到她出院的时候，我们把海德公园的房子给她住了几天，然后她才来到华盛顿。她在那里待了几天，然后在两名保姆、侄子孔先生和侄女孔小姐的陪同下来到白宫，他们充当她的秘书，一直待到当月 28 日。她本可以做一个无忧无虑的病人，但她觉得自己有工作要做，她必须会见我们政府和军队中那些对中国有帮助的重要人物，还必须完成一些官方活动。

---

① 小爱德华·赖利·斯特蒂纽斯（Edward Reilly Stettinius Jr.，1900—1949），美国第 48 任国务卿。1946 年 1 月，斯特蒂纽斯出任美国驻联合国第一任大使；同年 6 月，因认识到杜鲁门拒绝通过联合国缓解与苏联之间的紧张关系而辞职。——译者

② 奥维塔·卡尔普·霍比（Oveta Culp Hobby，1905—1995），1942 至 1945 年任美国妇女军团第一指挥官，是首位荣获“杰出服役勋章”的美国女性，战后曾任美国卫生、教育和福利部第一任部长。——译者

我永远不会忘记那一天，我陪同她，先是会见了参议员，然后再去众议院发表演讲。她身材瘦小，穿着中式服装，在高个子男人的簇拥下走过过道，做了一次引人注目的登场。她深谙此道，因为她有着对戏剧性效果的敏锐把握。她的演讲，优美地表达了自己的民主观念。

蒋夫人在白宫的时候，我又看到了她的另一面，那些与她交谈的男人的反应让我觉得真是好笑。他们发现她迷人、聪明、富有魅力，但他们都有点儿怕她，因为在她为了她认为对中国和她丈夫的政权所必需的东西而斗争时，她就是一个冷静的政治家；她那天鹅绒般的小手和低沉而温柔的声音背后，隐藏着一种坚如磐石的决心。

在她和男人们的谈话中，有时会流露出一种对残忍的漫不经心，尽管和我交谈时从来没有过。我为富兰克林描绘了一个如此甜美、温柔、怜人的形象，当他见识到这位女士的另一面时，他很乐意取笑我缺乏洞察力。我记得在一次招待她来访的宴会上发生的一件事，让富兰克林乐坏了。当时约翰·L. 刘易斯①正在组织大罢工，富兰克林转向蒋夫人问道："在中国，如果有约翰·刘易斯这样的劳工领袖，你会怎么做？"她一句话也没说，但用那只漂亮的小手在喉咙上划了一下，这是一个最富表现力的动作。富兰克林看了我一眼，以确定我是否看到了，然后继续聊下去。事后他很高兴能对我说："怎么样，你那温柔、甜心的小可爱呢？"

她那两位年轻的秘书刚到白宫时，引起了些许困扰，因为她的侄女孔小姐坚持穿得像个男人，服务生把她当成了孔先生无意中冒犯了，她想一定是我在分配房间时搞错了。然后他们去了服务生办公室，报告说我弄错了，结果还冒犯了一位女士。富兰克林也被她的打扮搞糊涂了，

① 约翰·卢埃林·刘易斯（John Llewellyn Lewis，1880—1969），美国劳工领袖，1920至1960年担任美国矿工联合会主席，推动建立工业组织大会和美国钢铁工人联合会，在1930年代组织了数百万产业工人。——译者

当她走进我们晚餐前会面的书房时，他用“小伙子”来招呼她。哈里·霍普金斯很快写了一张纸条，上面写着：“这是孔小姐。”富兰克林试图掩饰自己，和气地说：“我总是叫所有的年轻人‘小伙子’”。其实大家都很清楚，是她的装扮完全瞒过了他。我觉得她不会为他叫错了而不开心，因为那就是她试图留给别人的印象。她讨厌做一个女孩——我想这是为了抗议中国妇女有时较低的地位。

蒋夫人离开我们后，乘专列在美国各地作了一次长途旅行，到了西海岸再返回。这对她来说一定是一次紧张而艰苦的旅行，回来后她仔细询问了汤米。汤米和我几乎走了与她一样的行程，就跟在她的脚步后面，比她晚了几天，每到一处都能听到她的消息。令蒋夫人不解的是，她有四十个人随行，还有一些她想要做的事情没能完成，而我们怎么可能单枪匹马去旅行。

她问汤米谁帮我们收拾行李，汤米说她收拾她的，我收拾我的。然后她问是谁负责接电话，汤米说谁离得近谁接。她还问谁负责邮件和电报，被告知是我们共同完成的。她的下一个问题是，谁来洗烫衣服，汤米告诉她，如果一件衣服需要熨烫，我们就请宾馆服务员来做。最后她问了我的安全问题。汤米解释说，我们不认为“保护”是必要的，因为每个人对我们都很好，当然，不同的城市情况不同，如果我们要面对人山人海，人们有时会被安排在火车站迎接我们或送我们走，或者开车到处走走；不过，这完全取决于地方当局的判断。

我从来没有要求过或想过安排保护，在我走过的所有旅程和我去过的许多地方，从来没有发生过不愉快的事件。人们可能会显得有点儿过于热情，但这都是善意的，我觉得这是因为他们爱我的丈夫。有人曾把我毛皮围巾的尾巴扯下来作为纪念，但没有比这更糟糕的事情发生过。

4 月，我和富兰克林进行了一次短途旅行，视察了墨西哥的一些战争工厂，会见了总统，并在蒙特雷待了几个小时。对我来说这是一次有趣的旅行，因为这是我第一次去这个国家。我对这座城市的印象相当模糊，因为我们开得很快，注视的是人群，而不是城市本身；不过，墨西哥人在晚宴上表现出来的热情好客，以及我们所接触到的每一个人的善良，让我对整个国家留下了深刻印象。回来之后，我们有一种感觉，墨西哥是真正的好邻居。我丈夫对墨西哥人民早就怀着亲近和友好，但对我们许多人来说，这是一次新的经历。

战争期间和孩子们道别时的那种感觉，我想每个母亲都是一样的。我的感觉就是我可能是最后一次道别了。这往往是一种先兆，预示着万一你的孩子牺牲了，将来会是什么样子。生活还是要继续，你还得做你必须做的事情，但内心的某些东西却悄然死去。

在第一次世界大战的时候，我就下定决心，会尽一切所能防止未来的战争，但到了第二次世界大战却没有这种感觉了。在二战期间，我也和其他所有整日提心吊胆等待亲人死讯的女人一样，只有祈祷上帝，去阻止战争这种愚蠢的行为重演吧。

从那以后，我所做的每一件事，都在努力践行对自己许下的诺言，但世界朝着和平方向的进展，就像一个小孩儿在爬行，步履蹒跚，步履蹒跚。

1943 年 5 月是一个繁忙的月份。玻利维亚总统和他的外交部长两次来访都住在了白宫。捷克斯洛伐克总统贝奈斯和加拿大总理麦肯齐·金也分别来与我们共度了一晚，后来利比里亚现任总统和当选总统也一起来了。他们的访问是我丈夫从卡萨布兰卡返回途中访问利比里亚的直接成果。

7 月的一天清晨，我接到电话，有人小心翼翼地告诉我，在一次战斗中，小富兰克林所在的军舰被击中了。他们觉得它应该会安全驶抵巴勒莫。就这些。很久以后我才听到细节。这艘船被击中后，被拖到了巴勒莫，在那里仍然时不时地遭到炮击。它是被绑在另一艘船上拖回去的，两艘船上都有人受伤。小富兰克林足够幸运，还把一个男孩带到另一艘船的医生那里，救了他一命。当时他并没有注意到自己的肩膀负伤了，直到今天仍有一些小弹片留在里面，他还能感觉到。

最终，小富兰克林的船去了马耳他修理，当他还在马耳他的时候，得到消息说他就要见到自己的父亲了，他父亲会在去开罗的路上途径那里。他很高兴有机会见到他，但当富兰克林告诉他，希望他在旅行中当助手时，年轻的小富兰克林的喜悦没有了，他下定决心不能这样做。等他的船修好后，必须返回舰队，他知道这将是一次艰难的航行，因为这艘船不可能真正恢复到最佳状态。他觉得船返程的时候自己不能不在船上，他还是要和战友们一起共渡难关。

关于他的首要职责是什么，小富兰克林和他父亲发生了激烈争论。最终还是船赢了，他父亲给他写了一封命令信，让他回到船上去。小富兰克林意识到，他不可能向任何人出示这道命令，因为保安部门不允许任何人知道他父亲在这一地区。他回马耳他可费了不少周折，因为他无法出示命令证明自己可以回去。

第二十五章　太平洋之旅

我已经不记得我丈夫是在什么时候，开始觉得让我去太平洋进行一次慰问之旅是个好主意，不过我还记得这个建议是因为他觉得澳大利亚和新西兰太远了，没有谁会想起来跑到那边去视察。这两个国家都面临被攻击的危险，人民一直处于紧张和焦虑之中。我们不得不派遣大量军人前往那里，而大批军人的涌入又大大加剧了紧张局势，对于那些自己的亲人正在非洲和意大利作战的人们来说，虽然这会令他们略感宽慰，但也难免带来不少烦恼。

这次出访的另一个原因是，我收到一些来自新西兰和澳大利亚妇女的信件，她们建议既然我去看过了英国妇女的工作，应该也有兴趣出来看看在这些遥远的国度里，她们在做些什么。

我立刻提出强烈请求，希望能去瓜达尔卡纳尔岛和其他岛屿看看我们的人。我曾经多次去过西海岸的医院，从瓜达尔卡纳尔岛和第一海军陆战队（吉米曾服役过）回来的一些伤员就住在那里；我告诉丈夫，如果我去了太平洋战区，却不被允许访问这些地方——那些士兵们流血牺牲的地方，我的访问就不会继续下去了。最后他没辙了，为我写信给司令官们和哈尔西[①]海军上将，说他愿意让我去瓜达尔卡纳尔岛，“如果不妨碍战事进行的话”。

17 号富兰克林要去魁北克参加会议，同一天我也要去旧金山，但我们会先在海德公园稍作停留。我们决定对我的出访行动保密，因此我照常进行日常活动。和我们在一起的丘吉尔首相，不时地提起，当我在某天晚餐时偶然提到第二天要去西南太平洋时，他是多么惊讶。

他看上去惊呆了。“你为出行做了些什么准备?”我说所有的计划都已经制定好了，行程也安排好了。他问我和谁一起去，我说没有人，因为我从英国回来的时候饱受诟病，所以这次出行想尽量动静小一点儿，以避免一些批评。后来，我遗憾地发现，总有那么几名专栏作家不太友善，还不如多带几个人一起去。没有什么比这更令人懊恼的了。丘吉尔先生执意要给所有太平洋的英属领地发电报，我所到之处他们都十分周到。他的关心令我一直心怀感激。

这次出行一确定下来，我就去找了美国红十字会主席诺曼·戴维斯，问他如果我去各个红十字会安置点看看，对他是否会有帮助。我希望通过这种方式来表明我是在认真工作，而不是在战场上到处乱跑惹麻烦。他说这样最好不过了，因为他一直计划派人去那里视察红十字会的工作。他还问我是否愿意穿上红十字会的制服，并在回来之后给他一份报告。

我和我丈夫讨论了这个提议，因为它似乎有不少好处。首先，制服意味着更少的行李，乘飞机旅行会更方便；其次，穿着熟悉的制服，在参观医院和会见军人时，会让我觉得更自在一些。富兰克林也觉得这是个好主意，于是我自己花钱买了一套我能找到的最薄的制服，还有一套厚些的，再带上一件保暖外套，因为我知道会遇到极端天气。我一丝不苟地视察了所到之处的所有红十字会的工作，我希望我的报告能够给戴维斯先生一些补偿，因为允许我以红十字会代表的身份穿制服令他备受质疑。

---

① 小威廉·弗雷德里克·哈尔西（William Frederick Halsey Jr.，1882—1959），美国海军五星上将，因作战勇猛而获绰号“蛮牛”（Bull）。哈尔西具有敏锐的战略眼光，一直坚持主张把航空母舰作为海军进攻性作战的中坚力量。在太平洋战争期间，哈尔西先后指挥了空袭东京、瓜达尔卡纳尔岛战役、所罗门群岛战役、莱特湾海战、登陆硫磺岛和冲绳岛等一系列重大军事行动。1945 年 9 月 2 日出席东京湾“密苏里号”战列舰上举行的日本投降仪式；12 月晋升海军五星上将。——译者

由于富兰克林觉得，既然我是乘坐军用飞机出行，就不应该保留我在旅行期间写专栏的所有收入，因此我将其中一半捐给了红十字会，另一半捐给了美国公谊服务委员会，包括我回来之后所写文章的稿酬也是如此。后来我发现，在戴维斯先生的董事会中，某些共和党成员担心，如果将我捐钱给红十字会的事情公开，一些在政治上强烈反对我丈夫的大捐助者会撤回他们的捐款。因此，对于我为什么会穿上制服，以及财务上的安排，我们从未做过任何解释；不过，我想现在说出真相应该已经无碍。

在圣诞岛上，我第一次遇到了热带昆虫。晚饭后，当我走进房间里，打开灯，发现地板上密密麻麻的全是红色小虫，吓得差点儿失态尖叫起来。想到我是岛上唯一的女人，尖叫声无疑会引发警报，我跺了跺脚，所有的小虫子都从地板的缝隙里迅速跑掉了。

我仔细观察士兵们在岛上所做的一切，在参观过的其他岛上也是如此。从一开始，我就听从了儿子们的建议，考虑到他们都是军官，但这个建议没有丝毫的自以为是。他们说："妈妈，不要每顿饭都和大官们一起吃。和军士们一起吃顿饭，找个军士开车带你四处转转，再单独和士兵们吃顿饭。"实现最后一项安排的唯一办法，就是在 6 点之前起床，和士兵们一起吃早餐。

我曾经很好奇，飞行员们是如何在茫茫大海中找到那些小小的珊瑚岛的。刚开始，在距离水面这么近的地方着陆，让我感觉非常新鲜，不过慢慢就习惯了。

由于没有带秘书，我不得不在晚上或白天的航班上写专栏文章。我打字很慢，所以这意味着我几乎每天都要额外多工作两个小时。不过，在长途飞行的时候，我通常可以写上两三篇专栏文章，这能为我在某些日程安排爆满的地方减轻些负担。我体重掉了 30 磅，回到家后，感到比以往任何时候都要疲惫。不过我没有生病，工作已经完成——没有比这更重要的事情了。

在努美阿[1]见到哈尔西上将时，我将丈夫写的信交给他。海军上将之前已经表达过对我来访的担忧。我的担心并不比他少，但是如果有可能去瓜达尔卡纳尔岛的话，我决定尽我所能。海军上将拒绝向我透露他对此事的意见，并且明确告诉我，我必须先去新西兰和澳大利亚，在我回来时他会做出决定。在我离开之前，我觉得他的态度有了些许改变；也许从我去过的各个医院和其他地方，他都收到了一些不错的反馈。

无论我走到哪里，都会遇到以前见过的人。当我穿行在医院的病房里时，我发现在"大萧条"时期所做的多次国内旅行，有着意料之外的效果。有时，我和某个男孩交谈，他会说上一次见到我，是我在他的毕业典礼上或其他场合发表演说；然后，如果我想起他家乡的某些事情，他的整个脸都会亮起来，令我觉得每天走的那些没完没了的路都是值得的。

在新西兰首都期间，我受邀与总督和夫人住在一起，在斐济也是如此，这都要归功于丘吉尔首相的周到考虑。两地的访问都很愉快，当然，分内之事也必须要完成。特别是在新西兰，我尽力去了解这个国家的人民和他们所做的贡献，也包括我们自己的人。

当时，我们在新西兰只建有休养营和医院，士兵们已经离开那里，先是去瓜达尔卡纳尔，后来到太平洋的其他地方，不过我仍然可以看到我们的军人大量涌入带来的影响。我到那儿的时候，一些新西兰士兵正在陆续回国，我收到了一封令人忍俊不禁的信，问我是否看到美国男人总是黏着他们的女孩。当我和一些新西兰人说起这封信时，有人给我讲了一个故事，来说明普通美国士兵和新西兰士兵之间的区别。某天，一个美国大兵在公交车上，发现自己前面坐着一个漂亮的金发女孩。他凑

① 努美阿（Nouméa），西南太平洋法国海外属地新喀里多尼亚的首府和主要港口，在新喀里多尼亚岛的西南端，二战时期是美国南太平洋战区总部所在地。——译者

上前去，说：“天使，你是从哪个天堂掉下来的?”这样的开场白，可能永远不会发生在一个新西兰人身上。

在那里的红十字会，一个女孩告诉我：“这里有个男孩说，他不想和你说话，甚至不想和你在同一个房间，因为他知道你主张，所有来过太平洋的海军陆战队员回国后，在他们被允许回家之前，要接受六个月的隔离。”这个故事我在出国之前就听过了。那天和小伙子们的谈话中，我提起这个故事，我还说有些人已经将此事写信告诉了家人，而他们的家人又把这些信寄给了我。我告诉他们我是多么惊讶，因为我从来没有想过要说这样的话。我有一个儿子就在海军陆战队，他肯定不会允许我有这样的想法。后来，我发现这个故事在士兵当中广为流传，一些高层军官认为它可能是“东京玫瑰”[①] 在广播中说的。天知道它是怎么开始的，但它困扰了我很长时间，而且在世界各地都传播着类似的故事。连意大利的伞兵也抱怨我说这样的话，我去加勒比海的时候又听到一遍。很明显，这是一种精心设计的宣传手段，目的是要贬低我所做工作的价值，无论是在国内的医院还是各种出访活动。

在新西兰的时候，我去了罗托鲁阿，毛利人的居住地，他们对我们的士兵们非常热情。导游兰吉，是个很出色的女人，聪明、机智、端庄，她带着我到四处去看了看。

到达澳大利亚时，我在堪培拉逗留了一段时间，与总督戈里勋爵和夫人在一起，他们非常和善亲切；他们所做的一切安排，使我的访问更为高效和愉快，令我不胜感激。我和许多人进行了交谈，参观了众多的医院和为我们的医护人员提供的休养所，还有为我们的军人提供的娱乐

---

① 东京玫瑰（Tokyo Rose），1942 年，在太平洋地区与日军作战的美军前线部队，经常可以收到日本东京的广播，这是东京广播电台作为对美国进行心理战的一部分。其中最著名的广播员是一名叫艾娃·户栗郁子（Iva Ikuko Toguri D’Aquino）的日裔美国公民，被她的听众起名“东京玫瑰”。——译者

中心。许多小伙子告诉我，他在澳大利亚受到了多么友好的款待，在新西兰也是如此；而且，我们的士兵在澳大利亚的数量比他们自己的人口还要庞大。即便如此，他们还是以一种不同寻常的方式挺了过来。

在一个保姆休养所里，我问一个年轻保姆最讨厌什么。她说："老鼠，趴在房间的地板中间，不管我发出多大声音它都一动不动。"在岛上的医院里，老鼠、昆虫和蛇是人们每天必须对付的东西，有个女孩告诉我，她醒来时发现一条蛇正好盘绕在她的蚊帐外面，直到有人把它弄走之后她才能起床。

许多女孩子工作的医院，有时几乎得不到水；每个病人每天只有一杯水用来饮用和洗漱。有时泥浆很深，即使穿着美国士兵的靴子和裤子，也很难到处走动。但是我从来没有听到他们任何一个人有抱怨之词。

在澳大利亚的一个红十字会，我和一些年轻人进行了一次有趣的谈话。他们大多数是空军，有些来自西弗吉尼亚州，谈论的话题转向了约翰·刘易斯和煤矿罢工。我告诉他们，有个住在医院的小伙子曾经说："我来自西弗吉尼亚，我就是一名矿工。矿工们没有错；他们的日子确实很苦，而且他们也不理解我们的状况。你知道的。"

我很庆幸自己对矿区有足够的了解，意识到这其实并不是约翰·刘易斯的错。这是我们所有人的错，我们早就应该关注矿工的工作条件，而不是等着让约翰·刘易斯来为他们争取那点儿可怜的福利。但是，即便是那些自己或父亲曾经当过矿工的小伙子们，都很难向他们的同伴解释在战争期间进行煤矿罢工有什么正当理由。

回到努美阿，我仍然不知道自己是否被允许去瓜达尔卡纳尔岛，还是要准备回家。最后一晚，在我花了一整天做完哈尔西上将为我安排的所有事情之后，他才宣布让我做好准备，第二天早上 8 点动身前往埃法特岛。我写文章的时候不能提到这个岛的名字，因为日本人从来没有轰炸过它，而且在那里有我们几家最大的医院。他不希望被日本人知道我们在那里的情况。我会从埃法特岛去埃斯皮里图桑托岛，然后去瓜达尔卡纳尔岛。

我的日记或许值得一看：

早上6点，我们到了瓜达尔卡纳尔岛，在机场和指挥官共进早餐；他是哈尔西上将的好朋友。有一次他失踪了，所有人都出来找他，包括海军上将本人。

然后，几名军官过来接我，当我们开车离开的时候，刚好看到载着机场工作人员的卡车开进来。科莱塔·瑞安和我探出身子向他们挥手。起初，他们一脸的惊讶，然后一个男孩大声说道："天哪，那是埃莉诺。"我不知道是该把这当作一种恭维，还是该为此感到几分羞愧，但他们显然很高兴看到女人，于是我们不得不笑着继续挥手。指挥官对我受到如此轻浮的对待显然有些恼火，所以我极力让自己相信，这是一种极大的恭维。

我参观了自从我们占领这部分岛屿以来所做的全部改善工作。据说岛的另一边还有一些日本人，因此仍然会有空袭。

参观岛上的墓地，是令人永生难忘的事情之一。当地人为士兵们建造了一个小教堂，他们甚至还做了一个祭坛和祭祀器皿，雕刻着漂亮的花纹，并用对他们有着特殊意义的符号装饰教堂——各种各样的鱼，意味着长生、永恒等等。穿行在这些坟茔之间，看到这些来自不同宗教、不同出身的男孩们，为了同一个目标而献身，是非常感人的。十字架上有时会挂着他们的餐盒或者头盔，他们的朋友会在十字架上刻上犹太教、天主教或新教的标志，底座上刻下一些肺腑之言，比如"他是一个大好人""永远的好兄弟"。

5点30分，去参加安排好的晚宴，然后回医院去完成病房的工作。就在我们开车进去的时候，突然响起了空袭警报，这意味着我们必须和所有能走路的病人一起进到医院的避难所。有那么一小会儿，气氛相当紧张，但是有人开始唱歌，随后我们都加入进来。警报解除之后，我去了以前没有走过的那些病房看看。我很想知道，警报对那些无法起床到避难所的人会有什么影响。我只看到有两个人被吓坏了……

返回夏威夷的旅程再次取道圣诞岛，因为原本计划走的路线遭到了袭击，走那条路被认为不够安全。在圣诞岛上的时间很短，只去看望了一个男孩，医生对他的状况十分担忧。在医院里，我让他保证，如果我在返回途中去看望他的母亲，他会尽力好起来。我确实去见了他母亲，幸运的是他真的康复了，回到美国后还来看望了我。

这次我在夏威夷待了几天，在那里我看到了实弹训练——留下了深刻印象——还参观了许多医院，和来自纽约州的一个步兵团。在一家医院举行的午宴上，我遇到了朱迪斯·安德森。她和莫里森·埃文斯正在岛上巡演莎士比亚的戏剧——那段时间演出的是《麦克白》——并大获成功。她带着些许得意地告诉我，有些男孩会等在外面，问她“莎士比亚这家伙是谁”，还告诉她这是他们第一次看到真人表演的戏剧，要求第二天晚上再来，因为他们觉得还没完全看懂。演员们很少能遇到这样的观众，我想安德森小姐和埃文斯先生应该不虚此行。

终于动身回国了。在加利福尼亚降落时的情形令人难忘，我们坐在飞机里，与外部空气完全隔离，然后浑身上下被喷满消毒剂。

我去了夏威夷、圣诞岛、彭林岛、波拉波拉岛、艾图塔基岛、图图伊拉岛、萨摩亚岛、斐济、新喀里多尼亚，新西兰的奥克兰、惠灵顿和罗托瓦鲁；澳大利亚的悉尼、堪培拉、墨尔本、罗克汉普顿、凯恩斯和布里斯班；埃法特岛、埃斯皮里图桑托岛、瓜达尔卡纳尔岛和瓦利斯岛。

战争期间的第二次出访结束了。

第二十六章　德黑兰和加勒比

我的两次出访，都是去正在打仗的地方，自然也在医院里看到了战争带来的后果，有关这两次出访的故事已经讲过了，我想我应该讲讲出访过程中留下的一些印象。

起初，去医院的感觉令我几乎难以忍受。当然，日复一日地在医院的病房里走来走去，会带来一定程度上的身体疲劳，但是，当我奇怪人们为什么不能坐下来解决分歧，而是要让无数年轻人遭受磨难，那种生命被白白浪费的可怕感觉和愤怒之火在我心中燃烧时，身体上的疲惫与之相比就变得不值一提。

在医院里，最揪心的是看到那些因经历战争而精神崩溃的人接受治疗。当然，我可以告诉自己，这些人在其他环境下也可能会垮掉，我们的文明肯定出了问题，我们的年轻人精神如此脆弱，不堪一击，我们必须找出原因，尽力改变他们。然而，当我看到这些精神和情感支离破碎的人们时，那种震惊令我彻夜难眠。

有时候在医院里，看着那些英勇无畏的战士们，却不能表示出我对他们深深的同情与遗憾，是很难的。因为我知道，这是他们最不愿意接受的，他们装出漫不经心的轻松模样，就是不想看到人们给予他们同情。

我在医院里见过的许多小伙子，现在都过着幸福安定的生活，但是，战争带来的伤痛始终伴随着他们，日复一日。如果我们不能实现他们为之牺牲的那个目标——建设一个摆脱侵略和恐惧的和平世界——那我们就失败了。只有当这个目标实现，我们所欠的债才算是还清了。

有一种进步让我对未来充满希望。在战争时期，妇女们总是会挺身而出，不过我认为在第二次世界大战中，她们在比以往更多的领域中担起了重任——工厂、农场、商业以及军队。她们是这个国家生活中不可或缺的一部分。在英国，在澳大利亚，在新西兰，在法国，在所有被占领的欧洲国家，在苏联，在美国都是如此。女性也意识到参与自己国家政治生活的需要。在今天的欧洲国家，相比战前，有更多的妇女在政治领域一显身手；我相信，在亚洲地区我们也将会看到巨大的进步。在我看来，这就是希望的象征，因为妇女们将继续为和平而工作，像她们在战时一样努力。

1943 年 11 月 9 日，四十四个国家签署协议，成立了联合国善后救济总署。第一任署长是前纽约州州长赫伯特 · H. 雷曼。在机构设立的过程和后来的工作中，充分证明了莱曼先生是一位优秀的组织者，并且对工作有着极大的耐心。

11 月 11 日，富兰克林启程出发，这是他的第二次战时出行。他将在开罗与蒋介石夫妇会面。这是他与蒋委员长的首次会晤，蒋夫人会充当翻译。丘吉尔先生也在开罗，会谈进行得很顺利。

由于那时苏联还没有对日宣战，斯大林元帅不愿与中国政府领导人会面；因此，开罗会议结束之后，丘吉尔先生和富兰克林去德黑兰与斯大林元帅会谈。这也是斯大林元帅和我丈夫的首次会晤。富兰克林决心在他们之间建立起相互理解的友好关系，如果可能的话。我知道，他将会尽最大努力赢得斯大林的信任，并在两国政府之间建立良好关系。

就在富兰克林抵达德黑兰的第二天，因为有传言说伊朗当地人在谋划制造骚乱，斯大林坚持要总统转移到他的驻地。丘吉尔先生住在总统隔壁，这样苏联士兵能够更容易地保护他们。

后来，我丈夫对我说，在他们会面之初，斯大林对他很不信任，他不知道在离开的时候，是否能够消除这种不信任感。他还说，他要确保我们信守诺言。他希望大英帝国也能如此，他会尽一切努力帮助他们做到这一点。他认为，只要我们信守诺言，就能赢得这位领导人的信任，尽管他的人民与我们并肩作战，但他们仍然不完全信任我们。苏联需要我们以强大的生产力所能提供的一切帮助，而苏联战场令诸多的德国师深陷其中，我们对此感激更甚。

1933 年，我丈夫正式承认了自 1918 年以来就一直被孤立的苏联政府，我相信，在德黑兰，他让斯大林元帅感受到了他的善意是真诚的。这次会议之后，他们三人之间的合作日趋紧密。

富兰克林于 12 月 17 日返回华盛顿，带着旅途的兴奋和新奇，身体状态看上去也更加健康。因为他对所看到的一切和遇到的每个人都有着浓厚的兴趣，所以每次旅行都会有这样的感觉。

1944 年 1 月，我们回到华盛顿，迎来了约翰的妻子安妮，海文和小宝宝尼娜，他们会住上一阵子。约翰驾着他的船去试航了，他希望安妮把孩子们安置在白宫，这样她就可以在他靠岸的港口上船加入他的航行，哪怕一天也好。

他们这次来做客，是我们一家人经常回味的故事之一。富兰克林尤为喜欢，以至于每次讲起来，他都要不断地添油加醋。一天晚上，就在安妮和孩子们要来之前，约翰给我打电话。我不在家，所以他和他父亲谈了。他先告诉他安妮什么时候到，然后告诉他为了他们的到来，要订购和准备的各种各样的东西。最后，约翰说："一定要订购尿布服务。"富兰克林从来没听说过这个，他问："你说什么？"约翰回答说："尿布服务。"这让他的父亲感到十分困惑："这对孩子有什么不好吗？"

2 月的时候，安娜和小约翰尼到了，因为她的丈夫想要在华盛顿待上一阵子，所以她此次的行程安排没有限期。她的两个大些的孩子在寄宿学校。安娜的到来为我丈夫提供了最大程度的帮助。安娜与那些由于富兰克林太忙而没空会见的人会谈，并将谈话的要点整理给他。她还接手负责他的饮食管理。事实上，她以各种各样的方式协助他。她把每件事都做得很出色，她给大家带来了欢乐，因为她在身边，大家都感到高兴。

3月4日，汤米和我动身前往加勒比海地区，飞行旅程长达13 000英里。这趟旅行是我丈夫坚持要我去的。由于那个地区的战争已经结束，驻扎在那里的士兵觉得他们被人遗忘了，闹着去那些他们认为可以做更重要工作的地方。然而，因为那里是通往欧洲、亚洲和非洲的交通要道，我们必须要派人在那里看守和监视潜艇。富兰克林希望这些人意识到，他知晓并理解整个情况，并相信他们正在做的是一项至关重要的工作——他们并没有被遗忘，即便他们不在前线。

之前出行所招致的批评，令我感到有些厌烦，不过我丈夫坚持说我的南太平洋之行是成功的，实现了他的预期目标，因此我决定参加这次旅行。他安排妥当之后，我带着汤普森小姐一起出发了。整个旅程，从3月4日到3月28日，都是乘坐飞机，期间我们访问了古巴的关塔那摩，牙买加，波多黎各，维京群岛，安提瓜，圣卢西亚，特立尼达，帕拉马里博，巴西的贝伦、纳塔尔和累西腓，拉瓜伊拉，加拉加斯，库拉索岛，阿鲁巴岛，巴兰基亚，巴拿马运河区，萨利纳斯，加拉帕戈斯群岛，危地马拉和古巴的哈瓦那。从哈瓦那我们直接飞回家。

波多黎各看起来充满活力，完全不似十年前我曾经看到的宁静模样。雷克斯·特格韦尔是时任总督，他正在将第一次民意调查中引起他兴趣的一些想法付诸实践；而阿德里安·多恩布什正在研究开发一些材料的新用途——竹子、甘蔗、棕榈等。

在贝伦，一些巴西政府官员的妻子被派来陪同我，还有我们的大使卡弗里先生和他的妻子。很高兴能和他们一起访问纳塔尔和累西腓，就像在贝伦一样，我和他们一起参观了陆、海军的活动，并视察了娱乐设施。

累西腓的机场对我来说有一种特别之处，因为士兵们正是从那里通过检查，开启他们穿越大洋的长途跋涉。我和一个接到最新命令准备前往印度的男孩聊天，他将要飞越驼峰①——最危险的航线之一。他刚刚休假回家，他告诉我，当他驾机飞往家附近的一个基地时，途中飞越一些中西部地区，他低下头，对自己说："我真希望能对下面这些人说：'你们知道自己有多么幸运吗？知道你们的生活有多么美好吗？和我在印度和中国见过的数百万人相比，知道你们的安全是多么珍贵吗？'"他是众多在印度亲眼目睹过饥荒②的男孩中的一个；我怀疑他们当中是否有人能将此遗忘。

我丈夫让我去的一个地方——委内瑞拉，严格来说并不是一个军事基地。我从机场坐车，经过一条陡峭的公路前往加拉加斯。富兰克林曾经说过，这是他所见过的景色最美的公路之一，我也深有同感。据说，这条公路完全是靠人的双手，那些男人和女人们劳作数年方才建成的；它是公共事业振兴署的项目之一。我的访问也只是为了表达一种善意，不过到了才发现，这里的妇女只对如何更好地照顾和喂养孩子感兴趣。

在哥伦比亚短暂停留后，我们飞往运河区，在空中能够清楚地看到巴拿马运河。布雷特③将军和特雷恩海军少将为我安排的行程相当充实。我很高兴能够去拜访那些驻守在孤岛上的男孩们，我们乘坐鱼雷快艇视察基地，尽可能多地去看望我们的士兵们。

在巴拿马，我遇到了一个意外惊喜。我儿子约翰担任后勤助理的

① 驼峰航线，是由印度阿萨姆邦的汀江到中国云南省昆明的航线，由于要飞越状似驼峰的喜马拉雅山脉而得名。——译者

② 此处应该是指1943年孟加拉大饥荒。这次大饥荒导致300多万孟加拉人死亡，无数的人生活在饥饿之中。饥荒给孟加拉乃至印度带来了沉重的灾难，造成了深远的影响，成为人类历史上的一大悲剧。——译者

③ 乔治·霍华德·布雷特（George Howard Brett，1886—1963），美国陆军中将，陆军航空兵的重要将领之一。——译者

“黄蜂号”航空母舰，与我同一天抵达，因此他有四个小时的登岸休息时间与我见面。这是我在战争结束之前，最后一次看到他。

离开运河地区，我对厄瓜多尔进行了短暂访问，那里只有几个人驻守，然后就飞往加拉帕戈斯群岛。有很多人认为此行是没有必要的，许多劳军联合组织的演员都被劝阻不要前往那里，士兵们对此深感失望。但是，这却是我丈夫坚持我一定要去的地方之一，因为他知道，驻守在那儿的士兵们可能比在世界上任何一个地方都要感到枯燥无聊，时间难熬。参观过那里之后，我明白他是对的。门上的标牌把我们逗乐了：“女士请进。”而我们是仅有的到过这个岛上的女性！

危地马拉海岸驻地一带的气候是非常糟糕的；那里的酷热，还有昆虫和爬行动物都令士兵们觉得难以忍受。在他们活动室的门上挂着这样一块牌子：“被遗忘者之家。”不过，危地马拉市区的气候却十分宜人，如果这是一次愉快的私人旅行，我应该会花一些时间去参观古老的首都和一些印第安村庄。

危地马拉总统在他的宫殿里为我举行了正式的欢迎仪式；所有人按照外交礼仪就座，并按照等级或职位分组介绍给我认识。宫殿非常豪华。正当我在美国军官的护送下进入这栋建筑时，一个闪光灯泡爆炸了，我还没回过神来，一群危地马拉士兵突然出现了，仿佛从天而降，我们的人抓着我的胳膊迅速带我离开。那个声音听起来很像枪声，没有人敢冒险。

因为这次出访离敌方势力范围比较远，在我动身之前公开了消息，因此有无数的母亲、妻子、恋人和姐妹写信给我，恳求我去看看她们的男人们。当我启程出发的时候，带着一堆卡片，上面写着我要去寻访的士兵们的姓名和身份号码，我每到一处，就将驻扎在此处的士兵卡片交给一位军官，并请求看看他们，如果可以的话。那些小伙子们被要求在指定的时间到某个地方——通常是一位军官的房间，没有向他们解释原因。他们带着紧张和忐忑不安的心情来了，当我出现时，总是令他们大为惊讶，然后便如释重负。我回国的时候，带了数百封信件，都是我在旅程中遇到的士兵要求我带给他们家人的。

在这次行程中，我也尽量安排与士兵们、军士们和军官们一起吃饭。这意味着要在早上5点55分吃早饭，而不是6点，午餐在正午时分，晚餐则在下午5点或5点半。在波多黎各的一个地方，士兵们在早餐的时候给汤普森小姐和我端来了他们喜欢的咖啡——里面大部分是糖和罐装牛奶。

每到一处，我都得到了最高级别的礼遇和关照，尽管有些高层军官坦白告诉我，他们并不乐于见到我的到来。不过，也有卡弗里大使和几位将军，非常周到地写信给华盛顿，表示我的出访很有帮助，我一直希望能够给那些士兵们带去一些欢乐和鼓励，这也是我丈夫提议这次旅行的初衷。

返回途中，我们在哈瓦那做了停留，像所有我到访的其他国家一样，我会见了政府首脑或者他们的副手。于我而言，这是一个很好的机会，有助于我更多地了解这个国家，并表达我国人民对南方邻国的友好善意。

在飞行了13 000英里，走过了许多医院、病房和兵营之后，我们回到了华盛顿。

两天之后，汤米和我就已经觉得这趟旅行是很遥远的事情了。积攒下来的工作要求我们立刻集中精力应对，在我们有机会报告一路所见所闻之前，我们的日常工作已经步入了正轨。

第二十七章　最后的时光：1944—1945 年

1943 年、1944 年之交的整个冬季，我丈夫都在时断时续地发着低烧，我们以为他是在旅行途中感染了病菌，或者是被海德公园里的奶牛传染了波状热[①]。富兰克林看起来很难受，但考虑到他这么多年来一直都承受着沉重的压力，因此并没有令人觉得特别奇怪。最后，他终于下定决心暂停工作，于 4 月 9 日去伯纳德·巴鲁克在南卡罗来纳州乔治城的霍布考庄园休养。巴鲁克先生主动提出安排接待所有的随行人员。

我丈夫和巴鲁克先生的政见时而会有不同。有时候，他身边的人会对巴鲁克先生这样的外部顾问心存妒忌，这使得我们之间保持友好关系变得很难，而这样的情况在任何一位总统身边都很常见。不过，对于那些他认为有帮助的人，我丈夫从来不会受到传闻或者谣言的影响；而且，巴鲁克先生是一个不计过往的人，他随时随地都乐意给你提供帮助。我和富兰克林认识他的这些年来，我们的私人关系一直未受影响。

霍布考庄园对于富兰克林来说再合适不过了，他热爱那里的田园生活，在那里住了将近一个月。有一天，安娜和我飞过去参加午宴，同行的还有澳大利亚总理柯廷和他的夫人。回家之后，我觉得这是富兰克林所能做出的最好的决定。我一直很感激巴鲁克先生为他提供了这个假期。

1944 年 6 月 6 日，是一个值得纪念的日子。我们早就知道反攻欧洲行动的准备工作正在进行，但是一切都在严格保密中。时间一到，富兰克林在广播上发表了诺曼底登陆日祈祷词，我们的心也时刻牵挂着海滩上的将士们。消息一点儿一点儿地传回来。尽管我们的损失令许多家庭陷入悲痛之中，但是成功登陆的消息还是令人大大松了一口气，欧洲的解放真正开始了。

1944 年秋天，又一次选举即将举行。我不用问也知道，只要战争还在进行，富兰克林连任便是定局，只要他的身体状况允许。许多医生被叫来为他做全面检查。由于在这个节骨眼上，其他人很难接手他的工作，最后决定如果他同意遵照医嘱，他就可以继续工作。

此时，一本杂志上发表了一篇医生写的文章，没有透露消息的来源。这位医生声称，我丈夫在白宫期间曾经三次中风，至少在这次体检之前不久就有一次。我向罗斯·T. 麦金泰尔医生询问我丈夫是否曾经中风过，他向我保证从来没有。总统发生了中风，而我们这些一直在他身边的人却没有发现任何异常，这是不太可能的。如果医生在任何可能影响到他继续正常工作的问题上含糊其词，我丈夫是不会允许的。

7 月 7 日，我在海德公园，戴高乐将军与富兰克林在白宫共进午餐。我们都很好奇，这次访问是否会改变他对戴高乐将军的感觉，但是他们的会面显然是完全官方的，尽管气氛愉快，我看不出富兰克林的态度有什么变化。

7 月 15 日到 8 月 17 日，富兰克林去太平洋战区视察。欧洲的局势已经明朗，他希望与太平洋战区的指挥官们联络一下感情，看一看他们的作战计划。于是，在夏威夷安排了一次会议。从那儿他又去了阿拉斯加和阿留申群岛。正是这趟旅程，引出了那个意想不到的故事，说法拉被遗忘在某个岛上，然后动用一艘驱逐舰把它送回来。我不知道这个故事的发源地是哪里，不过我估计它来自共和党总部某位聪明的年轻人。

① 波状热（undulant fever），又称马耳他热、布鲁氏菌病、地中海弛张热或波浪热，是由布鲁氏菌引起的人畜共患性传染病。高发地区为地中海地区、亚洲、中南美洲等。——译者

我在7月去了一趟北卡罗来纳州的朱纳路斯卡湖，在一群卫理公会派妇女教徒面前发表演讲。我一直很犹豫要不要去南方，由于我坚信有色人种应该拥有充分的公民权利，这几年在那里引起了强烈的反响。这种敌意，尤其是在选举年，在一些令人不快的信件和评论中找到了发泄的渠道，所以我觉得我的出现应该于事无益。不过，鉴于这个组织的再三坚持，我还是去了，行程结束之后我感到很开心。

佐治亚州亚特兰大的M. E. 蒂利夫人，是卫理公会妇女会的行政秘书，她的勇气令我十分钦佩。我听说，每当某处发生私刑时，为了调查当时的情况，她总会在第一时间赶去，常常是只身一人，或者只和一位朋友一起。只有南方女人才能做到这一点，但即便对于一个南方女人来说，我也认为无论在心理上，还是生理上，都需要具备极大的勇气。她是一名虔诚的基督教徒，对基督教义奉如圭臬，包括所有男人皆是兄弟这样的观念。尽管她身为一名南方白人女性，却对南方白人女性常常被作为私刑借口的现象深恶痛绝。蒂利夫人在杜鲁门总统的民权委员会工作期间表现卓越，使她同时赢得了南北两方的敬重。

8月2日，玛格丽特·勒翰德的去世令我们所有人都深感悲痛。我很庆幸在不久前去波士顿参观切尔西海军医院的时候去看望了她。她为我丈夫服务多年，一直尽忠职守，与我们生活在一起，实际上已经成为我们家庭中的一员，我知道他会感到难过，因为他不能参加她的葬礼来表达最后的敬意。

9月10日，我们动身前往魁北克，参加另一次战时会议。丘吉尔夫人会随她的丈夫同行，因此富兰克林要求我也一起去。最初，国务卿赫尔夫妇也计划同去，但是赫尔觉得身体状况不佳。后来，富兰克林让小亨利·摩根索参加会议，商讨德国战后的计划。

富兰克林力主要让德国不具备再次发动战争的能力。我听他讨论过许多种方案，甚至将德国分割成最初君主国林立时候的样子。他意识到德国的工业力量都集中在鲁尔，因此在考虑对这一区域实施国际管制的可能性。

他肯定把所有的想法都和亨利·摩根索讨论过，包括将德国削弱成为一个更多依赖农业的国家的可能性，只允许它保留自给自足所必需的工业，确保欧洲其他国家的经济不再依赖于德国的繁荣。

显然，政府最高层之间的想法也是缺少协调沟通的，在我们自己国家和大英帝国都是如此。最后的结果就是，总统的这些想法似乎都没有得到执行——包括欧洲战区最高指挥官艾森豪威尔将军提议的那些计划。

富兰克林特别强调了三点意见，他认为对德国人心理上的影响很重要。我认为它们在今天依然应该被牢记：

“首先，德国不允许有任何类型的飞机，甚至是滑翔机。

第二，不允许任何人身着军装。

第三，不允许举行任何形式的游行。”

他认为，禁止军装和游行，比其他任何事情都更能让德国人明白他们已经被击败了。

至少在魁北克会议召开之前一个月，我丈夫就收到了三位内阁成员——国务卿赫尔、史汀生部长和摩根索部长提交的备忘录，有关德国战后处理的建议。他们的提案都经过了深思熟虑，客观地说，亨利·摩根索的计划最接近富兰克林心中所想。

亨利·摩根索自己讲述了在我丈夫去世前一天晚上，他们最后一次会面的情形。他确信，富兰克林的态度仍然很坚决，“防止德国和德国人民再次具有攻击性的必要条件，不允许受到任何情感因素的影响而修改”。亨利·摩根索认为，这些观点都体现在《波茨坦协定》中。后来出现的问题，不是因为这份文件本身，而是在于缺乏后续执行上的协调。在对很多事情进行仔细分析之后就会发现，丘吉尔先生对德国的态度一直倾向于不那么严厉，随着对苏联的恐惧与日俱增，他的这种感觉自然就更加强烈了。

在魁北克会议期间，我和丘吉尔夫人都被要求用法语发表广播讲话，我们还参加了许多招待宴请。18号，富兰克林和丘吉尔夫妇一起返回海德公园。他们在那儿只能短暂停留，因为1944年的大选将要开始了。

富兰克林在华盛顿卡车司机工会的晚宴上发表了一场演讲，拉开了竞选的序幕。丹尼尔·托宾[1]长久以来一直都是热情的民主党追随者。正是在这次晚宴上，富兰克林真正为战胜杜威先生奠定了基础。共和党人指控法拉被遗弃在一个岛上，在花费了无法计量的纳税人的钱之后才找回来，富兰克林揶揄地说，法拉对这一指控感到很愤怒，谈笑风生之间便将这种愚蠢的攻击反转成为他的优势。

那次晚宴之后，竞选活动开始了，我也忙个不停，但都是与竞选无关的事情。10月4日和5日，在白宫举行了一次关于农村教育的会议，主要是由查尔斯·奥蒙德·威廉姆斯夫人组织的。

每年过完生日，我会定期去红十字会献血。坐在桌子旁的年轻女士非常尴尬，因为六十岁以上的人不允许献血，而我已经超过这个年龄了。我不清楚就超过这么几周时间，我的血液能发生什么变化，不过我的确感到，1944年10月11日之后，我真的就此步入老年人的行列了。

竞选结束之后，富兰克林和我乘车在纽约的街道上穿行数英里，那天暴雨如注，是我记忆中雨下得最大的一次。一切都按计划进行，除了我们不时要在停车库里停下来，以便富兰克林更换干的衣服。在这样的

① 丹尼尔·约瑟夫·托宾（Daniel Joseph Tobin，1875—1955），美国劳工领袖。托宾是民主党和罗斯福总统的坚定支持者，二战期间主张取消罢工，支持国家渡过难关。1944年9月23日，第三次总统连任大选期间，罗斯福就是在托宾召集的卡车司机大会上发表了著名的“法拉演说”。——译者

倾盆大雨中坐在敞篷车里，他从头到脚都湿透了。最后我们回到公寓里，自从卖掉第65街的房子之后，我就一直想让他来这里看看。他曾经对我说过，在纽约市买一套公寓，等我们离开华盛顿之后，偶尔可以来住住，他特别强调那里应该是个他能够安安静静工作的地方。

对于离开白宫之后的生活，他有着许多种打算，在海德公园，在温泉镇，不过因为他计划做一些杂志方面的工作，他意识到在纽约必须有个落脚的地方。

那天我真的十分担心他，但是他在换过衣服并稍作休息之后，一点儿也没有疲惫之态，反而兴奋异常。欢呼致意的人群热情高涨，他们令他的情绪大好。为了能够看到他向他们挥手致意，人们长时间地站在大雨中也毫不介意。任何人都会为之动容。当人们相信你为他们做了有价值的事时，他们就会爱上你，毫无疑问，那天纽约的人们用行动告诉他，他们有多么在乎他。男人们、女人们还有孩子们，站了数小时之久，让我说，人们根本就不在乎头顶上是不是有太阳。

麦金泰尔医生曾经担心，富兰克林的身体能否撑得住竞选的劳累，不过在秋天的时候我就对他说过，我认为与人们的接触会给予富兰克林力量。在纽约的那天，我发现自己是对的，富兰克林的状态比竞选开始的时候还要更好些。

10月21日晚上，富兰克林在外交政策协会的晚宴上发表演说。后来，我听说有些人觉得他那天晚上看起来病恹恹的，不过我对此并不觉得惊讶，因为他实在是太累了。为了选举我们回到海德公园，等我们到家时，他的再度当选已经尘埃落定了，像往常一样，他走到门廊欢迎前来道贺的邻居们。

富兰克林去温泉镇过感恩节，并在那里待了将近三个星期。我一直都为他能去那里而感到高兴，因为与那些病人们的接触，尤其是年轻人，能给予他极大的满足感。我想，他觉得温泉镇代表着他真的能为那些与他遭受同样痛苦的人们做些什么吧。

这一年的圣诞节，我们再次回到海德公园。不久之后，富兰克林开始计划他的雅尔塔之行。我记得他忙得大概直到1月份，才有时间打开他的圣诞礼物。他不让我们任何人帮忙，就那么一点儿一点儿地，如果在晚饭前有点儿时间的话，兴致勃勃地打开他的礼物，每一件他都很喜欢。

早在1月的时候，或许是意识到这将会是他的最后一次就职典礼，甚或是预感到他和我们在一起的时间不会太长了，富兰克林坚持要所有的孙辈们在20号来白宫待几天。十三个孙子孙女们，从三岁到十六岁，聚在一起，我担心有爆发麻疹或水痘的危险，因此有些犹豫，但他非常坚持，我便同意了。

就职典礼过后，富兰克林的身体状况明显与日俱下。尽管如此，他还是决定去雅尔塔，通常当他决心已定的时候，很少会改变主意。

富兰克林对这次会议寄予厚望，期待与斯大林元帅的私人关系获得实质性改善。他多次提到这对于未来和平时期的重要性，因为他已经认识到可能出现的问题，甚至会比战时更为棘手。他还对我说，如果可能的话，他想要会见一些阿拉伯人，尝试和平解决巴勒斯坦的问题。

然而，在返回途中，最热心于这趟旅行的沃森将军中风了，我知道这一定会让富兰克林十分担忧。他们还没离开地中海，他就去世了。哈里·霍普金斯在途中也病倒了，去了马拉喀什休养。如此种种，令这艘船似乎阴云密布，我也开始担心起来。

关于美国在《雅尔塔协定》中“放弃”利益的说法已经有很多。爱德华·斯特蒂纽斯的书中，对此作了权威的解释，我希望，每个曾一度认为富兰克林并非总是首先关心美国利益的人，都能看看这本书。不过，他也始终坚信，我们的福祉与世界上其他国家的福祉是紧密相连、密不可分的，并且我们需要与其他国家保持友好关系。

雅尔塔，只是迈向富兰克林理想目标的一步。他明白这绝非是最后一步，必定还会有更多的谈判，更多的会议。他企望一个和平与理解的时代，但他也清楚地知道，和平不是一蹴而就的——我们必须日复一日、年复一年地不断努力来维持和平。

富兰克林在前往雅尔塔时，曾对与斯大林的合作充满信心，但回到家不久，他就开始觉得斯大林没有信守诺言。这是他无法原谅的，我相信他给斯大林发了一些措辞极其严厉的电报。不过，他仍然认为，最终他能够使斯大林履行诺言。他，斯大林和丘吉尔，一起并肩作战，已经获得了足够的相互理解和尊重，能够解决问题。

在讲述这次旅行经历的时候，富兰克林总是说，最有趣、最精彩的事情之一就是他与国王伊本·沙特的会面。国王乘坐一艘驱逐舰抵达，他和所有随行人员一起坐在甲板遮篷下，他带来当食物的羊群则在船的另一头。富兰克林说这是他见过的最奇怪的驱逐舰。船上铺着美丽的地毯，为了让国王感到舒适，所有一切都尽量布置成他相对熟悉的环境。富兰克林为他们准备了咖啡，但是国王要求用他自己的咖啡机来准备富兰克林和他一起饮用的咖啡。

这次会面的目的是就巴勒斯坦问题达成某种协议，富兰克林也想就阿拉伯国家的发展提出一些建议。他一直强烈认为，他们不应该把所有的石油资源都交给世界上的大国，而应该保留足够的资源，用于将水抽到地面灌溉沙漠，以促进更好地发展农业。他确信大部分沙漠地区都有地下河，这使得灌溉成为可能。他还认为，这些国家在重新造林方面还可以做的更多。他曾向摩洛哥苏丹提起过这件事，在卡萨布兰卡会议期间，他和丘吉尔先生曾与他共进晚餐。富兰克林说丘吉尔先生看起来对这个主意不太高兴，但苏丹似乎很感兴趣。

他试图与国王伊本·沙特谈论这些问题，但得到的答复却是，国王声称自己是一名战士，到死都是。他说，他的一个儿子——他有许多儿子——对农业感兴趣，另一个儿子对环境保护感兴趣，但他除了作为一名战士和他的游牧民族的国王之外，对其他任何事情都不感兴趣。

国王不希望他的人民改变，他觉得与欧洲人接触对他们不好。在巴勒斯坦问题上，富兰克林毫无进展。

3月1日，富兰克林在国会发表讲话，我知道，当他同意坐下来的时候，他已经接受了自己身体有些虚弱的事实。我发现他越来越不愿意见人，无论时间长短，并且在中午的时候需要休息。他渴望逃离这一切去休息度假，当他决定去温泉镇时，我很高兴，因为他在那里总能获得健康和力量。他邀请他的表妹劳拉·德拉诺和玛格丽特·萨克利和他一起去。

4月12日下午，劳拉·德拉诺打电话给我，告诉我富兰克林在坐着为他画像时晕倒了，已经被抬到了床上。我和麦金泰尔医生谈了谈，他并没有感到惊慌，不过我们计划晚上赶去温泉镇。而且，他告诉我，他觉得我最好还是继续下午的活动，如果我在最后一刻取消活动去温泉镇的话，会引起很大的议论。

当我接到电话的时候，正在华盛顿苏格拉夫俱乐部参加旧货商店的慈善活动。斯蒂夫·厄尔利非常沮丧，要我马上回家。我甚至没有问为什么。我知道发生了可怕的事情。尽管如此，礼节还是要遵守的，所以我回到活动现场道别，表示遗憾，因为家里有事要我离开。

我坐上车，在返回白宫的路上，双手一直紧紧握着。在我的心里，很清楚发生了什么，但总是只有当可怕事实被说出来的时候，人们才会真正相信。我来到起居室，斯蒂夫·厄尔利和麦金泰尔医生过来告诉了我，他们从温泉镇的布鲁恩医生那里得到消息，富兰克林先是脑出血，然后便去世了。

我立刻派人去找副总统，并安排麦金泰尔医生和斯蒂夫当天晚上和我一起乘飞机去温泉镇。不知何故，在紧急情况下，一个人会自发行动起来。

当副总统来的时候，除了为他感到难过，我们是多么希望尽我们所能帮助他之外，我什么话也讲不出来。我为这个国家的人民感到遗憾，他们在战争真正胜利之前失去了他们的领袖和朋友。

然后我给儿子们发了电报："父亲长眠了。他希望你们一如既往。"

似乎是转眼之间，我们已经上了飞机，整个晚上都在飞行。在温泉镇的第二天，漫长而令人心碎。劳拉·德拉诺和玛格丽特·萨克利，我们的白宫女佣莉齐·麦克达夫，在温泉镇一直为富兰克林服务的厨师黛西·邦纳，还有他的男佣普瑞提曼，无不感到震惊和悲伤，但是每个人都尽可能地自我克制，保持冷静。虽然这是一个可怕的打击，但不知何故，大家都觉得这不仅仅是属于个人的悲伤。这是所有人的悲伤，于他们而言，那个曾经象征着力量和坚韧的男人死了，而他恰好是我的丈夫。

最后，送殡的队伍缓缓走向火车站，我们上了火车，动身前往华盛顿。在富兰克林经常坐的那节车厢后座上，警卫们围守着他的棺木。我躺在我的铺位上，拉开窗帘，看着他曾经深深热爱着的乡村，看着车站里，甚至十字路口上簇拥着的人群，他们连夜赶来向他致以最后的敬意。

葬礼的计划按照富兰克林所希望的那样。此前在国会大厦举行过的一次葬礼，亡者躺在那里，人群从敞开的棺材旁经过，我们常常谈起对这种做法的深恶痛绝；我们决定绝不采用这种葬礼。我要求将棺木放在东厅后打开一次，这样我可以一个人进去，并在它最终关闭之前，放一些花进去。他希望人们记住他活着的时候的样子。

在我看来，仿佛全世界的人都在东厅参加葬礼，唯独除了我的三个儿子。埃利奥特是唯一一个有幸赶回来的人；他搭乘巴鲁克先生和其他几个人从伦敦回来的飞机。吉米往东海岸赶，但他直到海德公园的葬礼结束后才到达纽约市，因此他和我们一起乘火车返回华盛顿。小兰登·马文是我丈夫的教子，他和吉米一起来的。小富兰克林和约翰尼当时则远在太平洋战区。

富兰克林希望自己葬在海德公园的玫瑰园里，并留下了明确的书面指示，但是他却忽略了为私人财产做必要的安排，所以我们不得不在最后一刻来处理这些事情。

华盛顿的葬礼结束后，我们返回海德公园。又是一个无人能够入睡的不眠之夜，我们透过火车窗户，看着沿途伫立着的满怀敬意和悲伤的人群。很多朋友很早就离家开车去海德公园参加葬礼，这令我深为感动，而麦肯齐·金总理的体贴周到让我尤为感激。我的侄女（爱德华·P. 埃利奥特夫人）当时住在渥太华，他邀请她乘坐他的专列一起来海德公园。葬礼之后，我在房子里待了很长时间，以便与一些老朋友和从华盛顿来的官员们都打个招呼，然后再和杜鲁门总统夫妇一起乘坐同一列火车返回华盛顿。

他们都满怀善意地劝慰我，在时间方便的时候再从白宫搬出去，但是我觉得我想要尽可能快地离开。我已经开始准备清单，以便十二年的积累可以迅速打包和装运。有些事情行将结束，新的事情正在开始，这乃是人生之常态。当我们沿着熟悉的道路返回华盛顿时，我在脑海中思考了很多事情。

我相信富兰克林接受死亡的想法，就像接受生命一样。他有着强烈的宗教感情，他的宗教信仰是非常个人化的。我认为他真的觉得他可以向上帝寻求指引并接收它。这就是为什么他喜爱《诗篇》第 23 篇、《真福八端》和《哥林多前书》第 13 章的原因。他从未谈论过他的宗教或信仰，也从未对他所信仰的东西有过什么认知上的疑问。有一次，我和他谈起一些我收到的灵媒对话（人们总是把他们与死者的谈话发给我），我对这些谈话表示有一点儿怀疑。他却说道："我认为，对于任何事情，当你不能证明是否真实的时候，就说你不相信是不明智的。在这个世界上，有太多的新发现，所以更为明智的说法是，可能存在一些我们根本无法理解的精神上的东西。因此，即使我不能理解他们的信仰或分享他们的经历，我也会对他们的信仰感兴趣并且尊重他们。”

在我看来，他的这种态度再自然不过了。对于任何引起他注意的事情，他总是持开放的态度，随时准备调查和研究它，而他自己的信仰则是那种在某种朴素信念影响下长大成人的小孩才具有的。他始终坚持一个基本理念，那就是宗教是一个锚，是力量和指引的源泉，所以我敢肯定，他对死亡的态度，就像他对待生活中所有事情一样的平静。

人在震惊和悲伤的时候，其他情绪都会被弱化。身为公众人物，势必都会与一些人，曾经关系密切，之后却由于种种原因分道扬镳，也会有一些本就是萍水相逢、点头之交的关系；但是当富兰克林去世的时候，就连许多曾经愤恨他，并且毫无疑问会继续恼怒于他的人，在那一刻也将这些抛诸脑后，与这个国家的大多数人一样，他们觉得他们失去了需要的人。葬礼的那天，哈里·霍普金斯看起来奄奄一息，好像快要死了。从马拉喀什回来后，他几乎一直被限制在家里，他们两人都生病了，因此不可能经常见面。我并不认为他们彼此之间互不关心，也不认为他们之间的关系有什么问题。我认为，由于当时的情况和他们自己的健康状况，他们很难经常见面和磋商。

如今回首往事，我意识到富兰克林的父母在无意之中为他之后的政治生涯做好了准备，通过他们自己的言传身教，出国旅行，熟悉许多国家的风土人情，使他能够从容面对政治生涯中所遇到的各种情况。他们肯定从未打算让他从政，但是他们对他的培养，让他能够更好地完成他的工作。

当然，还有所谓的“新政”只不过是为了维护我们自己的经济体系的说法。放眼当今世界，我想知道，是否还有其他国家的人民，他们的国家也实行了类似“新政”的东西，能够给他们带来足够的安全感和自信心，从容应对第二次世界大战的考验。正是“新政”，在全体美国人民当中重新塑造了这两种品质，才使得我们在战争初期的全力生产成为可能，才使得我们最终赢得这场我国历史上最可怕的战争成为可能。因此，我丈夫所面临的两个危机是紧密联系在一起的。如果他没有成功地处理好这个问题，他就不可能处理好另一个问题，因为如果得不到人民的追随，领导者将会一事无成。

富兰克林去世后，我收到了大量信件，将这一切更清楚地呈现在我面前，这些信件现存于富兰克林·德拉诺·罗斯福图书馆。令人感动的是，人们讲述了他们的故事，讲述了我丈夫实施的那些措施和政策，是如何改善了他们的生活。在许多情况下，是他把他们从彻底的绝望中拯救了出来。

所有的人都有缺点，所有的人都有欲望、诱惑和压力。在一起生活多年的男女，会清楚彼此的缺点；但他们也会知道对方和自己身上有什么是值得尊重和钦佩的。如果到了一个人生命的终点，可以说："这个人不曾滥用上帝赋予他的权力，他值得爱戴和尊敬，值得许多人赴汤蹈火、牺牲生命，为了完成他视作自身使命的任务。"那么他便生有所值，死而无憾。

在我们 1933 年前往华盛顿之前，我对自己当时的处境是坦然接受的。在早期的婚姻生活中，我的生活很大程度上是由我婆婆主导的。后来，则是由孩子们和富兰克林主导。当最后一个孩子去寄宿学校的时候，我开始想要做一些自己的事情，用我自己的思想和能力来实现自己的目标。当我前往华盛顿时，我确信我能够利用这些机会，帮助富兰克林实现他所期望的目标——但工作是他的工作，方式也是他的方式。如果有个完全不挑剔的妻子，他可能会更加快乐。但这一点我永远无法做到，他必须从其他人身上找寻。尽管如此，我认为有时还是有必要扮演一下鞭策者的角色，尽管这种鞭策并不总是别人想要的，也不总是受欢迎的。我是为他的目标而服务的人之一。

很少人能像富兰克林那样，既担负着华盛顿的公务，也能与许多人保持私人友谊。一个身居高位的公职人员不再是普通意义上的丈夫、父亲和朋友；但是我开始相信，富兰克林作为一个具有伟大历史责任感，并竭尽全力履行自己职责的人，在人们心目中占据了重要地位。

总的来说，我认为我那些年的生活完全失去了自我。就好像我在自己之外又树立了一个人的形象，那就是总统的妻子。而我的内心深处却迷失了方向。这就是我在离开白宫之前的感觉和工作状态。

对那些曾经和我生活在一起，并提供了周到服务的人们，很难决绝地说一声再见，但最终这一切总要结束。现在，我只能靠自己了。

埃莉诺的父亲酗酒，死于三十四岁。埃莉诺很爱她的父亲，而父亲对她的宠爱也弥补了母亲的冷漠。

艾伦伍德学院时期的埃莉诺风华正茂，校长玛丽·苏维德对她严格要求，关爱有加，为她启迪智慧，树立自信，鼓励她独立自主。

1905 年 3 月 17 日，埃莉诺与富兰克林·德拉诺·罗斯福结婚，她的伯父，西奥多·罗斯福总统，富兰克林的偶像，陪同她一起走过红毯。

罗斯福夫妇都喜欢坎波贝洛岛上轻松随意的生活，但是 1921 年度假期间，富兰克林患了脊髓灰质炎，一切都改变了。

埃莉诺、玛丽安·迪克曼和南希·库克，她们既是民主党政治、改革运动的搭档，也是商业活动伙伴，以及瓦尔基尔别墅的共有人。

1931 年海德公园，罗斯福家庭合影，彼时罗斯福正计划首次参加总统竞选。

笑逐颜开的埃莉诺，在西弗吉尼亚的阿瑟戴尔社区，她最热衷的“新政”建设项目，参观完毕后，正准备向媒体发表讲话。

埃莉诺、富兰克林·罗斯福、萨拉·德拉诺·罗斯福，以及詹姆士·罗斯福和贝茜登上“印第安纳波利斯”号巡洋舰，视察美国海军舰队。

埃莉诺对妇女进行培训，教她们学习如何有效地维护自己的权益，而她也由此开始了自己的政治生涯。1936 年，她在幕后做了大量工作，以确保妇女投票人数的增长。

到富兰克林·罗斯福的第二次总统任期，美国人已经将总统夫妇视作政治伙伴，埃莉诺也以自己的毅力和同情心赢得了他们的尊重。

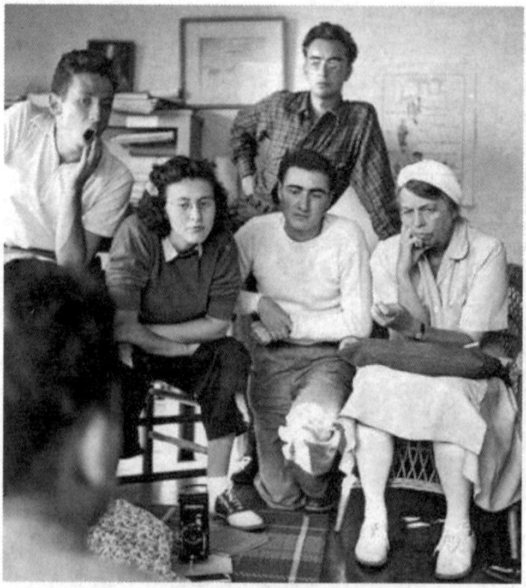

埃莉诺对青年才俊十分器重，她经常召集他们开会，认真聆听这些年轻人表达自己的思想、希望和忧虑。

埃莉诺和哈尔西海军上将（右）以及一位不知名的水手①合影，她乘坐一架军用飞机看望伤员，为太平洋驻军鼓舞士气。在那里所见到的恐惧和英勇，令她终生难忘。

① 原文如此，照片中左一是当时的南太平洋战区陆军司令米勒德·哈蒙中将。——译者

埃莉诺认为，协助起草《世界人权宣言》是她所做过的最重要的工作。

富兰克林·罗斯福逝世之后，埃莉诺改造了她最喜爱的瓦尔基尔别墅，既作为家也作为办公室，实现了她一直渴望的退隐生活。

埃莉诺和玛利亚·安德森，她们并肩作战，反对华盛顿特区的种族隔离，在全世界范围内推动和促进人权。

埃莉诺和约翰·肯尼迪一开始关系紧张，但在任命女性担任肯尼迪政府高级职务的问题上，他们的想法是一致的。

第三卷　独自一人

第二十八章　一个结束和一个开始

1945 年 4 月的那个早晨，我坐着白宫老式的笼式电梯下楼，心里充满了惆怅和飘忽不定的感觉，因为我在向一个难忘的时代告别，我几乎从来没有想象过这样的情形：从今天起，我将独自一人生活。

我意识到，未来我的生活方式将会有许多重大改变，但是我早就认识到，生活本就是由一系列的调整组成的。如果你已经结婚四十年，如果你的丈夫已经当了十二年的美国总统，那么你已经做了很多次的个人调整，有些是表面的，有些则是根本性的。这些年来，我和我的丈夫接受了彼此的缺点和弱点，有着相互理解的、温暖的深厚感情，在基本价值观上达成了一致。我们互相依靠。因为富兰克林不能走路，我已经习惯于做大多数妻子希望由丈夫来做的事情；日常生活的计划都是以他的需要为中心，而他是如此忙碌，只有我来照顾孩子们。

我不得不面对未来，就像无数其他女人一样，面对没有丈夫的生活。孩子们也不会住在家里。独自生活，没有什么人可以作为生活的中心，孩子也不在身边，这将会是很困难的。有汤米和我在一起，在初期会让事情变得容易一些，因为汤米——家里人这样称呼她——长期以来一直担任我的秘书，她让回家变得更有意义。但仍然存在着一个巨大的真空，任何东西，甚至是岁月，都无法填补。

我没有什么明确的计划，但有些事情我肯定是不想做的。我不想再经营一个复杂的家庭了。我也不想停止在某些方面继续发挥作用。我不想觉得自己老了——其实我很少这样想。自 1945 年以来，我便知道了，当人们不再为家庭生活忙忙碌碌时，孤独必然会如影随形。不过，虽然没有特别规划，我已经为另一种生活方式做出了必要的调整，我享受生活中的每一分钟，享受生活中的每一件事。

这并不总是容易的。起初，我的外在生活方式似乎要比内在生活的改变更大。自从我丈夫在 1933 年成为总统以来，我一直住在白宫，这意味着你的生活是公开的。早些年间，他曾担任过各种公职，但那时我们的公众生活和私人生活还是很容易协调好的。然后，是他身患残疾的那段日子。后来，从担任纽约州州长开始，我们做出了改变，重新回到公众生活中，很少有家庭私生活了。富兰克林很忙，几乎所有时间都属于公众生活，一种需要精心策划和安排的生活。

现在回想起来，我认为，自从富兰克林生病以来，我已经习惯了各种变化，这使我更容易适应最近生活中的这些改变。我想，我已经为他去世后的个人生活调整做了很长时间的准备。一直以来，我都是一个优秀的组织者，擅长做出决定。在我丈夫的白宫葬礼举行之前，从乔治亚州温泉镇返回的途中，在那晚的漫漫长夜中，我就已经做出了一些明确决定。我不想住在海德公园罗斯福庄园的大房子里。但是孩子们会怎么想呢？他们喜欢海德公园的房子。他们的祖母让他们觉得这里是他们永远的家，又怎么能从他们的生活中抹除掉呢？

就我自己而言，我更喜欢住在瓦尔基尔河边，由我的家具工厂改造的别墅里，离海德公园的大房子有 2 英里远。汤米在那儿有一间公寓。我的别墅里有一间小公寓，是为一对为我工作的夫妇准备的，有两间客厅，一间餐厅，七间卧室，一间为年轻人准备的宿舍，楼下有两个大大的门廊，楼上有一个凉台。这栋别墅是我们在海德公园生活的附属品，但它是属于我的，我在那里比在大房子里感到更自由。

富兰克林在遗嘱中，将海德公园留给了我和孩子们，只要有生之年我们想住在海德公园，那里就是我们的家。在我们身故之后，一些土地，包括大房子，要归政府所有。但他给我留了一封私人信件，说他认为我们负担不起这个地方，并建议我敦促孩子们马上把房子交给政府。他写道，根据其他总统家庭的经验，很显然，参观来访的人会使享有私人生活变得十分困难。他还特别说道，他不愿意想到我们为了寻求隐私而躲在阁楼或地窖里。

当孩子们和我一起决定，一切安排就绪之后就把大房子移交给政府时，我很高兴。我很快就发现，我最好还是把海德公园的农场清算一下，因为它的经营效率令人怀疑。当女儿和三个媳妇，还有两个儿子都在的时候，我将珠宝和皮草做了分配，包括富兰克林母亲遗产中指定留给我的所有东西，以及我觉得在新生活中不需要的所有东西。根据遗嘱，我可以优先选择银器、照片、家具、亚麻布、瓷器和其他物品，但我决定只要很少的东西。我想要一些有感情色彩的东西——我丈夫给我的特纳水彩画，一些亚麻织物和其他我们用了很久的物品。我需要一些属于我自己的东西。但是，不知为什么，财产对于我来说，似乎并不重要，而且随着岁月的流逝，它们变得越来越不重要了。

当我在海德公园阁楼的屋檐下发现几匹中国丝绸时，更加证实了我的这种感觉——囤积物品是个错误。它们可能是我婆婆的妹妹，保罗·福布斯太太的，而且确实是“压了箱底”，正如她在很多年前所说的那样。当我在屋檐下发现它们的时候，美丽的丝绸已经被雨水彻底地毁坏了。

在尽可能地处理了所有紧急事务之后，我彻底告别白宫，去了纽约，早在一年前我就在那里的华盛顿广场找了一套公寓。我曾经认为，当我丈夫离开总统职位时，这里将是适合我们的落脚之处。4 月 20 日晚上 10 点，我到了那里，而他却已不在，洛琳娜·希科克正在整理一盒盒鲜花，并且把卡片小心翼翼地收集起来，这样我们就知道要感谢谁了。

汤米和我一起从华盛顿来到这里。富兰克林去世之初，有她在我身边，让我有一种感觉，好像他只不过去旅行了，而我们的生活依然如故。1945 年的第一个夏天，我干了很多体力活，清理海德公园大房子里的橱柜，将来自华盛顿的那些箱子和桶拆包。

最初的一个月，杜鲁门总统派了一名司机和一辆汽车到海德公园帮我渡过难关。5 月中旬，司机离开之后，我第一次发现汽油和汽车的短缺对人们意味着什么。我没有车，只有一辆手动挡的小福特，我丈夫以前经常开着它在海德公园兜风。那是一辆敞篷车，夏天开着还不错。但是当冬天来临的时候，我们除了一辆小卡车之外，仍然没有其他车，于是人们便会经常看到奇怪的一幕，汤米和我为了避免感冒，身上裹着所有我们能找到的毯子，驱车在海德公园和纽约市之间行驶。

1945 年夏天，有许多好心的朋友为我担心。有一天，我的老朋友亨利・胡克少校，他和富兰克林关系很好，打电话问我是否可以和戏剧制作人约翰・高尔登，一起来我在纽约的公寓看看。他们来了，一脸的严肃，问我对于未来的计划。

“我已经收到了许多可能会感兴趣的工作邀请。”我说。

“现在，罗斯福夫人，我们来这里是向您提供服务的，”高尔登先生说，“我们自己组成了一个为您提供帮助的委员会。您受邀去做或者将会受邀去做的各种事情，都可以找我们咨询，然后我们会告诉您这些提议是否妥当。换句话说，我们的委员会将为您的生活进行规划。”

坐在一旁的汤普森小姐，听到他这么说，张大了嘴巴，难以置信地看了他们两个一眼：“我没有听错吧？你想规划她的人生？”

“没错，”高尔登先生回答，“作为这个家族的老朋友，我们觉得她应该谨慎行事，只做重要的事。现在，我们的想法是，我负责向夫人提供如何应对公众的技巧，胡克少校将会提供法律方面的判断……”。

我打断他们，大笑起来。“听着，亲爱的，”我说，“我非常爱你们两个。但你们不能掌控我的生活。我可能会很不喜欢。”

他们离开了，不过还是很热心，也有一点儿担忧，或许还有一点儿难过。“记住，”胡克少校说，“我们仍然是一个委员会，如果你需要我们，我们随时准备提供帮助。”

随着时间的推移，让自己变得忙碌使我的孤独感不那么强烈了。我不确定这是得益于我自己的计划还是仅仅因为环境。但是我的哲学是，如果你有工作要做，那么就尽最大努力去做吧，这样就不会有太多时间考虑你自己了。

我丈夫死后的第一年是忙碌的一年。许多人——荷兰的朱莉安娜公主，蒋介石夫人，苏联大使安德烈·葛罗米柯和夫人，艾森豪威尔将军和夫人都曾到访海德公园。另外，尤其是在夏天，我的孩子和孙子们，侄子侄女和侄孙们，还有其他人经常会来。

外在生活的变化似乎是在 1946 年 4 月 12 日，真正达到了顶点。当我们把大房子移交给美国政府的时候，杜鲁门总统出席了仪式。我在演讲中，讲述了富兰克林心中的这个庄园，在联邦政府的支持下，这个庄园是一个让我们自己的国家，甚至是世界的人民能够像他一样找到安息、和平和力量的地方。我说，把它交给政府保管我毫不后悔，现在房子和里面的物品仍然保留着我丈夫在世时的样子，此时把它交给政府是更好的选择，这样它就不会带上那些在他死后住进这所房子的人的气质。“他的灵魂，”我说，“将永远生活在这所房子里。在书房和玫瑰花园里，在他希望自己被埋葬的地方。”

我认为，一个人内心生活的调整、改造必须是永不停止的，不过我的一些重要决定在第一年结束之前就做出了。而法拉，我丈夫的小狗，从来没有真正适应过。有一次，在 1945 年，艾森豪威尔将军前来为富兰克林的坟墓敬献花圈时，连着那条行车道的大门被打开了，他的汽车在警卫队的鸣笛声中驶入。当法拉听到警笛声，他绷直了腿，竖起耳朵，我知道他期待看见他的主人从车道中下来，就像以前许多次一样。

后来，当我们搬到别墅去住的时候，法拉总是躺在靠近餐厅门口的地方，在那里他可以像主人在的时候一样看守两个入口。富兰克林经常会临时起意去某个地方，法拉不得不守住两个入口，以便随时做好准备跳起来跟随主人。在我丈夫死后，法拉接受了我，但我只是在主人回来之前，一个可以忍受的人。许多狗最终会忘记，而法拉却从未真正忘记。每当他听到警笛声，他就会变得警觉起来，并且再次感到自己是一个“重要人物”，就像他和富兰克林一起旅行时所感受到的那样。法拉现在被葬在海德公园的玫瑰园里，我希望他不再为需要做什么调整而烦恼了。

多年来，我一直过着忙碌的生活，在我丈夫去世之后，似乎也没有变得更清闲。自 1945 年以来，从某些方面来说，我的生活在变得更复杂，因为我的工作时间很长，我去了许多地方，见过许多人。但从另一方面来说，我的生活又非常简单，以至于有不少访客，特别是那些来自遥远国家的访客，他们那里的佣人既多又便宜，经常惊讶地发现，我既要安排用餐计划，承担部分日常采购的事务，还会和一个“团队”一起，包括一对乡下夫妇，和一位镇上的女佣，招待十几位客人用餐。

在富兰克林去世的最初几年，我发现财务问题对我来说简直就是噩梦，因为我不是一个训练有素的女商人。起初，我主要关注削减开支和赚足够的钱来支付我的日常账单。在最后的几年里，富兰克林太忙了，以至于无暇打理他母亲的财产，这意味着现在两份遗产都必须由我来处理，这花费了很长时间。

1933 年，当我们第一次入住白宫时，我已经停止分担许多以前与丈夫共同承担的费用。这让我可以自由使用我继承来的大部分收入——大约每年 8 000 美元——买衣服，在华盛顿，这几乎是我第一次意识到着装的重要性。然后，我通过写作和演讲赚取的所有收入，都可以用于我的个人兴趣和慈善事业。

但是从我丈夫去世的那天起，我就清楚地知道，我必须支付纽约公寓的所有日常开支，以及短时间内海德公园那所大庄园的开支，那里的工资费用相当可观。幸运的是，我丈夫给我留下了两份人寿保险单。我在等待遗产结算时使用了它们的收益，总计大约 100 万美元。然后，我不得不做出另一个决定。

我可以停止工作，靠着我丈夫留给我的遗产生活。或者继续工作，把挣来的大部分收入交给政府纳税。我不认为这个决定需要思前想后，因为，当然，我想继续工作。不过，在我的新职位上，由于税法的规定，我不能再把收入直接给予我关注的人或组织。我不得不建立一个慈善基金，将所有演讲获得的收入投入其中，占我收入的大约 20%—30%。法律允许我可以将这些钱捐给免税的慈善机构、教育机构、医院和教堂。

后来我发现，我可以靠写作、上电台或电视节目、为少年文学协会读稿——一个月 100 美元，来维持生活。实际上，这些收入总额比我花在生活开支上的还要多一些，这是一件好事，因为我继承的所有收入用来支付我的年度税单还不够。

虽然说我的生活很简单，但并不是意味着我的生活总是安静的，或者说是诸事顺利的。并非如此。例如，在 1957 年的某一天，我的日程安排相当繁忙，不过我仍然坚持，预留晚餐前“几分钟的安静时间”，与刚从英国来的老朋友雷丁夫人聊聊天。然而，快到这一天的时候，另一位老朋友，伊利诺伊州前州长阿德莱·史蒂文森给我打电话，他刚从非洲旅行回来。

“我想知道我是否可以顺便过来，在晚饭前和你安静地谈几分钟。”他说。

当然，我告诉他，我很高兴见到他。他和雷丁夫人大约在同一时间到达。我们刚在客厅安顿下来，门铃就响了。

走廊里有两个年轻人。其中一个穿着浴袍，显然没有穿别的衣服。他住在我楼上的公寓，公寓的主人离开了，他不小心被锁在外面了。

“哦，我忘了！我没关浴缸的水，它会溢出来，淹了地板。”

是的，我想，而且它们都会从我公寓的天花板上掉下来！

就在这时，史蒂文森州长走到门口，说他实在忍不住想知道出了什么事。当我还在解释的时候，他已经迅速反应，冲到地下室，转动所有的旋钮，试图关闭整个建筑的水源。与此同时，我派人去街角找锁匠。当他到达时，史蒂文森州长已经承认他当水管工不是很成功，不过好在在我们被淹没之前，锁匠打开了男孩公寓的门。整个过程十分搞笑，但我与客人的“几分钟安静时间”却因此泡了汤。事实上，当我们再次坐下来的时候，已经很晚了，我的晚餐客人多尔·沙里已经到了，他为我们读了他写的新剧本，是关于富兰克林在坎波贝洛患病的故事。

在白天，通常不会有太多清净时间。我大多数早晨七点半左右起床，在早餐时间阅读报纸。然后确定当天的菜单，并在“厨师记事簿”上写好说明。

9点钟之前，我的秘书，莫林·科尔已经到了，开始和我一起为我的每日报纸专栏工作。我有三个秘书，但不是在同一个地方工作！

在联合国工作多年后，我成为了一名志愿者，负责美国联合国协会①的组织工作。在我的巡回演讲和其他旅行中，科尔小姐经常陪我一起，因为我必须抽时间完成我的专栏，还有每月为一本杂志提供的一篇文章。我口述专栏的文章，科尔小姐用打字机记录下来。在我核校一遍之后，她会把最终稿交给邮差，他们每天下午2点之前会来。

我通常会在10点前到达在美联协的办公室。在1950年代早期，我

① 联合国协会世界联合会（World Federation of United Nations Associations），简称“世联会”，是一个非政府组织，在联合国经济和社会理事会、联合国教科文组织、联合国粮食和农业组织以及国际原子能机构中具有咨询地位。——译者

还是联合国代表团成员的时候，经常不得不早在 9 点钟就参加会议。在美联协，总是会有一些与组建新分会有关的日常工作——我在 1953 年底接受这份工作时，我们有三十个分会，但到了 1960 年，我们有大约两百五十个分会，有时候下午我也要参加会议。

如果可能的话，我尽量回到公寓吃午饭，然后下午通常有约会，或者办事，或者和朋友见面，或者参加我为主参与的某个组织的会议。如果这些事情都没有，我就开始处理邮件。平均每天收到大约一百封来信，有亲戚朋友的，但大部分是陌生人的。实际上，几乎所有的来信都得到了回复，但显然，这是一项需要有效组织的工作。除了我的私人信件之外，科尔小姐会阅读所有信件，并且能够起草大部分信件的回复，因为她很了解我会说什么。

等秘书们拟好这些信件的回复时，大概只有十二到十五封信留给我阅读和回复了。一有空闲时间，我便会浏览它们，并将我的答复写在一张便条上。然后，通常是在深夜，所有回信被打印出来，我会一一阅读并签名。很多时候，特别是如果我有客人或者晚上外出，到了凌晨 1 点，我仍然在签名。我不需要在寄往美国城镇的信件上贴邮票，因为所有前总统的妻子都享有这样的邮政免费特权，但我还是得买邮票，因为还有大量寄往国外的信件。

偶尔，我会上电台或者电视做访谈。我还清晰地记得有一次跨大西洋的电台访谈节目，是和莉泽·迈特纳一起做的，她曾经帮助我们得到原子弹的秘密。1930 年代，她曾在德国从事铀研究工作，但由于她的犹太血统，纳粹政权上台后被驱逐出德国。1945 年，她在瑞典，而我在纽约，我们被邀请做了一次跨大西洋的广播对话。这是一次奇特的体验。在节目开始之前，我在全国广播公司的工作室里，技术人员将电话接通到瑞典的工作室里，迈特纳博士正在那里等着。当我和她通话时，发现电话的那端，是一位大名鼎鼎却又极度紧张的女士。我们可以清楚地听到瑞典全国广播公司的人劝导她张开嘴说话，而她感觉几乎要哭出来了。最后，我试着安慰她，说："不要害怕。仔细听我说的话，然后慢慢地回答，仔细思考你想说的话，你就会做得很好。你的英语说得真的很好。"离直播开始只有一分钟了，我祈祷她听从我的建议。她这么做了，我相信节目是成功的。

当然，我不会把所有的时间都花在纽约。我甚至猜不出来，我一年旅行了多少英里。在冬季，我可能每个月旅行一到两个星期，包括相当频繁的出国旅行。

许多这样的演讲之旅（一年大约有一百五十次），或是为美联协工作的出差都是快去快回，因为每当我要在午宴或者晚宴上发言时，我都会尽量安排乘飞机准时抵达，并在当天晚上，或者最晚第二天早上返回。

我并不厌倦旅行，也不容易感到疲倦——不像我认识的一些年轻人那样容易疲倦。不过有时候，这倒是真的，我的脚很疼。我脚部的疼痛主要是由于我脚背的骨头变形，我称之为"白宫脚"，这是由于经年累月在白宫举办的各种招待会上，长时间站立造成的。总的来说，旅行会让我感到愉悦，因为它给了我一个补充阅读的机会。实际上，我大部分的兴趣阅读都是在飞机上，因为在家里似乎很少有时间拿起那些我感兴趣的书。顺便说一句，如果我对自己的生活方式有什么抱怨的话，那就是我根本没有时间去读自己想读的书。

第二十九章　没时间无聊

我婆婆曾经说，我喜欢“开旅馆”，我在海德公园的时候可能仍然如此。那里似乎总是有很多客人，形形色色各路人等，从埃塞俄比亚皇帝到我刚刚出生的曾孙。有时候甚至会来一大巴士的客人，或许是一群来自不同国家的大学生，他们来到树下坐上几个小时，和我谈论他们喜欢的任何话题，又或许是一群七八十岁的联合国职员们，受邀前来野餐。

每年我都会为威尔特威克学校的一百五十名青少年举办一次野餐活动，这所学校专门收容那些不良少年。这种时候，我总是设法争取孙子们的帮助，让他们为客人服务，组织户外运动。孩子们饱餐一顿之后，通常会在草地上躺一会儿，我给他们读一些故事，比如吉卜林的《猫鼬》或者《大象是怎样得到长鼻子的》。在他们回家之前，我们还会为每个孩子带上一包糖果。

我的野餐场地很大，夏天的时候，可能每周都会用到一两次，一些学校或者社会团体会到这里来组织活动。如果我在的话，会尽量停留一会儿，和他们说一会儿话。其他时间他们就得自娱自乐了。同样，我自己的客人在海德公园的大部分时间里，也需要自己照顾自己，因为每天的某些时间段，我必须要忙着工作。那里有一个泳池，他们可以游泳，还有一个网球场，一条开满睡莲的小溪和一艘船，还有足够的空间可以在乡间漫步——在我的“苏格兰小子”法拉的陪伴之下，如果他心情好的话。

在海德公园，我开着自己的车，有时候会去距离别墅5英里的火车站接客人，并在路边的小摊上购物。在夏季的几个月里，我会预备充足的冰块，通常总是要做好最多二十几位客人来用午餐的准备，其中大多数都是预料之外的。

来访者中，有些是与我在美联协工作，或早年白宫生活有关的朋友或熟人，同时也有一些是公务访问，去我丈夫墓前进行祭奠的。其中最有趣的一位是埃塞俄比亚皇帝海尔·塞拉西，他在一次对美国的正式访问中来到海德公园。他是一位身材瘦小，留着胡子，气度威严的男人，我感觉，他渴望在自己的国家促进自由、和平与进步。在我看来，他在旅途中所穿的西方服饰，倒不如他身着本土的长袍和凉鞋更加令人印象深刻，但他是一位令我喜欢和心生敬佩的人。

当然，国务院已经为他的访问做好全程安排。国务院的一位代表告诉我，他的随行人员将有十九人。他将在中午时分到达，我要在玫瑰园里我丈夫的墓前迎接他。他会去图书馆参观，那里保存着我丈夫的工作记录。他一定要在1点钟之前返回，因为他要看一个电视转播节目，是他制作的一部电影。然后，国务院代表严肃地补充说，皇帝必须在午餐前，在房间里单独待半个小时，休息和沉思。

我认为这是一个相当紧张的时间表，但我没有试图与国务院的礼宾官员争论。我见到了皇帝，并陪他去了图书馆。他对实现自己国家的现代化非常感兴趣，当他看到图书馆里保存记录的先进系统时，他变得兴奋起来，命令他的手下集合起来。

“看，”他大声说，“大家研究一下这个系统。这儿是操作的按钮——这儿是保存的按钮。”

我1点钟准时把他带回房子里。他在起居室里找到一张矮凳，自顾自坐在电视机前，当他自己的影像出现在屏幕上时，他似乎忘记了周围的一切。我不确定他以前是否看过电视。几分钟过去了，没有任何迹象表明他准备在午餐前的半小时里回到自己的房间。最后，我走了过去。

“陛下，我想您需要单独休息半个小时。”

“哦，不，没有必要一个人。我只是想把鞋子脱一会儿，你也看到我把鞋子脱了。”

另一位到海德公园参观的贵宾是印度总理尼赫鲁，他来参加午宴的那一天，我的几个孙子和他们的朋友也在那里。他身着深色长外套，上面有着醒目的图案，白色长裤在脚踝处紧紧绑起来。总理看到这些年轻人似乎很高兴，午餐过后，他盘腿坐在客厅中央，和他们聊了很长时间。无论是向他们提问，还是向他们讲述自己的观点，他都一样兴致勃勃。

当我后来访问印度时，我对总理有了更多的了解，我觉得他是一个精力和斗志都很旺盛的人。但是我发现，他的过人才智并没有使他完全摆脱偏见。在印度和巴基斯坦关于克什米尔的争议上，尼赫鲁先生由于其个人与克什米尔的关系而完全感情用事①。我感觉在这个特别的问题上，他已经陷入了僵化，并且与他一贯倡导的人民有权决定自己命运的崇高理想相违背。

在我看来，国务卿约翰·福斯特·杜勒斯与尼赫鲁总理打交道的方法是不恰当，也不明智的。1950年代，印度刚刚独立，印度人对有关独立的问题是非常敏感的。然而，国务卿杜勒斯在处理印度问题时却犯了几个严重错误。在日本条约的谈判中，他没有去印度。尼赫鲁先生觉得这显然是一种怠慢。然后，当印度和巴基斯坦发生冲突时，我们向巴基斯坦提供武器，虽然名义上是为了保卫其北部（与俄罗斯接壤）边界。这激起了印度对我们的仇恨情绪，如果我们把对巴基斯坦的援助限制在经济领域，这种仇恨本来是可以避免的。这让我不禁感到，对于我们与

① 此处是指尼赫鲁的祖籍就在克什米尔。——译者

之打交道的这些民众的感情，杜勒斯先生并不理解。

富兰克林去世后，我不打算单独或纯粹为了娱乐而旅行，不过近年来，由于各种事务的需要，我的足迹踏遍了世界上的大部分地区。我不想按时间顺序讲述这些故事，就像走马观花似的，但我想在这里谈谈1948年春天收到的一个邀请，邀请我去英国，参加在格罗夫纳广场我丈夫雕像的揭幕仪式，同时也被邀请去温莎城堡度过周末。

国王和王后十分亲切。他们带我去了我的房间和起居室，并告诉我，国王的母亲玛丽王太后正在城堡里等着迎接我。晚餐时，一位身着苏格兰短裙的高地风笛手走进来，绕着餐桌吹奏风笛。当然，这是非常正式的场合，不过国王的随和态度却令人印象深刻，那天他穿着粗花呢夹克和宽松长裤，好像一位乡绅，而即使是在温莎城堡这样充满历史厚重感的环境中，王后也能把他们的家庭生活营造出温暖舒适的感觉。例如，玛格丽特公主有几位年轻朋友，他们一进来就打开留声机听流行唱片。当我们走进房间时，像大多数父亲一样，国王说的第一句话就是："玛格，音乐太吵了。你能把声音关小点儿吗？"这一幕令我忍俊不禁。

在城堡的第一个晚上，晚餐之后，我们被带到画廊参观。就像我婆婆在海德公园的家里一样，玛丽王太后知道每一幅画和艺术品的摆放位置——或者起码是她认为每件东西应该摆放的位置。她注意到国王改变了几幅画的挂法，立即面露不悦之色。

当时的伊丽莎白公主给我留下了特别深刻的印象，在我访问的时候她还是个年轻的女孩，但却十分地善于思考。在一次清教徒举办的晚宴之后，她来找我说："我知道你去过一些尝试帮助年轻女性囚犯改造的收容所。我还没有去看过，不过你能告诉我你的看法吗？"

我告诉她我对这个实验的印象很好。政府接管了一些业主无力负担维护费用的历史建筑，并将其交给年轻的女囚犯照管，她们在专家的指导和建议下，完成了房屋和花园的修复工作，以将其作为国家的历史古迹加以保护。当时让我印象深刻的是，这位年轻的公主对社会问题，以及如何处理这些问题非常感兴趣。

在访问温莎城堡期间，有一晚丘吉尔先生也在那里，我们玩起了游戏——做手势猜字谜。伊丽莎白王后扮演节目主持人的角色，她选择单词，要求我们其他人将其表演出来。她一度对个别单词如何演绎感到困惑，时而会向丘吉尔先生寻求帮助，但却没有成功。这位前首相，穿着笔挺的白衬衫，胸前戴着勋章，手里拿着一支雪茄，闷闷不乐地坐在一边，好像与这个游戏毫无关系。

丘吉尔先生，现在的温斯顿爵士，在战时紧张时期造访白宫之时，会和富兰克林在晚餐之后聊上数个小时。我丈夫要陪他坐到凌晨一两点钟，然后第二天一大早就得坐在办公桌前，一直忙到11点，这对他来说是一种可怕的压力。我想应该是我当时对此表示了关切，后来有一次在伦敦，首相可能想起了此事，他说："你不是真的认可我，是吗，罗斯福夫人？"

回想起来，我不记得是否真的那样做了——不过在必须记住他喜欢的各种饮料和雪茄上让我有点儿这种感觉。

我想，在这里我需要中断一下，说说自从伊丽莎白公主成为女王以来，我又见过她好几次。她仍然是那么可爱，但在我看来，她似乎变得更加严肃，正如人们所期望的那样，她将肩负起自己的责任。

有一次，我被邀请到王宫与她聊天，一位年轻的秘书陪我坐上汽车。

"这肯定很难，"我说，"对一个这么年轻的人来说，既要承担这么多官方职责，同时还要履行妻子和母亲的责任。"

他看着我，带着一种惊讶的表情，然后用轻松的语气说道："噢，不。完全不会。女王平衡得很好。"可是一个人如何平衡自己的内心呢？

我想。

关于富兰克林的这座雕像，背后还引发了一场热烈的争论。为纪念碑筹集资金的清教徒协会主席坎贝尔·斯图尔特爵士和雕塑家威廉·里德·迪克爵士强烈认为，富兰克林应该被塑造成迎风站立的姿势。但是温斯顿·丘吉尔，本身就是一位艺术家，对此提出了异议。他认为，因为富兰克林不能行走，雕像应该是坐着的姿势。

乔治国王在仪式上讲述了这段故事，这场争论便一直萦绕在我脑海中，我带着好奇的心情走过去准备为雕像揭幕。我拉了拉一根绳子，盖在雕像上面的布滑落下来，我看到眼前的这座雕像，展现的是富兰克林去世前几年的样子。他站立着，一只手握着根手杖，熟悉的斗篷从肩膀上垂下来。它给人的印象是一个年轻、精力充沛的男人，我想这也是我丈夫希望留给英国人民的印象。把它做成一个站立的形象，丝毫没有令我失望。

雕塑的两边有两个浅浅的水池，水池周围是低矮的大理石座椅，景观设计师向我解释说，人们可以坐在那里吃午餐。在四个座椅的背面刻着《四大自由宣言》[①]。这位建筑师说，他觉得富兰克林一直喜欢与人们亲密接触。“在这里，我使这成为可能。”他补充说道。

根据我后来访问格罗夫纳广场时观察到的情况判断，人们的表现与他说的一致。那里一直有人，在雕像的大理石基座上，总是会有至少一两束小的自制花束放在上面。

---

① 四大自由（Four Freedoms），即言论自由、宗教自由、免于贫困的自由和免于恐惧的自由。为美国总统罗斯福1941年1月6日《致国会的年度咨文》中所提出的目标。——译者

第三十章　了解联合国

现在，我想回到 1945 年末。从那时起，我开始了生命中最美好和最有价值的一段经历。

1945 年 12 月，我接到杜鲁门总统的电报。他告诉我，联合国大会的首次会议或者说成立大会，将于 1946 年 1 月在伦敦举行，他问我是否愿意担任联合国代表团成员。

“哦，不！这是不可能的！”这是我的第一反应，“我没有任何参加国际会议的背景或经验，如何能够作为代表帮助组建联合国?”

汤普森小姐劝我，在没有仔细考虑的情况下不要拒绝。组建联合国所要做的工作，我大体上是了解的。在 1945 年旧金山会议《联合国宪章》签署之后，它已经被各个国家，包括我们自己的国家，按照宪法程序通过生效。我也知道，我们有一个由阿德莱·史蒂文森牵头的团队，在伦敦与其他成员国的代表一起为正式的成立大会做准备。我认为联合国是世界和平的唯一希望。我知道我丈夫对组建这个世界性组织极为重视。

最后，我战战兢兢地接受了提名。但如果我当时知道杜鲁门总统只能提名我为代表，而且提名必须得到美国参议院的批准，我可能就不会这么做了。由于我对一些社会问题，特别是青少年问题的态度，参议院肯定会有人提出反对意见。结果证明，的确有参议员向总统提出抗议反对我的提名，不过只有一个人，密西西比州的西奥多·G. 比尔博参议员真正投了反对票。他曾经批评过我以前关于反对歧视黑人的言论，但是当华盛顿的一些新闻记者问他为什么反对我的提名时，他却只是回答说，理由太多了，要写一本书才能涵盖所有的内容。不管怎么说，我的提名得到了参议院的批准，我至今对此仍然感到很诧异。

在这里需要指出的是，作为一名联合国代表，以及后来作为人权委员会的成员，我一年的薪酬是大约 14 300 美元，不过只有实际工作的日子才能获得报酬。交通和住宿费用由政府承担，如果需要出国每天会有 12 美元的津贴。我实际的开销通常会超出这个数字，不过我从来都搞不清楚到底超支了多少钱，因为我没有将开支全部记录下来。因此，只有那些因为公务招待而记录下来的支出，才能从我的个人所得税中扣除。我估计在我当代表的这七年时间里，自己花的钱数量相当可观。

我不知道我是可以带一名秘书一起去伦敦参加会议的，当我和汤米说再见的时候，一想到要在 1 月份独自一人穿越大西洋，心情就十分的沉重。代表团成员乘坐的是“伊丽莎白女王号”，码头上挤满了记者和新闻摄影师，他们将代表团里的参议员和众议员们团团围住，希望得到他们临行前的发言和照片。不过，当我开着自己的车抵达码头时，一切都已归于平静了，等我上了船，找到自己的特等舱室，时间已经不早了。

进入舱室，首先映入眼帘的是桌上一堆蓝色的纸。原来都是些文件，其中大部分标有“秘密”字样，显然与代表们的工作有关。我不知道这些文件是从哪里来的，但想必是为我准备的，所以我翻看了一下。里面文辞艰涩，但显然包含了大会审议内容的背景资料，以及我国政府在各种问题上的立场声明。

我迅速坐下来，开始阅读——或者说是尝试阅读。这是一种枯燥乏味而又十分辛苦的阅读体验，几乎很难保持思路清晰，但当我通读一遍时，便清楚了自己的职责。看完这些文件之后，我觉得国务院对我已经没有什么秘密而言了，但又发现我什么也说不出来，因为实际上很难确定那些蓝色文件内容的确切含义。

当时我还有些担心，以为这种涉及国务院事务的简易英语[①]，可能是我没看懂，但后来我改变了看法，因为其他人似乎也有同样的困难。我记得后来有一次，我们的国务卿乔治·C. 马歇尔将军召集代表团所有成员参加一个专题会议，讨论我们在一个重要问题上的立场，这个问题与本书无关。由于我问了一些问题，他显然觉得我对这件事不太清楚，所以又重复了一遍。

“明白了吗?”他问道。

“对不起，先生,”我回答说，“但我在报纸上看到的可不是这样的。”

这位将军有些恼火，他说我弄错了，他会给我一份国务院关于这个问题的文件。

他把文件给了我，我仔细地读了一遍。然后又读了两遍。我仍然不清楚我们的立场是什么。我把这篇文章发给了国务院最好的法律顾问之一，请他给我解释一下。他给我回了一封信：“如果他们就把这个送给总统，愿上帝保佑总统!”然后我又请了代表团中一位最有经验的顾问来到我的房间，给他看了那份蓝色文件。

“你肯定能解释清楚,”我说,“你一定参与了这份文件的写作。”

他研究了一会儿，然后说：“是的，我参与了，但很明显，它不想让你或其他任何人明白其中的意思。”

不过，如今的我比伦敦之行的时候已经进步许多了。一天，我在通

---

① 简易英语（Plain English），一些英语国家学者认为目前广泛使用的英语，不论在词汇方面，还是在语法方面，都过于繁琐，增加了人们学习英语、使用英语的难度，不利于世界各国人们的互相交往。为此，这些学者提出了“简易英语”的概念，主张对现有英语的词汇和语法进行必要的简化，并制定了一些没有约束力的规则，比如用常用单词代替不常用单词（例如用 so 代替 accordingly，用 about 代替 concerning 等）。——译者

往舱室的过道上遇到了参议员阿瑟·H. 范登堡，一位共和党人，战前是孤立主义的忠实拥护者。他拦住了我。

“罗斯福夫人，”他用低沉的声音说，“我们想知道你是否愿意在第三委员会任职。”

对于这个问题，我立即有两种相当矛盾的反应。首先，我想知道“我们”是谁。是由某位共和党参议员决定谁将在哪里任职吗？而且，既然我是一名代表，为什么在委员会人选方面却没有征求过我的意见？但是我的下一个反应是，把这些想法挤出我的脑子。我意识到自己和月球上的人一样，根本不知道第三委员会是什么。所以我把自己的想法藏在心里，谦卑地表示哪里需要我就去哪里。

“但是，”我很快补充道，“你或者其他人能帮助我尽可能多地了解第三委员会的情况吗？”

参议员答应了，我便回到了船舱。事实上，当时我不知道要向谁去寻求信息和指导。我不知道那些摆在我房间里，标有“秘密”的蓝色文件是从哪里来的，我甚至觉得，它们可能来自外太空，而不是国务院。

后来我发现，代表团中的民主党人最初有些担心，不知道范登堡参议员是与美国在伦敦的计划“保持一致”，还是会从中作梗。但后来的事实证明，他们的怀疑毫无根据。

“当联合国宪章会议在旧金山举行的时候，”参议员告诉我，“我并不想当代表。我不太相信这种路线的国际组织，但是你丈夫劝我去，并坚持说我可以完全按照自己的感觉去投票。基于此，我去了。”

不用说，范登堡参议员成为联合国最坚定的支持者之一；正是在他的努力之下，使预算保持适度，避免了把小国、弱国赶出去的危险。他的影响在最初的几年里意义重大，当时这个大胆的新概念急需支持，这个组织可能是我们避免未来战争的唯一希望。

我们住在伦敦的克拉瑞芝酒店。我们的办公室在格罗夫纳广场，离大使馆大约两个街区。当我到那里的时候，我的顾问德沃德·桑迪弗说，有几位代表团的工作人员想与我谈谈第三委员会的问题。

随着我对自己的工作有了更多了解，我意识到为什么我会被安排在处理人道主义、教育和文化问题的第三委员会。有许多委员会处理预算、法律、政治和其他问题，我可以想象我们代表团的先生们，对着名单一脸困惑地说："哦，不！我们不能让罗斯福夫人进入政治委员会。她在预算委员会里能做什么？她懂法律问题吗？啊，这儿对她来说是安全的——第三委员会。她在那儿不会有太大危害！"

奇怪的是，我也有同样的感觉。在船上，国务院官员为代表们召开了"情况介绍会"。各个专题的专家向我们讲解将要在大会上讨论的问题，介绍这些问题的背景，以及美国在各种有争议问题上的基本立场。我参加了所有这些会议，我发现船上还有为新闻人员举行的情况介绍会，这些会议我也参加了。基于这些情况介绍会，以及我与桑迪弗先生和其他人的会谈，我开始认识到，第三委员会可能比我想象的要重要的多。最后，事实也证明的确如此。

刚到伦敦不久就发生了一件事，令我感到不寒而栗。源源不断送到我桌上的文件——大多数上面都标注着"秘密"这一类字眼。一天早上，当我走进办公室的时候，发现了一份通知，要我立刻向安全官员报告。但我不知道在哪里可以找到安全官员，经过无数次的询问，终于找到了他在大楼里的办公室。他告诉我，他的员工，晚上巡逻的时候，在我桌上发现了一份标有"最高机密"的文件。我回想起当时我离开办公室的时候，我的秘书不在，我以为她回来后会把所有文件都收起来，然后锁上办公室的门。显然她没有，我犯了一个严重的错误。这个错误此后我再也没有犯过。从那以后，我每次都会确认文件是否都锁在柜子里了，办公室是否都锁了。我也总是随身携带公文包，把文件带回家研究，把它放在触手可及的地方或者安全的地方。然而，后来我却经常发现，那些标注着“最高机密”的信息，甚至在我们看到之前就已经见诸报端了。但这就是政府工作中见惯不怪的问题之一，你不得不接受。

国务卿詹姆斯·F. 伯恩斯[①]没有随代表团一起来，但在我们抵达伦敦后不久，他便乘飞机抵达。他不喜欢代表团的会议和简报，也从未见他召集代表团开会，除了有一次，当时的会议就像鸡尾酒会，我们漫不经心地谈论着工作。

不过，伯恩斯先生只待了很短的时间。此后，我们定期举行情况介绍会，国务院专家——或者后来接替伯恩斯先生担任代表团团长的爱德华·斯特蒂纽斯——每天上午都会讨论当天活动的重要内容。这些会议通常在一个大房间里举行，每天早上 9 点左右，所有美国代表和他们的顾问都会聚集在那里，总共大约有四十到五十个人。通常由代表团团长主持会议并概述工作的重点，我们其他人则在他发言时，翻阅一些印刷或油印的文件，是专家们在会议之前为我们准备好的。然后，当某些复杂的问题需要详细讨论的时候，一位专门研究这个问题的国务院官员将会接手。如果有任何问题不清楚，五位代表或他们的候补代表会提出疑问。

通过这种方式，所有代表都能够对总体情况有所了解——如果他们认真听取并有时间阅读准备好的文件——此外，每位代表和每位候补代表都能获得自己目前所在委员会或专案的详细信息。在我与美国驻联合国代表团保持联系的六年中，这些情况介绍会成为我日常工作的一部分，无论我们是在伦敦、巴黎、日内瓦或纽约。

我和斯特蒂纽斯先生，当时的助理国务卿，一起驱车前往在伦敦举

① 詹姆斯·弗朗西斯·伯恩斯（James Francis Byrnes，1882—1972），美国政治家。1945 年初参加雅尔塔会议；4 月罗斯福总统去世后，他成为新任总统杜鲁门的重要助手；同年 7 月任国务卿，在波兹坦会议上发挥了重要作用。二战后，由于与杜鲁门在外交政策尤其是对苏联政策的分歧，1947 年 1 月辞去国务卿职务。1951 年当选南卡罗来纳州州长。——译者

行的联合国大会第一届会议，陪同我们的还有桑迪弗先生和另外两名年轻的顾问。每位代表都有一张办公桌，身后有几个供顾问使用的座位。这么多大小国家的代表共聚一堂，令人印象深刻。

大会的第一项工作是组织和选举出第一任主席，比利时的保罗-亨利·斯帕克①，一位出色的外交家、雄辩的演说家和富有声望的政治家，他为联合国有一个良好的开端做出了很大贡献。联合国第一任秘书长是挪威人特里格夫·赖伊。他能力出众，工作卓有成效，对联合国的理念坚信不疑。他积极进取的性格，对于这个位子来说可能是一个弱点，因为他后来得罪了不少人。如果可能的话，秘书长不仅应该具备卓越的谈判技巧，而且应该能够让每个人都感到他是他们的朋友——这一点非常重要。

在初期的会议上，我得到的强烈印象是，许多外交界的老资格对这个新的世界组织持怀疑态度。他们见过太多的失败，他们经历了国际联盟的崩溃，他们怀疑我们究竟能取得多大成就。新来的人则表现出最大的热情和决心，事实上，他们常常过于急于求成。幸运的是，有像斯帕克先生和赖伊先生这样的人在场，他们经验老到，既能够激发老资格的新灵感，必要时还能给新人踩踩刹车。

在整个伦敦会议期间，我都小心翼翼，如履薄冰。我知道，作为代表团中唯一的女性，我并不怎么受欢迎。此外，如果我不能有所作为的话，不仅仅会被视作是我个人的失败，而是所有女性的失败，将来其他人就很难再有这样的工作机会了。

我试着想出一些小办法。在其他代表团中也没有多少女性，我在认识其中一些人之后，就邀请她们到我在宾馆的起居室里喝茶。大约有十六位，大多数是副代表或者顾问，接受了我的邀请。甚至还有一位苏联

① 保罗-亨利·斯帕克（Paul-Henri Charles Spaak，1899—1972），是一位有影响力的欧洲政治家，欧盟创建者之一。——译者

人，她带了一名翻译。我们的谈话在一定程度上只是社交活动，但是随着我们越来越熟络，我们也会谈到在各种委员会工作时遇到的问题。聚会非常成功，我此后又组织过几次。我发现，在这种非正式会议上，有时就某些问题达成谅解取得的进展，比我们在各种委员会的正式会议中取得的进展还要大。

因此，我养成了一种习惯，这种习惯在为联合国工作的这些年里一直保持着，那就是尽量安排与其他国家代表共进午餐或晚餐，或者晚上聚在一起聊几个小时。我发现，几个不同国家的人，在这种半社交性质的会面中，讨论问题的效果往往比委员会正式会议的效果更好。

随着时间的推移，各个代表团出现了越来越多的女性成员，我们的代表团通常会有一名女性候补代表，即使我仍然是代表。海伦·加哈根·道格拉斯，露丝·布莱恩·罗德夫人和伊迪斯·桑普森都是美国代表团中做出过重要贡献的成员。

我可以说，所有像联合国这样的组织，重要的、艰苦的工作往往都不是在那些大型公开会议上进行的，而是在小规模和几乎连续不断的各种委员会会议上进行的。在委员会会议上，每个国家由一名代表或一名候补代表以及两到三名顾问参加。

委员会会议上的分歧、讨论和妥协是至关重要的。起初，我不熟悉委员会的工作，对自己也没有把握，不过桑迪弗先生总是坐在我后面给我指导。随着时间的推移，我只凭他的反应就知道讨论进行得是好是坏。如果我的脖子后面能感觉到他呼吸的气息，我就知道麻烦来了，通常来自苏联人。

有一个许多人问过我的问题，是关于一名联合国代表的责任的。“你代表的是你的政府，但你是否完全按照命令行事或说话？你在投票时有没有自我表达或个人判断的自由？”

答案有点儿复杂。我在伦敦参加第一次委员会会议的时候，完全遵循国务院在有关问题上的立场：战争难民自己决定是否返回原籍国的权利。但是，我对投票程序不是很熟悉，在主席要求投票时常常落在后面。最后，桑迪弗先生严肃地说：

"美国是一个重要的国家。应该尽快投票，因为某些国家可能正等着追随她。"

在那之后，我总是尽量在要求举手表决之前就做好决定，一旦要求举手，我的手就迅速地举起来。代表在决定如何投票时，作为其政府的代表者，必须事先了解本国在所有争议问题中的立场。在伦敦的时候，所幸我和国务院的立场是保持一致的。后来我了解到，代表确实有一定的表达自我的权利，有好几次我行使了我的权利，表达了与官方观点略有不同的立场。

当然，一名代表不能公开表达自己的不同意见，除非辞职，因为在联合国，同一个国家的代表显然不可能发表不同的意见。但他可能会在非公开的简报会上行使发表不同意见的权利。在会议开始之前，我们会被告知会议日程要讨论的议题。如果你不同意政府的态度，你有表达的权利，并尝试改变或修正官方的立场。如果有必要，你可以请求总统出面干预，如果没有解决办法，你可以辞职表示抗议。

有一次，我强烈反对我们的政府决定，在没有向我们的人民解释的情况下，就撤销对西班牙佛朗哥①政府的承认。其他代表也加入了我的行列，国务院最终推迟了行动，直到将情况完全解释清楚。

在第三委员会工作期间，我开始真正了解联合国的内部运作机制。或许有点儿讽刺，在伦敦会议上引发最大政治热议的一个话题，竟然出

① 弗朗西斯科·佛朗哥（Francisco Franco，1892—1975），西班牙国家元首，长枪党党魁。1936年7月发动西班牙内战，由于得到德、意法西斯支持和英、法等国采取"不干涉"政策，最终获得胜利，自1939年开始到1975年统治西班牙长达三十多年，1947年自任摄政王，长期实行法西斯独裁统治。——译者

现在我被分配到的这个“不重要的”委员会里。

这个问题的出现，是由于在停战协定签署时，德国有许多流离失所的战争难民——乌克兰人、白俄罗斯人、波兰人、捷克斯洛伐克人、拉脱维亚人、立陶宛人、爱沙尼亚人，等等——其中许多人仍然生活在临时难民营中，因为他们不想回到他们自己国家的政府统治下生活。还有德国死亡集中营里可怜的犹太幸存者。

南斯拉夫，当然，也是苏联的观点，是由利奥·梅茨提出的，声称任何不愿返回原籍国的战争难民要么是卖国贼，要么是叛徒。他认为，应当强迫这些在德国的难民返回家园，并接受任何可能给予他们的惩罚。

包括美国在内的西方国家的立场是，大量难民既不是卖国贼，也不是叛徒，必须保证他们有权选择是否返回家园。和其他人一样，在处理这个问题上我有着强烈的感情色彩，我们花了无数个小时试图制定出某种大家都能同意的解决方案。但我们一直未能达成一致，我们的主席——新西兰的彼得·弗雷泽①，不得不向大会提交一份多数报告，这立即受到了苏联的质疑。

在大会上，安德烈·维辛斯基②负责代表少数派的立场，他是苏联最强大的法律头脑之一，一个技巧娴熟的辩论家，一个善于将嬉笑怒骂当作武器的人。莫斯科认为难民问题至关重要，因此他在大会上两次发言，坚决争取代表们赞同他们的观点。我们委员会的英国代表发言赞成多数报告。这时，一种尴尬的情况出现了。必须有人代表美国发声。这个问题令我国代表团陷入一阵慌乱。有些面带焦虑的男性代表们匆忙进行磋商，他们散开之后，约翰·福斯特·杜勒斯踟蹰地走到我面前。

① 彼得·弗雷泽（Peter Fraser，1884—1950），新西兰政治家，1945 年参加旧金山会议，为起草《联合国宪章》做出了重大贡献。——译者

② 安德烈·亚努阿里耶维奇·维辛斯基（Andrey Yanuaryevich Vyshinsky，1883—1954）。苏联政治家、法学家、外交家，曾任苏联总检察长。1949 年 3 月至 1953 年 3 月任苏联外交部长、常驻联合国首席代表。——译者

“罗斯福夫人,”他犹犹豫豫地开始说，“美国必须在这场辩论中发言。既然你是在委员会里一直参与争论的，你觉得你能在大会上说几句吗？没有人真正熟悉这个问题。”

我说我会尽力的。我非常害怕。一想到要和著名的维辛斯基先生辩论，我就直打哆嗦。好吧，我尽力吧。时间已经不早了，我们知道苏联人会尽可能地推迟投票，因为他们认为我们的一些盟友会感到疲惫而离开。我知道我们必须留住我们的南美同伴直到投票结束，因为他们的投票可能是决定性的。因此，我谈到了西蒙·玻利瓦尔[①]，以及他对拉丁美洲人民自由的主张。南美代表一直陪伴我们直到最后，投票结果出来了，我们赢了。

这次投票意味着，未来西方国家还要为难民们的最终命运担忧很长一段时间，但是，这次胜利维护了个人自由选择权利的原则，还是很值得的。

这些会议结束的时候，常常已经是深夜时分。第三委员会报告投票的最后一晚，会议进行得太晚，我直到大约一点钟才回到宾馆。我累坏了，疲惫不堪地走上宾馆的楼梯时，听到身后传来两个声音。我转过身来，看到了参议员范登堡和杜勒斯先生。

“罗斯福夫人,”他们当中的一个说，“我们必须告诉你，我们曾经竭尽全力不让你加入联合国代表团。我们恳求总统不要提名你。但是现在我们觉得我们必须承认，我们很高兴与你一起工作，你是一位出色的合作伙伴。我们很乐意再次这样做。”

我认为没有什么能像那些话一样，让我的疲惫感荡然无存。我将永远感激他们给予我的鼓励。

---

① 西蒙·玻利瓦尔（Simon Bolivar，1783—1830），西属南美殖民地独立战争领袖。——译者

第三十一章　见识苏联的招数

与苏联为代表的国家关于德国难民命运的争论，激起了我亲眼去看看发生了什么的欲望。我向约翰·怀南特大使说了我的想法，他说会安排我访问德国，在军队的帮助下，当时军队控制着占领区的一切。

当我们在科隆、法兰克福以及其他一些我记忆中都是繁华大都市的废墟上空盘旋时，我被所看到的景象深深地震惊了。后来，当我们在慕尼黑上空盘旋、俯瞰柏林的废墟时，我感到如此彻底、可怕的毁灭简直令人无法想象。没有什么能比我所看到的一切，更能说明战争所带来的令人惊骇的浪费、毁灭和毫无意义了。

后来，我还看到了第一颗原子弹对广岛的影响。对德国的轰炸持续了好几年，而轰炸广岛的行动在几秒钟之内就结束了。但结果是一样的。

我们首先在法兰克福着陆，那里有许多难民营，其中一个建在齐尔西姆，专门收容犹太人，另一些是为来自爱沙尼亚、波兰、拉脱维亚和其他处于苏联影响下的国家的难民设立的。

在齐尔西姆，我受到了犹太难民组织领导人的欢迎。他们堆起了一座小山，有台阶通往山顶，山顶上竖起了一块石碑，上面写着："为了纪念所有在德国死去的犹太人。"在所有的犹太人营地，这些人曾经经历过的可怕遭遇随处可见，眼下他们还在继续遭受着苦难，但他们仍表现出与不幸抗争的勇气和坚定信念。

在满地泥泞的齐尔西姆，我记得有一位老妇人，战争的残暴迫使她和家人逃离家园，我不知道她是谁，我们也不会说彼此的语言，但是她跪在泥泞的道路上，伸出双臂抱住我的膝盖。

“以色列，”她一遍又一遍地喃喃低语，“以色列！以色列！”

当我看着她饱经风霜的脸庞，听着她苍老的声音时，我第一次明白了那片小小的土地对许许多多的犹太人来说，意味着什么。

从法兰克福，我又去了柏林。在美国官员的帮助下，我设法去了很多地方。在十一年后的一次旅行中，我注意到东柏林和西柏林的许多不同之处；比如说，西部明亮的灯光和东部几乎完全的黑暗；但是在 1946 年，我只看到了满目疮痍和人们的悲惨境遇。

我们驱车经过了支离破碎的总理府，希特勒曾经发号施令的地方，还有他死亡的地堡，以及伤痕累累的勃兰登堡门，曾经是德国伟大的象征。现在，这里一片荒凉，只有衣着肮脏的男人、女人和孩子们在黑市上交易的沦落景象，就在勃兰登堡门的阴影之下，这栋纳粹帝国雄伟圣殿的四周，战争的一切恶果都得到了报应。

我还访问了一些难民营，他们从以前德国占领区逃难过来，如苏台德区，来到了西部地区。人们拥挤在摇摇欲坠的、肮脏的地下掩体中，得不到足够的取暖设施、水和食物。

整个旅程对我来说收获良多。我获得了成长与自信。我们抵达纽约之后，我写信感谢总统和国务卿，给予我这段难忘经历的机会，并认为我在联合国的工作已经结束。

返回纽约后不久，我便收到通知说，联合国在伦敦设立的经济和社会理事会设立了一个委员会，即人权核心委员会，为联合国人权委员会的运作提供建议。定于 1946 年春天在纽约举行会议，会议成员被提名为个人，而不是各自政府的官方代表。应杜鲁门总统的邀请，我也成为会议的代表。

在接下来的两年中，我们先是在纽约亨特学院的临时总部工作，后来又在日内瓦和位于长岛成功湖的联合国总部继续工作。但在同一时期，我再次被提名并获批准出任联合国大会代表团的成员，并继续担任代表，直到1953年。同时，我也是美国在人权委员会的代表。

因此，多年以来，我以这样或那样的身份见到过许多苏联代表，并且经常感到我看到和听到太多他们的事情，因为他们通常是我们观点对立面的中心。

也许马克西姆·利特维诺夫，他的妻子是英国人，是最擅长与西方政府官员打交道的苏联外交官。V. M. 莫洛托夫，总是一副彬彬有礼的样子，作为外交部长有些太过刻板，正是他使得“Niet”① 一词在联合国里人尽皆知。但是，尽管我经常见到他，甚至有时在宴会上就坐在他旁边，也从未觉得我能够了解他。事实上，想要了解任何苏联人都很困难，我猜这是克里姆林宫的精心安排。和苏联官员私下进行坦率的谈话实在是不可能的。

在相当长一段时间里，俄罗斯有一位代表一直都是引人注目、富有戏剧性的人物，他有着飘逸的银发和浓密的黑色胡须，阿列克谢·P. 巴甫洛夫博士，是因研究条件反射而闻名的生理学家伊凡·彼得罗维奇·巴甫洛夫的侄子。他是一位能力出众的代表，但他似乎觉得需要一直证明自己是一名忠诚的共产主义者。他是一位非常健谈的人，在委员会会议上经常给我出难题。

不止一次，巴甫洛夫博士动作夸张地站起来，愤怒地甩一甩他那一头银发，基于一些报道，甚至是一些关于歧视黑人的传闻，对美国进行猛烈的攻击，尤其是对南方各州。当然，我总是会义正词严地回应，指出美国在改善黑人的社会和经济地位方面做了很多工作。

① Niet，源自中古荷兰语，用以表达否定，“不行”“没有”的意思。——译者

有一次，当我被激怒到再也无法忍受的地步时，我打断了他的话，严厉地说："先生，我认为你这是下三滥的招数。"这可能不是优雅的外交辞令，但它表达了我的感受。

苏联代表们在寻找美国的弱点上总是不遗余力。有一次，苏联代表宣扬说，密西西比州有一项法律，禁止任何男子用斧柄长度超过 2 英尺的斧头袭击妇女。这是美国野蛮残暴的一个例子。

"在我的国家，"一位法国代表若有所思地说，"法律禁止男人用玫瑰打女人，无论长茎或短茎。"

路易斯·海德，我们代表团的一位顾问，打电话给华盛顿的法律顾问，核实这项指控。他得到的答案令人不安，这是一条古老的法律，在密西西比州确实有类似的记载。最终，我们也没有得到什么非常有力的说法。

苏联代表不愿在没有证人在场的情况下与外国人交谈，以免将来上司可能会指控他们说了什么不利的话。甚至连经常在联合国会议上直言不讳斥责我、攻击我的巴甫洛夫博士，在这件事上也不敢有丝毫疏忽。一天晚上，他和他的同事亚历山大·鲍里索夫和其他几位客人来到我的公寓。我邀请了一位著名的钢琴家朋友。

巴甫洛夫博士愉快地听着音乐，他那一头乱蓬蓬的头发向前耷拉着，黑色的胡须已经到了胸口。当他们准备离开的时候，鲍里索夫先生走进另一个房间取他的帽子，留下我和巴甫洛夫博士单独在房间里。巴甫洛夫博士靠近我，神秘兮兮地低声说道："你喜欢柴可夫斯基的音乐，我也是！"这是我所听到过的苏联官员最为坦率的意见表达。

当然，我不想给人留下苏联官员或代表粗暴甚至不友好的印象，因为他们往往恰恰相反。正是在官方的谈判或辩论中，他们才表现得如此僵化。尽管他们的官方态度很强硬，但我始终认为，美国人不应该对苏联集团的代表表现出不友好态度。在每次大会开幕或类似场合，记者和新闻摄影师蜂拥而至的时候，我们的一些代表甚至不愿被拍到与苏联代表握手或交谈。可能这些代表们认为苏联人是不共戴天的敌人，又或者他们认为这在政治上对他们没有好处。

相反，苏联人则渴望被拍到与其他国家代表握手、微笑的照片，特别是美国人，他们认为这会给全世界的人留下这样的印象——他们在努力保持友好合作。

可能西方人从来没有完全理解过苏联人性格的复杂性，不过，我在为联合国效力期间以及之后的时间里，一直在努力做到这一点。因为我知道，我们必须尽可能地了解我们强大的对手，这对我们来说至关重要。

我不确定这些同苏联代表打交道的评论，是否于人有所教益。但仔细想一想，对于那些热爱自由的人来说，这显然是具有教育意义和警示作用的，有一位非常热爱自由而又悲情的人物，或许是最好的诠释。他的名字叫扬·马萨里克，是捷克斯洛伐克共和国缔造者和第一任总统托马斯·马萨里克的儿子。

在联合国大会的会议上，捷克斯洛伐克代表团恰好坐在我们的正后方。作为捷克斯洛伐克外交部长和代表团团长，扬·马萨里克在大会初期认真听取了辩论，但到了投票的时候，他总是听从苏联代表团的领导。这并不难理解。有一次，他俯身低声说：

“你能做什么？你还能做什么呢？”

他发现自己对苏联人无能为力。1948 年 2 月，捷克斯洛伐克发动政变，几天之后，有消息说扬·马萨里克在跳窗时身亡。

第三十二章　人权委员会

在联合国工作期间，在人权委员会的工作是我认为最为重要的任务。不过，正如我已经解释过的，我也是一名大会代表，这两个职位有时或多或少会混为一谈，造成一些混乱。

现在让我们回到1946年春天的亨特学院，我在那里做核心委员会的工作，为人权委员会的明确定位提供建议。这段时间的工作，对我来说是一次多方面的密集培训，包括宪法，如果不是和那些能力出众的顾问们一起工作，我恐怕也做不了什么。我非常感激玛乔丽·怀特曼①，她写了一本有关美国外交协定的法律著作。几乎在每次的会议上，她都会坐在我后面，向我解释基于宪法我们可以做什么，不可以做什么。我当时的第一位顾问，詹姆斯·波默罗伊·亨德里克，我从来不曾忘记他，还有桑迪弗先生，一位完美的导师、哲学家和朋友。他彬彬有礼，说话轻声细语，有种不动声色的幽默感，孜孜不倦，忠于职守。他从不会偷懒，也因此让我更加努力地工作。

我当选委员会主席之后，就尽可能地加快推进我们的工作。我们最终的决定是，大家的主要任务是起草一份国际人权法案。这将由三部分组成。首先，应该有一项《宣言》，作为大会的一项决议通过，并且命名和界定所有人权，不只是传统意义上的政治和公民权利，而且包括我们现在认识到的更多的社会、经济和文化方面的权利。由于联合国大会不是世界议会，其决议对成员国没有法律约束力。因此，我们决定，

《宣言》之后将有一项（或多项）公约，采取协定的形式，对接受这些公约的国家具有法律约束力。最后，还要有一个权利的落实或执行的制度。

我们最后还建议，人权委员会应由十八名成员组成，每位成员代表联合国的一个成员国，并应在适当考虑地域分配的情况下轮流选出，但五大国的代表除外——美国、苏联、英国、法国和中国。按照惯例，大家一致认为，这五个国家应当自动当选为新的委员会成员，留下十三个席位在联合国其他成员国之间轮换。不过这些建议是后来提出的。在亨特学院的会议上，我们只是开了个头。

我们向经济和社会理事会提交了提案，当我们要求对此进行正式表决时，苏联只表示了对个别条款的“反对和不同意见”，因此并没有吸纳到筹备委员会的建议之中。委员会接受了我们的提案，杜鲁门总统随后提名我为委员会的美国代表。担任委员会的第一任主席，这使得我除了大会代表的职责之外，一年中还要花五六个月的时间投入到联合国的工作上来，我每天的日程不得不安排得满满当当，没有多少空闲的时间。

我记得有一次大会在成功湖举行会议，理查德·温斯洛，美国代表团办公室主任，告诉我，他被紧急要求安排一个时间，让我和当时担任威尔·克莱顿助理的泰勒·伍德进行会谈，有关联合国善后救济总署的问题。

“好吧，”我回答，把我的日程表递给他，“这是我的日程表。你找找看我什么时候可以见他——如果你能的话!”

他在日历上研究了一会儿，然后说他和伍德先生会在我离开纽约一

---

① 玛乔丽·怀特曼（Marjorie M. Whiteman，1898—1986），美国国际法专家，也是《国际法判决摘要汇编》十五卷的作者，该卷因此也被称为“怀特曼摘要”。——译者

家酒店的某个时间来见我。他们按时到了。我们上了等着我的汽车，伍德先生开始说话。他一直说个不停，直到我们驱车穿过大约二十个街区来到哥伦比亚广播公司的演播室，我下了车，他们留在车上。我和杜勒斯先生就联合国的一些问题做了一个广播访谈，然后回到车上，继续与伍德先生交谈，同时我们从麦迪逊大道开车前往百老汇和59街。我再次下车，走进联合国信息中心，参加这里正式开放的庆典仪式。我回到车上，继续和伍德先生的谈话，我们驱车前往宾夕法尼亚酒店，伍德先生和温斯洛先生在那里下了车。我则继续开车回到华盛顿广场的公寓，大约二十个街区远。但是不久之后，我和奥斯汀参议员在宾夕法尼亚酒店有个会面，所以我很快又回到了那里。到达了我们在酒店的办公室，我发现在见参议员之前还有五分钟时间，于是坐在一把大安乐椅上，闭上了眼睛。

几分钟后，我被一声惊叫声惊醒，抬眼看到温斯洛先生和伍德先生站在门口，目瞪口呆。

“你是怎么到这儿来的！我们离开的时候你不是在回家的路上吗？我们走过街道，吃了一个快餐汉堡，喝了杯咖啡，然后就直接来这里，没想到你已经到了！”

在那些日子里，有很长一段时间我的生活都保持着这样的节奏，我想我很享受这样的生活，因为我喜欢保持忙碌。当联合国总部在成功湖办公的时候，我的日程安排很复杂，因为我每天一大早都要去纽约处理公务，然后必须驱车四十分钟赶到成功湖，以便赶上大会开幕或11点钟的其他会议。这对桑迪弗先生或是其他顾问来说是个好机会，因为他知道我总是会在10点20分出发。他可以钻进我的汽车，并保证在接下来的四十分钟里，我将会是他的“忠实听众”，我们关于当天工作的讨论不会被打断。

在我担任人权委员会主席期间，我们的大部分时间都花在起草《世界人权宣言》[1] 和《国际人权公约》[2] 上，不过有时候我会感到有些心有余而力不足。委员会的官员们负责起草《宣言》的第一稿，记得有一次，我想在一种非正式的气氛中可能会有助于我们的工作，就请这个小组到我的公寓喝茶。其中一位成员是中国代表张彭春[3]博士，他的幽默感，他的哲学洞察力，以及对中国谚语信手拈来的能力，让我们所有人都很喜欢他。加拿大的约翰·P. 汉弗莱博士，联合国秘书处人权司常任司长，和黎巴嫩的查尔斯·马利克[4]博士，联合国能力出众的外交官之一，也参加了这次聚会。

当我们在茶杯旁坐下来的时候，其中一个人说了一句富有哲理的话，引发了热烈的讨论。张博士是一位多元主义者，他以一种富有魅力的方式阐述了存在不止一种终极真理的观点。他说，《宣言》应该反映的不仅仅是西方的思想，汉弗莱博士应该秉持兼收并蓄的态度。他的话虽然是对汉弗莱博士说的，但实际上是针对马利克博士的。马利克博士立刻长篇大论地阐述了托马斯·阿奎那的哲学理论，对他进行反驳。汉弗莱博士兴致勃勃地加入了讨论，我记得有一次，张博士曾向秘书处建议，可以花几个月的时间研究一下儒家学说的基本理论！到那时，我已

---

① 《世界人权宣言》（Universal Declaration of Human Rights），联合国关于人权的重要文件。1948 年 12 月 10 日联合国第三届大会通过的有关人权的宣言。宣言在一定程度上突破了传统的人权概念，而且作为国际人权法律体系的基础，对后来的有关人权公约、宣言的制定提供了统一的依据。1950 年联合国大会规定每年 12 月 10 日为“人权日”。——译者

② 《国际人权公约》（International Covenants of Human Rights），联合国第 21 届大会通过的《经济、社会、文化权利国际公约》《公民权利和政治权利国际公约》和《公民权利和政治权利国际公约任择议定书》三个文件的总称。它确立了各国人民要求自决的权利和与此有关的权利。它使公民权利，特别是经济、社会和文化教育权利更加具体和明确。——译者

③ 张彭春（1892—1957），字仲述，天津人，中国教育家、外交家。1946 年联合国大会期间任联合国经济社会理事会中国代表。1947 年 7 月任联合国安全理事会中国代表。1948 年任联合国人权委员会副主席，参与起草《世界人权宣言》。——译者

④ 查尔斯·马利克（Charles Malik，1906—1987），黎巴嫩哲学家，第 13 届联大主席。——译者

经无法跟上他们的步伐了，因为谈话已经变得如此高深莫测，所以我只好再把茶杯斟满，然后坐下来，当这些博学绅士们的忠实听众。

在委员会早期的会议上，我们发现，虽然有可能就《宣言》达成某种协议，但我们必须要经过与苏联代表的大量论战，尤其是巴甫洛夫博士，他试图抓住每一个机会在文件中写入一点儿苏联的哲学。例如，苏联提议将《宣言》几乎每一条的末尾都改为："这应由国家强制执行"。

当他们提出这样的修正案时，我或其他西方代表会表示反对，理由是这是联合国的国际声明，我们认为不应该由个别政府强加于人。我们会要求投票表决，修正案会被否决。但是，一旦下一个条款完成，苏联代表就会再次提出同样的修正案，而我们将不得不再次将整个程序走一遍，结果是一样的，即苏联提案的失败。这自然会让人感觉单调乏味，但苏联人从未放弃尝试。

条款的起草工作持续了好几个月。在我们早期关于公约和执行措施的工作中，有一些条款显然很难达成一致意见，这些条款如果被接受，将在法律上对各国产生约束力。有关公民权利和政治权利就已经面临着重重困难了，何况这些权利在整个文明世界已经是被广泛接受的了，因此当涉及经济和社会权利时，我有时觉得，想要达成一致意见几乎是不可能的。不过，这些条款现在已经获得委员会多数成员的通过。

出现这一问题的原因，至少是部分原因，是各国之间巨大的社会和经济差异导致的。例如，美国的社会和经济状况与印度这样的国家的现有状况形成鲜明对比，差距是如此之大，以至于要编写出一条两国都能接受的条款几乎是不可能的。让我举一个例子来解释这些困难。

在联合国各专门机构的帮助下，我们着手撰写旨在鼓励普及教育的条款。我们达成了一项初步草案，其中规定人人有权接受初等、中等和高等教育，前两种教育是义务教育，最终都由有关各国政府免费提供。对于一个美国公民来说，这可能听起来不错，但在印度，情况就完全不同了。

“我们的经济很紧张，”印度代表汉莎·梅塔夫人解释说，“我们只是尽量让所有的孩子都能接受小学教育。如果我们突然也提供中等和高等教育，会发生什么？该条应修改为：目标应逐步实现，并适当考虑每个国家的经济情况。”

“问题是，”我回答，“我不认为美国参议院会批准这样一个措辞含糊的条款。参议员们会问：‘逐步意味着什么——五年、十年还是一百年？’我认为他们不会接受的。”

但是，如果说不发达国家的经济问题是一个绊脚石，那么其他国家的政治制度，尤其是美国，则是另一个绊脚石。我国代表团不得不坚持列入一项州权利条款，因为我们只能就属于联邦政府管辖的事项拿出意见。我们不得不解释说，在一些控制权掌握在各州的事务中，我们只有“建议”各州采取适当行动的权力。其他国家中只有澳大利亚和加拿大处于类似情况。

许多国家感到不满，因为对于我们正在起草的文书，他们被要求代表全体人民承诺遵守，而美国代表团在某些问题上只能代表数量有限的人民做出承诺，同时希望各州政府能够接受我们的建议。我可以理解他们对我们的“州权利”制度的不满和反对，我们一直在努力争取加入我们的修正条款。然而，到目前为止，公约草案仍然缺乏联邦州的权利条款。我们在起草具有法律约束力的公约方面进展缓慢，在制定落实公约的执行措施方面进展甚至更慢。

1947 年底，我们决定人权委员会的下一次会议将在日内瓦举行，所以我们在 12 月初动身前往那个城市，打算尽早完成工作，回家过圣诞节。作为主席，我知道要在圣诞节前休会需要大量艰苦和长时间的工作，但我决心已定，并向所有代表团通报了我的计划。

我立即制定了一个工作日程表，包括夜间会议，我相信这将使我们能够在12月17日晚上11点之前休会。

没有人反对我的计划，至少当时没人反对，我必须说，每个人都很努力。我自己一天的工作从8点开始，在早餐时会见顾问，讨论日程安排以及有困难的问题，然后去万国宫[①]，会议在那里召开，并赶在上午的委员会会议之前及时处理我的信件。在午餐会上，几位代表通常会聚在一起非正式地继续我们的讨论，然后回到下午的会议上。晚上，我们会举行一次餐后会议，或者我们的代表团会议。之后，亨德里克先生会和我谈大约一个小时，商量第二天的计划，等他上床睡觉后，亨德里克夫人会带来一大堆私人信件，我们一直工作到午夜。在口述完每天的报纸专栏文章之后，我就准备上床睡觉了。

这对每个人来说都是一个高度紧张的日程安排，没过几天，我就被指责是一个无情的奴隶主——大部分是在开玩笑，我希望。但我必须说，我们完成了大量的工作，并遵守了我们的日程安排，我非常感谢所有的代表团成员。

我们确实在我最初计划的那个晚上的11点钟结束了工作。

在1948年的巴黎会议上，我们为起草国际人权法案所做的努力达到了一个高潮。在日内瓦会议之后，我们在《世界人权宣言》方面取得了稳步进展，尽管与苏联集团国家的代表仍存在许多争议。

巴甫洛夫博士是该委员会的成员之一，他发表的许多长篇大论，似乎更多的只是为了宣传苏联人的观点，而不是希望对《宣言》进行修改。他是个颇有激情的演说家，他的话像河水一样从他的黑胡子里流出来，要让他停下来是很困难的。通常情况下，我们不得不坐下来听，但有一次在我看来，他对美国和英国提出的草率指控对我们的工作造成了实实在在的损害。巴甫洛夫博士知道我们大多数人已经听腻了，但是在

① 万国宫（Palace des Nations），联合国日内瓦办事处所在地。——译者

某个星期快结束的时候，我们准备休会时，他又开始说话了。他似乎要一直说下去，我紧紧地盯着他，直到他不得不停下来喘口气。然后我用力敲了一下小木槌，其他代表都惊讶地跳了起来，在他还没来得及继续之前，我说话了。

“我们在这里，”我说，“是设计保障人权的方案。我们不是在这里互相攻击对方的政府，我希望当我们星期一回来时，苏联代表能记住这一点！”我又敲了一下小木槌。“散会！”

最终我们完成了《世界人权宣言》的草案，我们天真地认为，这份草案将很快被联合国大会通过，大会定于 1948 年秋天在巴黎召开。

“我相信，”已成为国务卿的马歇尔将军在前往巴黎之前说，“这一届大会将作为人权会议而被铭记。”

会议开幕之时，我信心满满，认为我们能够很快通过第三委员会的正式听证会，使《宣言》获得大会批准。但我的信心很快就消失了。我们工作了两个月，常常一直到深夜，在第三委员会批准将该宣言草案呈交大会之前，我们一遍又一遍地讨论了宣言草案上的每一个字。

在此期间，应卢修斯·克莱将军的要求，我去了一趟德国，他请我为斯图加特的一群德国女医生发表演讲。这任务可不简单。还在与希特勒做斗争的时候，德国曾经发起过一场针对我个人的大规模仇恨运动，因为我对纳粹主义的许多做法发表了最为强烈的谴责，包括对犹太人的迫害。此外，任何占领军，无论是好是坏，是正义还是非正义，都会受到它所统治的人民的憎恶，我没有理由相信美国军队会是个例外。不过，这也说明克莱将军正在德国执行的是一项艰巨的任务，并取得了相当的成功。他对我说，他认为如果我能向斯图加特的妇女们发表演说，也许会有所帮助。所以，当然，我同意了。

斯图加特的聚会来了一大群人，正如我所担心的那样，当我到达晚宴现场时，这些女人即使不是对我心有怨恨，也是十分冷淡和矜持的。

我并不想让她们的冷淡阻止我说出我心中的某些想法，因此我开始谴责纳粹的哲学和所作所为。我进行了最猛烈的抨击，我表示德国人民必须承担自己的责任。我不会期望我的听众会对这样的言论感到高兴，事实上他们也并不高兴。气氛变得更加冰冷了。

然后，我开始用一种赞许有加的态度和他们交谈。当时，苏联人封锁了柏林，切断了通过正常路线运输的所有煤炭和其他物资，迫使美国组织了一次大规模空运向西柏林提供补给。苏联的目的是迫使西方列强撤出柏林。在这场危机中，德国人民表现得非常出色，我赞扬了他们。我谈到了未来，德国在民主政体下的复兴，以及对联合国能够结束国家间战争的希望。观众们慢慢地热情起来，我可以感觉到态度的改变，因此我最后说道："现在，我向你们伸出友谊和合作之手。"

在这次访问中，我和女医生们共进午餐，她们告诉我德国难民同胞们面临的问题，他们是德国人，只能依赖德国的经济维持生活，但在那个艰难时期很难找得到工作。他们生活在悲惨的境遇之中，并且时常面临危险。她们还告诉我，希特勒从被占领的波兰和其他国家带走了一些孩子，有计划地让他们忘记自己的国家，现在寻找这些孩子的下落遇到了很多困难。随着有关的记录被发现，一场致力于让这些孩子重新回到原来家庭的行动正在进行当中。他们中的许多人甚至不知道自己并不是在德国出生的。

我在斯图加特只停留了一天多一点儿的时间，但这次访问让我受益匪浅，我带着满腔热情重新投入到第三委员会的工作之中。

在第三委员会关于向大会提交《宣言》的最后表决中，来自四个伊斯兰国家的代表弃权，他们解释说，他们认为关于宗教自由的条款违背了《古兰经》。我们咨询了巴基斯坦的外交部长扎夫拉汗爵士，最大的伊斯兰国家。

"我认为，"他表示，"我们的巴基斯坦代表误解了《古兰经》。我理解《古兰经》的意思是：‘信的人必信；不信的人必不信；唯一不可饶恕的罪，就是作伪君子。’我会为《世界人权宣言》投赞成票。”

最后大会上没有对《宣言》的反对票，但有一些令人失望的弃权票。苏联及其卫星国投了弃权票，因为苏联代表认为《宣言》主要着重在“18 世纪的权利”，而对经济、社会和文化权利的重视不够。沙特阿拉伯的代表投了弃权票，说他很肯定伊本·沙特国王不会认同对《古兰经》的解释。我遗憾地看到，南非也弃权了。他们的代表说，他们希望给予其人民基本的人权，但《宣言》走得太远了。两个小国缺席。1948 年 12 月 10 日，大会最终通过了《世界人权宣言》。

在《宣言》被通过之后，我认为美国担任人权委员会主席的时间似乎已经够长了。因此，在 1951 年日内瓦的委员会会议上，经我国政府同意，我提名黎巴嫩的查尔斯·马利克担任主席。他当选了，从那时起，我只是一名普通成员，但却是一名最热心的成员，因为我认为联合国要建立一个美好世界，人权委员会是其中一个重要基石。

委员会继续着手起草《国际人权公约》，但是困难重重，以至于美国阵营最终决定，我们只有逐步向前迈进，才有可能取得进展。我们建议订立两项公约，一项涉及具有法律约束力的社会和经济权利，另一项涉及政治和公民权利。这一计划遭到了包括苏联在内的一些代表团的强烈反对，理由是经济和社会权利是最重要的，如果它们是在一个单独的公约中，那么它们可能在几年内都不会被通过。但是，我国代表团认为，争取我们当时所能取得的成果是更好的选择。公民权利和政治权利在许多国家已经成为法律的一部分，用普遍能够接受的法律语言来表述并不是那么困难，尽管我们知道即使是这第一步也会非常艰难。

我们的主张最终只以四票之差获胜，但是迈出第一步比我们预期的还要困难得多——进展虽然有了，但是公约草案起草的不好，起草工作也还没有完成，我怀疑它们是否可能以目前的形式被通过。回顾过去所做的工作，现在我认为最好重新来过，在有关公民权利和政治权利的公约中只加入所有人都能同意的少数基本权利，其他权利则在它们被普遍接受成为可能的情况下再逐步增加。

我在巴黎参加的最后一届大会是在1951年秋天举行的，这届会议在短暂的圣诞节假期之后开始，一直持续到1952年2月。在会议接近尾声时，奥斯汀大使生病了，我暂时担任美国代表团主席。其他代表团团长都向奥斯汀参议员表达了个人的关心。

“我们并不总是同意美国的政策，”他们中的大多数人都会以这样或那样的方式说道，“但是如果奥斯汀大使告诉我们哪些事情是真的，我们就知道它是真的。”

我在1952年秋季仍然在联合国任职，但在每届会议结束时，所有的代表都自动辞职，以便给总统选择代表的自由。在1952年的选举中，共和党政府上台执政，我们当中的所有民主党人都知道，结束我们在联合国任职的时间到了。但是，在过去的六年中，我对联合国的兴趣日渐浓厚，后来我自愿为美国联合国协会工作，这样我就不会与这个机构的工作断了联系——这个将所有国家联合在一起，致力于维护世界和平的机构。

第三十三章　海外之旅

虽然我像个疲惫的上班族一样在大西洋上来回奔波了六年，但直到1952年的巴黎联合国大会结束之后，我的海外旅行才算真正开始。

这一年的年末，我作为一名联合国代表的职责结束了，这意味着，我不再需要根据大会或人权委员会在各个城市举行会议的时间表，频繁地调整自己的生活。尽管与美国联合国协会有关的工作，仍然需要花一定的时间出差，但我在日程安排上具有了更大的灵活性，可以进行更长时间的国外旅行，我一般是以一名新闻记者的身份，有时也作为美国联合国协会的代表。

我曾经收到过许多国家的访问邀请。其中一个是尼赫鲁总理发出的。这个邀请一直深深地印在我的脑海里，因此在1952年初，联合国大会在巴黎举行的会议结束时，我决定是时候出发了。“与其像往常一样回纽约，”我对秘书说，“为什么不环游世界一趟再回家呢？我们已经开了一个好头。”

于是，尼赫鲁先生再次发出了邀请，我们的驻印度大使切斯特·鲍尔斯似乎也很支持这个想法。另一件影响我的事情是，我一直想访问以色列，特别是自从我参观了德国的犹太难民营之后，深知大多数犹太难民都渴望移民到以色列。我刚开始着手安排行程计划，准备在前往印度途中在以色列停留时，黎巴嫩的查尔斯·马利克就来找我，我在人权委员会中与他很熟。

“听说你去印度途中要在以色列停留，”他说。“我真的认为你不应该在没有访问一些阿拉伯国家的情况下就去那里。你在中东应该去看看更多的国家。”

随后他为我和我的秘书科尔小姐做了安排，我们直接从巴黎飞往黎巴嫩的贝鲁特，在深夜时分抵达。即使在夜晚，贝鲁特也是一个美丽而宁静的城市，地中海的海水温柔地拍打着沿岸的沙滩。第二天早上，当我走出去乘车的时候，发现有一辆满载士兵的卡车负责护送我。

我有些好奇人们对我的态度会是如何，因为我过去一直公开支持以色列，不过所有人看起来都很友好，我决定忽略那些士兵的存在。当我们停下来参观一些历史古迹的时候，那辆卡车冲上来，士兵们从车上跳下来，围着我们形成一个“保护圈”。这表明民众对我会持什么态度，政府对此心里没底。至少那些政府官员们认为会有危险。

事实上，没有任何敌意的迹象，很快，这种在我看来难以忍受的愚蠢行为就让我感到十分恼火。我坚持让他们立刻撤走士兵。他们这么做了，但是我能肯定，在整个访问过程中，附近始终有某种形式的警卫安排。

在对阿拉伯国家的访问中，我发现了许多有趣之处。黎巴嫩也许是阿拉伯国家中最西方化的。我们原计划开车去叙利亚，但山口积雪太多，所以改乘飞机去了大马士革，这是一座令人称奇的城市，有着狭窄的街道和许多集市。

我在叙利亚见到的新闻记者特别难缠。他们极端的民族主义，强烈反对以色列，在我为什么要支持以色列的问题上纠缠不休。

“贝尔福关于建立犹太人家园的决议，在第一次世界大战后被美国和英国所接受，”我通常这样回答，“该决议鼓励犹太人购买土地，以保证在巴勒斯坦为他们创造一个家园。我认为，它实质上是我们的政府做出承诺，协助在那里最终建立一个政府，因为没有政府就不可能有一个家园。”

我从大马士革驱车到约旦河的安曼，但我们待的时间很短，我只会见了两三位政府官员。他们非常关心巴勒斯坦难民的问题，这些难民在以色列和阿拉伯国家的战争期间从以色列领土迁出，并被安置在约旦。在我的旅程中，参观了许多这样的难民营，他们的悲惨境地难以言表。

我曾经在欧洲看到过许多难民营，即使在最困难的条件下，难民们仍然满怀着希望，并竭力把他们的临时住所改造成“家园”，这给我留下了深刻印象。尤其令我印象深刻的是，许多犹太难民迫切希望前往以色列。现在，在阿拉伯国家，我又看到了来自以色列的阿拉伯难民所面临的一些严重问题。

阿拉伯难民营是我见过的最令人绝望的。我认为，造成这种情况的一个主要原因是，没有采取任何措施来保持人们的生活技能。他们无所事事，似乎也无所期待。在这种情况下，成年人很容易会丧失他们的技能，孩子们则在缺少教育的情况下长大。

“为什么，”我问我的官方向导，“没给这些人安排事情做呢？他们可以去市场做事或者帮忙生产食物。如果他们丢掉了自己的技能，在将来可能定居的任何国家，他们都会成为没用的人。”

导游无奈地耸了耸肩。“大多数阿拉伯国家都存在失业问题，我们不能允许这些人找工作，让他们与本国公民竞争。”

我们参观的这些难民营生活条件很差，居住的地方狭小简陋。在我参观的一处帐篷里，一位妇女给我们看了她生病的小宝宝，“孩子昨天被蛇咬了”，她说着把他放回到帐篷的地上。没有任何措施阻挡蛇的进入，躺在地上的孩子很容易成为猎物。

难民们的伙食预算是每人每天 3 分钱。即便是对于低标准生活的国家来说，这也是少得可怜，但比起某些生活在沙漠里的游牧民族来说，这比他们能够得到的食物还是要多一些。

从阿拉伯国家穿过曼德尔鲍姆门[1]进入以色列，于我而言，就好像重新呼吸到了美国的空气。曼德尔鲍姆门没什么，就是一个可移动的关卡，有士兵把守。但是当我一越过这道关卡，就感到自己置身于一群有目标的人群之中，同心协力为了实现一个目标的人群。

我在以色列待了七天，和在阿拉伯国家待的时间一样长。这里的健康计划是一项里程碑式的工作。“哈达萨”[2] 在过去做了许多工作，依靠世界各地的私人捐款建造和经营医院。以色列人所做的工作给我留下深刻印象，他们开垦沙漠，将沙漠变为良田，发展国家工业，接收成千上万的难民成为永久居民，这些人从欧洲和其他地方为了躲避战争和迫害而流离失所。不过，当三年后我再次回到以色列，看到在短短的时间里所发生的巨大变化让我更为惊叹。

当然，没有人会认为以色列的一切都是完美的。这个国家有着许多大大小小的问题需要解决，包括必须为它的经济发展奠定一个良好的基础。他们已经做了大量的工作。沙漠里已经繁花盛开，但仍然有重重阻碍需要面对，比如有效利用水资源，一个和平与繁荣的未来等等。我相信，理性和包容的解决之道总是可以找到的，这不仅对以色列有利，而且能惠及整个地区。

以色列的问题并不都是经济问题。政府必须面对的一个问题就是政教分离。现在，教会的影响是如此之大，以至于很难把它和政府区分开来。有人告诉我，一个年轻人因为所爱的女孩是东正教徒，请求与她结婚的权利被否决了，我对此感到很惊讶。而这仅仅是由此产生的不公正

---

① 曼德尔鲍姆门（Mandelbaum Gate），是建在耶路撒冷老城西部边缘、绿线北面的一个前检查站，可以从以色列一侧进入非军事区。第一个检查站是 1949 年第一次中东战争结束后，由以色列和约旦停战委员会设立，至 1952 年 8 月关闭。第二个检查站一直存在到 1967 年 6 月的六日战争爆发前。曼德尔鲍姆门成为耶路撒冷分裂状态的象征。——译者

② 哈达萨（Hadassah），美国著名犹太复国主义女活动家亨利埃塔·索尔德（Henrietta Szold，1860—1945）创办的妇女组织。——译者

现象的一个例子，随着时间的推移，此类事件将会大量增加。显然，以色列国家的领导人并不认为他们的国家强大到足以解决这个问题，因为它会引发激烈的矛盾，但这是个总有一天必须面对的问题。到那时，我相信将会出现像美国那样的权力分离。

我们飞往巴基斯坦首都卡拉奇，应利亚卡特·阿里·汗[①]夫人的邀请，我将访问巴基斯坦全国妇女协会。

在这里，与之前在以色列和后来在印度一样，我看到的是一个长期寻求独立得以实现的国家，不仅要面临任何年轻政府都会遇到的困难，而且还要忍受伴随着分治产生的一系列后果。这片次大陆分裂成两个独立的国家，一个以印度教为主，另一个以伊斯兰教为主，从经济角度来说双方都损失惨重。而从国防角度来看，这片次大陆也为分治付出了不可估量的代价。未分治之前的印度，只需要部署单一的防御系统——守卫其北部边界的山区即可。开伯尔山口是为数不多的几个可能入侵的突破口之一。但是分治这一刀不仅分割了土地，分割了市场的农作物和工厂的原材料供给，还分割了从债务、收入到车辆、打字机等等的一切东西，当然也包括军队。因此，今天，不再是一支强大的联合军队来应对外部可能的侵略，取而代之的是由两支较小的独立军队担负起保卫次大陆边界的职责。而且，这两支军队现在并不是一致对外，而是在克什米尔的分界线上相互对峙，因为印度和巴基斯坦在这条分界线上存在分歧。

就像以色列和阿拉伯的争端一样，对邻国的怨恨和恐惧导致了国防开支的巨大增加，而这些开支对于健康、住房、教育和其他改善人民生活水平的项目来说都是亟须的。

对于巴基斯坦来说，次大陆的划分带来的情况更加复杂。不只是巴基斯坦自己从印度分离出来，而且其西部与东部被大约 800 英里的印度

① 利亚卡特·阿里·汗（Liaquat Ali Khan，1895—1951），巴基斯坦政治家，首任总理。——译者

领土分隔开来。而且这样的分割并不彻底，因为无论分界线如何划分，仍有数以百万计的印度教徒和锡克教徒留在穆斯林领土上，数以百万计的穆斯林则留在了连接印度的地区。

我们美国人必须要基于这样的事实背景之下，去看待巴基斯坦和印度今天的问题，如此才能够充分了解那里的形势，以及提供明智和有效帮助的重要性。

与我交谈过的一些官员，向我描述了他们在独立初期建立政府曾经历过的窘境。他们在几乎空无一物的房子里工作。没有办公桌，没有铅笔，没有打字机，没有纸，只有几部电话。坐在摞起来的包装盒上，在包装盒上写字，偶尔晚上还会当作床。没有档案，没有统计数据。更为严重的是，极度缺乏训练有素的职员，现在仍然如此，而没有这样的人，政府的工作几乎难以开展。第一届内阁中的许多成员，此前从来没有担任过公职。也没有簿记员、速记员或文员。

当然，在最高层，有一些能力出众的人能够让政府运转起来；许多年轻人现在正在接受各种公务员职位的强化培训。在这方面，福特基金会给予了印度和巴基斯坦宝贵的帮助。

我在巴黎联合国大会的一次会议上遇到了利亚卡特·阿里·汗夫人，很喜欢她。她的丈夫被暗杀，震惊了全世界，此后，她全身心地投入到丈夫未竟的事业之中。这一方面是缘于她的领导能力，另一方面是侯赛因·马利克夫人做出的示范，巴基斯坦妇女已经开始摆脱传统的束缚。巴基斯坦全国妇女协会是帮助她们实现这项值得称颂的伟大事业的主要途径，该协会设立了医疗诊所，建立了教育中心，普及农业技术知识，发展手工艺技能。

像所有的中东和亚洲国家一样，由于缺乏技术专家，缺乏有能力的人才去制定、评估和执行必要的发展计划，巴基斯坦的发展受到了严重阻碍。为了满足这一需要，巴基斯坦政府英明地与联合国粮食及农业组织、联合国亚洲和远东经济委员会和世界银行进行合作，在巴基斯坦建立了一个可以提供此类培训的中心。在我看来，这代表了国际思维与合作的最佳模式。

巴基斯坦人民的那种精神令人难忘。他们有着勇往直前的精神和旺盛的生命力。他们坚定不移地支持政府，整个国家万众一心。在与政府首脑的谈话中我深信，在人民的坚定支持下，他们的奉献精神和英明睿智必将使巴基斯坦成为一个伟大的国家。

2 月 27 日，我们抵达新德里，尼赫鲁总理率领众多官员，还有他的妹妹潘迪特夫人，印度驻联合国代表团团长，在机场迎接我，令我十分感动。我还欣喜地看到切斯特 · 鲍尔斯大使夫妇也在那里等着我。在迎接的人群中，有一些和我相识多年的老朋友，我向他们问候致意。

我们驱车前往总统府，印度总统拉金德拉 · 普拉萨德的官邸，基于外交礼仪的要求，我们第一晚要住在这里。第二天，我们要搬到总理宅邸，在那里度过余下的访问时间。

在第一次会议期间，我向尼赫鲁总理问起有关印度近期选举的一篇文章，是我在离开美国之前读到过的。文章中描述了人们为了投票，是如何花费数天时间穿越老虎出没的危险地带，一些原始部落是如何吹着短笛，长途跋涉穿越沙漠，在最终到达目的地时，宣称他们是来膜拜"投票"之神的。印度有三亿六千万人口，其中九千万人参加了投票。

我告诉尼赫鲁总理，我作为一名政治生活的观察者已经有足够长时间了，我很清楚，除非有人精心策划了某些竞选活动，否则不会有大量的选民涌入。他招呼我走进他的办公室，指着墙上的一张地图，上面标出了他在大选前所有的竞选行程，还显示了他的旅行总里程数，乘坐飞机、火车、船和汽车——总共 25 732 英里。而且，还不包括他乘牛车、骑马和步行所走的路程。在地图的底部有一行字："据估计，总理亲自向三千万听众发表过讲话。"

印度独立后的头两年，由于难民重新安置等棘手问题，情况和巴基斯坦一样复杂。他们研究过需要做什么，但是有太多的事情要做，而且每一样都需要马上去做。

不过，尽管印度还有很长的路要走，但她已经有了一个振奋人心的开端。在这种新的民主制度的感召之下，印度领导人的热忱和奉献精神，就好像我们的先辈们在建立美国民主政府时曾经的热情投入一样。也许这是年轻的民主国家对老牌民主国家最大的贡献之一。我们已经失去了活力，我们似乎把一切都视作理所当然。那些跋山涉水、步行穿越数英里丛林小径前去投票的人们，或许能够唤起我们一种新的责任感，再现我们祖先曾经的那种精神——愿意以“我们的生命，我们神圣的荣誉，以及我们所有的财产”践行心中的信念，将这个国家变成一个值得居住的乐土。

印度领导人决心实现的民主，是一种基于这个国家的历史和民众的特点，具有本国特色的民主。在帮助印度以自己的方式和力量进行建设的过程中，鲍尔斯大使做出了突出贡献。他到印度不到半年的时间里，在寻求和协调外国援助方面就取得了很大进展。也许更为重要的是，他让印度民众对美国官员有了全新的认识，让他们对我们的目的和善意重新树立了信心。

我们必须面对这样一个事实，在战后的这些年里，我们在印度受欢迎的程度急剧下降，在整个阿拉伯国家也是如此。在摆脱了一个外国势力的统治之后，他们决心不再受其他任何势力的影响，这是可以理解的。据说，即便是尼赫鲁，一开始也对鲍尔斯大使提出的“第四点援助计划”建议持谨慎态度，唯恐他们掩藏着什么控制印度经济的企图。

此外，我们有一种感觉，他们反对我们是因为：我们的皮肤是白色的，所以必定看不起所有的有色人种，无论是黄色、黑色或是棕色的。这种想法从未离开过他们的脑海。他们总是直言不讳地问我有关我们国家如何对待少数民族的问题。

接下来的几个星期里，我在印度各地的旅行中，更加明显地感受到这个新政府所面临的任务是何其艰巨。在我看来，印度有两个尤为紧迫的问题：一个是如何种植更多的粮食，另一个是如何控制人口的增长。

由于粮食问题迫在眉睫，印度不得不把增加农业生产放在首位。现在，光是为了维持目前这种食品供应并不充足的水平，以及纺织厂的运转，印度每年就要花费6亿美元，进口原本可以自己种植的食品和棉花。与其说她需要更多的耕地，不如说她需要在已有的农田中提高产量。比如，同样的1英亩地，印度农民只能收获相当于美国农民一半的小麦和大约五分之一的棉花。为了向农村的农民介绍现代化的方法，印度需要成千上万名训练有素的专业人员：各种技术专家，农业化学家，土壤科学、生态和卫生方面的专家，修理工具的机械师，设计灌溉和排水工程的工程师。

水是另一个问题。印度的充沛水系足以满足她的需求，但是目前只有一小部分被利用。只有五分之一的农田能够得到有规律的灌溉。

多种形式的国际合作极大地推动了粮食配给、技术援助和医疗保健方面的改善。埃塔瓦生动地向我展现了这些方面的进展，这是一个大约有七十万人居住的地区，散布着许多道路泥泞的小村庄。这个农业实验项目的想法是由纽约建筑师阿尔伯特·迈耶提出来的，印度有许多新建筑都是由他负责设计的，他现在正在负责设计旁遮普邦的新首府。埃塔瓦是美国在印度的一个援助项目。我们提供技术援助和咨询，以及必须从国外购买的物资，这些都是基于自助的原则，这是所有“第四点援助计划”的基础，但这个计划是印度的计划，所做的一切都是由印度人民自己完成的。

在最初的两年里，这个项目由霍勒斯·霍姆斯牵头负责，一位来自田纳西州的美国农业专家，毕业于康奈尔大学。在开始介绍所有的新技术之前，他先是和农民们一起生活和工作了一段时间。然后他劝说他们中的一些人尝试一些不同的东西作为实验，也许是进口种子，不同的肥料，或者更好的工具。当他们看到差异时，他们自己就会扩大种植的范围，其他农民也会开始效仿。

他们的粮食产量已经翻了一番多，曾经1英尺高的小麦现在有5到6英尺高。牛的产量也有所提高，奶牛的产奶量也增加了。

我们在新德里度过了最初的两天之后，开始了乘飞机旅行，准备在返回首都之前，参观印度的大部分地区。我们去了孟买和特里凡得琅，那里是印度的西南端，有印度最高的识字率——50%，而这个国家其他地方的平均水平只有10%。现在，作为其五年教育规划的一部分，印度已经制定了一项计划，使所有六到十四岁的儿童都能享受免费义务教育。而这意味着她将需要200万名教师和数千所新学校。

从特里凡得琅，我们飞往迈索尔，然后从那里去班加罗尔观光。对我来说，泰姬陵是整个观光之旅的最亮点。它的美丽让我永生难忘。我终于明白了，为什么我父亲会觉得这是他在印度见过的最难以忘怀的地方之一。他总是说，这是个他希望我们能一起来看看的地方。

我们从阿格拉飞往斋浦尔，最后回到新德里。在新德里，我们住在总统府里，和普拉萨德总统一起，他是一位温文尔雅但又性格坚韧的人。

在阿拉哈巴德，我接受了一个荣誉学位，也正是在这里我看到了共产主义对学生们的影响。我们总是难以理解，为什么对于印度的年轻人来说，共产主义哲学比我们自己的哲学更容易被接受。我们忽略了两个重要因素：当我们抽象地谈论自由时，他们很难理解我们所谈论的是什么；他们最紧迫的问题，是饥饿，从出生直到死亡，终其一生，现在依旧如此。吃饭的自由是最重要的自由之一，而这正是共产党向印度人民承诺的。

从贝拿勒斯到尼泊尔到加尔各答——如此多的拥挤喧嚣，如此多的渴望，如此多的骚动，如此多过往与新生的交融。人们的需求是如此之多，而彼此的交流却是如此之少，至少在美国人和印度人之间是这样。缺乏沟通的原因之一就是我们的价值观。在我返回途中，保罗·霍夫曼邀请我与他和他洛杉矶福特基金会的同事共进午餐时，阐述了这个观点。霍雷肖·阿尔杰成功故事中的美国梦对印度人来说完全没有意义。对他们来说，这只不过代表了一种为物质享受而进行的奋斗。我们并没能把我们的价值观念带给他们。对于精神世界的探讨，或许能为我们与东方人民架起一座相互理解的桥梁。我们必须通过行动向他们展现出，我们相信平等和正义，我们的宗教教导我们的同胞要有信仰、爱和仁慈。在这里，我们每个人肩负的责任其实和在国内一样，因为我们在美国的土地上打不赢的战斗，在世界上其他任何一个国家也一样会输掉。

1953 年的春天，我结束了一趟短途旅行回来，发现有坏消息等着我。汤普森小姐住院了。有好几天，我大部分时间都待在医院里。4 月 12 日，我丈夫去世的周年纪念日，我去了海德公园。当我回来，走进医院的时候，亲爱的汤米刚刚过世。其实病情并没有什么突然的变化，但她就是走了。

汤米和我在一起已经三十年了。在许多方面，她不仅让我生活得更安心，而且给了我活下去的理由。几乎在所有事情上，她都能为我提供帮助，但她同时也是一个严厉的批评家。在我心中，她无可替代，对她的思念也从未停止，但是我确信，她不想为了活着而忍受病痛的折磨。

虽然我在美国联合国协会的工作始于 1953 年初，但直到秋天才开始步入正轨。因此，那年春天我接受了一个邀请，参加一个美国到日本的交流团。这次活动由哥伦比亚大学提供赞助，哥伦比亚大学作为东道主接待来美国的日本人。我们在日本的东道主是松本茂治和矢崎高树博士，他们是日本国际之家和文化交流委员会的代表。

日本人之所以邀请我，是因为几个世纪以来，封建观念一直主宰着他们的生活和习俗，他们的妇女刚刚开始在一个民主社会中扮演角色和发挥作用。然而，要在短时间内扭转人们的观念，自然会产生许多问题，既有政治方面的也有家庭生活方面的。因此一些日本领导人希望，能有一位来自美国的女性，通过与日本民众的交流，向他们解释民主的含义和民主政府运作的方式。

事实上，在第二次世界大战之后，美国相当武断地坚持塞给日本一部民主宪法，告诉他们现在他们就要成为一个民主国家了。但是，旧的习俗不会因此自动改变，封建观念也不会自动转变成民主思想。在日本的这部新宪法中，有许多条款几乎是一字不差地照搬西方的文本，而有些对于日本人来说没有任何意义，甚至让他们难以理解，因为他们的社会和经济背景与西方，比如美国或者法国，有着巨大的差异。因此，一段时期的传经布道显然是必要的，我很高兴能够有这样的机会，尽我所能地传播民主理念。

在东京帝国酒店的大堂里，我偶遇了玛丽安·安德森，她在日本的演出获得了巨大成功。后来我举行了一次新闻发布会。我总是听说日本人热衷于摄影，但是从没想到在东京会见到这么多的摄影记者。听说阿德莱·史蒂文森在出访日本的时候，惊讶地看着他们感叹道："这简直就是摄影之国!"

我不想按照时间顺序记录我们在日本的行程，因为在五个星期的时间里，我们去了太多地方，不过我会讲述一些让我印象深刻的精彩片段。在抵达日本几天之后，我们去拜访了秩父宫王妃，天皇弟弟的遗孀。王妃曾经在华盛顿的西德威尔友谊学校读书，当时她的父亲是驻美大使。在结婚之后，她比其他皇室成员都更为亲近民众。她以前的朋友时常会来看望她，讨论农业方面的问题，她还一直忙于参加女童子军的活动，在日本被称为"Girl Guides"，类似于我们的女童子军组织"Girl

Scout”，以及日本4H俱乐部①的工作，这个组织自战争结束以来在日本一直很活跃，致力于帮助年轻农民学习现代生产技术。

第二天，我在劳动省参加了一个会议，很有意思，与会者都是负责改善农村生活、儿童福利以及妇女参与工业生产等事务管理部门的人员。这些政府机构带有美国组织机构的印记，但这并不意味着他们按照美国的方式运作。这个组织架构是由占领当局强加给日本的，美国的方法不完全适合日本的现状：妇女在工业生产中的地位、子女对家庭收入做出贡献的必要性、支持这种公共服务的经济能力等等。为了使这些机构更切合实际，它们必须进行调整以适应日本的情况，这个任务并不简单。

还有一个重要的问题是，这些服务是否受到公众的欢迎。当我离开劳动省时，一群女共产党员正等在外面，领头的是一位嫁给日本人的美国人。那个美国女人盯着我。当我走出门外，这群人开始高喊反美口号。

“回美国去吧！我们经历过战争，不想再打仗了！”

当然，答案是显而易见的，我也不想要战争。我对共产主义在日本的活动和影响进行了大量的了解调查。有一次，在奈良与一些大学校长会谈，我特意向他们询问了学生和教授们对于共产主义的态度。

“我怀疑有不少人真的相信共产党，”一个人说，“不过，对自己的信仰深信不疑并能够发出声音的还是少数，而其他人还在摸索着寻找出路。”

我倾向于相信，日本学生对马克思主义的接受程度比这些大学校长愿意承认的要高。他们自己也说，西方民主思想在学生中没有取得什么

① 4H俱乐部（4－H Club），出自英文head，heart，hands，health四个词的首字母。它的使命是“让年轻人在青春时期尽可能地发展他的潜力”。4H俱乐部于20世纪初起源于美国，随后于1913年传入加拿大，并得到迅速发展和壮大，尤其在广大乡村地区。——译者

进展，也没有被广泛传授。

在日本的许多城市，我与众多妇女团体进行了会谈，在我们所有的讨论中，有一些话题总是会涉及。其中一个是年轻人与长辈之间对待彼此的态度。自从日本人被迫接受自由讨论的民主思想以来，两个阵营之间便针锋相对，唇枪舌剑，而且由于年轻人指责长辈们告诉他们日本不可能输掉这场战争，使得这种敌对情绪更加强烈。当日本军队被击败，天皇跌落神坛成为凡人时，长者们的权威也被极大地削弱了，年轻人的幻想破灭，变得愤世嫉俗。

我也被问到许多问题，特别是来自学生们的，我都尽力给予回答。不时会有人问我，美国为什么要使用原子弹，我对此有什么看法。我会努力去解释，当时促使我们的领导人做出这个决定的原因，是希望尽快结束战争，但同时我也会表达我对于一切战争的恐惧感。另一个问题是："美国人民是否理解日本年轻人对重整军备的厌恶之情？为了按照华盛顿的要求重新建立武装，我们必须修改我们的宪法，而这宪法最初也是按照美国的要求制定的。"

毫无疑问，自他们通过永远放弃战争的宪法以来，世界形势已经发生了变化，但是对于苏联的扩张，在日本人眼中，并不像美国人看得那么清楚。我关于西方民主国家所面临危险的阐释，对那些从未经历过这种生活的人们而言，我不认为他们会相信。

这些会谈通常相当耗费精力，特别是当听众中有为数众多的学生的时候，但是最让我感到麻烦的是一切都得靠翻译。

我记得有一位日本女记者，身着和服，美丽迷人，气质高雅，看起来对西方的风俗习惯也十分熟悉。她告诉我，她在家庭生活中最大的麻烦就是"荷包制"。

"那是什么？"我问到。

"我的婆婆"，她说，"是个很守旧的人。她有一个大大的皮袋子，全家人的薪水每周都要放进袋子里。这样我们所有人要花多少钱，或者花在什么地方都得听她的。实际上，她几乎控制了我们的生活。”

我发现在很多地方都有这个习俗。一位在工厂工作的妇女告诉我，她在周末回到在农村的家时，到家的当晚就要把薪水放在家里的神龛里。第二天早晨这些钱就到婆婆的荷包里了。我发现，大部分工薪阶层的日本妈妈们，都盼着成为婆婆的那一天，然后就能够欺压她们的儿媳了。在现任政府的引导下，这些陋习正在慢慢改变，但是距离它们彻底消失还有很长一段时间。

尽管我阅历还算丰富，但是在准备会见裕仁天皇，日本第124代天皇，和香淳皇后时，还是会止不住地感到紧张。我知道旧有的习俗正在改变，特别是对于日本妇女来说，所以对于皇后是否能够或者希望在这些方面做出表率，我很是好奇。

随着与日本妇女团体越来越多的交谈，我越发相信，虽然女性在幕后发挥的作用日趋重要，但她们并没有获得写进新宪法中的、与男性同等的权利，尽管在国会中有三十名女性议员。

在工业、农业和社会工作领域的杰出女性当中，肯定会有一些知识分子，但从在日本的社会威望来看，她们的影响力有限。除了秩父宫王妃之外，她们并不了解工厂里女孩们的生活，或者农妇们是如何在她们的田里或家中劳作。

与天皇和皇后的会见需要遵守许多礼仪，我们的大使约翰·M. 艾利森为我提供了指导。我们在皇宫入座之后，天皇夫妇出现了。皇后身着一件和服，静静地坐着，双手放在膝盖上，光洁的面庞上没有任何表情，我禁不住好奇在这份平静的表面之后隐藏着什么。她肯定接受过良好的教育。她的丈夫是一位理科生，还写过好几本书。皇后对儿童教育一直十分关注。

我们的对话是泛泛而谈，天皇一度说起尽管他曾经极力阻止，我们两国仍然未能避免战争，他对此一直深感遗憾。他希望两国之间今后能够开启一个和平友善的时代。

天皇的地位在新宪法中有所改变，但他仍然是一位举足轻重的人物。我认为他在说自己曾经尝试阻止战争的时候，态度是相当真诚的，而且我觉得如果我们能够谨慎行事，处理得当的话，天皇在帮助我们与亚洲建立友好关系方面是能够发挥作用的。其实，当时他很希望日本能够成为联合国的一员，当然后来得偿所愿，与我们一起为国际关系的友好和睦共同努力。

在这次会谈中，我恐怕没能遵守规矩——和天皇谈话时，只有被问到的时候才能说话。我主动问了几个问题，更确切地说，我说了几句话，想要引出皇后表达她的想法。

“我在访问巴基斯坦和印度的时候，”我说，“那里正在发生许多变化，特别是女性的地位和活跃程度。在我看来，各个阶层的女性关系越来越紧密，力量也越来越强大，因为她们对彼此有了更多的了解。”

我看着皇后那张沉静的面庞，等待着她的意见。静默了几分钟之后，她回答道：“我们需要更多的教育。”这时天皇插进来说了几句话，我想这或许是我能从皇后那里得到的全部回应了，不过她似乎在思考我所说的话，过了几分钟之后她又说道：“我们的女性生活也在发生着巨大的变化。在过去我们一直被教导为社会服务，我担心在这些新变化发生的过程中，会导致某些价值观的丧失。您是怎么认为的，罗斯福夫人？”

“在所有时代的变革中，”我说，“实际上都存在着旧有价值观念丧失的危险。不过在我看来，如果引领这些变革的是有机会接受教育、眼界开阔的聪慧女性，那么危险就会小得多。”

“我们的习俗不同，罗斯福夫人，”天皇打断我的话，“我们的改革是由政府部门来引导的。我们的生活方式为我们的民众提供了示范，我们的生活会影响他们。”

看来有关日本皇室在引领新时代方面的讨论就此结束了。不过我相信，由于过去日本年长女性在家庭中所具有的重要地位，将来或许可以看到，上流社会的女性，包括皇室家族成员，将会发挥更为重要的领导作用。

当我回顾日本之行时，发现有很多事例都能反映出远东在建立西方民主政府过程中面临的问题，尤其是在教导女性积极参与公共事务方面。有一天，我在东京参加一个“全国基督教女青年协会”的圆桌会议，与会者可能是这个国家最具代表性的女性领导人。她们十分关注新时代的自由进步。她们也让我更清楚地了解到占领军，甚或是驻扎在日本军事基地的许多美国士兵所造成的麻烦。不幸的是，在我们把这些年轻人送往世界各地之前，并没有给予他们足够精心的教导。他们并不总是记得，他们不仅仅是士兵，而且是大使，代表着自己国家所代表的一切，是世界上其他地方人眼中民主的象征。这些女性特别关注卖淫现象的蔓延，并认为这种情况只有通过日本和美国之间共同紧密合作才能有效控制。

有时，来自美国的一些消息也会给日本的民主教育进程雪上加霜，比如种族歧视，比如联合国教科文组织在洛杉矶和得克萨斯的工作被称为共产主义活动，还有已故的参议员约瑟夫·麦卡锡在国会调查中所采用的手段。许多日本人告诉我，这些刊登在报纸上显著位置的新闻报道令他们深感困惑和不解。“您能对这些做法做出解释吗?”一位日本的商界领袖问我。“日本希望有朝一日成为联合国的一员并与之忠诚合作。但是我们无法理解，为什么在像美国这样一个伟大的民主国家里，会发生这样的事情。”

还有一次，一个年轻人给我看了一条来自美国的新闻报道，说日本政府在最近的选举中获胜，是因为大多数日本人接受了美国国务院敦促东京政府逐步重整军备的政策。

“美国人民真的相信这个吗?”他问道,“所有人都知道,日本政府在重整军备问题上一直谨慎地保持沉默。难道你没有感觉到这里的怨气深重吗?许多日本人都认为,美国在选举期间利用经济施压,让那些支持美国国务院政策的官员上台。因为这个原因,很多人觉得美国正试图让日本在经济上成为奴隶。”

这些疑虑和问题是我们必须要严肃面对并克服的——并且,我相信,一定会克服——如果我们想与远东的关系保持稳固的话。为了实现这个目标,我们已经取得了一些进展,但是由于新的误解仍然在不断产生,以至于这条道路一定是漫长而艰难的。也许我们最大的希望是,日本人和我们自己都能够将和平放在首位。广岛,这座悲情城市给我留下了深刻的印象。

广岛之行是一次情感上的考验。在这里,原子弹第一次真正被用于投向了人类。美国人民相信,我们的领导人在使用这种可怕的武器之前,经过了长时间的深思熟虑。我们知道,他们首先考虑的是我们自己人民的福祉,他们相信原子弹可以迅速结束战争,否则全世界可能会有更多的人失去生命。

尽管如此,当看到这座城市,看到那些被爆炸和大火彻底摧毁的地方,听到那些死伤者的惨况时,人们都不可能做到无动于衷,我的心中更是充满了深深的悲哀。看到孤儿们在家园中得到照顾,我衷心地希望人们能够从中得到领悟——我们对如何毁灭已经知道得太多,我们必须要学习如何阻止这样的毁灭。现在,指责德国发动了战争,或者是他们首先开始原子弹的研究,都没有意义了。我们也没有必要,像我一样,一直无法忘却我丈夫和美国人民当时的那种感受——当听到日本袭击珍珠港的骇人消息时的那种感受。珍珠港事件不过是多年来全世界不断加深的误解和偏见达到高潮的爆发。广岛的悲剧同样如此。

但是，遭受苦难的不仅仅是这座悲伤的日本城市里的男女老幼。整个世界都历经了磨难。因此，在我看来，当我们已经开始考虑探索外太空领域的时候，我们能做的唯一有益的事情，就是采取行动努力消除战争隐患，而这唯有利用联合国机制才有可能得以实现。唯有如此，世界各国的人民才有机会更多的相互理解，相互倾听。

想到广岛的命运，我只能说：“愿上帝在未来赐予人类更大的智慧。”

第三十四章　漫漫回家路

接下来科尔小姐和我一路向西，继续我们的环游世界之旅。我们停留的第一站是中国香港，这个充满魅力的城市已经成为西方世界在亚洲的交汇口。在总督府，我受到了葛量洪总督和美国外交官员的热情接待，他们驻扎的地方毗邻中国内地。

“您想去边境看看吗？”总督问我。

“我的确想去看看，”我回答道，“如果可能的话。”

事实证明，这根本不是问题。第二天早上，负责边境巡逻的英国将军来酒店接我，然后我们开车越过山丘，来到一条小河边，这条小河将香港和内地分隔开来。让我感到吃惊的是，在这里西方世界和共产主义世界之间的“分界线”只不过是一段带刺的铁丝网，还有一座由警察看守的桥，每天都有相当多的中国人在桥上来回走动。这些中国人居住在内地，但他们拥有的土地在边界河岸靠香港的一侧，因此他们被允许每天早上越过边境，赶着牛或猪，带着他们的农具，去土地上劳作，晚上再穿过桥，回到大陆那一边。

我不能去台北，也不能见蒋夫人。但是我想如果见到她，我必须对她说，我认为她重新夺回中国大陆的梦想是不可能实现的。我觉得蒋介石曾经有过机会，但他没有用正确的方法统一国家，我不认为他还会有这样的机会。所以我没有去台北。

在这里我想提一下，1955 年我第二次访问香港，发现通往内地的小桥上的车辆比我第一次去的时候还要多。在边境的另一端，有拿着步枪的士兵，其中一个拿着照相机给我们一行人拍照。和我同行的古雷维奇博士，迅速调节相机，拍了一张守卫的照片，但在他按下快门之前，所有士兵都放下步枪，或多或少地把它们藏在身后。不过，整个过程中没有人说话，我们被告知，两边的士兵之间没有交流。

6月下旬的一天，天气晴好，碧空如洗，凌晨5点，科尔小姐和我乘坐的飞机，从土耳其棕褐色的田野上空掠过，在伊斯坦布尔着陆之前，我们第一次看到了地中海那一片沁人心脾的蓝绿色。我想在早晨这个时候，不会有人来迎接我们，然而，让我大吃一惊的是，我们的总领事麦卡蒂先生站在那里。

“你不应该来的!”我叫道。

“哦，是的，”这位出色的外交家回答到，“我很少在早晨的这个时候起床，所以很感激您给了我这个机会，让我看看此时的美丽世界。”

我完全可以想象，他应该更愿意回去睡觉，而不是陪同我们去蓝色清真寺、圣索菲亚大教堂、拜占庭墙和博斯普鲁斯海峡。在清晨阳光的照耀下，那些尖塔和穹顶显得格外美丽。

时间过得太快了，我们不得不匆匆返回机场赶上飞往雅典的飞机。我们抵达之后，发现那天正好是一个假日。穿过狭窄、曲折的街道，我们第一次看到了雅典卫城。听到阿德莱·史蒂文森州长也在雅典，并且下午会过来喝茶的消息，让我很是开心。我们参观了雅典卫城，以及一些在美国团队指导下进行的挖掘工作。

一路上我们看到许多美国对希腊产生影响的迹象。在德尔斐附近，道路旁边伫立着一台巨大的脱粒机，上面的标签表明它来自美国，这是“马歇尔计划”的一部分。我们停下来和操作这台机器的人聊了一会儿，他们说它的效率很高，同样的工作量使用老式工具或者慢吞吞的牲畜需要花上好几天。显然，像在世界上其他许多地方一样，美国对希腊产生的影响正在显现。但这是否能给我们带来更多的朋友，我不知道。

在雅典的时候，我有幸参加了保罗国王和弗雷德里卡王后举办的乡村午宴。我们的使馆官员将一切安排妥当，按照惯例，他们派了一辆气派的豪华轿车，把我从酒店送到王宫，一路上车子开得十分缓慢。我们大约十一点半出发，稳稳当当地从城里开出来，前往位于山上的避暑行宫。山上的感觉十分凉爽，正当我们惬意地行驶在路上时，身后传来一阵大功率马达的轰鸣声，一辆跑车风驰电掣一般从我们身边疾驰而过。

我瞟了一眼车上的人，发现开车的正是国王，王后坐在他旁边。他们一路疾驰，仿佛是赛车手在卖力地进行赛前测试。他们开得实在太快了，事实上，在到达王宫之前，我们追上了两辆车，那两辆车曾经超过我们，追赶国王的车，但后来都抛锚了。

“他们是国王的护卫。”我的司机窃笑着说。

王后热情聪颖，富有魅力。国王的性格没那么热络，但是精明强干，他对自己国家的年轻一代十分重视，在这个国家因为战争和灾难产生了许多孤儿，还有许多人在忍饥挨饿。我相信我从希腊收到的求助信比其他任何国家都多。在午宴上，王后对我讲述了她为减轻贫困所做出的努力。

她表示希望访问美国，研究我们的康复医院，这些医院在帮助残障儿童方面取得了巨大进展。她和国王后来的确访问了美国。我注意到，他们在正式访问结束后又在纽约进行了五天的非正式访问。我写信给王后，问她是否看到了想看的东西。

她回复说，她并没有看到任何她真正想看的东西，于是我为她安排了一次短途旅行。我们带她去了纽约市的几个机构，我认为是她想要去参观的。我们去了东区新建的医院，腊斯克博士[1]在这里倾注了巨大心

---

① 霍华德·腊斯克（Howard A. Rusk，1901—1989），美国医学家，被称为“现代康复之父”。——译者

血来帮助残疾儿童的康复。王后和孩子们相处得十分愉快。一个曾经患有小儿麻痹症的小男孩，想要向她展示自己如何重新学习走路，但是由于太过急切，不小心滑倒了。王后抢先一步将他扶起来。

“没关系，”她说，“当我们试图展示自己能力的时候，很多人都会跌倒。我会帮助你，你再演示一次给我看。”

后来，当我们一小队人安静地步行，经过一座城市消防站时，王后从敞开的大门口望进去，看见了黄铜的滑杆，便停了下来。

“你认为我进去他们会介意吗?”

“我相信他们会很高兴的，”我说。我走了进去，看到有位值班的消防员，向王后做了介绍。她对设备很感兴趣，问了很多问题。

“也许你可以示范一下有警报的时候消防员们是怎么反应的。”我对那位消防员说。

他说那很简单，然后便按响了警铃。片刻之后，消防队员们便从二楼沿着黄铜滑杆滑了下来，迅速跳上了消防车。最后，他们的一只大肥猫也从杆子上滑了下来。王后哈哈大笑，高兴地拍起了手。之后她向消防队员们表示了感谢，道别之后，我们又重新加入小队伍之中。

1953 年 7 月 6 日，我们乘飞机离开雅典前往南斯拉夫。在南斯拉夫的马其顿上空飞行时，给我留下了深刻印象，那里看起来良田万顷，与希腊许多地方，特别是山区荒芜的土地面貌对比鲜明。

“造成这种差异的原因之一是，南斯拉夫政府一直坚决致力于减少羊群数量，”一位南斯拉夫人告诉我，“有些地方几乎完全禁止养山羊。我不能说这个计划完全成功，但至少它们不再像在希腊那样，把每一根草都吃光。哎呀，它们甚至会吃树，我真地看到过它们爬到树枝上觅食。”

我们降落在贝尔格莱德，一些来自联合国的老朋友前来迎接我。

我访问南斯拉夫的主要目的是采访铁托总统（或者叫约瑟普·布罗

兹，这是他的真实姓名），我渴望最大限度地去了解有关这个国家及其政府制度的一切，对于这位曾经率领南斯拉夫与德国占领军英勇作战，在战后建立了一个与苏联关系紧密的政府，最终又与之决裂，宣布从莫斯科的控制下独立出来的总统，我希望能够亲自去观察了解他。

曾经有人告诉我，南斯拉夫与苏联之间存在着巨大的差别。在苏联，农民们世世代代习惯于臣服在沙皇的严苛统治之下，习惯于被大地主奴役，习惯于唯命是从。而要让南斯拉夫人俯首帖耳从来没那么容易。他们与外国侵略者战斗，为了种族和宗教的原因互相战斗，有时甚至没有任何理由。比如，历经了几个世纪的巴尔干战争，黑山人却从未真正被征服过。如果有入侵者闯入，他们就会躲到山里，与追捕者顽抗到底。男人们有这样的勇武传统，以至于实际上所有辛苦的日常劳作都落在了女人们的肩上，并且这样的传统仍然在延续。

我在南斯拉夫的第一天，与几位政府官员共进午餐时，一位副部长讲述了在工业管理方面正在发生的变化。他说："国家不会管理这些工厂，它们将由工人组成的委员会进行管理，在那些正在试运行的地方，这套体系已经使生产情况得到改善。工人们很快发现，良好的管理是必要的，所有人都必须尽力而为，如果一个企业要盈利，就必须淘汰没用的人。"

很明显，南斯拉夫人正在试验，探索某种新的治理理论。

在接下来的几天里，与我交谈的人，包括美国官员和新闻记者，似乎都同意在过去的一年里，政府发生了巨大的变化。政府权力下放受到鼓励，我认为这是相当了不起的，在这种体制下领导人通常希望得到更多而不是更少的权力。中央政府仍将保留某些监督和最终控制权，但显然，更多的决定权都交给了人民委员会，即使是在很小的村民小组。

在南斯拉夫，有一件事几乎立刻就引起了我的注意，那就是人们的状态既不担心也不害怕。我没有听到任何一个南斯拉夫人谈论起战争的危险，尽管在他们的一边，宿敌德国的力量正在迅速增强，而在另一边，他们已经同苏联及其卫星国决裂。或许是因为如果人一直生活在危险之中，就不再去思考恐惧，也或许是因为人们太忙了。

后来我去了萨拉热窝，路上驱车经过泽尼察，一个发达的煤炭和铁矿石中心，正忙着变成南斯拉夫的匹兹堡。这些工厂在战后进行了重建和扩建，产能已经提高到战前的三倍。

我问了许多有关工厂运营的问题，并对我在贝尔格莱德听到的一些说法进行了验证。比如，这些工厂将由工人委员会进行管理的说法。从理论上情况的确如此，不过事实却是这些委员会明智地聘请了技术专家来运营工厂，专家们向委员会负责并进行汇报。在一家工厂我就遇到了两位美国工程师，他们被聘请来指导生产。

我希望更多地看到工业领域正在发生的改变。在萨格勒布，我们参观了瑞德康卡工厂。工厂以一位工人的名字命名，他在战争期间曾经是游击队长，后来被意大利军队杀害。这家工厂生产电力变压器和其他发电厂所需的机械设备。像我参观过的其他工厂一样，它也是由一个工人委员会和技术专家来管理运营。

“我们的专家在这方面也是新手，犯了不少错，”工厂经理对我说，“不过去年我们盈利了。”

“盈利？”我说。

“嗯，是的，那是鼓励生产的措施之一。工人委员会对税后利润做了分配，一半用来支付利息和偿还部分借款，或者再投资生产。另一半的利润分给了全体工人。”

“你认为这样的措施提高了产量吗？”我问到。

经理看着工人委员会的负责人，脸上浮起了笑容。“当然。”他说。

工人委员会负责人对自从南斯拉夫与苏联决裂以来，美国所提供的援助表示了感谢。事实上，几乎在这个国家我去过的所有地方，都看到了美国援助的积极影响，也一次又一次地听到人们的感激之情。

总的来说，我认为南斯拉夫是一个令人愉快的地方，对变革中的工业、社会和政治制度的探索研究也很有意义。这里人们的伙食很好，但他们的饮食主要是肉、鱼、脂肪和面包。想要一杯橙汁或一个柠檬来泡茶，简直就是异想天开——除非你在美国大使馆。我参观过的商店物品价格很高。后来朋友们解释说，羊毛和棉花都要进口，并且要用稀缺的外币支付，所以这些商品的价格自然比人们想象的要高。食品的价格似乎是合理的，但我不明白为什么品种如此单调。这个国家70%的人口从事农业，但市场上只有少数的蔬菜和水果。官方估计，平均每个家庭用于饮食上的开支占到其总预算的50%至80%。

我和不少农民交谈过，认为他们是南斯拉夫满意度最低的一群人。部分原因是铁托政权最初遵循苏联的集体农场模式，经过几年之后，这个制度并不成功，于是逐渐改为允许小规模的私人农场和鼓励合作耕作。不过，在最优质的农业地区仍然保留有一些集体农场。政府向所有农民提供一定的工具和肥料，以及一些他们此前从未使用过的机械设备。但在所有人中，全世界的农民都是最个人化的，南斯拉夫的农民对新模式、新方法的接纳程度一直很低。

在工业上，这个国家确实取得了进步，重要的社会保障措施也已经建立起来。基础的医疗服务得到普及，我访问过的医院都配备了现代化的实验室和研究设施，其中大多数来自联合国或美国。除少数农村地区外，伤寒和疟疾已基本消灭。总的来说，在一个自认为还不发达的国家，这样的医疗水平已经超出了预期。在社会保障体系中，有失业救济金和养老金，并对所有儿童发放津贴。考虑到这个国家的经济状况，这些补贴措施是慷慨的，并对人民的生活产生了巨大影响。

教育制度也在发生改变，在农村地区，从七岁到十一岁的四年是义务教育。然后，孩子们可以进入技术学校或工厂学校学习几年。在城市里，高中教育是免费的，连学生爆满的大学也是免费的。

这些都是国家基本架构发生的重大改变，与战前的情况对比，变化可谓是翻天覆地。不过，对于南斯拉夫来说，战前战后最大的差别可能在于政府的领导人，我十分渴望和铁托总统谈谈。

从萨格勒布到布里奥尼拜访铁托总统，是我在南斯拉夫度过的最有见地的一天。

我们上午从萨格勒布乘飞机出发，感觉好像只过了几分钟，就降落了，然后和埃达·贾达斯市长一起驱车进入里耶卡。接着驱车沿伊斯特里亚海岸行驶，穿过风景优美的山地，来到布里奥尼岛对面的一个地方，总统的船正在那里等着我们。

穿过大约 2 英里的水域，很快就到达了布里奥尼岛。岛上林木葱郁，对于一位忙碌的总统来说，这里是一个完美的夏季避暑胜地。岛上有供客人住宿的宾馆和度假别墅——供元帅邀请的特殊客人使用。一辆老式的四轮马车，将我们——科尔小姐，大卫·古雷维奇博士和我——从码头载往一栋水上别墅，那里能看到美丽的海景。岛上没有动力车辆，只有保护总统的军队或警卫部队使用的吉普车，没有了引擎的嘈杂声音和汽油味，让人觉得四周格外静谧。

第二天早上 10 点钟，我独自一人驾着一辆四轮马车准时到达总统的别墅。别墅附近没有明显的警卫或警察守卫的迹象，不过毫无疑问，对元帅的保护在不动声色地进行中，就像我们的白宫在特勤人员的保护之下一样。我被带进一个元帅用作办公室的大房间里。在门口，我能看到翻译维尔凡先生和另一个人坐在房间另一端的桌子旁，这使我想起意大利总理贝尼托·墨索里尼在罗马的办公室，拜访者必须走过一段长长的、空无一物的地板，才能够到达这位表情严肃的意大利独裁者的办公桌前。

当我走进去时，一个看起来很年轻的男人穿过房间来迎接我。有那么几分钟，我简直不敢相信这就是铁托元帅，因为他看起来太年轻了。只有当他热情地和我打招呼，让我在他旁边的一张沙发上坐下时，我才发现他的头发已经变得灰白，刚毅的面庞上已经有着深深的岁月痕迹。他很有魅力，个性强势。他的下巴有些突出，说话的方式就像是在发号施令，并且希望别人都要服从。不过他有一种幽默感，对我十分友好，表现出一种坦率而真诚的态度。

铁托会说一点儿英语和德语，但大部分时间我们都是通过维尔凡先生进行交谈，以确保不会产生误解。

后来我们都到了码头，乘坐一艘快艇去一个小岛，铁托元帅希望一个人静一静的时候，这里就是他的静居之处。元帅亲自驾驶一艘快艇，带着我一起，看起来十分享受其中的乐趣。

下午晚些时候，我们乘坐礼宾船短暂巡游了亚得里亚海。铁托元帅身边的安保人员显然十分担心可能发生劫持事件，在船的周围有武装船只护航，还有军用飞机一直在上空或附近盘旋。

那天的晚宴结束之后，我和内政部长，他也是来宾之一，谈起了政治犯的数量。

“真的没有多少政治犯，”他一口咬定。

“那么，有多少呢?”我追问道。“你能说一下在一个月内有多少政治犯被捕吗？二十五个？或者五十个？还是七十五个?”

“不到七十五个，”他最后回答。

“被拘捕的主要原因是什么?”

“主要原因，”他回答说，“是在南斯拉夫传播苏维埃思想。”

这个答案让我觉得很有趣，因为这似乎是美国反共调查人员最担心的事情!

像许多获得权力的人一样，总统显然也钟情于此，并且也有一点儿虚荣心。但他足够聪明，认识到在南斯拉夫，只有人民自愿地把权力交给他，他才能长久地拥有权力。因此，我相信，他想要打造一个能够惠泽民众的政府，或者至少能足够维持他执政。

“您认为人民对你的社会主义政府满意吗？”我问他。

他点了根烟，狐疑地看着我。“如果你拥有财产，政府将其国有化，你会满意吗？”

我说我不会高兴的。

“所以我要说，我不认为南斯拉夫每个人都会满意。但是我相信，人们知道我们正在做的事情，从长远来看对我们的国家是最有利的。”

我问他社会主义模式在南斯拉夫的实施情况，在那里几乎所有东西都被国有化了，尽管公民有权拥有私人财产，如不超过20英亩的小农场或者一栋房屋。

“我们很失望，”他回答说，“许多工人委员会并没有把他们的盈余用来造福整个社会，而是把钱都分给了工人。”

我问他是否认为他的国家正在实行共产主义。

“共产主义，”他回答说，“在哪里都不存在，尤其是在苏联。共产主义是一种理想，只有当人们不再自私和贪婪，每个人都按自己的需要从公共生产中得到满足时，共产主义才能实现。但那还有很长的路要走。”

他说南斯拉夫正在发展成为一个社会主义国家，这是朝着共产主义的远大目标迈出的一步。“我想，”他补充道，“我可以称自己为一个社会民主主义者。”铁托元帅不希望南斯拉夫正在发展的东西被称为共产主义，他也反对使用“铁托主义”一词。每个国家都应该根据自己的需要发展，他接着说，他不希望南斯拉夫被当作其他国家的榜样，因为南斯拉夫的体制可能不适合其他任何国家。

“我不是独裁者，”他坚持道，“我们有一个团队——都是战争期间的游击队员——紧密合作，为每一步的行动出谋划策。”当一项法律被制定出来后，会在报纸上发表；然后各种各样的组织，尤其是工会，写信给政府提出批评和修改意见。这些意见会被认真研究，铁托说，经过修改后的法律会再次在报纸上发表，以便在提交议会审议之前，民众还有表达自己意见的机会。

基于这些谈话，我认为，这是总统期望本届政府在民众教育方面取得进步。他也许还不知道后面应该怎么走，但他希望他们领导的政治体能够按照社会主义路线发展，具有顺应国家需要而不是个人需要的社会良知。我的结论是，他的“人民自治”的概念与我们完全不同，因为它是从上而不是从下而来的。不过，我们的政治哲学与南斯拉夫正在发展的一套体系共存与合作，似乎并非不可能。

我对美国对南斯拉夫的援助发表了评论。“我很高兴看到这里的人民对这些援助表示感激。”我说，“但是，仅仅是感激，尽管它很重要，并不能让我们相信，当美国的帮助不再被需要或者不再重要的时候，政府不会回到苏联的体制。”

“我想要重复我对你们大使说的话，”他说，“不管美国是否帮助我们，南斯拉夫对美国的态度是不会改变的。”

当铁托元帅自称是社会民主主义者时，我想未必会有很多人认同。他承认在这个国家里，政府使用武力是必要的。我也觉得，到目前为止，在他的政府发展理论中还存在着不一致的地方。但我对他的看法是，这是一位强有力的领导人，一个坦诚直率的人，有着某种人民自治的长远理念。我认为未来在很大程度上将取决于美国，取决于我们如何证明我们的民主是关心并造福全体人民的。

第三十五章　帮史蒂文森竞选

1945年富兰克林去世后，我对政治活动的参与中断了，部分原因是我作为联合国代表团的一名成员，竭力不把政治事务与我的公务混为一谈。我认为，我们在联合国处理的问题对我们国家在世界上的地位至关重要，这些问题的处理不应受到党派观点的影响。

1952年，我个人认为史蒂文森州长可能会是我们有史以来最好的总统之一，但我也知道，民主党人赢得选举的可能微乎其微，因为人们对艾森豪威尔将军的英雄崇拜。那一年我确实应杜鲁门总统要求，在民主党全国代表大会上就联合国问题发表了演讲，我也公开表示支持史蒂文森州长，但我并不打算积极参加竞选活动，实际也的确如此。

那么，我为什么在1956年重新从政呢？因为那时我已经不是联合国代表团成员了，并且我和以前一样坚信阿德莱·史蒂文森会成为一位好总统。另一方面，我并没有看到艾森豪威尔总统所谓的现代共和主义取得多大的成果。

在我看来，艾森豪威尔式的共和主义似乎就是接受某些社会的进步，一些年轻的共和党人认为，在不断变化的国内形势中，这对于维护该党的地位很重要。这些变革通常起源于新政时期，现在已成为民众认知中根深蒂固的一部分，那些没有被旧模式禁锢脑筋的共和党人愿意接受它们，并或多或少地说服了总统按照同样的思路思考。见惯了国际风云变幻的艾森豪威尔总统，也认识到我们在世界事务中所扮演的重要角色，但他执政的最终结果并没有令人耳目一新，因为有太多的老牌共和党人把持着重要岗位，使这个党基本上仍是一个保守的商人党派。

当然，民主党也有许多掌握实权的保守派人士，但总的来说，民主党更为进步。我们中的一些人一直希望政治再结盟，使主要政党能够更真实地代表人民的保守或进步思想。但这是否能够实现还很难说。

在 1956 年竞选临近之时，另一件影响我重返政坛的事情，是史蒂文森州长在其他国家的政治家中享有崇高的地位，这些国家是我们的盟友，或是我们希望在与苏联集团的斗争中站在我们一边的国家。1952 年竞选失败后，史蒂文森州长周游世界，考察其他国家的情况。在我自己的国际旅行中，也十分关注他给外国政治家留下的印象。许多人都告诉我，史蒂文森先生是那种善于倾听，希望全方位了解事实的人。

在史蒂文森州长周游世界并结束了一趟研究非洲问题的特别之旅之后，有一天他来找我，探讨他是否应该再次寻求民主党总统候选人提名。他是一个非常聪明的人，也是一个谦虚的人，这说明他正在考虑一些问题。

“难道你不觉得，”他问道，“还有其他人会比我更适合作为党的领导人吗?”

“我想不出还有谁有你这样的能力，”我回答道，“能够解决这个时代面临的重大问题。”

虽然我敦促史蒂文森州长参加竞选，但我并不想在这次竞选活动中扮演重要角色，所以我决定在召开民主党全国代表大会的时候，和我的两个孙子一起去欧洲。让我没想到的是，这个决定让我的一些朋友感到震惊。

“如果你不参加这次会议，”他们当中的一个说，“所有人都会认为你改变了支持阿德莱的想法。”

所以，最后孙子们上了船，我在飞往欧洲之前先去芝加哥参加几天会议。在芝加哥机场，史蒂文森州长的几位支持者来接我。就在我前往芝加哥的途中，得知曾在1952年恳请史蒂文森参选的前总统杜鲁门，表示支持提名纽约州州长埃夫里尔·哈里曼。

出于种种原因，这个消息自然不会让我感到高兴。杜鲁门总统一向对我十分关照。在联合国的各项会议结束后，我都会亲自向他汇报，我知道他对总统这个岗位的职权和责任有着透彻的理解和把握。他就任总统以来，负重致远，做过许多超乎想象的重大决策，而且在紧要关头总能做到“大事不糊涂”。他所犯的错误都是一些人人会犯的小毛病。

在芝加哥的那个早上，想到杜鲁门总统作为国家领导人的卓越能力，想到我的政治判断与他相对立，不禁令人深感沮丧。

他们告诉我，先不去我住的宾馆，直接去参加一个记者招待会。当我们抵达新闻记者们等候的宾馆时，我发现需要面对的记者和照相机数量之多，前所未见。我担心要解释为何我和杜鲁门总统的意见相左，会是个备受折磨的尴尬过程，但实际证明完全多虑了。我尽可能坦诚直率地讲清楚我的观点，记者招待会上并没有出现特别的难堪时刻。

记者们，当然会竭尽所能拿我和杜鲁门总统的意见相左来做文章，因为有关分歧的报道肯定比意见一致更吸引人。不过他们不知道的是，我此前已邀请杜鲁门总统夫妇在那一天共进午餐。杜鲁门夫人有事不能赴约，但是记者招待会一结束，我就在宾馆的烧烤餐厅和前总统碰面了。记者们觉察到另有故事。我们要进行什么交易吗？立刻，旁边的一张大餐桌就被新闻记者们占据了，距离我的胳膊肘只有大约3英尺，显然，他们对我和杜鲁门总统的谈话比对食物更感兴趣。

不过就算他们听力敏锐，也没什么好写的。我们聊了许多，唯独除了这次会议，直到吃完午餐，我们之间的分歧才被委婉地提起。

“我希望你能够理解，我所做的是因为我认为它是正确的。”杜鲁门总统说。

"当然，"我回应道，"我知道你会做你认为正确的事，我想你也知道我必须同样如此。"

杜鲁门总统点点头，会心一笑。"我想做的是让这次会议能直面问题，进行一些真正的思考。"他说。

后来，当我回到宾馆房间时，有一种浑身不自在的感觉，我觉得在这次会议上我真的什么也做不了。不过，我还是参加了史蒂文森州长为我举行的欢迎会，并陪他去拜访各个州的代表团，以寻求他们的支持。我在宾馆会见了许多人，参加了一场为女性代表举办的午宴，并在政纲草拟委员会上就有关教育和公民权利的问题进行了两次发言。

保罗·巴特勒，民主党全国主席，也邀请我在大会上简短发言。当我到了那里，发现会场里人声鼎沸，气氛高涨，我相信任何发言者的声音都会被淹没其中，除了田纳西州的弗兰克·克莱门特州长，他的主题演讲证明了他的声音足够洪亮。不过，我的发言可以通过广播和电视听到，后来许多人都善意地说，我的发言在竞选代表中引起了很大反响。不管怎样，当史蒂文森州长获得提名时，我很高兴。

在副总统候选人埃斯特斯·基福弗参议员和约翰·肯尼迪①参议员进行激烈角逐期间，肯尼迪参议员的一位朋友来找我寻求支持。我的回复是，我觉得我不能支持他，因为在参议员约瑟夫·麦卡锡的调查方法引发的争论中，他不愿做出表态。当参议院对麦卡锡参议员表示谴责进行投票时，肯尼迪参议员正好在医院，当然，他无法表态。但是后来，当他回到参议院时，记者问他将如何投票，他也没有直接回答。

"哦，那是很久以前的事了，"参议员的朋友对我说，"他没法投票，

① 约翰·菲茨杰拉德·肯尼迪（John Fitzgerald Kennedy，1917—1963），美国第35任总统。1960年当选为美国历史上最年轻的总统，也是美国历史上唯一信奉罗马天主教和唯一获得普利策奖的总统。1963年11月22日在得克萨斯州达拉斯市遇刺身亡，他的遇刺被视为对美国历史发展产生重大决定性影响的事件之一，影响了美国政治的发展方向。——译者

而且这都是过去的事了。这和现在的情况应该没有任何关系。”

“我认为麦卡锡主义是一个政府官员必须站出来接受质询的问题，”我回答说，“我仍然没有听到肯尼迪参议员表达过他的立场。如果一个人不愿意表明他在这个问题上的立场，我对他的政治前途不可能有信心。”

肯尼迪参议员来芝加哥见我，我跟他说了同样的话。他的答复仍然是以前回应记者时的那套说辞，说谴责麦卡锡的投票是“很久以前”的事，与目前的情况无关。但他不表明在这个问题上的立场，我也就不会支持他。

我没有留在芝加哥参加副总统候选人的投票，而是在飞往欧洲的前一天飞回纽约。把政治抛在脑后，让我有一种巨大的解脱感，我希望在竞选中只扮演一个非常安静的角色。结果并非如此。我回来后的两个月是我一生中最忙碌的两个月，因为我最后做了许多远远超出预期的事情，与此同时，我还得完成安排好的演讲日程。

我一直认为，一个好的企业管理者不一定能成为一个好的政府管理者，商人的管理方式也未必适合政府。一个商人需要具备某些品质才能成功；而一个政府官员需要具备的品质更多，并且某些品质是完全不同的。他必须了解民众，了解政治，否则不会成功，毫无疑问，艾森豪威尔任命的许多人，不得不以缓慢而艰难的方式学习这一点。通常当商界人士入主政府时，往往会认为他们是站在权力巅峰的人，能够做到令行禁止。这在企业中或许是正确的做法，但是在政府中，必须要说服其他人认同他们的想法才是最好的选择。除非国会与他们意见一致，否则他们的目标不可能实现。艾森豪威尔总统显然认为，他可以建立一套大企业的模式来管理政府，但这种方法对于复杂的政府系统来说，既不一定是民主的，也不一定是成功的——我相信他自己也发现了。

同样，我不认为一个人是一名成功的公司律师，就一定能成为主持国务院的最佳人选。像我这样的局外人，并不了解他们处理国际事务的全部内情，但在1956年让我们陷入中东的混乱之中，到今天仍然如此，无疑是愚蠢的。

国务卿杜勒斯参加过我所参加的所有联合国大会，只有两次例外。我经常注意到，他很少表明立场，说这是对或是错。他回避做决定，因为他不想让自己承担明确的责任。这或许可以解释，为什么当他部门里那些忠心耿耿的公务员遭受不公正的猛烈攻击时，他没有挺身而出为他们辩护，这自然导致了国务院的士气低落。

在这里我要多说一句，我认为副总统理查德·尼克松①接替艾森豪威尔先生作为党的领导人，不会有太大问题，即便有一些共和党人反对。我认为尼克松先生是一个非常能干和危险的机会主义者，不过自从1952年以来，他学到了很多东西。他现在知道了赢得人民信任的重要性，他为此而努力，并取得了进步。但这仍然不能使我相信他有什么坚定的信念。

总统的一项重要职责——也是被共和党政府忽视的一项重要职责，就是要成为民众在国家层面问题上的导师。那些必须由政府来解决的复杂问题，对于大多数人来说，似乎很遥远，他们没有时间或兴趣去充分了解。但是，如果总统知道这些问题，并向民众解释清楚，就能使民众意识到必须做出什么决定，以及在做出抉择时他们身为公民的责任。没有对民众的这种教育，民主就可能成为一种危险的政府，因为选民在被要求做出决定或支持决定时，对所涉及的要素并没有充分的了解。

回到竞选的话题上，我在9月底去了俄勒冈，为参议员韦恩·莫尔

---

① 理查德·米尔豪斯·尼克松（Richard Milhouss Nixon，1913—1994），美国第37任总统，共和党人。1968年任总统。1972年连选连任。1972年2月首次访问中国，同中国发表《上海公报》。同年5月同苏联签订第一阶段限制战略武器条约。1973年签订结束越南战争的《巴黎协定》。1974年8月9日因“水门事件”被迫辞职。——译者

斯竞选连任参议员助一臂之力。这次是作为民主党人，而不是共和党人。我不得不把政治上的活动行程安排得很紧凑，以便完成我的演讲，这些演讲所在的城市通常都很遥远。那是一段十分忙碌的时期。记得有一次，我（从洛杉矶出发）要介绍史蒂文森州长在电视台做演讲，他当晚要在密尔沃基做演讲，而我还被安排在一场午餐会上发言，召开一场新闻发布会，参加一个招待会，然后去圣地亚哥参加另一个电视节目。因为我的飞机晚点了两小时，这一天变得更加混乱。当我到达演播室时，只剩下半小时的空闲时间。令演播室里的人感到吃惊的是，我坚持叫来一名速记员，听我口述了两篇报纸专栏，而政治栏目的演播人员则站在一边咬指甲。

还有许多这样忙碌的日子。后来我到西弗吉尼亚州的矿区，继续竞选活动。当我到达一个矿井的时候，矿工们正在交接班，我和其中一些人进行了交谈，这是自1930年代"大萧条"以来我再未做过的事情。我很高兴地看到，矿工们的日子比以前更好。在这些矿区，我有种回家的感觉。它让我回到"大萧条"时期，那个时候我花了很多时间，努力看看能为这个地区的人民，特别是孩子们做些什么。

在这次竞选之旅中，我四处奔波。途中遇到正在竞选旅行的参议员亚历山大·威利，共和党现任参议员。因为他的共和党同僚，威斯康星州的麦卡锡参议员的反对，威利参议员正陷入麻烦之中。尽管他在国会一向立场坚定地支持艾森豪威尔总统，但在威利遇到的问题上，艾森豪威尔总统并没有表现出很坚决的支持。威利参议员为正确的外交政策而据理力争的做法，让我心生敬佩，因此当我在马凯特见到他时，就热情地和他打招呼。后来有人告诉我，他觉得这对他赢得竞选没有任何影响。

那段时间的日程安排十分紧凑，从一个地区马不停蹄地转到另一个地区，我只有见缝插针，抓住一切机会打个盹，在飞机上或汽车上，或者坐在椅子上休息几分钟。

这种情况持续了好几个星期。在没有什么重大的、令人信服的理由能够使公众改变选择的时候，我不会自欺欺人地相信击败现任政府有多么容易。如果人民安居乐业，没有大的动乱，他们宁愿知足常乐，顺其自然，告诉他们在这里或在国际上有多么严重的问题，很难引起他们的兴趣。你不能指望选民们都对这种情况反应强烈。但是在竞选活动中，你必须对自己能够克服障碍充满信心，否则演讲就没有任何说服力。所以我一直告诉自己，我们有机会获胜，值得尽最大的努力去争取。

不过，我确实对巡游车队感到非常、非常厌倦。我不知道有多少次，乘坐在载有全国和地方政府候选人的敞篷车队里，在各个城市的街道上游行。他们当中的大多数人都在愚蠢作秀。竞选期间，对于民众来说真正熟知的只有两个人。一个是他们认识的总统，另一个是反对党领袖，试图成为总统的人。当然，一些当地的候选人他们也认识，但在我看来，巡游车队总是显得很可笑，因为没有任何理由让人费心到街上来看我。

竞选的最后几天非常紧张，我对自己的喋喋不休也感到厌倦至极。我的最后一次露面是在华盛顿，那天下午五点半，和参议员玛格丽特·蔡斯·史密斯①一起参加一档电视节目，晚上则在圣路易斯市的基尔大礼堂发表演讲。第二天一早，我乘飞机回到纽约，及时赶到海德公园投票，这是我能为史蒂文森州长做的最后一件事了，虽然它不是那么重要。

当然，从我的角度来看，回报并不令人满意。我很难过，因为我是

① 玛格丽特·蔡斯·史密斯（Margaret Chase Smith，1898—1995），美国历史上首位在国会众议院、参议院都获得过席位的妇女，共和党人。1950 年 6 月 1 日，她是七名联名反对麦卡锡的参议员中唯一的女性，起草并在参议院发表了著名的《良心宣言》（Declaration of Conscience），反对麦卡锡主义。离开参议院后，史密斯在很多大学做访问学者，获得过近一百个荣誉学位。1989 年，美国总统老布什授予她“总统自由勋章”，这是美国公职人员的最高荣誉。——译者

史蒂文森州长的忠实拥趸，我认为未来四年可能出现的问题需要他的能力来解决。不过当这一切结束后，我很高兴终于摆脱了政治。

后来我的孩子们告诉我，我想做的事情太多了。“你必须慢下来，”他们警告我，“你必须停止这些天的工作，不应该再参与这样的竞选活动了。”

第三十六章　巴厘岛和摩洛哥

我的大部分海外旅行都是官方或半官方形式的，开心的是，在工作的同时也时常能够顺便观光，有时候我也会自己安排出游几天，就像在1955年参观著名的巴厘岛一样。

那年夏天，联合国协会世界联合会在泰国首都曼谷开会，我受邀作为代表出席，对此我欣然接受，其中部分原因是这给了我一个机会，顺道再去看看远东。我认为我对于印度尼西亚的问题和人民还不够了解——这是一个曾经长期处于荷兰殖民统治之下，但现在已经成为独立共和国的国家。并且，巴厘岛是我一直都想去看看的地方，我曾经读过那么多有关它的书，它常常被描绘成传奇的南海诸岛中最绮丽多姿、最祥和宁静的岛屿。

我知道，荷兰人战后在岛上并不受欢迎，并且明显越来越不受欢迎。我认识朱莉安娜女王有些年头了，她一直致力于促进民众之间更好的相互了解。之所以想要聊聊女王，是因为在去印度尼西亚之前，在我曾经访问过的欧洲王室当中，荷兰王室是我很喜欢的一个。前女王威廉明娜一直让我十分钦佩，因为她的坚定无畏，以及她在作为一位能力卓越的君主的同时，始终坚持做好一名称职的家庭主妇。

我对朱莉安娜女王有一种特别的感情，因为，就像挪威的玛莎公主一样，她与丈夫和孩子们曾经多次来海德公园和我们同住。富兰克林还是他们三女儿的教父。她和丈夫以平常的方式抚养孩子，他们有段时间在公立学校上学。有一次，当两个孩子和几个小朋友走路回家时，途中经过一座果园，他们捡了一些掉在篱笆外的苹果，当然，这些苹果不属于他们。果园的主人叫了警察，警察很快给王宫打电话，告诉朱莉安娜公主她的孩子可能被拘留了。

“很好，”她回答说，“你必须像对待其他人一样对待他们。然后再打电话给我，我们会来接他们的。”

所有的孩子都受到了警察的训斥，当他们回到皇宫后，两个孩子还受到了父母的额外惩罚。

在朱莉安娜还是公主的时候，我曾经去她那里做客，当时乌得勒支大学①授予了我法学博士学位。仪式庄重热烈，结束之后，公主和我乘坐一辆由四匹马拉的马车，装饰华丽隆重，前往大学的女生宿舍。女生们倍感自豪，因为一名女性获得博士学位并不常见，因此她们不仅参加了仪式，还作为骑手护卫陪伴在我们的马车左右。公主和我一起在学生宿舍的场景，至今回忆起来仍乐趣满满。

作为女王，朱莉安娜一直致力于促进欧洲民众之间的相互理解，寻求与其他欧洲大陆强国一起，唤醒民众的责任感。她的政府在欧洲委员会中富有影响力，她的国家在她的领导之下，发扬人道主义精神，为难民提供援助。历史会铭记这样一位爱护臣民的女王。

因此，基于我对女王的这种感情，在 1955 年我决定利用去曼谷的机会，去看看那些曾经深受荷兰影响的岛屿。

途中，我们在日本待了一个星期。从西方人的角度看，那里的生活水平仍然很低。但我觉得，比起我 1953 年去那里的时候，他们的生活条

---

① 乌得勒支大学（Utrecht University），位于荷兰第四大城市乌得勒支，世界顶尖公立研究型大学，荷兰综合实力最强的大学。欧洲最古老的大学之一，建立于 1636 年 3 月 26 日。迄今为止共培养出十二位诺贝尔奖获得者以及十五位斯宾诺莎奖获得者。——译者

件正在不断改善，民众的幸福感也在不断增强。在我第一次日本之行中，有一件事曾让我忧心忡忡，那就是要在这个国家建立一个稳固的民主政府，需要克服的困难很多。然而，当我两年后再次回到那里时，我感觉在有关民主的重大问题上，民众的接受度越来越高。他们逐渐开始想要参与，并在政府中拥有发言权。当然，几个世纪形成的风俗习惯并不是一夜间就能被抹去的，但我认为人们的思想正在发生巨大的变化。

我们从日本飞往中国香港，然后到马尼拉，最后抵达雅加达。当我们到达巴厘岛时，天几乎黑了，拜戈斯·奥卡夫人来迎接我们，她是省长助理的妻子，一位魅力迷人的女性。第二天，我们开车到乌布村，途中经过的乡村，看上去雨水丰沛，四处绿意葱茏。我们在一个四周用土墙围拢的大院前停了下来。大院的门口有一个露天市场，摆放着各种各样的食品和手工艺品。

"这是当地王公的住宅，"奥卡夫人告诉我，"你们将住在这里的客房里。"王公是个胖乎乎的矮小男人，穿着像麻袋一样的长袍，中间系着一条宽大的腰带。出于经济上的原因，他把他的大院改造成了宾馆。每间客房都是泥土和木头结构的，盥洗设施在一个独立的小房间里，需要穿过一个拱门。几乎没有什么现代化的排水系统。

人们每顿饭的主食都是米饭，通常还有一些蔬菜，不过他们每周会有一次大餐，吃鸡肉和猪肉，以弥补日常饮食的单调。我们不需要一直吃米饭，但我得说，后来当我搬到一家能俯瞰水景的荷兰小旅馆时，那里的饭菜很美味，感觉也舒服得多，就像天堂一样。

在我们离开巴厘岛前往雅加达和曼谷时，我觉得我把这辈子的舞蹈都看完了，不过这些舞蹈与这个岛和岛上的人们相得益彰，让我们的这趟旅行充满欢乐。

联合国协会世界联合会在曼谷的会议很精彩，但没有什么特别值得一提的。我们一到曼谷，就受到了总理波·披汶颂堪元帅夫妇以及美国大使馆人员的欢迎。我发现这座城市别具风情，尽管当时正值雨季，下午总是会大雨倾盆。

感谢热情好客的当地政府，我们一行人得以去参观吴哥窟，这座柬埔寨古高棉帝国的著名寺庙。我们乘飞机飞越一处肥沃的山谷，在雨季，那里到处都是水。在空中我们就能看到大吴哥城和吴哥窟的那些寺庙。我觉得它们是我见过的最令人印象深刻的历史遗迹。

在谈起近几年来我最重要的一段经历之前，我想先说说另一段在一个新的发展中国家的旅程。为此，我必须回到海德公园，回到摩洛哥从法国殖民统治下获得独立不久之后。

有一天，国务院一名阿拉伯问题的专家，阿奇·罗斯福打电话问我，他的一位老朋友能不能来我家喝茶。我欣然应允，但是当一辆大型豪华轿车停在门口时，我惊呆了。一个小女孩走了出来，接着是一个美国女人，接着是一个摩洛哥女人，最后是两个摩洛哥男人，还拿着一大盒鲜花。

我没想到会有这样一个代表团，结果发现其中一人是摩洛哥苏丹、后来的国王穆罕默德五世的首席顾问。他们是来给我丈夫的墓地献花的，而我以为他们只是来喝茶。他们解释说，本来在他们到达海德公园时，会有两位国务院的官员接应，但出了点儿问题，他们直到后来才出现。

我们喝完茶后，苏丹的顾问站起来相当神秘地说："罗斯福夫人，我想要和您单独谈谈。"

在其他人离开房间之后，他继续说道："我们摩洛哥人永远不会忘记一位仁慈的人。苏丹让我告诉您，他回忆起您丈夫时说，他是一位给了他无私忠告的外国国家元首。他想让我说的是，他认为如果您丈夫还活着的话，法国和美国之间就不会签订关于在摩洛哥建立美国空军基地的秘密条约。不过，我们不会责怪美国签订这项条约，我们也不会在贵国政府和我们有关基地的谈判中制造任何困难。苏丹还邀请您访问摩洛哥。”

几个月后，我在纽约的一些朋友告诉我，摩洛哥有大批犹太人想移民到以色列，结果引发了问题。他们已经获得法国政府的签证，并准备离开，但就在最后一刻，摩洛哥官员设置了各种障碍阻止他们离开。

“法国的警察部队已经撤离，而阿拉伯人对犹太人充满敌意，”他们告诉我，“他们现在住在临时营地，这些营地拥挤不堪，卫生条件恶劣，有暴发传染病的危险。我们试过一些办法解救他们，但没有成功，也始终没能从苏丹那里得到任何消息。你觉得你能向他呼吁一下吗?”

“我给他写封信。”我说。我立刻写了这封信，说犹太人显然处境相当危险，并且担心传染病暴发可能危及那个地区的所有人。我说我知道他心系苍生，希望他能做点什么来缓和一下局势。我没有收到任何回信，但不久之后，我得知犹太团体离开摩洛哥的必要许可已经签发，在我写信给苏丹两周之后，他们出发前往以色列了。

1957 年，摩洛哥王储和他的妹妹访问美国，公主来拜访了我。陪同她的还有摩洛哥大使夫人和其他几位女士，以及摩洛哥驻联合国公使。就在他们准备离开的时候，公主和公使说了几句话，然后公使转向我。

“公主说她的父亲，苏丹，邀请您访问我们的国家。”

后来在 1957 年冬天的时候，古雷维奇博士告诉我，他计划带他的女儿格拉尼娅去北非度假，于是我们决定一起去，同时访问摩洛哥。我儿子埃利奥特夫妇也和我们一起同行。

身着白袍的卡萨布兰卡总督和苏丹的一名代表在机场迎接我们。和他们一起的还有肯尼斯・彭达，埃利奥特和古雷维奇博士很高兴见到他。战争期间，埃利奥特曾经随空军部队驻扎在摩洛哥，当富兰克林和温斯顿・丘吉尔在卡萨布兰卡召开那次历史性会议的时候，他被派去父亲身边，因此他对这个地方很熟悉。在驱车前往首都拉巴特之前，我们在卡萨布兰卡只待了一天。

我们开着车在这个国家穿行，这个国家和这里的人民，都引起了我强烈的兴趣。我从不认为法国人是世界上最好的殖民者，不过，就事论事，没有一个国家能够给予另一个国家所需要的一切。法国人给摩洛哥留下了修筑精良的道路和医院。在利奥泰元帅的统治下，他们还保留了一些阿拉伯国家的古老风味；他们不但不允许为了建造新建筑而拆除阿拉伯古城，还确保新建筑都建在旧城之外。但是，摩洛哥的电力和灌溉系统几乎被法国人垄断了，我们驱车经过的阿拉伯人的土地，由于极度干旱而被烧毁。这自然不会使阿拉伯人对法国殖民者态度友好。阿拉伯人的学校很少，整个国家的识字率很低，生活水平同样也很低。摩洛哥人珍视他们的独立自主，但是政府不得不几乎从零开始，还有很多事情要做。

总的来说，我认为值得注意的是，摩洛哥人民，虽然大部分人的生活缺衣少食，没有保障，但是他们并没有倾向于苏联。

苏丹住院做了一个手术，但只过了几天，他就邀请我们全体到皇宫去。接近傍晚时分，我们驱车抵达皇宫，立刻被带进宽敞的会客室。椅子围绕着房间摆成半圆形，地板上铺着漂亮的地毯。在一个凸起的平台上，穆罕默德五世①坐在一张宽大的椅子里等待着我们。尽管刚刚做过手术，他还是站起来和我打招呼，我向他介绍了同行的其他人。我们聊天的时候，侍从们端上了茶点，他礼貌地询问了每个人的职业和兴趣爱好。过了一会儿，其他人离开了，但他要求我和埃利奥特留下来进行一次不那么正式的谈话。

苏丹年轻英俊，面容和善。他的眼睛里流露出幽默的神情，拨弄着串珠的手指纤巧细长，十分灵活。他穿着长长的白色长袍，上面点缀着

---

① 穆罕默德五世（Muhammad V，1909—1961），摩洛哥苏丹（1927—1953），全名西迪·穆罕默德·本·优素福，穆莱·优素福苏丹第三子。——译者

一些雅致的颜色，戴着一顶小帽子。从他的谈话当中，可以清晰地感受到，他对于民众的福利，以及他们对经济保障和发展社会服务的需求有着清醒的认识和深切关注。但他同样清楚地认识到影响着阿拉伯世界的复杂国际关系。从他的讲话中我感觉到，他希望摩洛哥、突尼斯和阿尔及利亚这三个北非国家能够成为东西方之间的桥梁，帮助缓解埃及和叙利亚等国家极端的民族主义造成的紧张局势，使各个国家之间更好地相互理解。

自从我们到了摩洛哥，我就一直感觉，比起其他阿拉伯国家，摩洛哥人对美国要热情许多，不过直到我们和苏丹会面之后，我才清楚其中缘由。这种友好的态度可以追溯到第二次世界大战期间，富兰克林和温斯顿·丘吉尔在卡萨布兰卡召开会议的时候。

当时，统治摩洛哥的法国官员前来正式拜访，当他们离开的时候，富兰克林说："现在我们必须见见苏丹。"

丘吉尔不温不火地看着他。"我们为什么要这么做呢?"他问道，"我们已经见过法国人了。"

"我们必须见苏丹，"我丈夫回答说，"因为这是他的国家。"

苏丹回顾了那次会面，他说我的丈夫给了他无私的忠告，使他相信美国是友好的。他的这种友好相助的精神在摩洛哥被广为传颂，许多人告诉我，美国的友谊是摩洛哥争取独立运动中的一个里程碑。

几天后，在访问马拉喀什和阿特拉斯山脉的丘陵地带时，我又一次目睹了摩洛哥人民展示出的特别友好之情。有一天，将近中午的时候，我们乘坐三辆汽车从马拉喀什出发。乡野里田地干涸，尘土四处飞扬，有的时候道路上全是尘土。当我们离开城市的时候，途中遇到了一大群骆驼，大概有两百头左右，后来又看到在一口井边，一只小公牛慢慢地绕着圈走，取水出来灌溉沙地。当我们一路颠簸着越过丘陵，看到了代姆纳特，一个景色奇特的小村庄，它坐落在山顶上，远处是一片土褐色的干旱平原，后面耸立着绵延不断的群山。

我们驱车前往酋长的住处，距离代姆纳特还有一段距离。途中看见几名游客，还有些人赶着小群的羊，从打着旋儿的滚滚尘土中走过。镇上的主要官员都在那里迎候我们，酋长已经准备好了传统的阿拉伯盛宴，大盘的米饭、羊肉和甜点，必须用手指抓着吃。

宴会结束后，代姆纳特的官员们陪同我们穿过平原，来到他们的古镇，这座有围墙的城镇是摩洛哥最古老的城镇之一，历史可以追溯到公元10世纪。我们走得是一条崎岖不平的土路，尘土飞扬，阳光炙热，但是城镇的大门外已经聚集了一大群热情洋溢的民众。

“欢迎！”当我们的汽车驶近时，他们大声欢呼，“欢迎！”

让我更为印象深刻的是，他们制作了一面粗糙的美国国旗，挂在大门上，还有一个牌子上面写着：“我们永远怀念罗斯福总统！”

去过的地方越多，我就越感觉到美国人用理解的眼光去看待世界上其他国家的民众是多么重要，现代通讯和交通工具正在使他们成为我们越来越亲近的邻居。而且，走过的地方越多，我就越感到庆幸，因为我恰好出生在美国，这里崇尚自由的理念，各个阶层的人都有上升的机会。我也感到，作为一个国家，我们肩负着巨大的责任，全世界都在期待着我们发挥领导作用，无论什么国家，也无论什么发展阶段。

但是，担任领导角色的要求是严苛的，任何人或国家都不能在没有获得授权的情况下担任领导。我在1957年访问苏联的时候，就深感震惊——我被许多事情吓坏了，这些情况表明，我们想要保持世界领导的地位，还需要面临何等艰苦的斗争。

第三十七章　在苏联的土地上

苏联之行是我所有旅行之中最重要、最有意义、收获最大的一次。我试图通过苏联人的视角来了解这个国家究竟发生了什么，所有自由世界的人除非从这个角度去了解苏联，否则我们的自欺欺人将会带来灾难性的后果。我记得，就在四十年前，这个国家的庞大人口基本上还都是农民，他们住在泥地的房子里，在寒冷的冬季，可能还会在厨房里养上一两只家畜。他们都是文盲，饱受压迫。他们害怕被日耳曼人征服，长久以来，无论自己的生活多么艰难，他们始终时刻准备着保家卫国。

当我们审视今天的苏联时，不应当忘记这些事实。我所看到的，令我深怀恐惧。让我感到恐惧的不是苏联的统治或哲学，也不是可怕的导弹或氢弹。我担心的是，我们无法看透还在持续进行中的苏联革命的本质，以及它对整个世界意味着什么。如果我们做不到这一点，无论生产什么样的导弹、地球卫星或是原子战舰，都难以捍卫我们的世界。

我的说明必须从 1957 年春天开始，当时《纽约邮报》的老板多萝西·希夫邀请我参加午宴，她问我："你想去趟中国，为《邮报》写些系列文章吗?"

"我当然想啊。"我回答。

"那你负责向国务院申请签证，其他的我来安排。"

我向国务院申请了签证，但是被拒绝了。当时这让我十分恼火。后来我的怒气消了一些。因为国务院要为所发的签证承担责任，为持其护照出国的公民提供保护，他们说无法为在中国旅行的公民提供任何保护，所以我想他们有权利这么做。不过，在我看来，如果是新闻记者想要去中国，国务院的人可能就会说，只要中国政府允许他们入境，他们就可以去。不管怎样，我没有拿到去中国的签证，希夫夫人问我是否愿意改去苏联。

“可以，”我回答说，“不过我要到9月份才能去，并且我想带我的秘书科尔小姐和古雷维奇博士一起去。他会说俄语，他的医学知识对我此行也很重要。”

我们的签证花了三个月才得到苏联人的批准。8月底，我们三人飞往法兰克福和柏林。在那里，我惊讶地看到，自从我上次访问以来，已经有如此之多的房屋建筑被修筑起来，德国复苏的速度是如此之快。我们一大早就从柏林飞往哥本哈根，然后在那里转乘斯堪的纳维亚航空公司的飞机飞往莫斯科。飞机上很拥挤，大部分是美国和英国的游客，但也有一些来自苏联卫星国家的中欧人。我们在里加停留，进行护照检查和午餐，但不允许离开机场。那天下午，我们飞抵苏联上空。在我们途经的苏联国土上，有许多地方都被郁郁葱葱的森林覆盖着，这让我很是惊讶，因为我一直认为苏联是没有什么树木的大草原。接近莫斯科时天已经渐渐黑了，但我们仍然能够看到，这座城市里正在大兴土木，在许多地方，起重机和建筑物的框架高耸入云。莫斯科机场的地面上停着很多飞机，其中大多数是双引擎飞机，数量之多也令人惊讶，和纽约的拉瓜迪亚机场或者艾德威尔德机场[1]不相上下。

美国大使馆的两位年轻人在机场迎接我们，还有热情的苏联国际旅行社代表，我的行程就是由他们负责安排的。我不是政府邀请的客人，而是作为一名记者来旅行的。我的翻译是安娜·拉夫罗娃，一位聪明迷

① 艾德威尔德（Idlewild）机场，约翰·肯尼迪国际机场的曾用名。——译者

人的年轻女子，1945 年在雅尔塔，我丈夫与斯大林和丘吉尔召开会议时，就是由她担任翻译的。

我对莫斯科的第一印象是到处都在建楼房。我们开车前往国家饭店的途中，经过克里姆林宫南侧，高墙巍峨，灯光璀璨，令人印象深刻。

到了饭店，拉夫罗娃夫人陪我一起去了我的房间，有一个客厅、卧室和浴室的套房。厚重华丽的家具陈设，黄色的锦缎，精雕细刻的桌腿，一股浓浓的古典氛围，盥洗设施虽然都是好的，但完全不现代。

饭店里的餐食总体来说很不错，而且我们也没有别的地方可以吃，因为我们能去的几家餐馆价格都很高。那里有罗宋汤，里面有大块的肉和很多卷心菜，鸡肉，当然还有茶、鱼子酱、蛋糕和各种冰淇淋。

苏联人通常穿着都很朴素。政府不鼓励人们穿着打扮，因为这对于国家的经济福利不重要。用美国的标准来看，衣服的价格很高，质量和品种都乏善可陈。因此，无论是在街上，办公室里，还是在体力劳动中，人们都穿着虽然暖和却款式单调的服装，通常都是深色的，千篇一律。关于人们的衣着，只能用一个词来形容，那就是“单调”。

抵达后的第二天，我去了一趟大使馆，然后去了国际旅行社的办公室，和旅行社的领导谈了谈，详细研究了我的旅行计划。

“我想尽可能去远离莫斯科的地方”，我说，“因为我想全方位的看看这个国家。我一直对塔什干①和撒马尔罕②着迷，也许我可以去那儿，除非路途太遥远了。”

社长笑了。“我们每天都有到塔什干的商务喷气式飞机。飞一趟需要四个小时。”

---

① 塔什干（Tashkent），乌兹别克斯坦十二个州之一，首府设于塔什干市。位于该国东部，在天山山脉和锡尔河之间，是经济最发达的州。——译者

② 撒马尔罕（Samarkand），乌兹别克斯坦的旧都、第二大城市，撒马尔罕州的首府。中亚地区的历史名城，中亚最古老的城市之一，丝绸之路上重要的交通枢纽，连接着波斯帝国、印度和中国这三大帝国。——译者

于是他将塔什干安排进我的行程，还有斯大林格勒，以及乘船去伏尔加、黑海、列宁格勒和基辅的旅程。不过在行程开启之后，我并没有严格遵守行程表的安排，这让旅行社感到沮丧不已，最后我不得不取消一些行程，因为时间不够。每当我决定在某个地方需要待更长时间并改变日程安排时，旅行社的人就会暗自抓狂。大多数苏联旅行者都是让他们去哪儿，他们就去哪儿。

刚到莫斯科的时候，我就提出要采访一些政府官员，但是确定具体日期的过程却颇费了些周折。不过，我在被约见的时候，受到了亲切友好的接待，他们为我大开绿灯，包括允许我参观各部委下属的许多研究所和项目。

在看了几天芭蕾舞，参观了博物馆，以及一场精彩的马戏表演之后，科尔小姐和我被车送到离莫斯科大约 20 英里的一个国营农场。苏联有两种类型的农场。国有农场归政府所有，政府雇佣并支付工人工资，农场的生产效益与工人无关；另一种是集体农庄，土地归集体所有，集体共同经营和劳作，并从中选举出一人担任负责人。这两种类型的农场都要受国家监管。

农场的工人能够得到一处房子和一小块自留地，可以为自己耕种。当然，国营农场的工人不用承担集体农庄那样的风险。在庄稼歉收的年份里，集体农庄的农民处境艰难；不过，在丰收之年，他们增加的收入相当可观。

我参观的国营农场叫“莱斯尼·博尔贾纳”，意思是“森林中的大草原”。由国家任命的经理告诉我，他们有 2 000 英亩的耕地，还有一种叫“霍尔莫戈”的奶牛，饲养它们是为了提供食品。

“农场里有 550 头纯种牛，”他说，“其中 226 头是产奶的。牛奶全都装罐运往莫斯科。”

有大约 230 人在农场全职工作，夏季繁忙季节还会临时雇用大约 20

人。在苏联，女性会承担许多我们认为是男人的工作，比如街道清洁和铁路养护工，在这个农场的牛棚里很多工作也是由妇女来干的。这里有一些挤奶机，但大多数挤奶是手工完成的。肉牛看起来不是特别肥壮，在整个苏联，我都发现肉没有我们的肉那么嫩，显然是因为悬挂的时间不够久①。鸡肉也不够软嫩，所以很少能吃到烤鸡。通常都是煮熟的，或者剁碎了做肉饼，或者用在汤里。

参观完国营农场后不久，我们就乘坐喷气式客机去了塔什干，在那里我有机会参观了一个集体农庄。离开莫斯科不到四小时，我们就到了大约 2 000 英里外的塔什干。

这里的沙漠地带比我想象的还要多，只有有水源或者灌溉区的地方才有绿地。塔什干的部分地方历史可以追溯到 12 世纪，现在这些古老的遗迹慢慢地都被一点点拆毁，街道在拓宽，正在建造着的是新式的现代化公寓。

我们参观的集体农庄归一个农民组织所有。农场的全部收益中，有 7%以税收形式交给了政府，另外 16%用于资本储备，1%用于弥补折旧摊销之类。13%的资金用于支付公共事业的费用，其中有许多名目，然后剩余的现金在集体成员当中分配。据说在这种情况下，一个人每年可能得到大约 8 000 卢布的现金，再加上住房、公共服务、食物等等，这意味着他可以生活得相当宽裕。当然，如果庄稼歉收的话，他就有麻烦了。

棉花是主要作物，不过农民们也会饲养牛以获取肉和奶。农场有 1 160 间房屋和 1 700 名工人，代表着有十几个不同的民族汇集在这片古老的中亚土地上。每个农民每年都能得到大约 30 磅肉、相当数量的谷物和 150 磅土豆，除此之外，他还可以在自己的园地里为自己耕种，并且养一头牛，由集体农庄提供饲料。

---

① 肉类物理致嫩法：肉类经过适当时间的悬挂之后，依靠自身重量拉伸肌肉，肉质会更嫩。——译者

我们在农庄里兜了一圈。所有的房子都没有自来水，但是都通了电，时常能看到在老式的柴火灶上放着一个单灶头的电炉。卫浴设施都是老式的，通常有一个厕所和一间浴室。

每一寸土地似乎都被利用起来了，就连栽种小型果树的地方也种植着农作物。农庄里有一个妇产医院和一个婴儿诊所，不过，如果病情严重的话，他们会去塔什干的医院。还有一个托儿所，一个幼儿园和一所学校。当父母在田里工作时，这些机构会负责照料孩子，哺乳的母亲可以在规定的时间离开工作去托儿所给孩子喂奶。

农庄负责人说，近年来产量稳步增长，不过同时农庄的规模也在扩大，所以很难说是因为经营有道，土地亩产提升，还是仅仅因为土地面积的扩大。后来，在莫斯科，我和路易斯安那州参议员艾伦·J. 埃伦德讨论农业生产的问题，他已经是第三次访问苏联了。他对苏联的农业发展十分关注，曾经去过苏联的新开垦区，在那里大片的土地被开垦，或者说是开荒。

这位参议员认为，在这些地方存在着一个严重威胁，当平原上起到保护作用的草地被清除之后，新的土地可能会形成沙尘暴，就像美国西南部一些地区曾经发生过的一样。他说，他已经写信给赫鲁晓夫，提醒他注意这种危险，但这位领导人似乎并没有放在心上。后来，我和一位农业部副部长谈话，问起他这个问题，不过他说在土地开垦之前，他们做过详尽的调查，发现表层土壤的深度超过 3 英尺。

顺便提一句，苏联人曾经从得克萨斯州的国王牧场进口了一些著名的"圣热特鲁迪斯牛"，用于育种。早在几年前，它们就被装船运往苏联，但据说后来已经绝迹。我对这件事很好奇，后来还向农业部询问过它们的遭遇。

"哦，它们可是部里的特殊宠物"，我被告知，"它们被运到了乌克兰南部，现在还在那里并且传宗接代。已经生了很多小家伙！"

苏联的经营之道，可以从音乐学院和类似的机构当中窥见一斑。四十年前，这个地区没有音乐学校，当地的民间歌曲是通过代代相传的。因此莫斯科决定，保护每一个共和国的文化是很重要的，这里的音乐学院就是实施这一决策的成果。塔什干的音乐学院有 350 名学生和 150 名教师，他们密切关注有天赋的年轻人，以便使他们能够成为一名老师，或者将来在某个地方从事音乐职业。国家每年提供 600 万卢布来经营学院，还为乌兹别克斯坦共和国学戏剧的学生赞助了大约 30 家剧院。

星期天的塔什干沉浸在音乐之中。一些小型的广场上，歌手们聚集在舞台上，为途经的路人献唱，也有舞者和乐手。四处都有驻足下来欣赏音乐的人群。

我们乘飞机到撒马尔罕进行了一次短暂旅行，当地的两位女性官员来迎接我们，还有一位历史学家，为我们介绍了这座曾经的帖木儿帝国[①]首都的许多情况。政府花费巨资修复了这座“蓝色之都”的一些旧建筑，城内有数座雄伟壮观、富丽庄严的古墓，表面镶嵌着彩色的陶瓷贴片，其中包括蒙古征服者第一任妻子的墓和穆罕默德堂弟的墓。地震摧毁了许多建筑物，但仍然有两座美丽绝伦的蓝色穹顶保留了下来。我们还参观了一家治疗骨结核的大型医院，那里孩子们的温顺听话给我留下了深刻印象。

我在苏联所了解到的最重要的东西——或许是西方世界的人们最难以理解的，在访问列宁格勒时，达到了顶点。从抵达莫斯科开始，我就一直在吸收各种各样的想法，并根据所见所闻逐渐得出某些结论。但正是在非常重视儿科的列宁格勒医学院，我才真正看到了苏联正在发生的事情，才真正明白这些可能意味着什么。

---

① 帖木儿帝国（Tamerlane），14 世纪末在伊朗和中亚细亚兴起的大帝国。为出身于西察合台的突厥化蒙古贵族帖木儿经过长期征战所建。首都撒马尔罕。版图自俄国南部至蒙古，南达印度北部、波斯和美索不达米亚。——译者

伊万·彼得洛维奇·巴甫洛夫博士，生理学家和实验心理学家，对今天的苏联人有着巨大的影响。我略微知道，巴甫洛夫博士在1936年去世之前，曾经实施过许多实验，并对条件反射进行了大量研究，苏联政府还为他建立了一个专门的实验室。但直到我看到他在列宁格勒和其他地方的一些工作成果，我才意识到，作为一套体系的发明人，他也许在历史上应当更为著名。

我曾经对旅行社的人提出，想去儿童医学研究机构看看，了解他们照顾孩子的方法。在研究所里，他们问我是否想看一个实验。有32个正在接受训练的孩子，他们从医院里一出生就被带到这里，这些孩子都是孤儿或者被遗弃的。培训的目的是观察他们在这样的研究机构里，是否能像在普通家庭里一样健康快乐地自由成长。

育儿室里配备的设施很完善。其中的一名保姆，穿着白色制服和帽子，是一位健壮结实、面貌和善的年轻女子，向我演示了给孩子们进行的训练，校长和几位医生陪同我一起观看。我后来才意识到，巴甫洛夫的理论就是在这里付诸实践的。所有的托儿所和在家训练孩子的母亲们都遵循着同样的模式。

一个六个月大的婴儿被带到保姆那里进行日常训练。方法很简单，拿出两个圆环递给婴儿，引导他把圆环戴上，这是练习的第一步。我注意到孩子已经知道接下来要做什么了。他一看到保姆，就伸出手去抓住圆环。在这个训练环节中，他始终紧紧地抓住圆环，然后，没有收到任何示意，他丢下圆环，进入下一个训练环节。这次是用他的腿，不需要保姆的任何指导，他就完成了常规动作。然后他僵硬地躺着，等着脚后跟被抓起，举过头顶。之后，保姆抱起他，拥抱亲吻他，花了一些时间和他玩耍，就像任何母亲对待一个小婴儿一样。

我注意到，在我参观过的所有机构中，无论孩子的年龄大小，都得到了这样的关爱和悉心照料。我看到的下一组是四个大约一岁半的孩子，他们的训练程序更复杂一些。他们走进来，像一个仪仗队一样，脱下鞋子，整齐地排成一排，从墙边拉出一条长凳。一个接一个地，沿着长凳爬，然后在上面走，然后在下面爬。接着爬上训练用的栏杆。他们很清楚要做什么，什么时候做，像时钟一样精确，完成了所有规定动作之后，他们便走过去坐在保姆的膝上。保姆把他们放在地上，又把他们拉起来，进行另一项练习。然后孩子们穿上鞋子，把凳子放回原位，走了出去。这种行为训练伴随着孩子们的成长年复一年地进行着。

我问自己，这在幼儿园或学校之外的日常生活中意味着什么？看着那些孩子们的时候，我想我从苏联人民的表现中已经看到了一些答案，自从巴甫洛夫博士进行实验并得出结论以来，这几代人正在逐渐成长或已经长大成人。

但问题不止如此，远远不止如此，美国人绝不应该忽视的是，通过控制整个经济，苏联政府可以利用这些训练有素的人来做的一些事，在我们的自由经济中，即使能做到也是十分困难的。苏联领导人意识到了这种力量，也知道如何利用它。例如，他们比我们更重视科研项目，投入的资金也要多得多。只需要看看这一个领域的差别：1956 年，苏联学校毕业了大约 26 000 名医生。而在美国，我们的医学毕业生只有大约 6 500 人。

在苏联，免费医疗似乎是人们最重视的事情之一。卫生部在全国各地都有机构，但制度是由莫斯科统一制定的，同时也因地制宜地做一些调整。要成为一名医生，必须先经过十年的基础教育，然后在医学院学习六年，然后再为国家工作三年。一开始着重于公共卫生，在完成国家的工作经历之后，医生可以选择自己的专业，再接受三年的培训。我好奇地发现，他们建议一名医生每天的工作时间不应该超过六个小时。

整个苏联划分为许多卫生医疗片区。我们参观了列宁格勒的一个母婴护理区域中心。它只负责照料健康儿童。生病的孩子被送进医院。这个区有19 000名孩子，市区有三个托儿所，郊区有四个托儿所，孩子们被送到那里去享受更健康的环境。全区共有18所幼儿园和2所学校。全区共有91名医务人员，其中51名医生，每人在中心工作两小时，四小时出诊。他们告诉我们，1956年该地区只有一名一岁以下的儿童死亡，只有四名六岁以下的儿童死亡。这个地区没有性病，也没有卖淫。值得注意的是，仅列宁格勒就有超过35个这样的中心，有2 000名医生纯粹致力于预防医学。

接着我们参观了索契，在列宁格勒以南很远的地方，位于黑海沿岸，这里有50座疗养院，归国营的企业或工会所有。如果医生证明一名工人的月休假需要去疗养院度过，那么他护理费用的70%将由工会支付。工人只需要以很低的价格支付他的旅行费用，并支付30%的休养费用。如果病情严重，在特殊医院或疗养院度过的时间不算作休假时间。

索契有一项值得一提的规定，就是允许工人们带着他们的配偶一起去疗养院，不过要支付额外的费用。我看到许多夫妇躺在阳光下享受着索契美丽的海滩，或者在海里游泳嬉戏。人们花了很多时间和心思为假期做准备；事实上，一直到在苏联听到人们如此热烈地讨论着假期，我才意识到假期有多么重要。

此前我写的大部分内容都是关于苏联的农业和医疗，但是政府同样清楚地意识到，在其他科学领域也需要投入大量的资金和研究。在莫斯科我们遇到一个美国人，塞思·杰克逊，是一个联合国访苏代表团的成员，研究林业方面的问题，特别是伐木。他是我们林业部的技术专家，他认为苏联在林业研究方面领先于我们。

“通过林业研究机构的努力，苏联已经对他们所有的森林进行了勘察，”他说，“这个国家有12个这样的机构，他们用于伐木和其他用途的机器也在不断地改进优化。美国从来没有绘制过所有的森林地图。”

另一件让我倍感关注的事是苏联对科学进步的鼓励。有能力的学生被给予了一切自由工作的机会，不过我想知道他们有什么思考的权利。所以我问了一位科学家。

“噢，鼓励我们自由思考，就像鼓励我们工作一样，”他笑着回答，“我们可以自由地讨论、挑战和思考任何我们喜欢的事情。”但是如果你向他们中的任何一个人，询问有关政治的问题，他们总是会说：“我们对政治一窍不通。”

后来在莫斯科，我与苏维埃妇女委员会召开了一次会议，她们正在争取去美国的访问邀请。“让我们获得访问贵国的签证，为什么这么难啊？”其中一个问道：“我们一直努力了两年，想要通过国务院安排一次访问，但都以失败告终。”

“你确定，”我问道，“政府会允许你离开苏联吗？”

“当然，”她说，“我们已经得到了政府的明确保证。”

我告诉她们，我会设法让美国全国妇女委员会的人来调查这个问题，或许还要在国务院做些工作。这些妇女非常渴望看到美国，我相信苏联人民和我们的人民之间进行更为广泛的交流，对我们是有益的。我们有完全不同的背景，完全不同的生活。但是我们只有亲眼看到了才会理解。也许在看到美国之后，他们会更喜欢自己的生活方式，但这样的交流或许能让我们彼此充分理解，达到我们的领导人一直谈论的，却似乎总是无法实现的那种和平共处的状态。

我在苏联去过的所有地方，都能看到一种宣传，这对于现阶段的美国人民来说，应当尤其引起重视。这个国家最常见的标志是和平鸽。无论你走到哪里都能看到。在街道上，我看到它被画在卡车的侧面；从莫斯科大学的塔楼往下看，草坪上用石头勾勒出一只巨大的白鸽。即使在那些偏远的小村庄里，也张贴着和平鸽的宣传画。我参观的最后一场马戏团演出中，在一番爱国演说之后，一大群鸽子在观众面前被放飞。

和平运动的发起是为了提醒人民，他们必须努力工作和做出奉献的原因是，尽管苏联渴望和平，但他们最大的敌人——美国，正试图对苏联挑起战争。和平鸽象征着苏联致力于保护人民免受战争侵略的伤害，而我们的政府被指控正在策划这场战争。

对我们来说，仅仅说他们的信仰是错误的是不够的，因为他们已经习惯于相信华盛顿正在策划一场战争，而莫斯科正努力保护他们免受我们的侵略；他们确实相信这一点。我在苏联报纸上看到的关于美国的唯一新闻，几乎都是关于阿肯色州小石城的学校整合问题[①]。因为苏联人某种有关美国完全扭曲的观点或者针对美国人民的态度，有时我会提出抗议，通常遇到的都是沉默或者明显的不信任。或者，如果和我谈话的人是受过教育而且聪明的，他的回答可能是："哦，我对政治一无所知。"

对我们来说，这似乎成了一种讽刺，和平鸽已经成为美国人密谋发动一场世界大战的象征，除此之外，如果我们真希望避免这场战争——克里姆林宫一直在不断、不断、不断地告诉他们的民众，我们可能会发起的这场战争，我们将不得不付出比过去多得多的努力，对此我深信不疑。

---

① 小石城事件：美国地方政府制造的歧视黑人事件。——译者

第三十八章　对西方的挑战

一到莫斯科，我就提出了采访尼基塔·谢·赫鲁晓夫的请求。他们要求我写个清单，把准备向赫鲁晓夫先生提问的问题列出来。我照做了，并提出希望对他的采访进行录音。

随着时间一天天过去，我开始觉得与他见面的希望渺茫，尽管这曾经是我此次苏联之行的一个主要目的。我已经做好了放弃的准备。然而，就在预定离开日期的前三天，我的翻译说："我忘了告诉你，明天一早我们去雅尔塔。"

第二天早晨，我们动身前往雅尔塔。抵达之后，我们被告知赫鲁晓夫先生将会派他的车来接我们，在第二天的9点半。

9点半，我们准时乘车下山前往黑海，然后到了一个有士兵守卫的大门前。穿过大门，大约几分钟后，又穿过了另一个同样戒备森严的大门，来到一栋房屋前，它的位置极佳，面朝着雅尔塔市区，看起来很舒适但并不十分气派。我们在约定的时间准时到了。

我们被领进院子，来到一个花园，赫鲁晓夫先生正在那里和另一位先生谈话。他走上前来迎接我们，并向我们表示欢迎，一个矮胖敦实的男人，秃顶，圆圆的脸上挂着大大的笑容。

陪我一起来的古雷维奇博士，把我们的便携式录音机安装好，这样我们的谈话就不会有什么误解了，于是我们坐下交谈起来。

"我很感谢你来这里，"他说，"我想谈谈富兰克林·罗斯福总统。

我们尊敬他，铭记他所做的，因为是他首先在美苏之间建立了外交关系。罗斯福总统非常清楚这种关系的必要性。他是一位伟大的人，一个既了解自己国家利益也了解苏联利益的杰出人物。对抗希特勒是我们的共同目标，富兰克林·罗斯福在这个问题上的真知灼见令我们甚为敬佩。我很高兴能在我们的土地上见到你。”

我的第一个问题是关于裁减军备。我指出，在二战后，我们把军队从1 200万裁减到100万人，但是，由于苏联的一系列行动，我们不得不重整军备。我说，在这种情况下，美国人民想知道苏联怎么能指望我们不加考量就同意裁军。

“我们不同意你的观点，”他回答说，“我们认为，美国和苏联都进行了裁军。在我们国家，男人和女人都应征入伍了。在我们国家，死亡人数与你所提到的贵国军队的人数差不多，几乎是同等数量，罗斯福夫人。我无意冒犯你，但如果你把你们国家的损失和我们的损失做个比较，你们的损失只不过相当于我们在一场大的战役中的损失。你知道战争对我们造成的破坏有多可怕。我们的许多城市都被摧毁了。这就是为什么我们的国家如此渴望建立稳固的和平。没有哪一个国家比我们更渴望和平。”

但是，我们指出，苏联军队的规模比我们的军队规模大。

“我并不否认我们的军队规模更大。拿张地图看看我们国家的地理情况。我们的国土疆域辽阔。如果是德国或法国，这些小国家只需要把军队部署在东部或者西部边境进行防卫，那很容易；他们可以只保留一支小规模的军队。但是如果我们把军队留在东部，就很难到达西部，因为我们的领土太辽阔了。”

我还指出，在战后，苏联希望在他们和德国之间建立一个中立国集团，在德国不再构成军事威胁，并且也不能认为英国具备军事威胁的情况下，我问道，为什么苏联取消进攻性的军队是不可能的，因为要用来威慑世界上其他的国家吗?

“当我们增加军备的时候”，他说，“这意味着我们彼此害怕。除非军队从欧洲撤出，关闭军事基地，否则裁军就不会成功。”

我告诉他，在第二次世界大战后，我们对苏联并没有不信任。我知道我丈夫曾经希望我们之间能够达成某种谅解。“但是”，我接着说，“我们发现苏联并没有严格遵守在雅尔塔达成的协议，我们的疑虑因此越来越多。”

讨论还在继续。赫鲁晓夫先生似乎认为美国并不是真正想解放欧洲和东方国家。我反驳说，在我们看来，接受共产主义并不代表人民的意志。从这一刻起，讨论变得更加激烈。我问他，他是否相信共产主义世界一定会实现?

“共产主义将在全世界赢得胜利，”他对我说，“这是以马克思、恩格斯和列宁的著作为科学基础的。”他继续平静地向我保证：“我们反对一切用武力把共产主义或社会主义引入任何国家的企图。”

随着世界形势的变化，我们的许多讨论现在都无关紧要了。基本上，没有任何一个问题我们能够达成一致意见。除了一个，或许是因为它有些模棱两可。

“我们两国之间的误解越来越多，”我说，“而且我们双方都对此感到忧虑。我们必须做些事情来建立信任。其中一件就是更为广泛的人员交流。”

“我完全同意，罗斯福夫人。”他用波澜不惊的语调说。

两个半小时的谈话结束后，我认为赫鲁晓夫先生深知任何新的战争都会给文明带来的危险。我确信，他认为战争对苏联和共产主义都没有好处，因为他认为未来的浪潮是社会主义，他的事业不用发动战争就能取得胜利。他相信这一点，我对自己说，他会努力使未来符合预期。

在我离开时，赫鲁晓夫先生祝我旅途愉快，并问到：“我能告诉我们的报纸我们进行了一次友好的会谈吗?”

“你可以说我们进行了一次友好的会谈，但我们的意见不同。”

他咧嘴大笑起来。“现在!”他大声说道，“我们至少没有相互开枪!”

在苏联的三个星期，与外面世界隔绝的那种感觉比我生命中任何时候都要强烈。三个星期以来，我不曾听到有人在街上或人群中开怀大笑过。我置身其中的曾经是一个热情好客的民族，但他们也是一个努力工作，生活在重压之下、疲惫不堪的民族。

我们正处在两种截然不同的生活方式的激烈交锋之中。虽然我们必须拥有枪支、原子武器和导弹来抵御侵略，但依赖它们不会赢得这场斗争，也无法阻止一场灾难性的世界大战。在西方民主制度尚未建立的地区，对民主思想的信仰也不太可能产生重大影响。过分强调军事力量的重要性，或者仅仅宣传抽象的民主思想，都是不得要领的。如果要让世界上不发达国家的广大民众接受西方的领导地位，如果我们的生活方式和来之不易的自由能够延续下去——或者，如果有什么能够在原子时代生存下去——并繁荣起来的话，那么还有很多很多事情要做。我们必须引领自由世界的民众，但我们绝不能忘记，在许多国家，特别是在亚洲和非洲，人民心中最重要的自由是吃饭的自由。

我认为，现在是我们美国人好好审视自己和缺点的时候了。我们不应该忘记我们的自由和民主是如何实现的。回顾过去，是为了努力寻求我们在未来如何以最好的方式引领和影响世界人民。不发达国家对于我们最深刻的印象，或许来自 1930 年代，那时我们正在为摆脱经济大萧条而付出巨大努力。在那段时期，我们团结一致，推出了一系列大胆创新和充满活力的计划，当世界上许多遥远国度的民众看到这一切时，他们开始意识到，一个政府对于个人福利给予高度关注也是有可能的。那些正在发生着的事，给了他们希望，希望有朝一日这些也会发生在他们自己的身上。这已经是一代人以前的事了，但在今天再度回首，我认为，致力于制定一项造福个人的计划，并对我们作为一个国家所采取的各项行动慎重审视，是非常有必要的。

访苏期间，苏联政府在四十年的执政中，在某些方面所取得的成效有时也会令我感到惊讶。文盲率，曾经是90%，但现在可能还不到10%。各行各业的民众都在接受教育——手工艺、艺术、专业领域和科学。

政府将教育工作者、医生派往他们认为最能发挥作用的地方。工人们被派往亚洲的偏远地区，因为必须开垦新的田地和种植庄稼。对于任何访问苏联的人来说，苏联政权所取得的成果都是显而易见的。水是纯净的，牛奶是干净的，食品供应在增加；工业已经取得了长足的进步。

苏联人意识到，在亚洲、非洲和拉丁美洲的部分地区，有大量民众的生活状况更接近四十年前的苏联，而不是美国。苏联领导人会对他们说："我们知道你们的情况。我们的人民也曾经挨饿，不仅仅是为了食物，还有健康和教育，还有知识和对未来的希望。看看我们这四十年的成果！要有信心。我们会帮助你们的。"

这是对西方民主的一种挑战。这才是真正的挑战，仅仅依靠语言是无法应对的。我们必须通过行动向世界表明，我们没有辜负我们所宣扬的理想，我们能够为这个国家的所有民众提供基本的体面生活，既包括精神上的也包括物质上的。我们在美国的生活，是自由世界和民主的一种展示。不仅仅是物质方面的，如果我们的人民对生活的满意程度还比不上世界上其他地方，那些我们希望争取到我们自己这一边的、尚未做出选择的选民就会到别处去寻找领袖。

我们花费了大量资金为友邦提供资助，但花在意识形态斗争上的钱更多。例如，我们不厌其烦地邀请其他国家的代表团来考察我们的制度，看看我们在政府的主导下做了些什么。如果我们要成为领袖，就必须向贫困国家提供技术知识，帮助他们实现吃饭自由，并切实帮助他们逐步发展民主的生活方式。仅仅说我们不喜欢共产主义思想是不够的。我们必须证明自己的想法更好，能够实现的更多。

我们本可以实现的确实还有更多。我们没有任何理由被苏联政府领导下取得的科学成就吓到，他们把资金和人力集中在人造卫星和火箭上。而我们却自得其满，在本该大力推动的工作上投入的资金和人力都不足。我们更愿意沉迷在自己的安乐窝里，对赚钱更感兴趣，在我们这个舒适的世界里尽可能多地享受奢侈。我们的这种风气必须而且一定要改变。如果我们要成为自由世界的领袖，我们必须成为一个成熟的民族——否则有一天我们会发现，恐惧和懒惰会使我们从一个强大、充满活力的国家沦落为难以引领他人，而只有赢得思想和心灵上的胜利，才是赢得斗争的唯一途径。

我认为，没有什么比只盯着苏联的科学成就，说我们必须用他们的方法来赶超更为愚蠢的了。一直以来，我们都宣称只有自由的人民才能实现我们的目标。我们必须以自己的方式开发我们所有的资源。我们希望我们的人民自己决定他们的孩子是否应该上学，是否应该成为科学家、剧作家还是机械师。我们不希望别人告诉我们该做什么。当今世界所需要的是真正意义上的领导，所以，我们最好先决定我们自己想要实现的目标，然后作为领导者而不是模仿者身体力行。

对于苏联，唯一让我感到害怕的是，我们在面对这种挑战时可能会表现出的无动于衷和骄傲自大。在我看来，我们必须有面对这场危机的勇气。我们必须重新树立自己作为世界领袖的形象。我们必须共同努力，利用一切知识来造福全人类。

当我们这样做的时候，我们就将无所畏惧。

第四卷　寻求大同

第三十九章　再度访苏

一段时间以来，我的孩子们和朋友们一直警告我必须放慢脚步。他们说，我工作太努力了，见了太多的人，参加了太多的活动，我感兴趣的事似乎越来越多，而不是越来越少，的确如此。

我也想慢下来，但就是不知道要怎么做才能慢下来。即使我发现有些人不合理地占用了我的时间，但是我却对他们很感兴趣。即使我的日程安排已经很拥挤，新的计划也会让我难以拒绝，只要它是有用的。不过我确实觉得，我现在年纪太大了，已经不适合参加什么活动或者国外旅行了，除非我确信那在某种意义上是有价值的。

对苏联的首次访问令我深感不安，在那里我花了将近一个月的时间，参观了各种各样的机构，最后还与赫鲁晓夫先生进行了三个小时的会晤。越是回想那次访问，以及从中得出的结论，我就越感到不安。我在苏联所看到的情况，觉察到的动向，以及可以预见的各种可能性，对我们的未来意味着什么，美国的民众似乎一点儿也不了解，这是最让人惴惴不安的。

这些不安最初的印象来自于我所参观的苏联教育——确切地说，是训练儿童成为温驯的公民，使其做好服从命令的准备。那次访苏之后回到美国，每当听到人们满不在乎地谈论着苏联人民反抗他们政府，还有如何改变他们对我们的态度，那种感觉不仅仅是不安，还有震惊。这意味着，我们的生活方式正面临着前所未有的严峻挑战，而我们对事实真相却一无所知。

大多数人，在大多数时候，都会有一种倾向，就是更愿意相信令人愉快的消息，而不是令人不快的消息，而且希望，无论怎样，“一切都会好起来的”。但是，美国这个国家的创立，以及使它发展成为一个伟大的国家，并且成为全世界向往的生活方式的一种象征，依靠的可不是这种心态。人们只有洞悉事实真相，并怀着坚不可摧的信念和决心，才能够战胜危险。

因此，当首次访苏一年之后，古雷维奇博士决定要再次回去，寻求一些关于物理疗法问题的答案时，我也十分渴望重返苏联，并希望在第二次访问中，能够不受第一印象的干扰，亲自验证我最初的结论是否正确。

1958 年，我和古雷维奇博士，还有他的妻子埃德娜，开始了我们的旅程，我们参加的联合国协会全体大会，因为世界博览会的原因在布鲁塞尔召开。

布鲁塞尔世博会的主题是“让人们生活得更美好”，总的来说，我觉得它并没有达到应有的效果。我们美国馆的建筑招致大量批评，这使我感到非常恼火，因为我觉得它很漂亮，景观的布局也非常好。但是，内部展品布置得不好，展示的机器也不工作。

我们的展览中最受欢迎的一个活动是请来了哈里·贝拉方特[①]，尽管是原计划之外的。他是一位非常成功的人士，对于美国人在有色人种立场上的诸多批评之词，他的出现是最有力的回应。

苏联的展览声势浩大。总体可以概括为前进、前进、再前进，列队

① 哈里·贝拉方特（Harry Belafonte），全名小哈罗德·乔治·贝拉方特（Harold George Bellanfanti, Jr.），1927 年 3 月 1 日出生于美国纽约，著名歌手、词曲作者、演员和制作人，也是著名的社会活动家和人权倡导者，美国历史上最成功的非裔歌星之一。——译者

前进。苏联年轻人走进学校、走进工厂、与军队一起行军的照片，无不彰显出年轻、健康、活力四射的姿态。但是，对于大多数来自西方国家的人来说，这样的大游行十分枯燥无趣。我记得，他们有一部一个半小时的环幕电影（当然，里面有更多的游行），与美国制作的那部只有二十分钟的环幕短片相比，无论从内容还是趣味性来讲都相差甚远。

我不知道，这种展览最终会有多少价值，不管是对苏联人还是对我们来说。我个人的总体印象是，苏联的展览产生了巨大的影响力，不过，尽管他们竭尽所能地展示出最好的一面，但还是不足以与我们相媲美。而另一方面，我觉得我们又一次没能充分利用好向世界人民展示美国的机会。

在访问布鲁塞尔期间，与比利时的伊丽莎白王后共进午餐是最令人愉快的时刻，我非常喜欢她。

伊丽莎白王后是一位音乐家和艺术家。她画画，做雕塑，会演奏好几种乐器。另外，她还喜欢养花。不过我认为她最值得称道的是她真的很关心民众。当然，身为王后，在很多时候是无法直接与民众接触的，以至于她的愿望有些不切实际，不过她是发自内心地希望聆听民众的声音。她不仅思想开明，胸怀宽广，还有一个高尚的灵魂，渴望为民众服务。

我们从比利时飞往苏联。我们访问的头五天是参加联合国苏联协会的活动，该协会邀请了我们代表团的所有人参加。这意味着我们只剩下两个多星期的时间来做我们想做的工作，因此我们决定集中精力在莫斯科和列宁格勒。

当我们结束了联合国苏联协会的活动之后，我的身份就只是一个私人旅游者了，不过我在预约访问政府部门或者安排参观方面并没有遇到任何困难。

这次访问我并没有想见赫鲁晓夫先生。我想他应该接待过很多美国访客，也一定掌握了所有他需要了解的与我们有关的信息。当然，他有很多机会从采访过他的人那里得到消息。

我的主要目的是想知道，苏联有多少情绪障碍症的孩子，他们得到了什么样的治疗。而苏联人有关这个问题的答案，主要集中在他们对所有孩童的管教方面。就像我先前所提到的，他们在孩子两个月大的时候就开始了训练，孩子在不到七岁的时候，已经完全循规蹈矩了。他们的训练经过了精心设计，以防止出现任何种类、任何程度的偏差，从他们一出生直到死亡。

这种训练也为发展所谓的“安全领导”，即在某些精心规定的范围内的领导，提供了条件。

例如，在孩子们七岁的时候，每个班级会选举出一个班长。这个年龄段的班级一般大约有 40 名学生。小班长负责带领全班同学走进教室，放学离开时也由他来发布指令，在把同学们转交给两个高年级的学生之后，他们负责照看孩子们安全地走出大楼，这个小男孩再回来帮助老师收拾教室。

我一遍又一遍地问老师们：“你怎样能发现一个有情绪障碍症的孩子?”

他们对此很反感。“任何行为上的偏差都会被立即报告。”他们告诉我。

在我看来，这种行为和反应的整齐划一，是美国人几乎完全无法理解的，无论对其本质还是潜在的可能性。这种大规模的人类行为控制训练在世界上是前所未有的，已经超出了我们的理解范围。

尽管我为此曾经多次询问过心理学家，却没人能告诉我，这场规模浩大的人类实验其结果究竟如何。

在第一次访问时，我观看的是对小婴儿进行的训练。在这次访问中，我研究了大一点儿的孩子，他们的训练，他们的纪律性。

不管一个孩子在苏联过着什么样的生活，他都不会很轻松。事实上，那里的生活对任何人来说都不容易。从早上的 8 点 45 分到下午 1 点 45 分，孩子们都在学校里学习。如果他们的家里有人，午饭就会回到家里吃。否则，由学校提供。接下来的两个小时里，他们在“少年先锋之家”里进行练习，在老师的照看下玩玩游戏，以及学习马克思主义著作。每个孩子都要反复学习马克思主义。这样等到他离开学校的时候，他不仅做好了知识技能的储备，也完成了政治理念的培养，无论他将来被派到什么样的工作岗位，被派往世界的任何地方。

另外还有两个小时的户外活动时间，也有人负责照管。苏联的孩子们从来不会独自一人。一天的学校生活结束之后，他得到的家庭作业比许多美国孩子要多得多。

作为少年先锋运动的一部分，每个大城市都设立了“少年宫”，孩子们每周去两次，进行两个小时的各种训练和娱乐活动。活动内容相当丰富多彩，比如有关外太空的讲座，棋艺、讲故事、唱歌跳舞，还有制作手工艺等。

我参观的是列宁格勒的一座少年宫。设施条件非常好，练习制作手工艺品的车间设备，甚至比我们自己的职业学校还要好。当然，无论是讲座还是游戏活动，都少不了马克思主义的教育。

按照这种标准化的培训，一个人不管是住在莫斯科还是偏远的小山村，都不会有太大差别，如此就很容易理解，为什么老师们能如此迅速地告诉我“任何行为上的偏差都会被立即报告”。

苏联社会福利部门的负责人，穆拉维耶娃夫人告诉我，所有教师都接受过培训，要注意观察学生们身体、精神或者情绪上的异常迹象，如果这种异常是家庭原因造成的，社会福利部门会做工作协助改善。如果问题比较严重，孩子就会被送到疗养院，卫生部长说，在那里会进行一些预防性治疗。

他们还告诉我，大城市的住房短缺，父母关系不好，酗酒造成的不良影响，都会给年轻人的情绪带来困扰。

在耐着性子听了很多课，参观了很多地方之后，我开始相信，苏联有情绪障碍症的孩子真的比我们少，青少年犯罪问题也没有我们严重，特别是低龄儿童中。他们的问题少年主要来自那些十四岁进入技校——一种技术培训学校学习的年轻人，这些孩子被认为没有能力接受更高层次的教育。于是，在十七岁的时候，这些孩子就准备要参加工作了，在经历了每一刻时间都被计划和安排好的生活之后，突然之间，除了工作的几个小时以外，他们有了自由，有了自己的钱，自己当家作主了。

突然获得自由是一件令人兴奋的事。因此，不可避免地，问题出现了。赫鲁晓夫先生说，这些年轻人的所作所为就像我们那些穿“佐特服”[1] 的年轻人一样，并且还会酗酒滋事。

这些上技校的年轻人是苏联青年当中人数最多的群体。和其他国家一样，在苏联有很大一部分人接受的教育是有限的。但是，那些天才、智商过人、有艺术天赋或者科学头脑的人，则是他们一直四处寻觅网罗的对象，他们为这些天赋异禀的年轻人提供一切机会，发挥他们的才智，增长学识，接受尽可能多的教育。

在苏联，人们不用担心读书无用。他们很清楚地知道，这个国家，在过去四十年来已经从最落后的国家成长为最现代化的国家之一，只有通过对人才的人尽其才，才尽其用，才能取得快速发展。

我并不是说这些有才华的年轻人被骄纵了。远非如此。我参观了莫斯科的一所艺术学校，那里的孩子们在绘画和雕塑方面都很有天赋，他

① 佐特服（zoot suit），是一种男士服装，流行于 1920 到 1940 年代。特点是上衣宽而长，裤腰高，裤口窄。整套服装的颜色非常鲜艳。常为黑人“嬉皮士”或洛杉矶一带的美国人穿用，以显示其逆反情绪。——译者

们得到了最好的工具和学习机会。然而他们的生活却是斯巴达式的。他们的床可能一尘不染，但远远谈不上舒适。他们的食物足够维持生命，作为饮食却是单调乏味。即便是在9月，他们居住和学习的大楼里已经是寒意逼人，我们由此能够想象到了冬天会是什么样子。而这些只是一群从八岁到十七岁大的孩子。

走廊两旁摆满了他们的作品，我饶有兴趣地仔细去看了看。我发现小孩子的作品既新鲜又有趣。但以我的眼光看来，随着年龄的增长，他们在练习的过程中变得越来越喜欢模仿。这在雕塑领域尤为突出。当我走入那些十七岁男孩女孩的班级里时，发现几乎所有作品的构思和制作手法都是千篇一律的，被过去的古典传统所束缚，很少有个性的表达或现代的感觉。

当然，尽一切可能给有才华的年轻人提供机会，让他们最大限度地发挥才能，这对于他们来说是大有裨益的。在苏联，艺术家和知识分子可以享有仅次于政治家和科学家的高工资和荣誉，这在世界上其他国家也是绝无仅有的。

但是，在苏联就算一个人薪资丰厚，荣誉加身，在某些方面受到的限制却是同样的，无论你是行业精英还是底层人物。有一条似乎是大家心照不宣的规则：几乎没有隐私可言。

你所住的公寓能有几间房间，要根据里面住的人数而定。如果住四个人，那么只能有两个房间。而另一方面，无论分给你的是六个房间还是两个房间的屋子，房租都是你收入的1%。

在这次行程出发之前，《纽约时报》刊登了一封信，信的作者是一位苏联妇女，她要求报社发表这封信。在信中，她表示想要听听来自美国妇女的声音。苏联想要和平，她说，而我们不是。对此美国妇女在做些什么？她邀请外国人来苏联和她见面，亲眼看看苏联人民的生活情况。

应《纽约时报》的要求，我给她写了回信，我们在列宁格勒的时候还专程去拜访了她。她住在列宁格勒郊外一栋新建的房子里，要爬五层楼梯。有一部电梯，但是它从未运行过。她向我们表示欢迎，并对她的这间公寓感到十分自豪，以她和她大多数同胞的眼光来看，这房子算得上是富丽堂皇了。

她有五个十二岁以下的孩子，儿子上寄宿学校，但周末回家。她的公寓有三个房间，一间浴室和一个大厨房。这意味着最小的男孩要和他的父母睡在同一个房间里，两个女孩住一间卧室，而两个大一些的男孩住的房间，同时还要用作餐厅和客厅。

她的信，我相信，是经过审查和批准的。让她欣喜不已的是，她收到了许多回信，估计大概有三百封左右。和我们一样，其他的一些回信者也曾来拜访过她。

她表现得十分友好，事实上，从个人角度来说，大多数苏联人对美国人都很友好，但是她对一点是深信不疑的，那就是我们，作为一个国家，正威胁着苏联，想要挑起战争。在我们的访问结束之前，我想我们已经成功说服她，相信我们个人是不希望战争的，但她认为美国想要发动战争的观点丝毫没有动摇。

为什么我们的国家要设立军事基地？她问。我们正在用军事基地包围苏联。当然，这是事实。但对于苏联可能会构成的战争威胁，她却视为无稽之谈，认为这是敌对国的宣传。

我们在离开列宁格勒时，她来火车上为我们送行，在半夜时分，这令我们很是感动。

这次访问给我们一种茫然的挫败感。我们之间没有个人的敌对。一点儿也没有。但是他们却有一个难以动摇的坚定信念，那就是美国不仅仅是个威胁，而且实际上正在渴望和寻求战争。在这一点上，我们虽然拥有全世界最先进的通讯设备，却仍然没有学会如何利用它们赢得民心。

除了他们所怀有的偏见之外，这些苏联人表现出的热情友好时常令人瞠目。我曾经很多次目睹过，当他们来到美国的时候，即便以前和你只有一面之缘，他们也热络得像是老友重逢，几乎像是为了讨好你似的。

有一次，全国妇女委员会通过国务院安排了两名苏联妇女访问美国。我们一群人为这次旅行筹款，期望如果她们能亲眼看看美国的生活和美国人的喜好，在她们回去的时候能给她们的国人带去一些新的东西。

在美国的时候，两位妇女住在私人家中，不再受到政府的监督。我不认为这次访问没有意义。我们赞助的这类访问越多，对我们越有益，因为，如果我们在国外讲的故事还是难以令人信服的话，至少可以在国内证明给他们看，不需要讲。

言归正传，我们回到情绪障碍症的问题上来。我们参观了巴甫洛夫学院，观看了对各种不同种类动物进行的训练。当然，最吸引人的是猴子，但是我们被警告不要靠近那些大猴子的笼子，特别是如果它们恰巧心情不好的话。我们还看到对狗进行的训练和各种实验。从这些动物实验中不难看出，儿童条件反射的理论是如何产生的。我们还参观了一些护理机构，那些身体虚弱或因病致残的儿童在夏季的几个月中会在那里度过，并得到精心照顾。

然后我们去了一家收治确诊病人的医院。人们一般情况下可以去诊所。如果问题能在不去医院的情况下解决，那是最好。否则，就要去医院接受治疗。这家医院照顾那些精神和情绪受到困扰的人，并在他们恢复正常生活后提供病后护理服务。

值得一提的是，在苏联似乎不缺护理人员。在美国，如果一名保姆只需要负责四十个病人，就算是非常幸运了。而在苏联，一个保姆只有不到四个病人，因此对于状态不佳的病人的关注几乎是二十四小时不间断的。之所以能够如此，是因为苏联所有的妇女都被动员起来了。

当然，随着新型药物的出现，精神病医院发生了很大的变化。我们确实在一个房间里，看到有病人仍然在接受休克疗法[①]，不过这种治疗方法正在逐渐被废弃。

在苏联，有些新药存在短缺的情况。我不知道这种情况有多严重，但是，这当然会对治疗产生影响。我参观过的那家医院，几乎没有见到精神问题特别严重的病人。我只记得有个年轻的女孩走进来，认为她的肚子里有只猴子。保姆始终跟着她，一分钟也没离开过。

1958 年秋末，我从苏联返回，在第二次访问之后，我试图平衡两次访问得到的印象。

所有印象中最突出的是变化。一年之前，在路上看到最多的还只是卡车。现在则有大量的小汽车和相当数量的大型轿车，都是苏联自己制造的。

一年之前，当我们的飞机在莫斯科上空盘旋时，我的第一印象是大片的建筑工地和许多起重机。这一次我看到大量新公寓楼已经建成，城市正在扩张。这些新建的公寓楼为两百万人提供了住所。

一年之前，人们的衣着普遍单调乏味。服装在经济中的地位无足轻重，所以生产出什么人们就只能穿什么。这一次他们的穿着好多了。在一天的工作结束时，我们看到他们的脸上显现出更为快乐的表情。

但是，总的来说，第一次访问中得到的基本印象在第二次访问中进一步加深了。

如今的苏联人民纪律严明，服从指挥，身体健康，决心为自己和国家的光明未来而奋斗。在研究他们的时候，我们必须记住要从他们的角度来看待问题。

我们说，他们没有自由。四十年前，他们没有自由，也没有教育，没有医疗保健，更没有希望改善他们的状况。

---

① 休克疗法（Shock Therapy），用药物或电流诱发休克从而治疗某些精神疾病的方法，包括胰岛素休克疗法和电惊厥疗法两种。——译者

对于他们，现在的一切，已经可以说是来之不易，十分可贵了。

走得更远的是中国，比起苏联在革命之后的第一个八年，这个有着6亿人口的国家，在八年时间里，在现代化和文明教化的道路上走得比苏联更快。然而，我们采取的唯一办法，是无视他们的存在；拒绝与他们进行贸易，迫使他们自给自足，建立自己的生产能力，生产那些本可以从我们这里购买的东西，由此反而刺激了他们的工业发展。通过这些方法，当然是不可能建立起世界和平与谅解的框架的。

如今，我们是现存历史最悠久的政府之一；一直以来，我们的政府都是领导者，是行为模式的设定者。然而，现在我们却放任自流，把领导者的地位拱手让给苏联人，追随他们的想法，而不是我们自己的。比如说，当苏联对访客可以看到的东西设置限制的时候，我们立刻做了同样的事情，作为报复。我们应该为自己，为这个世界，为我们自己的尊严和自尊，制定自己的行为准则，而不管其他国家怎么做。

再度访苏回来之后，我可以确定的是，任何有关苏联人民正在奋起反对他们政府的言论都是毫无根据的胡说八道。同时，我比以前更加坚定地相信，通过践行我们的理念，最大限度地推动民主进程，向世界展示，只有我们的生活方式才最能惠及所有国家的男女老少，我们的领导地位是能够失而复得的。自由人民释放出来的力量，足以对抗那些没有思想的泱泱百万之众，因为只有在自由中，一个人的能力才能彻底释放。

第四十章　美国梦

如果说第二次苏联之行，让我对我们近年来应对苏联挑战的方法是否有效产生了深深疑虑的话，1958 年的摩洛哥之行和 1959 年春天的近东①之行，则让我觉得必须对我们解决世界问题的整个方法体系都重新进行思考。

1958 年访问摩洛哥时，我们获准穿越摩洛哥北部地区，国王考虑很周到，派了一名助手陪同我们一起。这是我第一次有机会亲眼看到，一个国家从殖民地到独立的过渡阶段中出现的种种困境。在我看来，摩洛哥所遭遇的问题具有典型性，是所有处于转型期的年轻国家都会面临的根本性问题。

当法国人带着他们的国民撤离这个国家时，村民们发现自己失去了教师和医生。许多村庄连一个受过医疗援助训练的人都没有。摩洛哥人没有自己的人员储备来担任医生、教师和公务人员。他们做好这样的储备可能需要数十年。那么，这些必需的人才从哪里来？我想这个问题稍后再做深入一点的讨论，因为我觉得这个答案是通向未来的钥匙，或者说是关键的钥匙之一。

考验还不只是专业人才的严重短缺，摩洛哥又遭遇了严重干旱，粮食产量也大幅减少了。尽管美国已经通过教会组织，运送了大量食品来缓解燃眉之急，但是情况仍然很严峻。

另一个意想不到的问题是，摩洛哥人设立了集市，不同时间在不同城镇轮流举办。这种新的交易形式，废除了中间商——通常是犹太人。而这意味着许多人唯一的谋生之路也失去了。

看起来最大的问题似乎是，当摩洛哥人有能力成功地争取到自由时，却没有做好准备建立一个稳定和独立运转的政府。法国人退出了，摩洛哥却没有人能够接替他们。他们对自治毫无准备。事实上，他们的境况比一年前差多了。

如今，随着比利时人的撤离，刚果的情势更加极端。殖民时代也许已经一去不复返了，但是如果不想出现混乱，一些中间过渡体系是必不可少的。

在联合国最近通过的一项关于非洲和亚洲问题的决议中，这种困境可见一斑："政治、经济、社会或文化方面的准备不足"不应成为拒绝独立的借口。我们不能否认，这种借口经常被用来否定自决权。但同样不能否认的是，没有一些基本条件，自决就会导致自我毁灭。

1959 年春天，我和我的孙女尼娜进行了一次非常短暂的出访：一周在以色列，两周在伊朗，中途在巴黎和伦敦停留。

在苏联，人们的生活方式、政治和经济哲学都已经形成。近东的情况却并非如此，这些刚刚成立的国家地位仍然摇摆不定，正处于告别过去、走向未来的中间过渡时期，还没有找到明确的道路和最终目标。而这正成为越来越多新兴国家所面临的境况，他们在摆脱殖民主义或旧有法律和习俗的桎梏，寻找光明的未来。他们要树立什么样的目标，要占据什么样的位置，从长远来看要选择什么样的政治哲学，在很大程度上取决于我们这个国家如何准备好迎接挑战。

我们现在做的足够好吗？近年来，特别是在非洲、近东和拉丁美洲

① 近东，是欧洲人指亚洲西南部和非洲东北部地区，但伊朗、阿富汗除外，通常指地中海东部沿岸地区，有时还包括巴尔干。——译者

国家发生的变化，是否能够有力地证明我们所做的工作是明智的？是恰当的？恐怕不是。真的令人担忧。

于我而言，我们的民主制度代表着人们对自我实现、对一种充满希望和没有恐惧的生活最美好和最光明的希冀，或许，是推动整个人类全面发展的唯一希望。但我知道，并且日渐清晰地认识到，放任不管、自以为是和本末倒置的做法是无法令我们的体制更加强大和自由的。就像《威尼斯商人》中的求婚者一样——我的意思是，成功的求婚者——我们必须做好付出和冒险的准备。

我们到伊朗的设拉子去看望我女儿安娜时，正好赶上斋月的季节。她的丈夫驻扎在那里。当然，伊朗不是阿拉伯国家，但它的许多问题与它在近东的邻国相似。在我看来，最主要的问题是贫穷。大多数民众越来越穷，健康状况也每况愈下，因此，对于自然资源的开发是灾难性的。或者，更有可能是自然资源的丧失导致了贫穷。伊朗的山地曾经也是林木葱郁，土壤肥沃，现在却变得光秃秃的了。这里的土地就是沙漠。而随着土壤肥力的流失，森林的消失，不可避免地带来了经济的动荡。

民众的健康状况普遍较差，其中沙眼、肺结核和营养不良是最大的医疗问题。这个国家正处于某种变化之中。部落的游牧民族不愿意安定下来过乡村生活，除非让他们相信这样的生活方式能够带来更多的好处。他们想要的是有报酬的工作机会，健康状况能有所改善，以及更好的教育。

就民众而言，文盲人口仍然占绝大多数。虽然在设拉子甚至一些村庄都设有学校，但义务教育法并没有得到执行。

更大的难题在于，如何让未来变得更好，伊朗人对此似乎没有什么社会责任感。妇女的地位仍然低下。所有这些都成为改善社会状况的阻碍，虽然伊朗民众发自内心地希望社会状况能够得到改善，有着改变自己和同胞命运的强烈渴望和决心。

在设拉子，我们参观了犹太社区，发现那里的情况着实凄惨。这些人住在只有一个房间的简陋小屋里，没有卫生设施。甚至连门或窗都没有——只是在墙上开了个洞，以便透进一点儿光线，和方便人们进出。通常，在房间的一个角落里会有一个小木炭火盆，用来做饭和取暖。睡觉的被褥白天卷起来，晚上再铺在地板上。

从伊朗我们又去了以色列，在那里度过了复活节周。回来之后，我就一直想要搞清楚，到底是什么使以色列这个国家的氛围，和它的阿拉伯邻国以及伟大的伊朗截然不同。

以色列的那种气氛，在很多其他国家是找不到的，我想这也是它们之间最大的差别。这种气氛的形成可能主要源自年轻人。建设一个国家的梦想让他们倍感振奋，为了实现这个梦想，他们全身心地投入进去，热血沸腾，干劲十足，那种奋斗的热情令来访者无不留下深刻印象。尽管条件艰苦，人们需要长时间的辛苦工作，但他们是处在一个充满信心、希望和坚定信念的氛围之中的。这种品质在其他国家中的匮乏无疑让人深感遗憾。人没有希望就活不下去。而如果这种希望不是发自于他们内心的信念和欲望，是很容易被那些花言巧语和空洞承诺所利用的。

从以色列回来的几个月里，我发现，无论在哪儿演讲，人们对世界事务的兴趣，远远不及对尼娜在以色列买的一头骆驼的命运的关注。由于农业部的规定，我们没法把骆驼运回国内。最后，那头骆驼送给了一位贫穷的贝都因人。

回国之后，这两次旅行中的所见所闻一直在我脑海中萦绕。我想知道，帮助新兴国家和转型期国家走上西方民主道路，我们为什么不甚成功？为什么苏联人做得这么好？答案或许过于简单，而过分简化往往容易产生错误和误导。但是其中的部分原因，我认为是很重要的原因，是苏联培养了自己的年轻人走向全世界，为那些落后和不发达国家提供服务和技能，替代缺少的医生、教师、科学家和技术人员；最重要的是，填补空缺的公务职位，这些年轻人不仅接受了与工作本身相关的培训，还有对当地风俗习惯、传统和民众思潮的全面介绍，以便他们能更好地了解和融入当地。当然，他们所到之处，都带去了马克思主义的教育、思想和体制。

我们美国的年轻人呢？他们是否准备好带着自己的民主信仰和技能一起走向世界？他们是否在学习这些陌生民族的语言、风俗习惯和历史？他们知道怎么和他们打交道吗？不是按照自己的想法，而是要按照这些人们的想法，如果他们真想接近他们的话。他们是否有能力在不同宗教、种族和肤色的民族中生活和工作，不带任何傲慢和偏见？

在这一点上，我认为，我们的差距不是一星半点儿。过去几年里，我抓住每一个和年轻人见面的机会，与大学生们交谈，即使是低年级的孩子，尽我所能地让他们认识到我们彼此的责任，我们需要相互理解和尊重。未来是由年轻人决定的。在我看来，今天没有什么比让他们心中重新燃起“美国梦”更重要的任务了，让它绽放出所有的光芒，辉煌而绚丽——以免我们由于一心忙着赚钱，或是为了让我们的邻居高看一眼，或是为了占据领先地位，又或是为了找到更大更有威力的方式来毁灭世界和所有的一切，而让这个梦逐步消散。

当然，“美国梦”不会把任何一个个人或者团体排除在外。当我们每个人都心怀愿景，并且不仅仅把它当作是一种愿望和理想，而是作为一种生活方式的时候，只要我们始终坚定决心，坚定基本的价值观念不动摇，就能更加接近心中向往。

不可否认的是，我们的梦想有时候给我们的敌人和朋友一种卑劣的印象，虽然我们不愿承认。《丑陋的美国人》① 这本书，虽然令人印象深刻，但我觉得有些夸大其词。的确，我曾经在一个东方国家，遇到过一位最早派驻去那里的美国大使，就像小说中的主人公一样，令人毛骨悚然。毫无疑问，还会有很多这样的人，太多这样的人；这些人接受或是谋求驻外代表的职位，却对他们要去的国家不感兴趣，也缺乏尊重，同时，他们对自己所代表的国家形象也同样不感兴趣，心无敬意。

这些人有些是通过向党派捐钱买来的职位，有些人谋求这个职位的目的则是因为对异国风情的迷恋。

“哦，你必须去那里。你会玩得很开心的。那里的马球是一流的。”

他们不懂这个国家的语言；也不熟悉他们的政府或官员；对这个国家的风俗习惯或民众思潮丝毫不感兴趣。

苏联人——我不得不心怀惭愧地说——做得更好。他们在去一个国家之前，要接受语言、历史、风俗习惯和生活方式的培训。他们没有把自己只局限在官方活动中，而是去接触和了解各个阶层、各个地方的人，并和他们建立起友好关系。

当然，在对那些去不发达国家担任重要职务的年轻人的培养上，苏联获得的成效显著——我必须一再强调，这些成果可能会影响这些国家未来的进程——但却是通过指令获得的。而这就是问题所在。我们不会对我们的年轻人说：“你们必须到这里来，接受这样的工作。”但我们可以让他们明白，在那些我们失败的地方，苏联人将会获胜，因为我们的缺位。我们可以让他们了解接受培训的重要性，无论他们去往哪个国家，这种培训都将帮助他们在这个国家一展拳脚，成为受人尊敬的代表。

① 丑陋的美国人（The Ugly American），美国作家尤金·伯迪克（Eugene Burdick）和威廉·莱德勒（William Lederer）1958 年创作的一部政治小说，描写了美国驻东南亚外交使团的失败，揭露了美国人的傲慢、无能和在东南亚的腐败，曾在外交界引起轰动，对肯尼迪政府外交政策产生一定影响。——译者

或许，今天的新领域不仅仅是在诸如纺织品，或者方法、速度和商品方面的创新革命，还有人类思想的前沿革命。但是，只有我们自己心中燃烧着难以熄灭的熊熊烈焰，才有可能给别人的心灵投下一道持久的光。

在语言教学方面，我们已经输得很惨。大多数学校的孩子在语言方面所接受的教育都不够充分。我之所以说不充分，是因为如果一个人没有学会一种语言的读、写、说和理解它，那么对它的学习就是不充分的。在二战期间，政府找到了一种简单又极为有效的方法，向美国士兵们教授像日语和汉语这样的难学语言。在短短几周之内，他们掌握的语言比之前花几年时间学到的还要多。然而，在我们的学校里，那些过时的、繁琐的、低效的方法仍然在使用。

我们必须改善和加强对年轻人的语言教学，否则在与不同种族和不同文化的人打交道时，他们就会发现自己的短板和严重缺陷。在我看来，这个问题显而易见，甚至无须赘述。

这些都是我们应该告诉孩子们的。这是他们必须面对的。应该让他们清楚地知道，他们将会面临什么样的挑战，为什么必须面对它，如何才能最好地应对挑战。我发现，几乎没有人提醒我们自己的年轻人，要为应对即将到来的问题做好准备。

这就是为什么在过去的几年里，我尽可能地多安排与年轻人交谈的机会。有时候是他们坐着巴士来到海德公园请教或者讨论问题。有时候是我去他们的学校或大学里会谈。

去年，在和布兰迪斯大学①的合作中，我做了新的尝试。我们制作了九档系列电视节目，然后卖给全国的教育电视台。效果很好，今年我

① 布兰迪斯大学（Brandeis University），位于美国马萨诸塞州波士顿市沃尔瑟姆镇的私立顶尖研究型大学，成立于1948年，素有“犹太哈佛”之称，被誉为“全美最年轻的主要研究院大学”。——译者

同意制作十档节目。

此外，受布兰迪斯大学的富克斯博士之邀，我在他的班级讲授国际组织和国际法的课程。班上只有十三人，都是希望能进入外交领域为商务或政府服务的学生，其中五人来自外国。接受这份工作其实我是有点儿犹豫的，因为我确信这些年轻人中的许多人比我更精通国际问题。不过，对于国际政治中那些错综复杂的问题，至少我可以和他们讨论讨论。

当然，这是一门特殊的课程，对我来说既富于挑战又收获良多，也是我一直想要谋求的。但我更想对这些年轻人说的是以下几点：

今天，我们的政府和世界上大多数国家的政府，主要关心的一件事，或者说痴迷其中的就是：国防。但什么是真正的防御，又是如何获得的呢？当然，一定数量的军事防御是必要的。但与此同时，你还必须要考虑经济和文化基础。

依我所见，就原子战时代而言，我们今后的军队应该是一支小规模的专业军队，士兵们自愿选择服兵役报效国家。然后呢？每年几十万离开学校的年轻人，无论是高中毕业，或是大学毕业的，他们怎么办？从现在起，他们就不再参与为国家福祉做贡献了吗？

绝非如此。目前的状况是，我们把年轻人征召入伍，训练他们军事技能，然后又让他们离开。在我看来，这简直是一种浪费。

长久以来，我都认为，所有年轻人都应该接受一些基本军事训练，使他们有朝一日需要时能够报效国家。我认为这些训练应该在学校或大学里进行，而不是在号召所有年轻人服兵役的时候，我们可以提供以下几种选择：

无论你是大学还是高中毕业，如果不想接受两年时间的强制军事训练，你可以自己决定想在哪个国家待两年。然后你将接受两年的基本训练，利用在校时间或者晚上都可以。如果你想去非洲或其他不发达国家，从十五岁到十七岁，将为你教授学习这个国家的语言、历史、地理和经济背景。在学习和具备了许多转型中国家最迫切需要的技能之后，你就可以做好准备去那些国家担任公职——这些职位的空缺现在正在迅速被苏联人填补。或者，如果你打算进入职场，这些技能也会助你一臂之力。

这些国家需要新兴工业，几乎所有领域都需要技术援助。经济的各个方面都需要改善。农业也需要新的技术。而且几乎所有这些国家都极缺教师。

听说切斯特·鲍尔斯①的儿子拒绝了牛津大学的奖学金去了尼日利亚，打算在那里的高中任教两年，令我极为欣赏也颇感欣慰。

罗伯特·杰克逊爵士在英国建设方撤出后，选择继续留在加纳，帮助加纳的发展。他担任了沃尔特河项目的经济顾问，利用他的丰富经验和智慧造福加纳人民。而他才华横溢的妻子、著名经济学家芭芭拉·沃德也为他助了一臂之力。

对于那些仍处于过渡阶段，政府刚刚设立的年轻国家来说，这样的帮助可能比一支庞大的常备军或是经济援助更有价值，尤其是在这种国家刚刚成立，几乎无人能用的时候。

正如我之前提到的，对我们的年轻人进行培训和利用的想法，在我脑海里已经盘桓许久了。我利用一切机会和场合大力倡导它。最近，随着和平队②的宣告成立，至少标志着一个类似的计划将会试水。我们的

---

① 切斯特·布利斯·鲍尔斯（Chester Bliss Bowles，1901—1986），美国政府官员。1949 至 1951 年任康涅狄格州州长。1951 至 1953 年、1963 至 1969 年两度担任驻印度大使。1959 至 1961 年任众议员。1961 年 1 月至 12 月任副国务卿。——译者

② 和平队（Peace Corps），美国政府管理的志愿者项目，根据 1961 年 3 月 1 日约翰·肯尼迪总统发布的第 10924 号行政命令建立，次日通过电视广播宣布，同年 9 月 22 日国会批准并通过《和平队法》。项目包括三个目标：提供技术援助；帮助美国以外的人了解美国文化；帮助美国人了解其他国家的文化。每个项目参与者都是美国公民，通常具有大学学位，经过三个月的培训后在国外工作二十四个月，结束后可要求延长服务期。1961 至 2013 年共有超过 21 万美国人参加过和平队，在 139 个国家服役，是美国扩大自身影响力的重要载体。——译者

一些年轻人将有机会去欠发达国家一显身手，以自由人的身份，把我们的技能、思想和理念带给他们。我很高兴我们这么做了，也希望能够借此证明，这会是我们分享“美国梦”的最富有成效的方式之一。

肯尼迪总统发起了这个和平队的项目，他希望美国的年轻人，或者也有不那么年轻的，能够通过和平队向全世界施展自己的才华和理想，特别是目前需要帮助的不发达国家。人员选拔和确定受援国政府的方案仍然在研究之中。那些有交换项目的学院和大学，如果他们的项目看起来有价值，将会得到资助。这项工作对于美国人来说是具有教育意义的，能够让他们有机会更好地了解他们所生活的这个世界，同时，也给了他们一个展现自己服务精神的机会，这是这一代美国人身上普遍具备的精神，到目前为止还没有很好的机会来展现。

还有人建议要从年纪更小的孩子们开始，组织高年级的高中生在美国各地参与林业和土壤保护工作。我认为这个建议很有价值，不过据我所知，目前还没有进入实质规划阶段，尽管我希望能够尽快实现。

我忽略了苏联教育中的一个重要因素。我也不明白我为什么会忽视它，因为这是一个至关重要的因素。那就是他们教会了他们的孩子，让他们觉得自己是被需要的，自己与国家的幸福安康息息相关。我认为，人类最重要的特点之一就是需要感觉到被需要，感觉自己必不可少，感觉自己至关重要。但是很多时候，我们自己的年轻人往往不认为他们对于国家，或者国家的发展是不可或缺的。我们始终没有向他们充分展现出，我们是多么需要他们中的每一个人，来共同建设我们希望成为的那种国家。

不久前，赫鲁晓夫在奥地利说，他希望在有生之年看到一个共产主义的世界。我们没有时间可以浪费了。

你可能会说，这一切都与“美国梦”相去甚远。并非如此。“美国梦”不能像美国这个国家一样停滞不前。我想说明的是，我们不能再用老一套去解决世界问题了。这个世界早已今非昔比，形势瞬息变化。老祖宗的那套方法我们不能再用了；需要取而代之的是，我们要效仿先辈们的开拓精神，在面对一个新世界时勇于尝试新的方法。

比如说，我们现如今是工业自动化领域的先锋。虽然自动化的发展势不可挡，但是在这方面，我们至少可以从过去的错误中汲取些教训。始于英国的工业革命，虽然机器被引进了工厂，但丢了饭碗的人却要挨饿。

基于工业革命的成果，英国最终有了长足的发展。但是，由于当时没有做好应对的准备，一件意料之外且影响深远的事情发生了。从工业革命及其引发的弊病之中走出了卡尔·马克思。

随着工业自动化的发展，我们必将面临一个全新的局面，如何应对它将取决于全世界的态度。在这一点上，我们的领导者地位无可争议。但我们不能打无准备之仗。我们必须要学会预判，在采取行动之前就预见到结果。今天，让大批人在没有任何救助保障的情况下失业，这样的后果我们是承受不起的。诚然，如今人们的思想认知已经今非昔比，我们不会再坐视不管，让人民活活饿死。但是，如果我们想要成功应对，让这项新技术成为社会的福音而不是灾难，我们就必须未雨绸缪。我们不能一错再错，指望事情“船到桥头自然直”。政府、企业、工人，所有人都必须开动脑筋、全力以赴，了解并接受自己在这场变革之中应当担负起的责任。

随着工作时间的减少，人们将会有更多的闲暇时间。这种情况该如何处理呢？那些本来在工厂机器旁劳作的劳苦大众，之前没有任何自我提升或者改善条件的机会，如今他们将得到新的机会。但是，除非我们让他们接受教育，否则他们不会知道该如何利用这样的提升机会。如果他们没有自我成长的能力，除了坐在电视屏幕前便一无所求，作为人他们就会退化，我们就会有一大批对自己、对国家或者对世界来说都毫无价值的公民。

我们正在开创的是一场新的工业革命。全世界的目光都在注视着我们。如果我们搞砸了，除了受到批评之外，我们的模式也将被质疑。反之，如果我们做得好，就能成为世界未来的指路明灯。

现在，我明白了，我所说的“美国梦”的新概念，其实并不新鲜。因为，那些曾经为了我们的自由而战的开国元勋们，他们的思想虽然在某种程度上属于旧世界，但他们也有一个普世的梦想。托马斯·杰斐逊就认为教育不是为了少数人，也不是只为他们自己的国家，而是期待着有一天，任何人，在任何地方，都能够机会均等。今天，我们在许多方面成就斐然，甚至超乎先辈们的想象，然而，我们有时候却忘记了，他们的梦想不仅仅是为了我们，而是为了全人类。

“美国梦”从来没有完全实现过。如果说，早期移民那种要开拓和建设一个国家的兴奋感，在如今的许多年轻人身上已经难觅踪迹，那是因为没有人记得告诉他们，这个世界从来没有像现在这样，如此具有挑战性，如此令人兴奋；有无限广阔的领域值得去冒险和征服。尽管美国国内也有许多等待我们去完成的事业，但是最伟大、最激动人心的事业，还是莫过于让全世界人民了解“美国梦”。在这个增进相互了解、为人类建立一种新型关系的尝试中，为我们的年轻人打开了一个充满刺激和冒险的广阔空间，那里是我们的心灵、思想和精神放飞的地方。

也许年长的一代人常常给年轻人谨慎的劝告：“找一份能给你带来安全感的工作，而不是去冒险。”不过我要对年轻人说的是：“要永远把生活当作一场冒险。除非你满怀勇气、充满激情、富有想象地面对生活，除非你愿意选择挑战而不是一个饭碗，否则你就不会有安全感。”

第四十一章　里程碑

1959 年 10 月，我过了七十五岁的生日。这是忙碌的一天，就像我的大多数日子一样，几乎没有时间用来自我反省。尽管如此，从某种程度上来说，这仍然是我生命中的一个里程碑。我发觉自己开始回首过去，试着从整个人生的角度去回顾这一路的旅程，如果可以的话，还要做出一个评估。如果可能的话，我想画一张图表，把自己曾经制定的目标一一列出，并评估出这些目标的实现程度。

我是很少深入到这样的自省之中的。当然，有时候人在迷茫混沌的时候，它会起到拨云见日的功效，但是它的危险在于，一个人在发现和分析自我的过程中很容易囿于自我。

时常有人会问起我，是如何规划自己的职业生涯的，我的总体目标是什么。事实上，我从来没有规划过职业生涯，这些年来，我的基本目标就是抓住每一个机会，尽可能深入、全面、广泛地体验生活。在我看来，拥有生命的恩赐而不尽其所能地利用它是愚蠢的。

我不是一个有天赋的人，但我始终对万千世界、芸芸众生都充满兴趣，无论是好是坏。能够增进了解这个世界的机会我从来不会放过。一切对我来说都是有用的经验：无论是看到的事，还是遇到的人。对那些教我认识这个世界的朋友们，我的感激之情无以言表。说真的，我只有三个长处：兴趣十足，愿意接受一切挑战和学习的机会，精力充沛和高度自律。

因此，我从来不用刻意寻找兴趣来充实我的生活。如果你始终保持一颗充满好奇的心，有趣的东西就会不请自来。一件事往往引出另一件事，当你获得了知识和经验时，新的机会就会出现在你面前。

在我七十五岁生日之前，发生了一些其他的事情，迫使我回头看看我过去的生活，而不是像我喜欢的那样展望未来。多尔·沙里写了《坎波贝洛的日出》，这部戏讲述了我丈夫罹患重病以及他从精神上战胜残疾的那段历程。这位剧作家给我读剧本的那个夜晚，以及亲自观看演出时的那种奇怪感觉，至今仍记忆犹新。

我被问过无数次，当看到别人在舞台上扮演我自己、我的孩子和我的丈夫时，是怎样的一种感受。是否有认同感？我是不是会说："根本不是那样的？"会觉得作为一个女人的隐私受到侵犯了吗？

事实上，我是带着一种完全超脱的心态去看这部电影的。确实，当我闭上眼睛时，拉尔夫·贝拉米表现出了富兰克林声音的质感和抑扬顿挫，我仿佛听到了他在说话。不过，就其他方面而言，这部电影对人物的刻画还是不够的；对于我个人而言，这就是一部关于别人的电影。

我认为，一般人在回首往事时，多半会记不起自己曾经的模样，甚至年轻时做过些什么事，除了特别重要的事情之外。留在记忆里的只有自己的感受。即便是在剧中看到我的孩子们，我也觉得好像是虚构的人物。顺便说一句，那部电影中最吸引人的角色之一是路易斯·豪。说实话，他不像我所认识的路易斯那样不修边幅，但是台词相当出彩，人物刻画的也很真实。

不过，并不是因为在舞台上看到了"埃莉诺·罗斯福"这个角色，才让我开始分析这位已经七十五岁高龄的女性。

回首往事，可以看出，众人口中所谓的总体目标其实并不存在。似乎没有人能从一开始就清楚地规划自己的生活，而不受个人成长和环境变化的影响。

可以确定的是，我的目标是不断变化着的，至少在我的青少年时期是如此。一开始，作为一个丑小鸭，饱尝痛苦，那是只有小女孩才能感受到的，让我不仅胆小，而且懦弱。我害怕几乎所有的东西：老鼠、黑暗、想象中的危险、我自己的不足。我的主要目标，就是尽我作为一个女孩的本分。从我记事起，这一点就已经深深地印在我的脑海里了。我的责任不是我自己认识到的，而是别人为我规定的。我从来没有想过要反抗。不管怎么说，在那段时间里，我最迫切的需要就是被认可、被爱，一切要求我做的事情我都照做了，只希望借此能更接近我渴望得到的认可和爱。

当我成为一名年轻主妇的时候，我的责任感仍然像小女孩时那样的严格和刻板，只不过改变了它的重点。丈夫和孩子成为我生活的中心，他们的需要成了我的新职责。我像儿时一样小心翼翼地履行着这项新义务。我仍然胆怯，仍然害怕做错事，害怕犯错误，害怕达不到婆婆要求的标准，害怕达不到人们对我的期望。

结果，我因为责任而墨守成规，变得过于苛刻，过于严于律己。我太关心孩子的成长，以至于没有足够的智慧去爱他们。现在回想起来，我想我宁愿更宠溺孩子一些，更多地享受这个过程中的快乐。

直到人到中年，我才有勇气发展自己的兴趣爱好，而不再拘泥于对家庭的责任。现在看来，除了对了解美国以外的人、环境和世界感兴趣之外，我最初并没有其他的目标。不过我几乎立刻就发现，兴趣会带来兴趣，知识会带来更多的知识，理解能力会随着努力而增长。

从那时起，虽然也经历过不少磨难，虽然知道悲伤和孤独是大多数人的宿命，虽然必须要随着生活的改变而不断调整自己，并且无休无止，但我从来都没有感觉到无聊，从来都觉得时间不够用。而且，在学会了正视恐惧之后，我在很久之前就达到了这样的境界：没有我害怕的人，也没有我不敢面对的挑战。

在七十五岁生日的那天，我明白自己其实早就意识到了自己的人生目标。它源于第一次世界大战之后，在看到饱受战争蹂躏的欧洲时所留下的早期印象，我从心底里期盼一个和平的世界。我知道，如果各国人民之间缺乏更深入的了解，这个目标就不可能长久实现。这也是我在过去这些年里最主要的奋斗目标。

有一点和别人不同的是，我总是自己亲身去体验生活；也就是说，我的同情、愤慨或者关注不是源于某个抽象的原因，而是源于我亲眼看到的人间苦难。我对饥荒造成的惨剧格外关注，正是因为亲眼目睹了一个孩子死于饥饿。我从对个人遭遇的感受中，延伸出对社会、对国家乃至世界问题的认识。每次，我做某件事的责任感都是源自一个人，然后再扩展到更广泛的领域。

我想人们正在越来越多地认识到，影响个人的因素最终也会影响整个人类，一荣俱荣，一损俱损。举一个极端的例子，一个被忽视的天花病例可以感染整个社区。同样的道理，那些心理失调的孩子可能会给他的邻居们带来严重威胁；那些贫困家庭的孩子，要么成为经济负担，要么成为社会负担，而且，无论如何，作为人他们的生命都是被浪费的。伤害无论发生在哪里，即便它们看起来只是孤立的事件，最终都可能演变成四处横行。

在探索更为有效的方法来解决社区、国家和世界问题的过程中，我还领悟到一点，那就是如果你对别人的遭遇能深表关怀，而不是冷漠或沮丧地说："哦，我能做什么呢？一个人有什么用？我还是不找麻烦的好。"你能做的就会更多。

事实上，我认为这种关心来自能够让自己设身处地地去感同身受。如果你不能认识到，"这也可能会发生在我的身上"，你就可能会漠不关心地对自己说：“谁在乎呢?”

我认为，我们作为一个民族，很难理解世界上其他地区民众的原因之一，就是因为我们无法对他们的境遇感同身受。我们没有遭遇过饥荒。但如果真的亲眼目睹有人饿死，我们对此的关注就会多得多。我们就会想，“他们可能是我的同胞”。

我们拥有的非同寻常的优越条件，让我们很难理解世界上其他国家的民众。我们的发展源于极为丰富的国家资源。早期孤立无援的状态迫使我们开发利用这些资源。定居在这个国家中的大部分人已经摆脱了贫穷、匮乏、压迫和缺乏机会的状态。曾经的出身背景他们并不想留在记忆里，于是他们很快就忘记了，而出行的困难又使他们很难故地重游，唤醒回忆。于是我们就这样与过去的历史渐行渐远。现在，对于我们来说，记住以前旧世界的状况是有意义的，它将有助于我们了解当今贫困国家民众的所思所想。

而这些，我觉得，恰恰就是我七十五年来所经历的。尽管现在我依然是通过个体来看待和理解整个人类的需要，但我发现我的总体目标已经超越了个人，更关乎整个人类的命运。如果人类想在蘑菇云的威胁中生存下来，就必须学会在更大的格局里思考问题。

所以，我要谈一个更大的目标，不是我个人的，而是美国人的。在我看来，美国今天的目标应该是尽可能地使自己成为民主的最佳写照。让全世界人民都能看到这里发生了什么。他们注视着我们，看看我们要做什么，看看我们能做得多好。我们正在向他们展示的民主画卷，可能是唯一能够看得到的实践。这是其他国家的民众能够亲眼看到民主是如何运作的唯一途径，并且借此来自行判断民主本身的优劣，是否比他们现有的体制更好，是否比其他政治和经济制度给予他们的更好。

今天，尽管我们是一个慷慨的国家，在一切需要帮助或遭受苦难（至少是我们认为的）的地方，我们都会慷慨地伸出援手、坦诚相待，但是我们有一个弱点，那就是我们作为一个国家的政治成熟度，是相当不成熟的。我们总是期待着世界对我们心存感激和爱戴。当我们得不到这种感激和爱戴时，就会感觉受到伤害，委屈愤怒。

感激和爱戴是强求不来的，也是买不来的。我们也不应认为它们是可以用来售卖的。我们所寻求的不该是感激或者爱戴，而是世界的尊重。这是我们可以通过倡导正义来获得的。但是，如果把我们帮助别人的行为看作是完全的大公无私，这种想法也是相当幼稚的。并非如此。我们为公众接种天花疫苗并非是不求回报的。这是一种预防措施，但它本身是有益的。

其他国家也很清楚，我们在帮助他们提振经济、巩固政府力量，为他们的成功助一臂之力时，其中必然会涉及某种程度的自身利益。他们自然也会关心我们想要得到什么样的回报。我们有意识地不求回报，但其实我们作为一个国家或者通过联合国所做的任何事，在无意之中都会惠及我们自己或我们的事业，直接或者间接的。所以没有理由再去索取感恩或者爱戴。

对我们自己的未来负责任，就是我们对这个世界的主要责任。显然，如果其他国家不发展，我们自己发展到一定程度后也会停滞不前。当我们的自然资源逐渐枯竭时，我们必须到其他国家去寻找。如果我们是这个世界上唯一有购买力的国家，贸易就不会产生。我们不仅需要有地方买，也需要有地方卖，而这在欠发达地区是不可能实现的。

作为一个国家，我们必须开始认识到，我们是世界的领导者，在某种程度上我们的利益与世界的利益息息相关，因此必须从世界的角度来审视利益问题。这是作为领导者的代价。

事实上，我们不能继续在狭窄的轨道或者自我封闭的系统中运转。对待国内问题，不能只从它们本身的角度来考量或评估。它们不再只是美国国内的问题。在世界各地都有人会问到我的一个问题，也许是这一点的最佳例证：

“我们听说你们美国人花钱让土地停产，因为有太多的东西可以吃。难道没有更好的方法来利用你们生产食物的能力吗？”

这是一个美国国内的问题；而对于世界上数百万注视着我们的饥民来说，这却是一件性命攸关的大事。我不知道我们如何能够既保持着世界领导地位，同时又自顾自地处理我们的问题，好像它们只关乎我们自己；其实它们关系到整个世界。我们觉得食物过剩只是一件尴尬事。我们把它们处理掉，好像这是一件只有我们关心的事。但是，当那些可以拯救生命的食物被掩埋的时候，想想那些饥饿的人们和他们的痛苦吧。说他们觉得这非常不公平，已经是很委婉了。

我们从来没有投入第一流的人才，去研究我们如何最大限度地发挥产能，如何让我们的农民收入更高，并且利用我们的盈余去解决其他地方的燃眉之急，同时又不会扰乱我们的经济，或者一些友好国家的经济，因为这些国家可能担心我们会把粮食提供给他们惯常的销售市场。

我们的气候多样，几乎可以种植任何我们想要的东西。而加拿大却只能种植小麦。这其中并不存在利益冲突。

到目前为止，我们是如何“解决”这些问题的呢？我们削减土地面积，将多余的食物储存起来，或者倾倒掉；我们付给农民的钱太少，无法使他们获得与工厂工人同等的收入，因此我们的农业人口正在逐步减少。然而从来没有人坐下来说：“这是一个你必须解决的问题。”

只有利用我们的智慧、善意和庞大的生产能力，我们才能应对和克服威胁，才能证明我们的民主对这个世界的贡献更多更大。

所有这些看上去，似乎都与我的七十五岁生日没有关系，但我发现，随着年龄的增长，我的个人目标早已融入到我的公众目标之中。当然，我也意识到，我不可能无休止地继续现在这种节奏紧张的生活，不间断地旅行，从一个州到另一个州，从一个国家到另一个国家。

那么，下一步要怎么办呢？然后，我想，即使我必须放弃大部分的旅行，也许还可以找到一种方法，能让我继续向人们传达一些对他们来说很重要的东西。最实际的办法是通过广播或电视节目。我的广播电视经纪人摇了摇头。

“你是位太具争议的人物，”他对我说，“赞助商会怕你的。他们中的一些人对你非常恐惧，以至于他们认为只要有你出现的节目，公众就不会购买其中的任何产品。”

我记起前些年，红十字会负责人害怕接受我的捐款，因为担心我的参与会赶走其他的捐助人！

意识到自己是一个被许多人极度厌恶、简直深恶痛绝的人，这让我感到很吃惊。作为一个有自尊的人，我也会尽可能中肯地去分析别人不赞成的理由，不过，当我觉得我所做的事情是正确的时候，就不能因为一件事会让我不受欢迎，或是会在我头上掀起一场批评的风暴而拒绝去做。我常常觉得，今天有太多的美国人倾向于拒绝他们想做的事情，不管他们认为那是多么正确的，因为他们害怕自己会不受欢迎，或者会被孤立，他们更喜欢那种隐姓埋名的安逸生活。

所以，在仔细评估之后，只要认为自己所做的是正确的，我就会义无反顾，并且尽可能不去想那些怀有敌意的人的态度。我不知道还能怎么做。

有一天，我的广播经纪人出现了，他看起来非常惊讶，说有一个卖人造黄油的机构邀请我做电视广告。

“我知道这不是你想要的，”他说，“但如果一家保守的公司认为你可以销售他们的产品，我想你至少应该试试。它可能会为你打破僵局。”

我仔细考虑了这件事。我必须要面对的事实是：我参加商业活动肯定会受到严厉的指责。另一方面，如果这是一个我想开拓的领域，我至少应该看看我是否能做到，即便可能会产生许多不友好的反应。

最后我同意了。我唯一的要求是，除了销售产品之外，要允许我说几句我自己认为有价值的东西。所以我提醒观众，这个世界上还有吃不饱肚子的人。

当然，如我所料，有很多不友好的评论，但节目一切顺利，并且赞助商发现，居然，我并没有妨碍人们购买他们的产品！

今年（1960 到 1961 年），我正在准备一档讲述难民故事的节目，作为参加联合国“难民年”① 工作的一部分。

目前由林特先生领导的这个难民组织的目标，是设法减少欧洲难民营的人口；如果力所能及的话，全部消除。对这些人来说，在难民营中生活十年的时间实在是太长了，他们没有国籍，而且他们的问题也看不到解决办法。有些孩子从来没有见到过其他人。

实际上，此前已经完成了大量的工作。难民人数也大幅减少。在那些仍然保留难民营的地方，尽力为他们提供常规住房以及工作机会。一些国家接受了被称作“老大难”的难民，指那些失明或有其他残疾的人。当然，这里我指的只是欧洲的难民营。在近东还有 80 万到 100 万难民。

难民的存在是一种痛苦的警示，不断提醒着我们，愚蠢的战争给人类文明造成了怎样的破坏。战争给他们带来的伤害是永久性的。过去三十年里，生活在严酷环境中的无国籍人的数量，超过了历史上任何一个时期。

联合国善后救济总署的工作结束之后，在联合国我们设立了目前的

---

① 世界难民年（World Refugee Year），1958 年 12 月 5 日，联合国大会宣布 1959 年为世界难民年，目的是引起全世界公众对难民问题的关注，促使各国政府为难民提供更多的援助。97 个国家组织并参加了国际年的活动，支付的难民救济基金款达到 8 000 万美元左右。——译者

难民署，总部设在日内瓦。然而，并没有给这个组织拨付资金。它的职能是帮助那些难民得到身份证明，使他们能够得到工作，使他们的生活有更多可能，尽管他们仍然是无国籍的。

林特先生发现，需要接受经济援助的人数依然众多，于是他请求为此设立一项基金。每年他都会来美国，以争取更多的资金来满足这些需求。

在美国联合国协会，我们得到了一笔数量可观的捐赠，将用于改善难民的状况。我们必须成立一个小组来处理这件事，当然，把钱交给林特先生我们也必须征得高级专员的同意。或许不久，这个丑陋的战争伤疤也能够愈合。

在忙着旅行、讲学、与联合国合作、在电台和电视上露面以及其他活动的间隙，我时常还会招待一些有趣的人物来参观海德公园，有时是去我丈夫的墓前献花或者参观图书馆，有时是到我的小别墅做客，既有通过国务院安排的，也有单独联系的。

1959 年的 9 月可能是最混乱的，荷兰的碧翠丝公主和赫鲁晓夫主席的访问时间几乎重合。小公主来的时候正赶上哈德孙河和尚普兰湖两地联合举办的庆典活动。像大多数外国游客一样，她受到了热情款待，聆听各种演讲，参加各种活动，直到筋疲力尽。

当她来到我的小别墅时，已经疲惫不堪。我告诉她，晚饭前还有一个小时的空闲时间，她疲倦地对侍女说："请打开我的床。"

尽管她很年轻，但是却一直生活在最严格的管教之下，而且大部分时间和她打交道的，都是些比她年龄大得多的人或者气势威严的政治家。

我向她保证，在这里不会有任何礼仪规矩的约束。我安排了一顿自助晚餐，所有人都坐在一些小桌旁边，各取所需，自得其乐。为她安排的客人是一些来自哈佛大学的男孩以及我的孙女，和她年纪差不多大。

后来我的孙女把他们的谈话内容告诉了我。公主说她要去上大学了，她很珍惜在那里的时间。她甚至后悔因为出访美国而失去了一个月的大学生活。这是她生命中，最后一次能够与其他人自然相处的机会。

她还告诉他们，在她这种位置上的年轻人会遇到些什么困难。能和他们结婚的人太少了。

她是一个十分单纯的人，温文尔雅，非常可爱。

在她离开的那天早上，首次访问美国的赫鲁晓夫先生和他的妻子即将抵达。那天的早餐，我们有十六个人一起用餐，之后公主和她的随行人员于早上9点离开。然后我们要为人数不详的赫鲁晓夫先生一行人准备食物，并为他们摆好餐桌，这一切都是由我忠实而能干的助手夫妇打理的。

我想，我从来没有见过这么多的警察被我们焦虑的政府叫来保护赫鲁晓夫先生。在到达将要与他会面的图书馆时，我看到警察们沿着整个车道和停车场四周排成一行，肩并着肩。当我们回到我的小别墅时，从公路通向房子的那条土路上，每隔几英尺就有人值守。他们甚至提出，那些歹徒很有可能爬到我的树上向共产党领导人开枪。不过我坚决阻止他们毁坏我的树。

但是，赫鲁晓夫先生、他质朴和善的妻子和随行人员很晚才到海德公园，他们到得实在太晚了，除了走马观花地匆匆兜一圈，还有赫鲁晓夫先生从桌子上抓起一个圆面包狼吞虎咽地吃下去之外，什么都来不及做，他们要急着赶回纽约在联合国总部发表演讲。

没有人开枪，没有发生任何不愉快的事情，一大堆没吃的食物被一群州警处理掉了。这一切都相当滑稽可笑。

在赫鲁晓夫抵达美国之前，人们一直在猜测他此行会有些什么收获。我看不出，以那种急急忙忙、气喘吁吁的方式，能改变什么先入为主的观念。也许，如果他有机会和爱荷华州的农民们聊一聊，他就能对美国人民，对他们的独立、自尊和自力更生有一个生动的、第一手的印象。但是，如此的行色匆匆，自然不能指望他得到什么好印象。

不过，即使是在那次仓促、草率的访问中，他也一定意识到，在我们这里革命的时机还不成熟。他也一定亲眼看到，虽然我们繁荣富足，但并不完全是贪图享乐。至少，他可能看到了这些。我不知道。不过，我认为，如果外国领导人能够微服私访的话，对我们国家的印象肯定会比通过这些让人筋疲力尽的官方招待会、阅兵和没完没了的演讲，来的更为深刻和全面。

所以，不管怎么说，有关我七十五岁生日的记述最后以讨论外交事务作为结尾。世界是如此广阔又如此纷乱，有那么多事情需要做，有那么多事情可以做，只要我们能够深入思考，学会关心，懂得饥饿是一个空空的肚子，而不是一种抽象的概念，以热情开放的姿态，打开一扇窗，迎接八面来风。

第四十二章　1960 年民主党全国代表大会

1956 年的总统竞选结束时，我为阿德莱·史蒂文森已经工作到筋疲力尽，我下定决心再也不参与任何政治竞选了。

然而，我的坚定意愿却没能坚持到底！我后来又参与 1960 年的竞选完全是出乎意外。它源于纽约州民主党的一场争论，在那里大佬们对选民的操纵正试图取代选民的声音。虽然我自己的党派也牵涉其中，但我仍然觉得这种状况不能容忍。一个政党的道德必须来自良知和选民的参与。如果我们对此坐视不理，不把权力从他们手上夺走，交还给选民的话，我们也就没有什么资格去谴责那些大佬们。民主唯有依赖于人民对政府的参与才能发挥作用，在大佬的操纵之下是无法生存的。

如果这个国家的民众对形势有着清晰的认知，对这套让大佬成为存在可能的机制原理也弄得明明白白的话，我不相信他们还会乖乖地听从大佬们的操控，温顺地放弃自己的权利和利益。当然，迈出第一步不是从金字塔的顶端，而是要从底部开始，需要遏制党内市级和州级组织领导人的权力，因为他们没有经过什么挑战就成为党派的大佬，也是真正意义上我们的大佬。

大佬实施操控的核心，自然是赞助人。许多美国人对政治机器是如何运作的一无所知。他们对它的运转关注得太少。然而，大佬操控，正是在人们普遍对政治漠不关心的地方才会存在。

“但是我们能做些什么呢？”人们问我。“我知道这很不光彩，但我们又无能为力。”

答案当然是，我们并非完全无能为力。如果我们足够在乎，总是能做点儿什么。正是为了对抗共和党的大佬——“汉纳和普拉特”① ——西奥多·罗斯福才创建了他的“公麋党”②。

政治改革有一个奇怪的特点是，许多人认为试图纠正自己党内的弊端是“不忠诚的”。但是，政治道德显然应取决于选民觉醒的良知和个人道德。这种“不忠”恰恰是坚守原则的证明。

两年前，在布法罗，纽约州州长和纽约市市长都表示，他们支持某位参议员候选人。但卡迈恩·迪西比奥，纽约州的民主党大佬，却不动声色地拒绝了他们，自作主张地提名了自己的候选人。结果是，他强迫选民们选出来一位不受欢迎的候选人，使该党失去了获胜的机会。

正是因为这种高压手段，1959 年 3 月，参议员赫伯特·雷曼、托马斯·芬莱特和我共同签署了一份声明，支持纽约市的改革团体。我们声明民众讨厌“大佬政治”。

民众迅速做出了反应。他们大声疾呼，作为公民，要求在自己的政府中享有发言权。反抗一旦开始，便开始迅速滋长，而且还在不断发展和壮大。结果就是，党的常设组织发现，如果得不到改革派的支持，不配合改革，就会走向失败。但是改革团体明确表示，除非摆脱了地方党组织的一切控制，否则不会得到他们的支持。

摆脱枷锁的唯一方法不是抱怨或者哀叹，而是将它砸碎。

现在，就在我已经下定决心不再参与政治竞选的时候，两位著名历

① 作者在此处将汉纳和普拉特这两位 1912 年已经去世的共和党领袖放在一起，是泛指那些在共和党内具有重大影响力的大佬。——译者

② 公麋党（Bull Moose Party），美国国家进步党的绰号，源自其领导人西奥多·罗斯福在组党后不久自比“像头公麋一样健康”。1912 年，西奥多·罗斯福因在共和党总统候选人提名上输给了威廉·霍华德·塔夫脱，为此组建了第三党参选总统，但输给了民主党候选人伍德罗·威尔逊。新党以推动渐进式改革而闻名，1916 年解散。——译者

史学家亨利·康马杰和小亚瑟·施莱辛格发表的一份声明，又让我动摇起来。他们宣称，尽管阿德莱·史蒂文森毫无疑问是竞选总统的最佳候选人，但他们认为他不可能获得提名，因此他们决定支持约翰·肯尼迪。

没有尽最大努力去争取就退而求其次，似乎是不合情理的。就我而言，我认为最佳候选人是史蒂文森和肯尼迪搭档，后者将来成为总统的机会很大。

在发表了这番言论之后，我立即受到了史蒂文森支持者的欢迎。

尽管如此，我并不打算去参加民主党大会。我的三个儿子都强烈支持肯尼迪参议员，对我来说，站在对立面似乎毫无意义。

无论如何，因为史蒂文森先生已经失败过两次，就说他不可能被提名，我是不能认同的。我认为，他的失败是对艾森豪威尔总统的英雄崇拜所造成的结果，而这个因素在这次竞选中是不存在的。我还认为，在当前国际局势的危机关头，没有谁能比他更好地发挥作用，而他在其他国家赢得的声誉和尊重也无人能出其右。

最终，我还是被说服去参加大会。在会上我苦恼地发现，我与杜鲁门先生的政治立场再次对立，并且我还做了支持史蒂文森先生提名的发言。

无论是民主党大会，还是共和党大会的结果，都令两党的观察家们感到非常沮丧。在这个时候，我不再关心哪一位候选人的优势。因为我发现，很多美国人也发现了这样一个可怕的事实，那就是在总统候选人的选择上——这本是每一位美国公民最基本和最根本的权利，不再是公众思考的结果，也不再是这个国家大多数人愿望的表达；相反，它代表了党派大佬的决定。

这种事情，当然不应该再继续下去了。我们的政党代表大会，就其现在的功能而言，和老式的机器一样过时了。目前需要逐步培养一种新的方法，通过这种方法，民众的声音能够被听到，他们能够自己选择由谁来领导他们，由谁来带领政府实现他们的愿望。我们不能再允许由政治领袖们来决定谁被提名。

正如我们在最近两次大会上看到的那样，政治机器的平稳运转并不是什么新鲜事。这只不过是在巩固一个持续运作多年的流程而已。但现在我们已经看得很清楚了，正如许多人一样，是时候说“这是不能容忍的。我们不能让它继续下去。”

在1960年的政党大会中，不顾民众意愿来决定候选人的做法为什么会成为可能？答案就是大佬的操控。地方党组织在选择总统候选人上所起的作用，如果不进行审查，就等于是在扼杀。

政党代表大会是这样运作的。大会代表由州的党组织任命。一般来说，每个州的代表都会举行一次秘密会议，在会上他们会被告知党魁已经决定支持某个候选人。为什么代表们会乖乖地听话照做呢？因为他们中的大多数人都担任着某种公职，不想冒着失去职位的风险。很少有代表能像雷曼参议员那样说：“除非按照我的良心要求，给予我完全的投票自由，否则我不会担任这个职务。”

一旦效力于党派，代表就只能执行指令，对他的选民们的声音充耳不闻。他可能会收到成千上万封支持另一位候选人的电报，但他对此全都置之不理。他关注的不是民众的声音，而是党派大佬的声音。

在1960年洛杉矶的民主党全国代表大会上，一大盒电报被交给普伦德加斯特先生。他打开了其中一两封，看到都是支持阿德莱·史蒂文森的，就把盒子扔了。

很明显，任何出席或者观看了1960年代表大会的人都会觉得，如果选出的代表不能代表该地区大多数民众的意见，那么他们还不如待在家里。大会可以只安排每个州的两到三位高层大佬参加，效果一样。

唯一缺少的就是集会游行，通常，这不过是由党派或候选人自己安排的人为作秀。这些游行活动在范围、声势和时间长度上，很大程度上都是由全国委员会的人控制的，他们根据每个候选人表现出的实力，分配给他们认为他有资格得到的票数。而这个选择全都取决于一个人的决定。

1960年民主党全国代表大会上有传言说，肯尼迪先生的团队无疑是最强的，他们获得的通行证数量远远超过派发给史蒂文森总部的数量。

当然，在芝加哥举行的共和党全国代表大会上，情况就更简单了，因为在那里，民众连选择总统候选人的机会也没有；事实上，1956年尼克松先生赢得副总统提名的时候就是如此。

许多年前，我在巴尔的摩第一次参加提名总统候选人的政党大会。当时我就觉得，而且现在仍然是这种感觉，在一片乐队演奏声四起和空中满是气球飘扬的喧闹中，在那集会上人为制造出来的兴奋气氛中，选出一个政党的“旗手”，让我们制度中最重要的一个特征的尊严和意义荡然无存。这种选举的严肃性和长远性，几乎完全淹没在喧闹的场面之中。由此可以想象，在两方党派拥护者制造的喧哗和音乐声中，参众两院的辩论将会是什么样的效果，想想都觉得可怕。

现在是时候让人民自己来选择总统候选人了。如何做到这一点？我突然想到有一种可能。与其继续将选择候选人的权力掌握在市和州一级党的委员会手上，不如我们自己选举代表。最简单和最直接的办法就是，在召开大会之前的初选中，选出出席大会的代表，并在选票上列出所有总统候选人的名字。每位选民都可以在他选择的候选人名字上打钩。参加大会的代表会被要求投票给在初选中获得多数票的候选人。

当然，在第一轮投票之后，还让代表坚持最初的选择可能是不切实际的。也有出现平局，无法分出胜负的可能。

我认为，解决这个问题的答案，就在各州代表团举行的小范围会议上。在过去，有关人选的明确安排常常就是在这些会议上做出的。如果法律要求进行无记名投票，那么代表们就可以自由投票，当所有美国人都能遵循自己内心的意愿自由投票时，那么就有可能建立一套比现有制度更能反映美国人民意愿的制度。

当然，这只是一个建议。当然，由于各州法律的不同，无论哪种方法都需要相当大的弹性。但重要的是，应当将政党大会运行规则的整体理念摆在美国人民面前，重新进行评估和讨论。

现在正在举行的总统初选，是总统选举中另一个过时的机制。这里存在的主要问题是，候选人花时间在同一个政党里排挤对手，最终的结果是在竞选中为反对党提供了大量弹药。一个例子就是共和党在1960年的竞选宣传中，完全利用了约翰逊参议员①在大会召开之前发表的有关肯尼迪参议员的言论。

对于这个问题，我是从民主党人的角度来谈的，因为我更熟悉他们的策略。不过两个党使用的策略看起来也是一样的。无论在哪边，人们都觉得大会并不重要。如何投票事先都已经安排好了。

重新审视我们在州、市乃至国家层面上的机制还来得及，找到一种方法，确保我们每个人都能作为独立和负责任的选民发出自己的声音。只要我们愿意，我们就能做到。

正如阿德莱·史蒂文森在意识到自己在民主党代表大会上落败之后，在洛杉矶的房间里，当家人和朋友们都陷入沉默时，对他们说的那句话："振作起来。并不是没有指望了。"

回想起那场气氛虽然热烈，但实际上事先已经安排好结果的大会，当史蒂文森先生进入大厅就座，代表们向他致意时发自内心的那种真挚感情、尊敬和爱戴，仍然让我倍感振奋。尽管代表们已经提前表过态了，但对这样一位伟大的政治家和伟大公民的敬重之意并没有丝毫减弱。

于他这样一位不慕虚荣，淡泊名利，乃至拒绝举手为自己谋求提名

① 1960年7月13日，美国民主党在洛杉矶召开全国代表大会，在总统候选人提名时，林登·约翰逊以409票对806票败于参议员约翰·肯尼迪。——译者

的谦谦君子而言，那一定也是一个备受鼓舞的时刻。

这次大会还有一个让我印象深刻的原因是，没有人知道电视摄像机什么时候会转向自己，因为摄像机一直在旋转。除非你时刻绷着那根弦儿，否则很容易在意想不到的尴尬时刻被抓拍。

后来我收到很多人的来信，说他们对我在阿德莱失败后流下泪水心有戚戚。事实上，当时我正在擦掉的不是眼泪，而是脸颊上某人的口红。

因为便衣警察担心，在我支持提名阿德莱的时候，会被一群暴徒围攻，于是他们围成一圈将我保护起来。他们态度友好，周到殷勤，对待我就好像我是德累斯顿瓷器做的一样。事实上，他们几乎是架着我在走，结果就是我们走得非常非常慢，让我觉得会场的另一端简直遥不可及。

便衣人员每走一步都紧紧地抓住我的胳膊肘。而这恰好是让我最为反感的事情之一，因为这暗示着我这个年龄的人，已经不能以正常的方式行走了。因此，我一直试图挣脱，甩掉他们伸出的手。想必这一幕被电视播了出来，因为我收到了很多人的来信，说我的行为非常粗鲁和令人不快。

就在柯林斯州长发表精彩演讲时，我恰好走进会场，并受到了热烈鼓掌欢迎，而这也导致了对我的批评之词，但是当时声音太过嘈杂，我完全没有意识到有人正在讲话。在电视时代，一个人连最细微的动作都逃不过别人的关注，即便是现在，有时候也会让我感到大吃一惊。似乎只有在自己的内心深处我们才能保有隐私。

第四十三章　未竟之业

“你真的必须放慢脚步。”这成了我的孩子和所有朋友反复提醒我的一句话。但是，面对着这个如此富有挑战、令人心驰神往的世界，我又怎么做得到呢？我想，在我身上一定有许多我叔叔西奥多·罗斯福的影子，因为我喜欢战斗的感觉，而且无论到了什么年纪，我都不可能满足于呆呆地安坐在火炉边温暖的角落里。

1960 年 7 月初，我前往华盛顿的国务院，为参加在波兰华沙举行的联合国协会世界联合会大会做准备。

当然，美国联合国协会并不受我国政府的控制，但在我们即将作为代表前往某个国家之前，总是被要求尽可能了解这个国家的一切情况。这些背景资料有助于我们成为更有能力的公民，并能更好地与可能出席会议的其他联合国协会进行讨论。

这次 9 月的旅行是我第一次去波兰，我访问了两个城市，一个是会议举办地华沙，另一个是克拉科夫。没有哪个城市比它们两个更加相像。华沙可能是二战中被摧毁最彻底的城市之一。德军炮击未能摧毁的东西，也被他们有计划地烧毁了。几乎什么也没留下。人们被赶到树林里，城市被一块石头一块石头地拆掉了。

当俄国人最终解放了这个地区时，人们就重建问题进行了一些讨论。其实，也没有什么可以开始的。也许最好另外选择一个地点，从头开始，但最终还是决定在同一个地点重建。

因为市长认为，人民应该有根，所以尽可能地复制老城。一个古老的广场几乎完全被复制了。他们重建了旧教堂，把雕像放回原处。旧石头被从瓦砾中挑出来以再次使用。总的来说，它做得很好，因为虽然它是一个现代化的城市，但老城的风格已经被成功地重建了。不过，有一座可怕的建筑，是一位俄罗斯建筑师设计的，几乎和莫斯科大学一模一样，虽然占地规模不是太大。

另一方面，克拉科夫没有受到战争的影响，保留了它所有旧世界的魅力，典型的波兰风格，又穿插着一些受意大利风格影响的痕迹。相比之下，克拉科夫附近建有一个新的钢铁城，其模式与俄罗斯的钢铁城大体相同，这意味着开创了一种平衡的经济，一部分工业，一部分农业，因此向前迈进了一大步，它给波兰人民带来了实现更大繁荣的希望。

人们迫切需要这种希望，因为从许多方面来看，波兰仍然是一个非常贫穷的国家，而所有这些重建的费用都是对经济的巨大消耗。

货物短缺不可避免。一位波兰家庭主妇告诉我，因为东西很少，她们不得不排队，肉总是难得一见，而且周一往往什么都买不到。总的来说，价格很高，我认为货物质量差也是可以肯定的。

在波兰和俄罗斯，最大的开支是鞋子。衣服很贵，面料也很差，所以衣柜经常需要更换。一位嫁给波兰人的年轻美国妇女说，当她告诉波兰朋友，她身上的西装已经穿了六年时，他们简直不敢相信。像那样的面料，在波兰无论如何也买不到。

尽管如此，人们仍然可以意识到波兰人民充满了活力和热情。当然，我从来没有受到过比这里更好的款待和关心了。人们不由得喜欢上波兰人，无论是部长还是临时工，一有机会就想与他们聊上几句。

事实上，在我看来，如果波兰能够成功建成一个经济稳定的国家，那么它很可能成为东西方国家之间急需的相互理解的桥梁——否则也可能成为一块绊脚石。我相信，如果它的边界得到西欧集团的承认，并保证不会有任何侵略行为，这是可能的。当然，如果我们想要在东西方之间开始建立信任，这样一座桥梁将是必不可少的。因此，波兰自己更大的安全感——如果能从对立的两边得到保证的话——可能会使其成为帮助其他国家加深理解的一个突破口。

然而，它还没有达到人民所期盼的那种经济稳定，更谈不上繁荣。华沙人民似乎是波兰的代表，他们向我保证，农民的生活比城里人好得多，因为他们不仅有更多的食物，而且不必太在意形象，不用买那么多在城市里才需要的衣服和鞋子。但是，当我有机会开车到了乡下，看到农场和农场的建筑时，我觉得农民的生活还没有达到一个非常高的舒适程度。

我非常感兴趣的一件事是，虽然波兰是苏联模式下的共产主义国家，但波兰人民并没有受到太多的控制。女性尤其如此。她们没有义务把孩子到了一定年龄就送到托儿所，把他们交到国家手上。结果是，她们中的许多人宁愿待在家里，用自己的方式照顾自己的孩子。

另一个强制力不像苏联那样的领域是医疗保健。虽然波兰已经建立了全民医疗的模式，但并没有强制规定使用它。

在波兰，人们首要担心的是新边界可能会发生变化，这可能会使波兰失去许多能够发展工业经济的矿产资源。

只要想想波兰在地图上的位置和她过去的历史，就很容易理解她的不安，但人们总是要继续他们的事业，近些年已经有了更大的繁荣。在新建的钢铁城，每个区有一所学校、两所幼儿园和两个托儿所。建筑师告诉我，托儿所几乎空无一人。这些妇女不想把她们的孩子送到那里，因为她们担心孩子染上传染病。波兰没有强迫每个妇女都必须工作的政策。

不过，从悲惨而漫长的波兰历史来看，她们对事态的发展还是感到警觉和不安的。她们一遍又一遍地问我，“你认为你的政府是想给德国提供原子武器吗？我们害怕德国，害怕它的军事力量再次强大起来。”

总的来说，这次波兰之行是一次有趣而有收获的旅行，让我在这些人身上看到，我们可以建立起一座理解和善意的桥梁。

在某种程度上，我想，具有讽刺意味的是，我访问过许多共产党执政的国家，却没有经历过一次不愉快的事件，没有遇到过一次敌对行动，没有听到一句不友好的话。反而是今年早些时候，在自己的国家，当我宣布要在佛罗里达州圣彼得堡①公开露面时，却遭到了电话威胁，说会场将遭到炸弹袭击。当然，威胁是匿名的。这样的人几乎都是懦夫。

我猜想，发出这一威胁的原因是，我在种族问题上一向直言不讳，那个不敢报上名字和露脸的人不想让大家听到我讲话。尽管如此，我还是去了。会议开始了，尽管有传言，但出席人数非常多。我正要开始讲话，突然有人走到麦克风前。圣彼得堡的警察命令所有人离开大楼，撤到几个街区以外的地方去，他们要搜寻炸弹。

我以为，这样一折腾，人们肯定都回家了，所以当我发现他们都在等着，等到大楼宣布安全之后又回来了，真是喜出望外。但最让我感动的还是一位小个子南方女人的勇气，她特意要坐在第一排。圣彼得堡一家报纸的编辑自豪地告诉我，她是他的母亲。当她被要求离开时，她断然拒绝回去。

“如果我要被炸上天，”她宣称，“我想不出比她更好的伴儿了。”

会议继续进行，我发了言。最后我们都安然无恙地离开了，没有发生什么意外。这证实了我的看法，当人们真的认真起来的时候，他们可不会事先通知你。

---

① 圣彼得堡（St. Petersburg），美国佛罗里达州皮内拉斯县的一座城市，位于坦帕湾和墨西哥湾之间的半岛上，为坦帕湾地区第二大城市，仅次于坦帕。——译者

几个月后，还在激烈的竞选活动期间，我要去印第安纳波利斯向一群学校教师发表演讲。当我到达这个城市时，有人提醒我说，在我预定要演讲的那座古老的礼拜堂里，估计人会很少，因为几天前，一家报纸刊登了一篇社论，敦促老师们抵制我的演讲。显然，该报社以为，如果一个人只听到故事的一个侧面，那么在总统选举中投票会更容易。不过，由于我的演讲是关于外交事务和美国在世界上的领导地位，并没有涉及竞选活动，所以它的观点似乎并不在点子上。

令我非常高兴的是，那天上午我向 1 万名教师发表了讲话。礼拜堂里连站的地方都没有。正如我想的那样，这两起事件充分表明，一个自由的公民并不像少数人以为的那样容易受到胁迫。

我不知道印第安纳波利斯那篇报纸社论的作者和那位不敢报上名字的炸弹客是否吸取了这一教训。但我突然想到，赫鲁晓夫先生在他第二次一阵风似的访问美国时，一定意识到威胁往往是无效的。在那次访问期间，他在联合国大会遭受了两次重大失败：一次是支持哈马舍尔德秘书长在刚果行动①的亚洲和非洲国家的决议，在没有采纳苏联意见的情况下获得通过；二是爱尔兰的代表被选为大会主席，而不是捷克斯洛伐克的代表。

这些天来，联合国正在发生的事情证明，如果不这么做，将会给世界的和平、谅解与稳定造成多大损失、带来多么灾难性的失败。联合国越来越成为一个做出合理决定的地方。尽管赫鲁晓夫先生言辞激烈，但好像大家还是逐步找到了解决刚果危机的办法。如果没有联合国这样一个地方，所有代表都能聚在一起表达他们的不同意见，找到一个达成妥协的平台，这是不可能做到的。我们认识到这一点非常重要。

在联合国初创的时候，有一段时间，由于人们对国际联盟的幻想破

① 刚果行动，发生在 1960 至 1964 年，是冷战结束前联合国最大规模的一次维和行动，也是联合国历史上伤亡最惨重和受指责最多的一次维和行动。——译者

灭，就开始嘲笑另一个旨在和平解决国际争端的世界组织的想法。但那段日子已经过去了。今天，我们越来越清楚地看到，它能够起作用，确实有效，如果我们全力支持它，它将越来越有效。

显然，殖民主义实际上已经终结。在极少数地方，殖民地列强曾进行过一些抵抗，但现在正获得自由的非洲绝大多数国家，都是由殖民国家自己给予这种自由的。

人们可以很好地理解非洲新兴国家希望摆脱欧洲冷战影响的愿望，并希望这将成为可能。但他们在组建政府和实现部落之间和平方面有太多的困难。加纳代表团团长恩克鲁马建议，由一个在联合国领导下的非洲机构负责解决非洲局势，而这种局势可能会在很长一段时间内持续存在。这也许是一个很好的建议，我认为非洲国家集团自己应该和秘书长认真讨论这一建议。

大会在通过该决议时呼吁，除非联合国通过秘书长提出要求，所有国家均不得向刚果提供军事援助。当然，这只是过渡时期的措施，在刚果人克服了自己的困难并建立中央政府之后，希望不再需要联合国的军事力量。

最让我担心的是，我觉得西方代表中没有任何一位成功地让我们的民主理想带来真正的鼓舞。没有人以赫鲁晓夫先生探讨共产主义时候的那种力量和热情的信念，来阐明我们到底要做什么。然而，这才是俄国人最害怕的一件事，是他们无法与之较量的一件事，他们无法通过不断提高生产总值和抛出太空船、太空人来与之抗衡。真的，在我看来，俄国人是故意把重点放在外层空间上，为了转移大家对我们和他们之间本质差异的注意力，巧妙地引导我们在外层空间竞争，转移人们对以下事实的注意力：如果人家知道我们的立场，我们的生活准则，他们根本就不是我们的对手。

必须有一位来自西方的领导人，他们能够用语言表达出来的不是任何经济上或生产力方面的优势，而是对人的尊严和个人价值的信仰所产生的鼓舞。这是最根本的区别；这才是我们西方人必须真正为之斗争的，而且要坚持不懈地大声疾呼。

然而，我想说，我并不认为，我们无论是作为个人还是国家，拒绝去了解那些领导着我们生活方式的巨大对立面的人，拒绝与他们友好相处，或至少尽可能以良好的举止与他们打交道，或者是拒绝尽可能学着去了解他们，我们就能够赢得尊严和威望了。在我看来，拒绝去了解或理解对立面是愚蠢的。这让我想起了第一次世界大战期间最奇怪的政策之一，当时我们的学校不再教授德语了，显然是基于这样一种理论，不再与之交流了，我们反而更容易处理。

因为赫鲁晓夫先生第一次访问美国时，海德公园来的很匆忙，令人非常不满意，午餐也没有吃上，我想在他第二次访美时，请他过来吃午饭或喝茶，也算是个弥补。我很快收到答复，说他很乐意来喝茶。

另外我只请了克米特·罗斯福夫人一个人来，她说她会帮着倒茶。赫鲁晓夫先生来了，带着葛罗米柯先生、米哈伊尔·门什科夫大使和一名翻译。总的来说，我们的会谈表面上十分友好。然而，他不失时机地告诉我，苏联的经济实力日益增强，铁矿石的产量不断增加，事实上，在二十年内，他们将会生产出天文数字的钢铁。

我温和地说，如果你生产了那么多的钢，你就得有市场。如果俄罗斯实现了他们的目标，就需要提高他们的生活水平。

像往常一样，在赫鲁晓夫先生来喝茶后的几天内，我开始收到一些信件，这些信件更多地充满了情绪而不是深思熟虑，尖锐地批评我在家里款待了这位外国强权的首脑，因为他的政府制度恰好与我们不同。我想知道，谁能告诉我，如果我们都不能坐下来喝杯茶，安静地讨论一下我们之间的分歧，将来我们又怎么样学着生活在一起呢——而且我们也只能如此。至少，就像赫鲁晓夫先生在雅尔塔我们第一次长谈结束时说的，我们还没有互相开枪嘛！

这些年来，我一直在坚持写我的报纸专栏文章，这从1935年就开始了。华沙会议之后，我把固定的五天专栏改成了稍微长一点的专栏，每周发表三次。我还继续写我的杂志月刊，为联合国美国联合会工作，做广播和电视节目，还有能带我走得更远一些的讲座。

然后，尽管我一再声明我再也不会主动参与竞选，但我确实还是参加了约翰·肯尼迪的总统竞选活动，虽然不像四年前为阿德莱·史蒂文森工作时那么卖力，但我也尽我所能履行了自己的承诺。

虽说以前在大会上支持过阿德莱·史蒂文森，但我并不确定提名产生后我该怎么做。我一直没有下决定加入赫伯特·雷曼，担任纽约民主党公民委员会名誉主席，直到我有机会见到这位民主党候选人并与之交谈，亲自判断一下他的素质。

当他到海德公园来看我时，我发现他是一个聪明的人，头脑敏捷，渴望学习，乐于接受新思想，处事冷静。当时，怀着极大的希望和信心，我想这个人不仅要为自己的同胞干一番事业，而且还要造福全人类。他不仅仅是雄心勃勃地想当总统；我确信，他想成为一个真正伟大的总统。他没有奢望自己的使命是能够轻松达成的。他清楚地看到了美国在当今世界上的地位，也看到了国内的缺点，他既有荣誉感又充满了勇气，没有去渲染或歪曲这些令人不快的事实。

他相信，美国人可以像过去一样，克服他们面前的障碍，但前提是他们要明白障碍是什么，条件是什么，必须做什么，如果必要的话，还要付出牺牲，这当然需要凭着勇气和信念，才能实现我们的目标。

然而，由于接下来几年发生的事情很可能会决定世界未来几十年甚至更长时间的命运，我在等待着第一次伟大的辩论，我知道这场选举的关键是什么。之后，我再也没有犹豫。一方面，我知道这句话，“一切皆有可能，当求尽善尽美”，我们生活在一个没有失业或贫困的国家，我们在世界上的领导地位是毋庸置疑的，这可能是一个美国以外的人难以想象的。另一方面，我听到过一般人不掌握的故事，那是我在周游这个国家和世界时，一次又一次面对面听到的故事。

所以我参加了竞选活动。不幸的是，一开始我碰上点儿小麻烦，因为我染上了病毒，感觉很不舒服，但我还是坐了一下午飞机赶去加利福尼亚，后面的情况如何，第二天是一个很好的例子。上午，记者招待会，电视采访，广播节目。匆匆吃了一口午饭。开很远的车去参加了一个完全不重要的会议。再远道而归。在我朋友赫尔希·马丁太太家里稍作休息。出席在教堂开的大会，接着在剧院开会，晚上吃了顿便餐，然后坐飞机回纽约。

在家的时候，我每天都会在城市的各个地方开会。有一天去了西弗吉尼亚州，我们走了250英里，中途停下来十到十一次，和户外的人群握手和交谈。休息了一个小时，接着出席一次大型集会，然后乘小型飞机返回纽约。

我参加了中西部四个州的竞选，可以很高兴地说，将其中两个州揽入了肯尼迪先生的囊中。在另外两个州我觉得自己的表现不是很好。

我再说一遍，我再也不会参与竞选了。毕竟，下一次我就八十岁了，那就太荒唐了。

随着竞选活动的推进，我跟随着听肯尼迪先生的演讲，我越来越相信他有能力赢得大家对他的认同感，这一点非常重要。如果一个人有这样的品质，他就可以把人的优点激发出来。今天，美国需要被唤醒自己的伟大，而要想有一个伟大的国家，就必须先有伟大的人民。

如果我的观察是正确的，对于解决我长期以来所关心的问题，我抱有更大的希望。这并不意味着我确信我们可以解决所有问题，也不意味着我们不会犯错误。但我现在有希望了。

这次竞选中有一个方面让我感到沮丧和羞耻，那就是宗教问题的注入。从上次阿尔弗雷德·史密斯的竞选之后，我已经很久没有在民主党总部的办公室里看到过如此卑鄙下流的文章了。在1960年的竞选中也没有发生过如此恶劣的事情。

但丑陋的一面总是难免会出现。这个问题在我看来其实相当简单。宪法赋予我们所有人宗教信仰的自由，我们的宗教信仰不容置疑。在竞选期间，一些荒谬的说法被散布出来：教皇将决定我们的政府形式，我们的生活方式，我们的教育，我们的阅读。天主教会将在政治上和精神上统治这个国家。当然，这一想法源于这样一个事实：在天主教国家西班牙，教会在很大程度上控制着国家。但西班牙不是美国，我们的宪法明确规定教会与国家是分离的。

诚然，不同的宗教团体常常试图对不同的立法和教育领域施加压力和控制。对这种侵犯我们天赋人权的行为保持警惕，防止任何此类企图得逞，正是我们所有人的责任。像我们所有的自由一样，这种不受宗教团体压力的自由必须时时得到捍卫。

在我看来，最可悲的不是这么多人害怕罗马天主教会的力量，而是他们对自己的生活方式和宪法的力量没有信心。我们是否忘记了，我们的开国元勋们就是为了宗教信仰自由才来到这里——新教徒，天主教徒，贵格会教徒——都是为了他们选择的敬拜上帝的权利而来到这里？这是我们的基石。首先我全心全意地相信它，同时对那些充满恐惧、缺乏信仰和信心动摇的人，我报以羞耻和愤慨，他们想推倒我们引以为傲的立国之基。

当大辩论结束，又一次选举活动结束时，人们可以坐下来，以一种全新的、平静的心态来衡量一下发生了什么。有一件事我相信没有人会质疑：辩论是民主程序中的一个里程碑；他们把候选人和他们的观点带到全国人民面前。他们激发了人们对这些问题的新兴趣，他们强调了投票人熟悉所涉及问题的重要性；他们使公民成为一个至关重要的参与因素，这本来就是他们应该做的，让他们知道自己与国家正在发生的事情有利害关系。当然，最能说明问题的是，由于辩论的结果，投票的人比这个国家历史上任何时候都多。而这正是我们民主制度的胜利。

选举结束后，就要回去工作了。有太多的事等着要做，有那么多引人入胜的挑战，有那么多令人操碎心的、急迫的需求，每天都有那么多充满趣味的事情。

但是，我想，我必须放慢脚步了。

后　记

我的祖母会对过去五十年中发生的妇女地位的革命感到高兴，但并不会感到惊讶。她可能想知道，为什么花了这么长时间，但既然她把自己的一生都献给了妇女运动和民权运动，她还是会很高兴的。

埃莉诺·罗斯福了解什么是政治权力并如何运用它。她形成了自己独特的领导风格，成长为一名水平高超的谈判者和冲突调停者。作为联合国人权委员会1947年至1952年的领导人，她不仅在界定人权的概念方面发挥了关键作用，还力促联合国和美国要对《世界人权宣言》的落地施行负责。她始终不惧怕解决争议，她支持那些无法为自己发声的人的事业。所以，她既被人爱戴，也招人厌恶。

她决心让公众了解她，三十多年来，她每年都要发表五十多场演讲，每月都有一个“如果你问我”的问答专栏，她形成了一种清晰而亲切的沟通方式，帮助人们感觉到他们了解她，而她不仅了解他们的生活，而且还关心他们。她把他们看作是平等的人，他们中的许多人把她看作朋友。

考虑到她在国际上的知名度和对时间的巨大需求，我发现我祖母最吸引人的地方是她维持个人生活的能力：我们生活中“更柔软”的情感部分，在我们时间有限和分身无术时，往往会受到冷遇。

她有很强的交友能力，有许多来自各行各业的好朋友。作为团队的成员，她喜欢和大家一起工作。她喜欢被家人和朋友们包围着，她偶尔会邀请一两位国家元首过来，如果他们想在度假期间找个人聊天的话。当我还是个小女孩的时候，并不知道是谁来访，他们为什么这么想和我祖母说话。我所知道的是，她总是喜欢听我们孩子讲话，不管房间里还有谁。我记得她是多么喜欢过圣诞节，她环游世界时会为我们买礼物。我记得家人的生日聚会，新年晚会，还有游泳池里的快乐夏天。

埃莉诺·罗斯福是一位世界领导人和人权活动家，但对我来说，她就是我的祖母。她让我感到了被关爱和尊重。那是她送给家人和朋友的最好礼物。

——南希·罗斯福·爱尔兰①

① 南希·罗斯福·爱尔兰（Nancy Roosevelt Ireland），罗斯福总统和埃莉诺·罗斯福第三个儿子小罗斯福·德拉诺·罗斯福的女儿，也是罗斯福研究所的董事会成员。——译者

Eleanor Roosevelt
AUTOBIOGRAPHY OF ELEANOR ROOSEVELT

图书在版编目(CIP)数据

我一生的故事：埃莉诺·罗斯福自传/(美)埃莉诺·罗斯福(Eleanor Roosevelt)著；章和言译. —上海：上海译文出版社,2023.6
书名原文：AUTOBIOGRAPHY OF ELEANOR ROOSEVELT
ISBN 978-7-5327-9216-0

Ⅰ.①我… Ⅱ.①埃… ②章… Ⅲ.①罗斯福(Roosevelt, Anna Eleanor 1884-1962)—自传 Ⅳ.①K837.127=5

中国国家版本馆CIP数据核字(2023)第086224号

我一生的故事：埃莉诺·罗斯福自传
[美]埃莉诺·罗斯福 著 章和言 何 玲 译
责任编辑/张吉人 装帧设计/张志全工作室

上海译文出版社有限公司出版、发行
网址：www.yiwen.com.cn
201101 上海市闵行区号景路159弄B座
山东韵杰文化科技有限公司印刷

开本 890×1240 1/32 印张 15.75 插页 6 字数 330,000
2023年7月第1版 2023年7月第1次印刷
印数：0,001—4,000册

ISBN 978-7-5327-9216-0/K·312
定价：98.00元